本书系全国教育科学"十三五"规划重点项目
"教育扶贫的现状、问题与对策研究"
（批准号：AFA190010）最终成果

教育扶贫迈向

乡村教育振兴的研究

吴彬镪 李建辉 等／著

JIAOYU FUPIN MAIXIANG

XIANGCUN JIAOYU ZHENXING DE YANJIU

人民出版社

责任编辑:韦玉莲
封面设计:姚　菲

图书在版编目(CIP)数据

教育扶贫迈向乡村教育振兴的研究/吴彬镪等 著. —北京:人民出版社,2023.12
ISBN 978－7－01－025998－7

Ⅰ.①教…　Ⅱ.①吴…　Ⅲ.①乡村教育-研究-中国　Ⅳ.①G725

中国国家版本馆 CIP 数据核字(2023)第 209098 号

教育扶贫迈向乡村教育振兴的研究

JIAOYU FUPIN MAIXIANG XIANGCUN JIAOYU ZHENXING DE YANJIU

吴彬镪 李建辉 等　著

人民出版社 出版发行
(100706　北京市东城区隆福寺街 99 号)

北京盛通印刷股份有限公司印刷　新华书店经销

2023 年 12 月第 1 版　2023 年 12 月北京第 1 次印刷
开本:710 毫米×1000 毫米 1/16　印张:21
字数:345 千字

ISBN 978－7－01－025998－7　定价:98.00 元

邮购地址 100706　北京市东城区隆福寺街 99 号
人民东方图书销售中心　电话 (010)65250042　65289539

目　　录

序　　言

　　教育是国之大计、党之大计。培养什么人、怎样培养人、为谁培养人是教育的根本问题。作为人的全面发展的重要途径,教育在促进社会流动、实现共同富裕等方面发挥着不可替代的作用。

　　教育也是重大民生工程。为推进教育公平,缩小区域之间、城乡之间乃至校际之间的教育差距,党的十八大以来,教育扶贫作为国家脱贫攻坚战略的重要政策组成,党中央通过制定教育扶贫政策规划,指导地方各级部门多方筹集资金,改善办学条件,推进资源合理配置和义务教育均衡发展;学校和社会各界积极参与行动,通过"扶智与扶志"并举,有效切断贫困代际传递,提升了贫困家庭的脱贫能力,增强了脱贫群众内生发展动力,促进了贫困地区的社会有效治理和经济迅速发展,兑现了"让贫困人口和贫困地区同全国人民一道进入全面小康社会是我们党的庄严承诺",体现了共同富裕是中国特色社会主义的本质要求。

　　中国式现代化是全体人民共同富裕的现代化,实现人民对美好生活的向往是现代化建设的出发点和落脚点,乡村教育振兴是实现农业农村现代化的基础性、战略性、先导性工程。在全面建成小康社会和乡村振兴战略行动的新时代,在教育扶贫迈向乡村教育振兴进程中,要将"有的教育"提升到"好的教育",最根本性的问题就是要促进城乡教育高质量均衡发展。这就需要切实开展乡村教育理论研究和问题调查,切实了解乡村教育发展困境并进行归因分析,切实提出深化乡村教育改革的实施路径和保障举措。这些研究和实践,对于巩固教育脱贫攻坚成果,为全面乡村振兴赋能增效,实现中国式现代化具有重大意义。

　　闽南师范大学吴彬镪同志主持的国家社会科学基金 2019 年教育学重点项目、全国教育科学"十三五"规划重点项目"教育扶贫的现状、问题与对策研究",经过三年多的艰辛研究,高质量完成了预期的任务和目标,取得了较为丰硕的研究成果。作为国家社科重点项目研究的指导专家,我曾受邀参与该项目开题咨询、研究计划调整和专著撰写研讨。如今,该项目的最终成果《教育扶贫迈向乡村教育振兴的研究》一书已经成稿并即将出版。仔细阅读书稿内容,明显感觉到书稿站在教育扶贫迈向乡村教育振兴的高度,形成了系统的学理研究逻辑和适切的对策践行体系:一是从目的论和工具论两方面,以教育学(教育供给—主体性教育理论)、经济学(就业市场—人力资本理论)、管理学(行政调控—新公共管理理论)等多学科观点为立论基础,解读"教育扶贫"的概念内涵与外延,阐明新时代"乡村教育振兴"的要义及其与教育扶贫的关系,进一步诠释教育扶贫理论研究的多元价值。二是源于中华优秀传统思想文化关于国家安定和天下大同的理想社会追求,从中国古代政治思想家关于教育治贫的观点论述,到民国时期"陶梁晏黄"关于乡村教育的理论与实践,再到新中国成立以来特别是党的十八大以来教育扶贫的逐步深化和全面创新,系统总结教育扶贫促进乡村教育振兴的历史经验、实践深化和思想升华。三是从点—线—面三结合的维度,全面调查我国乡村学前教育、义务教育和高中教育的办学条件,乡村各级各类教师队伍建设和学生素质发展,职业技术促进乡村经济发展等取得的主要成效;从"扶智与扶志互为一体"的视角,总结新时代巩固教育扶贫成果,提出乡村各级各类教育发展需求。四是从乡村教育发展规划的角度,审视乡村振兴战略行动中乡村教育发展动力、乡村学校办学条件、乡村教师队伍建设、社会多元力量合作机制、乡村教育治理能力建设等存在的问题及归因。五是立足新时代乡村社会发展特征,根据乡村振兴战略实施行动方案,从迈向乡村教育振兴的内在动力激发、核心能力提升,到外力机制构建、保障体系运行等,提出教育扶贫助力乡村教育振兴的工作对策及相应的保障体系。

目前,学界关于"教育扶贫与乡村教育振兴"的探讨与研究,多以政策指导为蓝本,阐释不同目标理念下的制度设计构想;多以单一理论研究为视角,并以论文形式呈现教育扶贫研究成果。而从跨学科视角、综合运用多学科理论对教育扶贫进行意蕴解读和实证研究的成果则相对较少。该项研究成果清晰体现了三个特点:一是理论研究与实践论证相结合。在对教育扶贫价值取向和乡村教育发展目标进行多元理论分析基础上,从新中国成立初期的乡村扫盲运动和识字教育,到改革开放以来教育扶贫成为国家发展政策的重要组成,再到党的十八大以来逐步形成高质量、全覆盖、专业化的教育精准扶贫体系,全面梳理了我国教育扶贫的历史经验和当代实践,进一步扩展了乡村教育振兴的研究视野和实践深度。二是个案研究与经验归纳相结合。从根基、能力、通道、空间、力量等方面，着眼于乡村教育脱贫所取得的成效现状，综合运用文献分析、资料统计、田野调查和问卷测评等多种方法，全面调查我国乡村各级各类学校教育和乡村教师队伍建设等取得的主要成效。三是问题归因与对策建议相结合。遵循"主体—对象—过程—成效"的基本思路，对教育扶贫助力乡村教育振兴进程中存在的政府、社区、家庭和个人进行详细的问题归纳和深层的原因分析，提出后扶贫时代巩固教育脱贫成果、迈向乡村教育振兴的切合实际的保障机制和对策建议。全书以习近平新时代中国特色社会主义思想为指导，比较全面系统地梳理了从脱贫攻坚到全面建成小康社会，从巩固拓展脱贫成果到全面推进乡村振兴的有效衔接历程，以及全面取得国民经济和社会发展历史性的伟大成就，为乡村治理体系建设和世界减贫实践提供中国方案作出贡献。这些研究成果，为实现共同富裕展示出新时代教育扶贫的实践指向，为新发展阶段建设教育强国、人才强国和科技强国，助力实现中国式现代化提供了积极有益的指导和借鉴。

治国有常，利民为本。中国共产党领导人民打江山、守江山，守的是人民的心。习近平总书记指出，"根本改变贫困、落后面貌，需要广大人民群众发扬'滴水穿石'般的韧劲和默默奉献的艰苦创业精神，进行长期不懈的努力，才能实现。"①实施乡村振兴战略、推进农业农村现代化是中国式现代化的重要组成，也是全面建设社会主义现代化国家、实现中华民族伟大复兴的基本要求。在全面建成小康社会、实现第一个百年目标之后，巩固拓展教育脱贫攻坚成果同乡村振兴有效衔接，已经成为当前教育扶贫的新任务、新内涵。"教育扶贫的现状、问题与对策研究"项目取得丰硕的研究成果，既有深刻的思想内涵又有缜密的逻辑体系，对当代深化乡村教育振兴发展的理论研究具有很强的指导意义。本书对各地实施乡村振兴战略和"十四五"教育发展规划也具有重要的决策参考价值。

坚持教育优先发展，必须办好人民满意的教育，培养全面发展的人的根本在于立德。在与本项目研究成员历经三年的交流研讨中，本人感到可贵的是，撰写本书的成员均是大学教授专家，有的又是兼任行政职务的管理者。从项目取得丰富的研究成果可以看出，他们敢于担当的工作作风，潜行负责的学术品质和科学严谨的研究态度。这也验印了习近平总书记《摆脱贫困》一书中"一个担任重

---

① 习近平：《摆脱贫困》，福建人民出版社 1992 年版，第 10 页。

要职务的年轻干部,对改变本地区的落后面貌有什么抱负、有什么想法、有什么作风,关系着这个地区整个工作的成败"①的深刻意蕴。在欣然为本书作序的同时,本人也希望该项目研究课题组的成员持续扎根乡村、深耕细作,进一步主动衔接乡村振兴战略,紧盯乡村教育"神经末梢",用心用情用智准确预判乡村教育问题的难点痛点,将论著写在中国大地上,在实现中国式现代化的生动实践中展现新作为、作出新贡献。

李兰丽

2023 年 4 月 20 日

---

① 习近平:《摆脱贫困》,福建人民出版社 1992 年版,"序"第 3 页。

第一章 导　论

　　研究教育扶贫问题,如同其他研究领域一样,必须立足于一定的社会背景,基于相关学科理论视角,在厘清研究主题概念及其相互关系的基础上,综合分析已有相关的研究成果,发现前人研究中的不足,确立新的研究观念,阐明需要研究的重点、关键和难点,采取相应的研究方法和技术路线,以及期望突破创新之处。本书主要从当代中国社会时代背景出发,根据国内外关于"贫困"研究的多元价值理论观点,结合"教育扶贫"和"乡村振兴"相关政策,解读与本书相关的主要概念及其之间的关系;在综述国内外关于教育扶贫的现状、问题与对策研究前期成果基础上,提出本书的立论基础、总体问题、内容框架和重点关键,并从研究对象选择、方法技术路线等方面,说明本书的基本思路和创新之处。

第一节　本书研究的社会背景与时代意义

　　任何研究的展开,都无法脱离特定社会时代背景而孤立存在,而且开展某一问题的研究需要以一定的理论为依据,并与国家的政策相呼应。下面,将从社会时代背景、理论实践意义两个层面对本书研究进行前提论证,阐明教育扶贫助力乡村教育振兴的理论价值和现实意义。

一、本书研究的社会时代背景

　　本书立足于中国特色社会主义新时代,社会主要矛盾发生转移,教育发展的不平衡不充分问题成为教育领域的核心问题,我国在实现第一个百年奋斗目标即全面建成小康社会的基础上,以乡村振兴战略思想为指导,继续乘胜追击,进一步做好教育巩固脱贫攻坚成果工作,持续深化教育扶贫理论实践研究,助力教育扶贫迈向乡村教育振兴。

(一)中国特色社会主义进入新时代,社会主要矛盾转移

党的十八大以来,中国特色社会主义进入了新时代,人民日益增长的美好生活需要和不平衡不充分的发展之间的矛盾,成为中国特色社会主义新时代的主要矛盾表征。解决这一矛盾,关键在于消除发展中的不平衡不充分问题。教育一方面深刻影响着人的发展,是解决人民不平衡不充分发展问题的重要工具;另一方面,教育领域本身也存在着发展不平衡、不充分问题,尤其是教育东西部差距大、教育贫富分化等问题是制约我国社会发展的重要因素。为解决新时代中国社会的主要矛盾,就必须解决教育在地区间的发展不平衡、不充分问题,解决欠发达地区人民与发达地区相比,素质发展上的不平衡、不充分问题。无论哪一方面问题的消解,教育始终是不容忽视的关键要素。因此,研究教育扶贫问题,对于解决好新时代中国社会主要矛盾具有积极意义。

(二)实现第一个百年奋斗目标,全面建设小康社会

我国已实现第一个百年奋斗目标,全面建成小康社会。全面小康与总体小康相比,质的区别在于"全面",包括覆盖范围的"全面"和享有成果的"全面"。一方面重点聚焦发展水平不足的贫困地区,使当地人民接受倾斜性扶助,解决区域性整体性贫困,防止他们在小康社会发展中"缺位",让每一个人享受到小康社会发展的成果;另一方面要求享有多方面的发展成果,不仅仅包含经济发展成果的共享,还涉及教育、卫生、医疗、文化、生态等多层面发展成果的共享。当前,继续深化研究教育扶贫问题是进一步巩固全面建成小康社会发展成果的客观要求,这不仅关系欠发达地区人民进一步共享小康社会优质教育的发展成果的需要,也为他们通过教育获得发展,在未来更好巩固扩大小康社会建设成果,享受小康社会发展成果奠定基础。

(三)持续巩固脱贫攻坚成果,全面推进乡村振兴

我国脱贫攻坚已取得全面、决定性胜利,但只是"万里长征走完了第一步",贫困问题是人类历史发展的永恒性课题,绝对贫困问题解决不是重点,依然存在如何继续巩固好教育脱贫攻坚成果、防止返贫问题发生、助力乡村教育振兴等挑战。进入全面脱贫的后扶贫时代,我们正在迈向实现乡村教育全面振兴的新征程,应如何进一步消化教育扶贫研究成果,放眼未来,追寻新征程上的新问题、新走向,科学合理运用好我们前期教育扶贫理论研究成果及实践经验总结出来的政策原则与行动策略,衔接助力好未来乡村教育振兴的行动,完成新

征程上的乡村教育振兴任务,这些都有赖于我们继续深化教育扶贫理论与实践研究。

二、本书研究的理论与实践意义

教育扶贫工作在教育学、心理学、文化学、经济学、管理学等学科中体现的多元价值取向,是我们通过多学科视角研究和分析教育扶贫问题、实现教育扶贫理论创新的内在意义。通过总结研究已有的教育扶贫研究成果和实践举措,对于充分借鉴教育扶贫有益经验,实现实践工作中从教育扶贫迈向乡村教育振兴具有重要的现实意义。

(一)丰富和拓展教育扶贫的多元价值取向与理论创新

教育扶贫工作本身具有多元的价值属性。从教育学上讲,意味着通过系统性的教育活动,加强思想和文化两方面教育,发展人的主体意识和主体能力,解决脱贫过程中的内力和内因问题,即"扶智"与"扶志"的问题。从心理学上讲,意味着通过教育阻断贫困代际传递的心理机制,借助对不同心理年龄、能力因素的针对性干预,把握贫困人口的心理特征,通过教育引导和心理疏导,实现贫困人民脱贫认知与情感的双重发展,继而摆脱贫困。从文化学上讲,教育扶贫工作推动贫困社区精神文明建设,发挥社会意识对社会存在的反作用,借助精准发展贫困地区的教育来辐射贫困社区精神文明建设,提升当地精神文明发展的科学性、文化性,消除愚昧和怠惰,促进物质生产力进步。从经济学上讲,教育则是经济增长的内生因素,劳动者提高教育程度,有助于在就业中更具竞争力,并在生产要素分配中占据主动位置,不易返贫,通过教育提升地区整体的人力资本存量与增量,增强地区可持续发展能力。从管理学上讲,教育扶贫内在涉及改善政府的公共管理和社会治理能力,以实现教育扶贫人力物力资源优化配置、增强管理效益效能、完善人员激励机制,提升教育扶贫工作成效的问题。

由此可见,进一步深化教育扶贫问题研究有助于拓宽教育学、心理学、文化学、经济学、管理学等学科下贫困问题的理论视维,实现教育扶贫的理论创新。从教育学上讲,有助于我们基于教育理论探索研究如何构建适配贫困者主体性发展的教育环境,深化教育治贫理论问题的研究;从心理学上讲,有助于我们积极探索儿童、青少年、青壮年、老年等不同阶段贫困发生的心理机制和特征,丰富本土化贫困心理问题的理论研究,指导教育心理治贫实践;从文化学上讲,有助于我们筛选区分有益于物质生产力发展的优秀文化成果,借助教育对文化的继承、筛选、再生产功能消除贫困文化代际传递,建设先进积极的精神文明,以文化生产力对社会的反作用治理贫困问题,丰富贫困文化理论的实践创新研究;从经济学上讲,有助于我们深刻把握教育匮乏与经济贫困之间的内在联系,从人力资本理论、制度经济学等视角探索构建打破贫困地区原有制度和技术的超稳定均衡,解除贫困地区的"习俗经济"固化状态,深化经济学在贫困问题上的理论创见;从管理学上讲,能够以政府为主要行动主体,思考如何在管理中统筹协调好各方的关系、权责,发展贫困治理问题的公共管理理论。

（二）为教育扶贫迈向乡村教育振兴提供实践借鉴

教育扶贫溯其本质而言,是通过发展中的教育来提高贫困人口的整体素质,助其摆脱贫困,实现区域经济的整体发展。从现实层面来看,总结归纳教育扶贫中的一系列实践对我国今后的乡村教育振兴工作具有重要的借鉴意义。这里,隐含着如何发展欠发达地区尤其是广大乡村地区教育的问题,因为广大欠发达乡村地区的教育问题是未来乡村振兴和教育发展道路上的短板。从这一点来讲,深入研究教育扶贫问题,总结已有的教育扶贫研究成果和具体实践举措,有助于我们未来借鉴教育脱贫攻坚的有益成果指导乡村教育振兴实践。以地方政府、高等院校、社会组织、中小学校等多元主体在教育脱贫攻坚过程中的行动为参照,深刻洞悉和理解各个多元主体在未来乡村教育振兴中的角色和作用,思考如何在未来更好发挥自身职责和功能,助力乡村振兴工作。

第二节　主要概念的界定及其相互关系

概念的内涵与外延界定是开展研究工作的基础。本书主要涉及"教育扶贫""教育精准扶贫""后扶贫时代""乡村教育振兴"四个主要概念。对相关概念的意蕴进行解读与界定,并说明概念之间的相互关系,即教育扶贫与教育脱贫是手段与目的的统一,后扶贫时代的教育脱贫攻坚与乡村教育振兴则是优先任务与顶层设计的关系。厘清这些关系,有助于总结中国教育扶贫理论研究与实践经验,这是深化巩固拓展教育脱贫攻坚成果迈向乡村教育振兴的关键,也是本书写作的现实意义。

一、核心概念界定

（一）教育扶贫

词源上，"扶贫"与传统的"济贫"存在根本差异，"扶"有扶持扶助之意，不是对贫困人口简单的经济救助，而教育作为一种直接作用于人的，有目的、有计划帮助人类获取知识技能的方式，超越了"济贫"的局限，上升到了"扶贫"的高度，这就是教育扶贫概念的基本意涵：扶贫先扶智，治贫先治愚。

有关教育扶贫的基本概念解读，学界主要有三种认识取向："目的论"的教育扶贫，即把教育领域的贫困视为贫困问题中的一个子课题加以研究，其目的是实现"扶教育之贫"；"手段论"的教育扶贫，则是将教育视作贫困治理的手段之一，立足教育视角分析和研究贫困治理，实现"用教育治贫"的目标；"目的与手段统一"的教育扶贫则是二者的统合。例如，刘军豪等（2016）认为，教育扶贫具有"扶教育之贫"和"依靠教育扶贫"的双重内涵，教育在扶贫中兼有目标和手段的双重属性。本书主要采用第三种解读，将教育扶贫视作目的与手段的统一，既包括"扶教育之贫"，也包含"用教育扶贫"，教育扶贫就是通过不断发展贫困地区教育，利用教育扶助、支持贫困人口，帮助他们消除主客观致贫因素，为摆脱贫困创造条件。

（二）教育精准扶贫

关于教育精准扶贫的内涵，目前学界的定义较为多元。有人认为，教育精准扶贫是将精准扶贫理念贯穿于教育扶贫的全过程，从而精准发挥教育功能，实现教育扶贫的最优效能（刘航、柳海民，2018）；有人认为，教育精准扶贫是一种针对不同贫困地区教育发展现状和不同贫困人口的教育需求，运用针对性的帮扶措施提高贫困人口基本文化素质和劳动技术技能，以促进贫困人口掌握脱贫致富本领，实现可持续脱贫目标（代蕊华、于璇，2017）；也有人认为，教育精准扶贫是以教育为着力点，为目标对象提供多元化的受教育机会，以积累更多发展资本，从而实现脱贫致富（张家军、唐敏，2018）；还有人认为，教育精准扶贫是教育活动和教育固有功能在扶贫领域的延伸与拓展（段从宇、伊继东，2018）。

结合上述学者定义，我们可以总结出教育精准扶贫的两种基本内涵：一是将精准理念运用到贫困地区的教育发展中，提升教育扶贫效能，发挥好教育的脱贫功能。即"精准扶贫困地区之教育"，将教育视为扶贫工程建设中的重要一环。

二是用教育精准扶贫,将教育作为精准扶贫、精准脱贫的一种手段。第二种说法更多指的是一种教育在扶贫中的功能性阐释,第一种说法则倾向于"扶学",即精准发展贫困地区教育,使之能更好适切贫困人口的发展,这是充分发挥教育"扶志""扶智"功能的基础性工作。同时,我们也可以总结出一些基本特征:一是教育只是精准扶贫诸多方式中的一种方式,而非唯一方式;二是教育精准扶贫的对象是某些特定的贫困群体,而不是所有受教育群体;三是教育精准扶贫的最终目的在于帮助贫困群体实现脱贫;四是教育精准扶贫的功能发挥(扶志和扶智)有赖于贫困人口本身教育水平的发展;五是教育精准扶贫不仅仅强调帮助贫困人口获取短期内摆脱贫困的知识与技能,也强调贫困者长期可持续发展素质能力的养成。

基于上述基本内涵解读和特征归纳,我们认为,教育精准扶贫是以精准理念为指导,以发展适切于贫困地区和贫困人口需求的教育为基础工作,以充分发挥教育"扶志"和"扶智"功能为手段帮助贫困人口脱贫致富、实现可持续性发展的一种扶贫思路和方式。

(三)后扶贫时代

关于"后扶贫时代",不同学者的界定不尽相同。有人认为,后扶贫时代是全国范围内"两不愁三保障"问题基本得到解决,原发性绝对贫困现象基本消除,全面建成小康社会预期基本实现,中国扶贫开发进入"以转型性次生贫困为特点"的时期(卢黎歌、武星星,2020)。也有人从"广义"和"狭义"来界定"后扶贫时代",狭义的后扶贫时代是指从脱贫攻坚提出(2015年)到全面建成小康社会目标实现(2020年);广义上的后扶贫时代则是从脱贫攻坚的目标提出到2050年前后,实现贫困对象可持续稳定脱贫,消除相对贫困、实现共同富裕的区间段(程明等,2020)。

习近平总书记对2020年以后的贫困特征论述,为我们科学界定后扶贫时代提供了依据。他在十九届中央政治局第八次集体学习时强调:"2020年全面建成小康社会之后,我们将消除绝对贫困,但相对贫困仍将长期存在。到那时,现在针对绝对贫困的脱贫攻坚举措要逐步调整为针对相对贫困的日常性帮扶举措"。习近平总书记在2020年中央农村工作会议上也指出:"脱贫攻坚目标任务完成后,对摆脱贫困的县,从脱贫之日起设立5年过渡期。"

根据文献梳理,结合习近平总书记的一系列重要讲话论述,我们对"后扶贫时代"作出"广义"和"狭义"两种定义:"狭义"的后扶贫时代是指从脱贫攻坚目标任务完成后到5年过渡期结束的时间段;"广义"的后扶贫时代则是脱贫攻坚目标任务完成后,以解决"转型性次生贫困"为主要特征的扶贫时期。二者的区别在于,考虑到贫困治理是社会发展过程中永恒的命题,5年过渡期结束后的贫困治理依旧可以算作是后扶贫时代。本书采用的是狭义的定义,即把脱贫之日起到5年过渡期结束的时间段称为后扶贫时代。

(四)乡村教育振兴

界定乡村教育振兴这一基本概念,需要首先对乡村教育这一概念进行厘清。有学者对乡村教育进行了宏观、中观、微观的界定:宏观上指一切为乡村建设和发展服务的教育;中观上指乡村地区(县级行政区划以下地区)的教育;微观上指乡村的学校教育(陈时见、胡娜,2019)。我们认为,实现乡村教育振兴,是要使乡村地区自身的教育发展得以实现同城市教育的平等、共生地位,而不是受制于城市教育力量的单向流动来支撑乡村教育,因为这样的乡村教育缺乏自主发展的生命活力,只是城市教育的附庸。宏观层面的定义可能会导致乡村教育的主体性丧失,因为一切为乡村建设和发展服务的教育本身就囊括了城市教育,而微观层面的定义又有将教育窄化为学校教育之嫌。因此本书更倾向于中观定义:乡村教育是乡村地区(县级行政区划以下)的教育。

既然提到"乡村教育振兴",便隐含着如今乡村教育"薄弱""衰退"的前设。有学者认为,当今时代背景下,城乡二元结构的存在使教育资源由城市向农村单向流动,乡村教育出现高投入低产出问题(孙德超、李扬,2020)。这是当前乡村教育所面临的一大症结,背后牵涉着由于长期存在的城乡二元结构所引起的发展不均衡问题,城乡间经济地位的分层化导致城市所代表的现代工业文化占据高位,冲击传统乡土文化,引发乡村人口"跳出农门""逃离乡土",乡村文化陷入"荒漠化",乡土信仰崩塌等问题。归根结底,它源自于乡村在发展中长期滞后于现代化进程,造成的乡村本土现代性要素缺失。我国立足于建立社会主义现代化强国,积极推进现代化进程,但广大乡村地区曾长期在现代化建设中没有被足够重视。如今已经意识到,没有乡村的现代化,社会主义现代化建设就是不完整的。而要实现农村农业现代化,基于教育优先发展的原则,就应当积极实现乡村教育的现代化,即乡村教育振兴的方向就是实现乡村教育的现代化。

由此,我们可以对乡村教育振兴进行如下定义:乡村教育振兴是以现代化理念为指导,通过解决乡村地区教育在国家现代化进程中产生的一系列问题,来实现乡村教育制度、思想观念、内容方式、治理体系等要素的现代性变革,从而实现乡村教育振兴,助推乡村农业农村的现代化,进而推进乡村社会全面振兴。

二、相关概念之间的关系

(一)作为目的和手段的教育扶贫

教育扶贫具有"扶教育之贫"和"用教育扶贫"两层含义,是目的与手段的统一,这一解读已经得到众多学者的认可。一方面,教育之于贫困地区而言,是亟须得到发展的短板之一;另一方面,教育本身又具有提升人的基本素质,发展人的生产能力,使人们通过教育增加收入,摆脱贫困的功能,所以它是促进贫困人口摆脱贫困的重要工具。但也有学者对此持不同看法,认为将"扶教育之贫"和"用教育扶贫"作为教育扶贫的两层含义,或者说目的与手段的统一,模糊了教育扶贫的内涵与外延(范小梅,2019)。因此,作为书中的基本概念,我们有必要对教育扶贫的内涵与外延进行全面、深刻的研究,从"目的论"和"工具论"两个视角探讨教育扶贫目的与手段的内涵,明晰把握二者的区别与联系。

马克思主义把目的理解为人在思维中对活动的结果,即活动所要创造的未来对象的主观观念形式的建立。目的是人的需要的反映,它表明人不满足于当前的现实,通过人的对象性活动来创造适合于自己需要的新现实。当我们使用马克思主义观点对目的意涵的解读运用到教育扶贫上时,就会面临这样一个问题:我们所讨论的不满的"现实",究竟指的是当前贫困地区的教育现实,还是当前教育所发挥的扶贫开发作用不佳的现实? 我们认为两者皆有之,而且是具有高度联系性的——正是因为当前贫困地区教育现状堪忧,所以教育在扶贫开发中的作用不尽如人意。从这个角度来看,教育在扶贫开发中的作用不佳,可以被视为贫困地区教育现实的一个反映,范围上前者大于后者。那么可以说我们关注的重点是当前贫困地区的教育现实吗? 我们认为,这一解读恐怕会背离我们提出教育扶贫时的价值追求,那就是使人脱离贫困,消除社会贫富的两极分化,实现社会主义社会的公平正义。也就是说,扶贫才是最终的目的,发挥教育在扶贫开发中的作用,使人通过教育促进贫困的摆脱,才是我们追寻的目标,即习近平总书记在《摆脱贫困》一书中强调的,应当避免"就教育论教育"的错误观念,因为教育现实仅仅是贫困地区诸多社会现实的一个部分。因此,我们更赞同从后者——教育在扶贫开发中的作用不佳这个现实切入,因为它表明,教育只是扶贫开发这个系统工程的一个部分,相比于前者更加具有整体性,这要求我们在讨论教育贫困治理时,要有意识地将教育贫困现实与贫困地区其他非教育贫困现实联系起来加以关照。

如果从这一角度着手,那么"用教育扶贫",即发挥好教育在扶贫开发中的作用,使人通过教育摆脱贫困,就成为教育扶贫的目的,再结合马克思主义针对"手段"一词的阐释:人在提出目的和实现目的之间,存在着一系列中介,这些中介就是实现目的的手段。我们可以进一步推出,发展教育,即"扶教育之贫"是教育扶贫的手段。因为,要发挥好教育在扶贫开发中的作用,不断发展教育是其必要手段。但这似乎和部分学者所认为的"扶教育之贫"是目的、"用教育扶贫"是手段存在差异。针对这一辨识,我们认为,这是因为在研究过程中所使用的角度不同所导致的,当我们把"教育"与"扶贫"作为一对并列的概念加以讨论时,"教育"便成为"扶贫"的目的与手段的统一,即"扶贫"包含"扶教育之贫",是目的之一,而"教育"又成为"扶贫"的一种手段。但如果将"教育扶贫"作为一个整体性的概念来诠释时,便有通过不断发展教育(手段)来发挥教育在扶贫开发中功能(目的)的含义。即要更好"用教育扶贫"就应努力"扶教育之贫"。

综上所述,我们无论是将"教育"与"扶贫"作为一对并列概念,还是将"教育扶贫"作为一个整体性概念,都是一种目的与手段的统一体。学者可根据自己研究视角的不同选择最适合自己开展研究的定义。我们认为,本书既然要将"教育扶贫"与"乡村教育振兴"作为一对并列的基本概念进行研究,便有必要将"教育扶贫"视为一个整体概念来把握。因此,我们进一步将教育扶贫定义如下:教育扶贫是一种通过不断扶持教育本身,使其在扶贫开发过程中发挥应有功能,以支持贫困人口,帮助他们消除主客观致贫因素,为摆脱贫困创造可能的思路和实践。这一定义将"目的"与"手段"融入教育扶贫的概念之中。

(二)教育扶贫与教育脱贫的关系

"教育扶贫"和"教育脱贫",二者尽管只有一字之差,但所蕴含的意思却有不同。考察教育扶贫与教育脱贫两个概念的内涵及联系,首先我们需要区分清"扶贫"与"脱贫"的关系。

扶贫并不等于济贫,过去的思维定式会让我们将扶贫简单理解为济贫,这是错误的观点。从词意上讲,"扶"有扶持之意,用在扶贫上,有扶助、支持贫困人口的意思,而济贫更多指的是一种经济上的救助,但它是治标不治本的,相比于济贫,扶贫所涵盖的内容显然要更广泛、更深入一些。同时,扶贫也不能等同于脱贫,尽管二者存在着紧密联系,脱贫是"摆脱贫困",它是扶贫的根本目标。但可持续性的、高质量的脱贫,不仅要求在扶贫时消除制约贫困人口摆脱贫困现状的客观条件,还要关照和满足贫困人口实现可持续脱贫的主观条件。例如,尽管经过发展产业扶贫,使当地人民就业机会大大增加,但如果贫困个体的素质无法达标,便也就失去了依靠就业摆脱贫困的主观可行能力。由此可见,要实现高质量脱贫,最根本的方向还在于人的发展,必须关注贫困人口的主体脱贫能动性提升。

通过上述对"扶贫"和"脱贫"的讨论,我们可以发现教育在其中的意义,强调扶贫先扶智、治贫先治愚,正是充分看到了教育在对贫困人口主体脱贫能动性开发中发挥的重要作用。也因此,教育扶贫成为脱贫攻坚的治本之策。从关系上看,教育扶贫倾向于过程的关注,在扶贫过程中通过什么方式发展教育、依靠教育进行扶贫。教育脱贫则更倾向于结果的评价,如贫困人口通过什么样的教育摆脱贫困,是否通过教育摆脱了贫困。可见,二者实际上是"扶贫"与"脱贫"的延伸,即教育扶贫与教育脱贫是手段和目的的统一。

(三)教育扶贫与乡村教育振兴的关系

要理解教育扶贫与乡村教育振兴的关系,我们需要回到两个概念提出的背景之下,即寻求二者的上位概念,从脱贫攻坚和乡村振兴入手来研究二者的联系。教育扶贫和乡村教育振兴分别是脱贫攻坚和乡村振兴概念的延伸,如果能理顺脱贫攻坚与乡村振兴的关系,便有助于我们理解后两个概念的关系。

脱贫攻坚是实施乡村振兴战略的优先任务。党的十九大提出乡村振兴战略时,绝对贫困问题仍未消除,因此脱贫攻坚便被视为实施乡村振兴战略的优先任务。这从脱贫攻坚的目标中便能得到体现,例如我们要求在 2020 年全面实现农村贫困人口"两不愁、三保障"目标,实质便是为了保障农民基本的生存权和发展权,倘若作为发展主体的农民,连基本的生存和发展都受到威胁,乡村振兴的实施和推动恐怕将沦为"空谈",只有解决了农民的绝对贫困问题,使其吃穿不愁,教育、医疗、住房得到保障,才可以进一步谈乡村的发展和振兴问题。

通过上述分析,我们可以得出,脱贫攻坚和乡村振兴实质是优先任务和顶层设计的关系,如果不能实现脱贫攻坚,便无法全面推进乡村振兴。基于对二者的理解,再回头看教育扶贫与乡村教育振兴,我们便可以从两个概念中找出二者的区别与联系了。

从教育扶贫与乡村教育振兴二者的区别上看,主要有:一是如前所述,二者实质是优先任务和顶层设计的关系,严格来说,乡村教育振兴的推进以教育脱贫攻坚任务的完成为基础,倘若农村地区仍有人教育没有保障,乡村教育振兴也无从谈起;二是群体扩大,教育扶贫聚焦的对象是建档立卡贫困人口,而乡村教育振兴的对象则是广大农村人口,实现了从特定群体到普惠性支持乡村人口的转变;三是对贫困的把握不同,教育扶贫要解决的是绝对贫困问题,而乡村教育振兴则需要更多维地解决相对贫困问题。

(四)"雨露计划"与"两个行动"

2007年,我国印发《关于在贫困地区实施"雨露计划"的意见》,标志着将教育扶贫理念运用于扶贫开发实践的政策实施开端。2016年,为了进一步发展贫困地区职业教育,提高地方职业教育脱贫的内源性力量,教育部印发《职业教育东西协作行动计划(2016—2020年)》和《贯彻落实〈职业教育东西协作行动计划(2016—2020年)〉实施方案》,用以指导对西部职业教育的帮扶行动,即所谓的"雨露计划"。同年,人社部印发《关于开展技能脱贫千校行动的通知》,借助职业教育培训开展技能扶贫行动;2019年,教育部进一步发布《关于深入推进技能脱贫千校的实施意见》,继续深化技能扶贫行动,也称"两个行动"。"雨露计划"与"两个行动"是我国在扶贫开发专项工作中的重要内容,它们与教育扶贫存在着千丝万缕的联系,分析它们的具体内容有助于借具体化的实践,深化理解教育扶贫功能运行的内在机理。

"雨露计划"作为我国扶贫开发专项工作中的重要内容,以政府主导、社会参与为基本组织形式,藉由与职业教育和技能培训有关机构建立高度联系,帮助贫困个体提升就业创业能力,助其摆脱贫困,是教育扶贫政策的重要组成部分和教育扶贫理念在扶贫开发中的具体实践,具有助学性和扶贫性的特点。在教育扶贫政策的运行过程中,随着乡村振兴战略的实施和乡村社会经济的发展,为了提升教育扶贫的质量,"雨露计划"实现从早期促进乡村富余劳动力转移培训到藉由职业教育培养适应市场的乡村高素质就业创业型人才的转变。

"两个行动"意指职业教育东西部协作行动与技能脱贫千校行动。它们是职业教育扶贫在新时代脱贫攻坚阶段的主要行动模式,职业教育东西协作行动是由国家发起的,旨在发挥东部职业教育资源优势对西部职业教育各领域薄弱短板进行全面重点的、兼顾地方产业适应性的帮扶协作活动。其基本特征是,帮扶领域的全面性与重点性并举,在帮扶中实现产业的振兴与职教的发展、脱贫的实现,遵循职业教育学历教育与培训相统一原则,开展管理、基地建设、师生交流的深度合作,并在行动中要求发挥帮扶职业学校就业兜底作用。技能脱贫千校行动是新时代脱贫攻坚战背景下,由人力资源和社会保障部、国务院扶贫办联合发起的,旨在动员和组织千所左右省级重点以上的技工院校,面向建档立卡贫困家庭应、往届"两后生"和具备劳动能力人员,开展技工教育和职业技能培训,使其实现技能脱贫,为就业创业脱贫提供保障的扶贫开发专项行动。它以技能脱贫为基本思路,借助千余所优质技工学校的力量,培养有劳动能力的贫困者适应当前职业社会就业创业能力,并使其掌握职业技能,为劳动力转移就业,创造稳定就业,获得稳定的工资性收入,实现可持续性摆脱贫困奠定技能基础。

总体来看,"雨露计划"和"两个行动"在教育扶贫过程中发挥了各自不同的作用。进入后扶贫时代,"雨露计划"主要面向接受职业教育的贫困学生,目标在于培养高素质的、适应市场的就业创业型人才。职业教育东西部协作行动主要面向西部的职业教育发展,解决贫困地区职业教育的供给薄弱问题。技能脱贫千校行动主要面向"两后生"和具备劳动能力人员,更多侧重于技能扶贫,开展再教育、再培训,实现劳动力转移就业,是一种成人教育和继续教育。

第三节　与本书相关的前期成果概述

文献综述是进行某一研究的基础,只有站在巨人的肩膀上,才能高瞻远瞩。教育扶贫作为国家脱贫攻坚时期的一项重大民生工程,一些学者对其进行了不少理论研究和实践模式的总结,丰富了教育扶贫的理论,为世界减贫事业提供了中国实践方案;多数学者从多学科视角对教育扶贫进行意蕴解读,丰富了教育扶贫的理论深度,并基于不同目标理念下的制度设计构想,为我们探索多元化的教育扶贫策略提供思想借鉴;还有学者关于教育扶贫的问题归因与改进策略的讨论为我们进一步分析教育扶贫问题,立足乡村教育振兴需要提出建议提供了基本方向。

一、关于教育扶贫的理论研究与实践模式

（一）教育扶贫的理论研究

有关教育扶贫的理论研究主要分为三种："本体理论探索""历史发展研究""理论创新研究"。

1. 教育扶贫的本体理论探索

这一部分的理论研究主要是对教育扶贫问题本身进行理性思考和分析，继而得出教育扶贫的"本体论认识"。从现有文献看，林乘东（1997）是国内较早对教育扶贫进行系统理论研究的学者，他基于人的动力素质和能力素质两个视角维度来考察贫困发生的内部要素，认为，"实施教育扶贫，主要是通过教育对贫困人口进行素质改造完成的，教育扶贫即素质扶贫"。对教育扶贫的"本体论研究"主要从教育扶贫的价值追求、作用机制、内在功能、治理路径、研究视角等方面来进行思考分析。

在教育扶贫价值追求的研究上，分为社会价值追求和个人价值追求两个层面。李兴洲（2017）认为公平正义是教育扶贫的价值追求，这种价值追求表现为教育扶贫体现的差别正义原则和起点公平理念、权利平等原则和过程公正理念、机会均等原则和结果公正理念等方面。莫丽娟（2020）则基于个人价值追求视角探索教育扶贫的价值追求：教育扶贫是一个"创造新人"的过程，通过"自我的祛昧"重新建立"我"与"自我"的关系，进而实现治理自己；并从个体贫困的道德省察到实践个体伦理，在推动"应"向"能力"转变中，实现对"美好生活"——作为最高的善的"幸福"追求。

在教育扶贫作用机制的研究上，袁利平、姜嘉伟（2020）认为，教育扶贫的作用机制是教育扶贫作为制度规范或措施及相应制度体系或结构，对贫困相关客体所产生的影响及程度，并随时间变化产生互动关系，这一作用机制的发挥需要集合地方性和全球性力量为核心载体，以重塑"知识资本"为预设目标，以注重"文化自觉"为指引方向，以运用"互联网+""大数据"为技术支撑。

在教育对精准扶贫和精准脱贫的内在功能研究上，王嘉毅等（2016）认为，教育在精准扶贫和精准脱贫中发挥基础性、先导性和持续性作用。王宝义等（2020）则从破解贫困循环累积效应的思路揭示教育扶贫的功能：改变教育贫困循环累积效应需要实现循环内某一变量的良性转变，但在自由市场下的落后地

区往往缺少这一良性转变能力,需要由政府"有形的手",主导有效开展教育精准扶贫。

在教育扶贫的治理路径上,代蕊华、于璇(2017)认为应以新发展理念引领教育精准扶贫实践;加强顶层设计构建和完善教育精准扶贫法律制度体系;提升关键环节成效,构建精准化教育扶贫治理体制;发挥政府"元治理"核心主体作用,构筑多元协同的教育精准扶贫参与格局。

在教育扶贫研究视角的问题探讨上,杨琦蕙、周序(2020)认为,已有研究大都在政府为主的固有思维下展开,忽视长期存在的市场机制,应当将教育扶贫研究从"国家"视角逐步转到"市场"视角。

2. 教育扶贫的历史发展研究

这一部分主要是通过历史演绎的视角总结分析教育扶贫历史发展的规律和特点,继而为未来如何开展教育扶贫研究与实践明晰前进方向,历史研究的阶段划分主要遵循教育扶贫的政策制定、时代特点、实践逻辑等方面进行。例如,在教育扶贫政策制定的历史研究中,姚松、曹远航(2019)从历史制度主义分析视角出发,将教育扶贫历史依据政策的演绎逻辑划分为四阶段:制度变迁酝酿阶段(1949—1977)、制度变迁启动阶段(1978—2000)、渐进性制度变迁阶段(2001—2012)、断裂性制度变迁阶段(2013—2019)。袁利平、丁施雅(2019)则根据历史制度主义理论揭示出教育扶贫政策行为的特征变迁:从扶教育之贫到依靠教育扶贫、从普惠式教育扶贫到精准式教育扶贫,认为随着脱贫工作的不断深入,教育扶贫政策要从追求"效率逻辑"转向"效益逻辑",从"宏观引导"转向"具体举措",从"单一主体"转向"多元主体"。余应鸿、赵伶俐(2020)则进一步细化教育扶贫政策演变特征,认为新中国成立以来,我国教育扶贫政策历经以"面"为主的"普惠式"扶贫、"面线"结合的"多维式"扶贫、"线点"结合的"专项式"扶贫、以"点"为主的"精准式"扶贫四个阶段。

魏有兴(2019)根据时代特点,将教育扶贫历史嬗变过程总结为三个阶段即新中国教育扶贫、新时期教育扶贫、新时代教育精准扶贫,体现出普及教育到教育均衡再到教育公平的三大历史飞跃。李兴洲(2019)则通过研究我国教育扶贫发展历史轨迹总结教育扶贫实践逻辑的嬗变历程:普及与提高,我国教育扶贫的初始样态与价值追求;起点与过程,我国教育扶贫的点向思维与线性追求;漫灌与精准,我国教育扶贫的粗放模式与精准追求;公平与优质,我国教育扶贫的改革动力与目标追求。

3.教育扶贫的理论创新研究

目前,教育扶贫的理论创新研究已不能满足于教育扶贫原有理论内容的修补和思辨,而是根据已有的教育扶贫实践经验,构造更为系统化、科学化的教育扶贫理论体系或理论模型。例如,费文会(2019)基于五位一体理念,构建出连片特困地区教育精准扶贫的理论体系,包含三体系五维度:目标体系(价值感悟、情感态度等五个维度)、方法体系(励志教育、感恩教育等五个维度)、效果体系(思想脱贫、生财有技等五个维度)。谢治菊(2020)则基于人类认知五层级理论构建教育五层级阻断贫困代际传递的理论框架。袁利平、张欣鑫(2020)按照教育扶贫研究的多学科特征构建教育发展为本源、经济发展为动力、社会公平为导向、文化建设为使命、生态建设为着力点的"五位一体"统筹发展的教育扶贫精准化模型。

此外,目前学者还就教育扶贫的分析框架、评估机制、运行机制等方面作出理论创新。例如,黄巨臣(2020)基于资源配置视角构建"目标—方式—能力"多维整合性分析框架:目标(政治、经济、社会)是决定资源配置方向的基本指引,方式(正式或非正式)是主导资源配置行为的模式选择,能力(国家、社会、市场、个体)是影响资源配置水平的关键变量。阿海曲洛(2018)在针对西部少数民族地区的教育扶贫政策分析基础上,结合公共政策绩效评估的相关理论分析建构用于西部少数民族地区的教育扶贫绩效评估指标体系,并实证了其实用性和可行性。王林雪、殷雪(2019)从精准扶贫视角分别基于对象的识别、资源投入、产出及成效四方面建构教育扶贫绩效评价指标体系。王继平(2019)等建构了我国职业教育扶贫绩效评价体系。袁利平、丁雅施(2019)建构了由"教育投入、过程保障、教育产出和教育脱贫"四维度组成的教育扶贫政策实施效果评估指标体系。张琦、史志乐(2018)从基础巩固、能力提升、空间协作、社会支持五向度出发,建构反映贫困地区教育发展根基性、保障性、支撑性、拓展性方面的教育脱贫工作绩效指标体系。在教育扶贫运行机制的理论创新上,张家军、唐敏(2018)尝试建构包含识别机制、帮扶机制、管理机制、考核机制和退出机制在内的教育精准扶贫运行机制。

(二)教育扶贫的实践模式

根据学者研究中实践主体的不同,将教育扶贫的实践模式主要归纳为"政府为主体、高等院校为主体、职业院校为主体、民办学校为主体、信息化平台为主体、国际组织为主体"六种类型。

政府为主体的实践模式。周丽莎(2011)介绍了新疆克孜勒苏柯尔克孜自治州实行"小手牵着大手,走出大山、摆脱贫困",实施集中办学、民汉合校和"双语"教育的扶贫实践模式,让少数民族儿童能平等接受教育,实现"实质自由",缓解能力贫困。陈立鹏等(2017)介绍了内蒙古、广西地区教育扶贫实践模式:内蒙古实行从学前教育到职业教育全面扶贫的实践模式,广西实施以教育精准帮扶为主的精准扶贫模式,二者分别从扩大教育覆盖面及提升帮扶精准度两方面分析提升教育扶贫成效。徐姗姗、羌洲(2018)介绍了"组团式"教育人才援藏的扶贫实践模式,该模式实施一年多来已显示出布局宏观、机制长效、精准扶智、订单援教、科学用人、辐射实效的亮点。陈本锋(2020)介绍了四川省民族地区"9+3"免费教育计划,10多年通过健全组织机构、建立细致周全的政策体系、精准帮扶对象、明确培养目标,来实现教育的精准帮扶,帮助民族地区学生实现稳定就业。

高等院校为主体的实践模式。刘盛平、何红力(2019)介绍了广西师范大学充分利用自身资源优势精准扶助贫困大学生成才,实施陪伴式乡村教师精准扶贫式混合培训,以精准推进农村扶贫创业工作,形成了"师范教育培养优秀师资""继续教育抓好教师培训""职业教育培养致富能手"的三位一体教育扶贫实践模式。李梦、吴娟(2020)以北京师范大学现代教育技术研究所与西南地区 G 省 F 市的项目合作为背景,以提升广大教师深耕课堂教学的综合能力为发展目标,构建"高校专家智力资源为牵引力—当地教育行政管理为助推力—基层学校教师实践为执行力"的"深耕课堂·三方协同"的精准教育扶贫实践模式。徐新洲(2020)以南京林业大学为例,介绍农林业高校"全过程"林业教育扶贫模式。首先在教育人口上,围绕精准扶贫国家战略,立足将林业高校的教育优势转换成优质扶贫资源,开展林业教育扶贫;在教育过程中完善林业高校贫困生资助体系,将资助工作与育人工作有机结合;最后在教育出口中拓展教育扶贫通道,积极引导大学生主动服务乡村振兴和现代林业发展,注重培养一大批服务"三农"、从事林业科技推广的脱贫致富生力军。

职业院校为主体的实践模式。吕景泉(2018)介绍了天津职业教育精准帮扶中西部地区实践模式,通过建立职教帮扶指挥中心、区域系统定向援建、职教品牌整体输出、专业结对合作共建以及师资系统提升培训、学生成长定向培养等方式构建职教帮扶的"天津模式"。

民办学校为主体的实践模式。强新志(2021)介绍了石家庄外国语教育集团"大家好才是真好"的学校共同体教育扶贫实践模式,该模式以志愿帮扶、人本帮扶、能力帮扶、校际帮扶、常态帮扶为核心特征,构建出以共生的价值目标、共享的资源配置、共赢的效果激励以及共同体的组织协调为特色的运行机制,制定以教育观念的改变为首要任务、能力素质提升为关键突破、学习共同体建构为制度保障、学校与政府之间需求匹配为条件支撑的实施策略。

信息化平台为主体的实践模式。魏顺平等(2020)介绍了我国贫困地区依托国家开放大学构建包括云基础设施搭建、应用服务部署、资源服务部署、应用驱动培训、运维和网络安全保障环节的教育信息化精准扶贫模式,利用云服务搭建大平台、重点面向移动端提供应用资源、充分应用新技术、注重人的服务等特征的实践表明,云服务教育信息化精准扶贫模式可以提升在线学习用户的体验和参与度,实现区域优质师资共享,促进全国优质数字图书资源共享,真正做到让在线学习时时发生、面授教学无处不在、优质资源人人可得。

国际组织为主体的实践模式。唐智彬、潭素美(2020,2019)介绍了联合国教科文组织通过将职业教育融入相关教育行动,重点关注弱势女性、贫困青年群体、特定区域与特定人群,以职业教育扶贫促进绿色与可持续发展等方式的实践模式。此外,二人还研究了国际劳工组织主要实践:将贫困青年职业培训与创业教育作为职业教育扶贫重点、通过职业教育与培训为贫困残疾人发展赋能、持续关注贫困女性群体的职业教育扶贫、推进其他少数人群职业教育扶贫。

二、关于教育扶贫的学科视角与制度设计

(一)从教育扶贫的学科视角进行研究

近年越来越多的学者立足各自不同的学科视角对教育扶贫问题与实践进行分析阐释,主要有从教育哲学、教育人类学、制度学、管理学、协同学以及社会资本、心理资本等视角进行归纳的研究观点。

教育哲学视角的研究。刘远杰(2020)从教育哲学视角对教育扶贫的过程与结果加以审视,发现教育扶贫行动者并未充分意识到教育扶贫行动中的"教育性",先验将其框定为一种经济学行为和政治任务,教师"教育者"身份受到隐

遁,成了"资助者"或"公务员",在后扶贫时代实现乡村教育振兴,应当实现教育扶贫行动中教育性价值的理性回归。

教育人类学视角的研究。何志魁(2020)以教育人类学中的主客体研究方法对民族地区的教育内涵进行文化阐释,认为民族地区教育扶贫的主客体语境体现为教育扶贫内涵主客体文化表达、教育脱贫多元主体间的合作共治和教育资源供需改革的双向融合,应当基于贫困对象能力、处境来书写新的教育民族志、引导贫困对象建构积极的自我观念、推进参与式扶贫的教育价值回归,优化以贫困对象获得感与满意度为中心的教育扶贫绩效评估体系。

制度学视角的研究。赵垣可、刘善槐(2020)从新制度主义视角分析教育精准扶贫在现实中的难为可为:教育精准扶贫中"理性人"之间的利益博弈、教育精准扶贫面临"合法性"危机、当前既有制度环境约束使得教育精准扶贫陷入制度化困境。推进教育精准扶贫可持续发展应创建联动机制,规范和引导各"理性人"主体行为;完善制度措施,解决内外"合法性"危机,推进制度创新,消除制度惰性。

管理学视角的研究。管理学层面把利益相关者视作任何组织外部环境中组织决策和行动影响的相关者。教育精准扶贫牵涉非常广泛的主体、客体,主体与客体间又有错综复杂、动态变化的利益关系,剖析教育精准扶贫中的利益相关者,阐发各利益相关者的利益诉求、努力程度、影响程度等,有利于从多维度多层面立体化反映扶贫效果。郭晓娜、陈思其(2020)基于利益相关者理论,提出了教育精准扶贫绩效评估框架体系的优化建议。

协同学视角的研究。协同学研究各种不同性质的微观子系统所构成的各种系统,并且关注子系统如何通过合作及彼此协同、竞争,使系统在宏观结构中产生时间结构、空间结构或功能结构上的相变。江星玲、谢治菊(2020)用协同学理论深度剖析东西部教育扶贫的协作协同机理发现,东西部的教育扶贫协同机理离不开扶贫协作政策、制度设计等外部控制参量的积极影响:政府、学校、企业、社会组织等扶贫子系统的协同有序合作,组成自组织运动。

社会资本视角的研究。袁利平、姜嘉伟(2020)从社会资本视角对教育扶贫行动进行审视,认为社会资本与人力资本存量、扩大社会关系规模和提高信任度阈限存在密切关联,后扶贫时代民族地区教育扶贫要在遵循个人资源内置于社会资本的教育扶贫逻辑基础上,以社会信任、社会规范以及社会网络、社会合作为关键向度,探寻其社会资本行动理路,并不断推进民族地区的教育扶贫适切性转变与创新性发展。

心理资本视角的研究。安海燕、孙晓书(2021)从心理资本视角审视教育扶贫问题:心理资本(如自我效能、乐观等)会影响教育收益率,一是高心理资本对教育吸收能力更强,更易将知识内化以提高能力;二是低心理资本可能会对教育收益率产生负面影响,这要求教育扶贫工作中注重学生的心理建设,体现教育扶贫智志双扶的重要性。

(二)从教育扶贫的制度设计进行研究

在教育扶贫的制度设计中,学者往往基于不同的现实目标对教育扶贫的制度设计问题进行相关研究,归纳起来有"农民工城镇化、职教集团协同、政府主导实施、教育信息化2.0、消除城乡差异、治理现代化"等现实目标下的制度设计研究。

农民工城镇化视角的研究。朱德全等(2018)学者认为,农民工因经济资本薄弱、社会资本赤贫、文化资本欠缺,在城镇化进程中脱贫乏力,经济融合、身份融合、心理融合受阻,难以真正转型为新市民,应当通过职业教育的补偿性和发展性功能的发挥帮助农民工改善就业、扩充社会关系网络和认同城市文明,在制度设计上精准"分析需求",优化扶贫供给,精准"协同帮扶",增强扶贫合力,精准"治理督评",保障扶贫效能,以消除农民工能力贫困和精神贫困,顺利融入城镇化。

职教集团协同视角的研究。张育松、李云飞(2018)从职教集团视角讨论职业教育助推精准扶贫作用,认为职业教育集团和精准扶贫之间存在互生关系,可依托职教集团社会服务功能及可持续发展的长效机制,在制度设计上促成政府主导、校企参与、政产学研协同的职业教育精准扶贫模式。

政府主导实施视角的研究。张翔、刘晶晶(2019)从政府行为视角分析教育扶贫瞄准偏差与治理路径认为:政府作为我国教育扶贫主体的首席,其具有"经济人"特质和"委托—代理"行为,构成教育扶贫瞄准偏差的两个重要变量,导致了教育扶贫对象识别以及教育扶贫资源投放存在一定程度偏颇和误差。因此,在制度设计上需要完善激励机制以实现各级政府在教育扶贫过程中的目标兼容,激发各级政府治理教育扶贫瞄准偏差的动力,构建政府主导、多方参与的教育扶贫主体体系,提高政府治理教育扶贫的瞄准偏差能力。

教育信息化2.0视角的研究。袁利平、张薇(2020)从教育信息化2.0视角讨论后扶贫时代教育扶贫的转型及实现,认为应在制度设计上实现低效滞后向高效创新的转变,完善自我规范制度,赋予地方更多自主权和自由裁量权,保障扶贫信息共享共用,通过激励、引导、扶持、资助等机制为教育信息化市场创建更开放、更公平的制度环境,确保多元的市场主体对贫困地区教育信息化资源进行最优配置。

消除城乡差异视角的研究。刘大伟(2020)从城乡差异视角研究教育扶贫的路径与效果,从增长效应看,受教育水平的提升有助于贫困改善;从分配效应看,教育在城乡之间的治贫效果上存在共性和差异。在共性上,受教育水平提升增加城乡地区的分配效应,一定程度上阻碍了贫困改善。在差异上,教育公平程度提升对农村地区分配效应变动的影响不显著,但对城镇地区有正向显著影响,且效果远高于教育水平提升引起的抑制作用。为消除城乡差异,应在制度设计上注重以帮扶教育之贫为行动原点,加大贫困地区教育支持力度;以教育治理贫困为行动目标持续提升贫困地区人口自我发展能力;以供给侧改革为保障条件持续提升贫困地区教育公平程度。

治理现代化视角的研究。张地容(2020)从治理现代化视角研究教育精准扶贫的实践困境与突破路径,认为存在多元扶贫主体协同治理不足、"相对贫困"群体识别不精准、扶贫内容过于注重教育"GDP"、扶贫制度建设有待完善等问题。应在治理现代化框架下构建政府主导、社会参与的多元协同治理格局,精准识别"相对贫困"群体的个性化教育需求,提供公平且有质量的教育,完善教育制度体系。

三、关于教育扶贫的问题归因与改进对策

(一)从关于教育扶贫问题及归因的视角进行研究

关于教育扶贫的问题归因,主要从教育扶贫政策、高等教育扶贫、职业教育扶贫三方面进行归纳。

教育扶贫政策的问题归因。马健云、陈恩伦(2019)认为,我国教育扶贫政策存在政策认知障碍、目标群体识别错漏和政策多元治理滞后、政策价值缺失等问题,这些问题将影响政策认同形成和政策执行效果。姚松、曹远航(2020)认为,当前教育扶贫政策理念偏重经济思维,系统联合仍需加强;重视行政导向,法

治约束仍需加强;评估偏模糊描述,有待完善科学评价。邵忠祥、范涌峰(2019)认为农村义务教育学生营养改善计划政策在教育扶贫中的价值未有被充分认识、政策资源投入有待提高、统购管理制度不完善、目标人群不够精准。孙雪连(2020)认为农村留守儿童教育帮扶政策未充分关照利益相关者正当需求、未能形成科学有效帮扶协同机制、缺乏对政策执行效果的有效监督及反馈。仲雯等(2020)认为教育扶贫中的教师走教机制存在吸引力弱、职业保障机制不完善、"形式"的走教和乡村体系包容性不足等问题。

高等教育扶贫的问题归因。吕建强、许艳丽(2020)认为,传统高等教育扶贫观的"离农""局外人"思想难抑贫困再生,其制度设计的强同质化、体系的弱耦合性、评价监督的低制约性消解扶贫效果,高等教育扶贫资源供给的类型失序、周期失调阻碍扶贫的效能发挥。胡俊生、李期(2019)认为,高校在承担教育扶贫的社会责任过程中由于校地沟通不充分、信息不对称、衔接不顺畅、系统内部资源缺乏整合,用力分散,会影响帮扶的时效和质量。李子华(2019)认为,民族地区高校教育扶贫存在"粗放式"的实践困境,表现为盲目化的扶贫目标、功利主义的价值取向、同质化的扶贫模式。鲁石(2019)认为,目前高等教育扶贫存在机制不健全、师资不充足、效益不理想、就业脱节问题。

职业教育扶贫的问题归因。房文风等(2019)认为,贫困地区职业教育精准扶贫存在以下困境:内部问题为职业教育基础薄弱,吸引力不强;扶贫体制机制不健全,力量分散;监测监督的机制不完善;外部困境为自然条件差,环境制约因素多;人口规模大,劳动力的素质低;经济发展滞后,吸纳劳动力不强。张翙(2019)认为,当前农村职业教育存在教育资源整合度低、教育投入不足、教育供给与社会需求脱节等问题。

(二)从教育扶贫的改进对策的角度进行研究

就提高教育扶贫的实施成效,不同学者提出了各自的改进对策,主要包括努力改善教师生存质量、优先保障教育经费投入、鼓励支持优质学校参与、大力加强本土教师领军团队建设、以中国特色社会主义文化教育夯实根基、利用信息技术和社会合力精准扶智、虚拟现实技术和块数据技术助推教育扶贫等方面。

努力改善教师生存质量。侯小兵、许庆豫(2020)认为地方行政部门和学习管理者要将创造美好生活作为教师管理的基本理念,改善教师生存质量,增强教师职业认同,让教师扎根于山区教育,助力扶贫开发。

优先保障教育经费投入。彭妮娅(2021)研究发现,"三区三州"深度贫困地区教育经费每增加1%,农民人均可支配收入增加1.83%;教育经费投入对贫困地区农民收入的正向影响要高于"五个一批"脱贫举措中的其他因素。应继续保障教育经费优先投入,巩固脱贫成果,防止返贫。

鼓励支持优质学校参与。石中英(2021)认为,政府应作出明确的政策规划,动员支持优质学校参与教育扶贫;帮扶学校应处理好与被帮扶学校之间的关系,提升被帮扶学校的治理能力和教育质量,形成辐射带动效应,以实现被帮扶学校所在区域长期稳定脱贫。

大力加强本土教师领军团队建设。王卫平(2020)探讨了县域教育扶贫中本土教师领军团队建设对策:高校专家、政府行政、中小学管理三位一体协力建设本土教师领军团队;通过专家名师摸底听课把脉问题、同课异构示范教学、指导备课引领设计等课例研究路径,以提升领军团队的教学能力,并带领全县教师提升教学能力。

以中国特色社会主义文化教育夯实根基。吴霓(2020)强调用文化夯实教育扶贫根基:一是用中国特色社会主义文化为学生打底色,培养学生爱党爱国爱人民的深厚情感及自强不息、扶贫济困等优良品德;二是通过举办各种校园活动营造中国特色社会主义文化的整体良好氛围,为打赢脱贫攻坚战提供有利的社会环境;三是开展社会实践活动,让学生在实践中领悟中国特色社会主义文化,形成尊重劳动和创造的品质,助力脱贫目标最终实现。

利用信息技术和社会合力精准扶智。文燕银等(2020)认为智能时代,我国可以汇聚信息技术和社会各方力量为精准扶智服务,以国家层面建立的精准扶智平台为支撑,以在职人员、退休人员等组成网络志愿者联盟为组织服务中心,构建精准结对动态扶智共同体,实施以新型平台为纽带、多方协同、高效适切的精准扶智。

虚拟现实技术和块数据技术助推教育扶贫。袁利平、张薇(2020)讨论了基于虚拟现实技术的教育扶贫及其实现。袁利平(2020)认为,块数据特有的主体性、集聚性、关联性、多维性和强活性与教育精准扶贫中工作重点的精准定位、贫困对象的精准识别、教育的精准帮扶、信息的精准管理和监测具有内在耦合性,为块数据驱动教育精准扶贫提供了理论和技术支撑。

第四节　本书的立论基础与思路方法

任何系统、规范的学术研究,除了对涉及相关概念的内涵和外延进行解读之外,还必须依托一定的立论基础,这样,才能有深化这一研究的学术创新价值和实践指导意义。也只有基于适切的理论和学术视角,才能使这一研究的开展具有着实的论证依据,并为这一研究的理论创新提供学理逻辑。

本书以教育学(教育供给—主体性教育理论)、经济学(就业市场—人力资本理论)、管理学(行政调控—新公共管理理论)等多学科观点为立论基础,以乡村教育脱贫所取得的成效现状为主要着眼点,从根基、能力、通道、空间、力量等方面进行教育扶贫的问题归纳与原因分析,主要以乡村各级各类教育发展情况为主要研究对象,涵盖东、中、西部广大乡村区域,遵循"点线面结合"研究思路,运用文献研究、田野调查、问卷测评、比较研究、理论演绎等方法,最终提出后扶贫时代教育扶贫迈向乡村教育振兴的保障机制和对策建议。

一、立论基础

本书的立论基础主要有三个:教育学中的主体性教育理论,用以指导教育扶贫中教育供给层面的改革;经济学中的人力资本理论,用以指导教育扶贫中的人力开发(教育)工作如何与就业市场有效接轨;管理学中的新公共管理理论,用以指导教育扶贫中作为统筹主体的政府部门如何运用行政手段扮演好管理者、组织者、协调者、服务者等角色。

(一)主体性教育理论

主体性教育理论缘于我国改革开放的呼唤、反思传统教育和回归历史潮流的需要,其发展经历了 20 世纪 80 年代初期和中期对教学过程中主客体关系讨论,80 年代末到 90 年代初对教育者、受教育者主体性的讨论,在 90 年代中期以后由理论转为实践,成为我国教育改革的主要指导思想,它是一种时代的哲学,是本体的、价值的和实践的,促进着中国教育思想和实践由传统向现代转型(黄崴,2002)。

主体性教育以培养人的主体性为价值追求,以人的主体性的具体存在形态及生成机制为根据,全面、整体、科学地设计、组织和实施教育教学活动,并创造

23

出相应的环境和管理机制,以促进人的主体性的全面、整体生成和发展(和学新,2005)。总体上,主体性教育理论是以主体性哲学为基本理论基础,旨在推动我国传统教育改革向现代化方向转型,而在世纪之交逐步形成完善的教育改革理论,它旨在通过一切有目的、有计划的教育教学活动,构建相应的教育环境和管理机制来促进人类的自主性、能动性、创造性等方面的全面发展。

教育扶贫是一种借助教育手段,使贫困主体的身心素质得到发展,继而实现乡村脱贫致富的贫困治理思路。而主体性教育理论关注人的主体地位和主体人格,其目的在于培养与市场经济相适应的重自立、重创新的主体(孙迎光,2011)。从这个意义上讲,主体性教育理论可作为教育扶贫迈向乡村教育振兴实践工作中的重要指导理论。首先,教育扶贫的对象一般是经济地位薄弱、社会身份边缘化的贫困群体,一些弱势群体的主体身份长期遭受漠视,社会地位长期居于底层,这种处境长期持续导致他们自身主体性被长期掩蔽,丧失了脱贫致富的主体性,养成了"等靠要"等不良思想。这一问题也因此成为贫困难以得到根本性消除的内在问题,而要解决这一问题,就需要借助主体性教育理论,以主体性教育理论作为教育实践的指导思想去关注、唤起贫困者长期被遮蔽的主体意识和主体能力,激发贫困者脱贫的自主性、能动性、创造性,重塑自身的经济地位和社会地位。其次,借助主体性教育理论,在教育实践中充分关注贫困者主体人格的完善和成长。贫困问题往往不仅呈现在物质层面,还表现在精神层面,甚至表现为人格方面的缺失,尤其在一些贫困的乡村地区,如留守儿童问题、单亲儿童问题、离异问题等家庭因素导致儿童在人格成长方面形成缺陷,例如自卑、孤僻、乖张,失去独立自主的人格。这就需要在教育活动中重塑贫困儿童健康、完整的人格,使他们拥有实现脱贫致富所需要的心理素质和健康人格。最后,主体性教育理论要求将人培养为适应市场经济的、自主自立的、有创新能力的主体,这也符合教育扶贫工作和乡村教育振兴工作的目标要求。贫困地区的可持续脱贫和乡村地区的持续振兴都离不开以人为主体的源源不断的内生动力的生成,其内在的发展动力正是人类源源不断的能动性和创造力,而这也是主体性教育理论聚焦发展的重要素质。因此,基于上述三点解读,将主体性教育理论作为研究的主要立论依据,旨在探索研究通过什么样的教育活动促进贫困者相应的主体素质发展。

（二）人力资本理论

西奥多·W.舒尔茨是西方人力资本理论的奠基人和最重要的代表人物之一,他阐述了许多无法用传统经济理论解释的经济增长问题,明确提出人力资本是当今时代促进国民经济增长的主要原因。舒尔茨的人力资本特指体现在劳动者身上的一种资本类型,它以劳动者的数量和质量,即劳动者的知识程度、技术水平以及工作能力、健康状况来表示,是这些方面价值的总和。同时,其明确指出"经济发展主要取决于人的质量,而不是自然资源的丰瘠或资本存量的多寡"[①]。舒尔茨将人的数量与质量视作促进经济发展的一个关键变量,为当代经济学家解释贫困地区发展落后提供了崭新的理论视角,也是教育扶贫迈向乡村教育振兴研究的重要立论依据。

从人力资本视角解读贫困问题生成的学理逻辑,可以洞悉贫困发生的内源性因素和教育的反贫困功能:制约贫困地区经济发展的因素除自然资源匮乏、社会保障制度不完善等因素外,当地人力资本的匮乏和贫弱也是长期制约贫困地区的经济可持续发展的核心要素。这些问题集中表现为以下方面:一是人口数量不足,如我国西部一些边远山区,环境恶劣,交通闭塞,人烟稀少,导致社会发展极度滞后,开发程度低;二是由于人口素质不够导致了地区社会生产能力偏弱,经济发展水平滞后,在西部边远贫困地区,一些山民甚至还保留着原始的"刀耕火种"习惯,被称为"直过民族",落后的生产方式导致了贫弱的工作能力,影响地区整体的经济生产能力;三是人口的知识掌握程度、技术技能水平和健康状况影响工作能力的进一步提高。贫困地区由于经济发展落后,教育水平不足,当地人口受教育程度低,知识积累不足,技术技能不够,加之环境恶劣,健康状况也堪忧,这些多重要素叠加,导致人力资本贫弱进一步加剧。同时,人力资本理论也为教育的反贫困功能提供了学理解读,通过各级各类教育,尤其是职业教育,能够帮助贫困者掌握生产所需的相关专业知识和技能,提高社会生产能力,使之更加适应劳动力市场需求,实现充分就业,换取经济收入,摆脱贫困。教育扶贫的实质就是以国家和政府为主体的,针对贫困地区的人力资本改善的投资活动,通过对教育的直接投资或间接扶持,提高

---

① 转引自刘军豪、许锋华:《教育扶贫:从"扶教育之贫"到"依靠教育扶贫"》,《中国人民大学教育学刊》2016 年第 2 期。

乡村当地教育水平,增强人力资本的存量,继而提升贫困地区整体的内源性发展功能,实现可持续的经济增长。因此,基于经济学学理视角,探究什么样的教育能够更好提升人力资本存量,促进乡村地区经济增长与就业市场相适宜,这就有赖于将人力资本理论作为主要立论依据,在经济学模型下进行系统的实证分析与研究。

(三)新公共管理理论

新公共管理理论是以解决美英等发达国家在 20 世纪 70 年代经济"滞涨"、发展陷入"内卷化"的问题应运而生的管理范式变革,并在对政府管理、传统公共管理理论的评判中构筑起一系列新的理论的集合。它是对传统公共管理理论的解构,通过批判、改进落后的公共管理模式,以适应新形势的经济发展需要,帮助以英美为首的发达国家走出经济"滞涨"的迷圈,解决资本主义市场运行机制中"政府失败失效"的问题①。从空间向度上看,新公共管理理论既有基于西方发达国家各自独特的经济发展格局、结构、动能与政府管理缺陷结合的不同形态的问题表征,也有各国经济、管理学者独特的对公共管理模式背景形成的一系列理论建构。严格来讲,新公共管理理论并非一套独立、统一的理论体系,更类似对"共同问题"所建立的理论流派集合,但这些理论集合中又存在着一些共性的特征。根据美国行政学者奥斯本和盖布勒的《改革政府》一书中的总结,主要存在以下共性特征:一是政府角色由"划桨人"向"掌舵人"转化;二是公共服务职权下放;三是引入市场竞争机制打破来自政府内部的垄断格局;四是强化使命导向,削减刻板的管理规章;五是注重投入与成效的相符性;六是去官僚导向、政治化导向为公共服务的顾客导向;七是注重公共管理的效益性,避免公共管理过程中的资源浪费;八是提高面对问题的前瞻性和预见性,防患于未然,注重长远效益与短期利益的统筹与结合;九是打破传统的科层组织下的集权等级制,分权参与共同协作;十是从计划到市场,引入市场以实现政府变革②。

在整个教育扶贫促进乡村社会发展实践中,地方政府是作为统筹落实教育扶贫有关政策的行政主体而存在的,从这个角度来看,地方政府统筹、规划、组

---

① 陈孝彬、高洪源:《教育管理学》,北京师范大学出版社 2008 年版,第 57—65 页。

② [美]戴维·奥斯本、特德·盖布勒:《改革政府:企业精神如何改革着公共部门》,周敦仁等译,上海译文出版社 1996 年版,第 1 页。

织、实施教育扶贫的相关政策行动,可以被视为一种公共管理行为。因此,新公共管理理论对于指导政府如何更好提供教育扶贫的相关公共管理和服务,具有重要的理论价值。我国政府在教育扶贫行动中暴露的一些管理问题,同样揭示了运用新公共管理理论来指导其工作改进的现实意义。例如,在乡村社会治理中,政府在管理中过于集权,在教育扶贫职权下放上存在一定的"保守主义"偏向,不能充分将教育扶贫信息同科研机构、高校或者中小学进行充分的共享、交流;地方政府在实施乡村社会治理,存在"功绩化""任务化"倾向,将教育扶贫视为一项政治考核任务,忽视了重要的教育价值;无论是乡村政治建设、精神建设还是物质建设,地方政府一定程度存在着注重短期物质投入,忽视长远的内涵式发展等问题,这些问题正是新公共管理理论所批判的、试图解决的行政管理问题。因此,新公共管理理论是研究政府如何更好落实教育扶贫政策,促进乡村教育振兴的重要立论基础。

新公共管理理论是本书重要的问题分析工具,试图针对后扶贫时代的乡村教育发展问题进行梳理,主要包括教育扶贫的根基、主体、力量、空间、通道五个视角,涵盖办学条件、师资队伍、运行机制、资源布局、组织管理等方面问题。运用新公共管理理论对教育行政管理、评价制度改革、"双减政策"治理方面的突出问题进行问题分析与归因,希望在完善乡村教育财政投入机制、行政管理机制、评价制度、"双减"政策等方面提出切实可行的对策和建议,构建可持续稳定的乡村教育振兴工作保障体系。

二、研究思路与方法技术

本书是国家社会科学基金教育学重点课题、全国教育科学"十三五"规划重点课题"教育扶贫的现状、问题及对策研究"的研究成果之一。根据项目标书、研究计划和工作安排,考虑到当前我国已经实现全面脱贫,进入全面建成小康社会,处于巩固脱贫攻坚成果的后扶贫时代,本书在征询国内一些知名专家的意见基础上,将拟出版的研究成果修改为《教育扶贫迈向乡村教育振兴的研究》。

(一)研究主题和总体思路

以概念解读和文献综述为立论依据,总结中国古代、近代、新中国成立后特别是党的十八大以来教育扶贫促进乡村教育振兴的历史经验、实践深化和思想升华,运用统计资料、文本分析、问卷调查、个案访谈等方法,结合田野调查,从"点—线—面"三结合维度,调查我国乡村学前教育、义务教育、高中教育、职业教育、家庭教育及乡村教师队伍建设发展的现状成效,并从全面实施乡村振兴战略对乡村教育发展需求的角度审视乡村教育振兴存在的问题、困境及瓶颈,分析产生问题的主要原因。在此基础上,立足新时代乡村社会发展特征,根据乡村振兴战略行动计划,结合国内外已有乡村教育发展研究成果,探索教育扶贫助力乡村教育振兴的改进对策及相应的保障体系。

为了全面把握教育扶贫迈向乡村教育振兴的研究主题,本书基于习近平总书记在福建宁德工作期间所著的《摆脱贫困》关于扶贫攻坚的论述,一是选择区域水平上"三区三州"等深度贫困地区和部分非深度贫困地区贫困户,调查在教育扶贫攻坚计划政策指导下,一些地区通过扶贫政策宣传指导、增加扶贫专项经费投入、改善乡村学校教育办学条件,促进乡村社区和学校扶志与扶智并举,以及通过职业和技术教育提升乡村劳动者的文化素质和致富能力的成效;二是针对农村家庭教育主体和留守儿童等特殊困难人群,从乡村家庭教育的主体、乡村家庭教育的内容、乡村家庭教育的投入、乡村家庭教育的需求等四个方面,面向全国 25 个省、市、自治区的县域及以下家长,进行在线问卷调查,全面了解实施教育扶贫政策带来的家庭阻断代际贫困所取得的成效;三是针对教育扶贫社会力量多元,空间广泛,涉及地方政府教育扶贫的第一责任人、具体工作人员、参与各方机构等,通过对这些参与教育扶贫的对象进行田野调查和行动研究,并以报刊刊登的乡村地区教育扶贫促进乡村教育振兴取得成效的典型案例来说明。

(二)主要方法和技术路线

按照"现状—问题—原因—对策"的思路,本书综合历史研究、文献研究、文本分析、问卷调查、个案访谈、田野调查等相结合的方法,从"点—线—面"三维度调查我国的乡村教育发展样态和典型经验,基于发展需求分析乡村教育存在的问题、困境和瓶颈,并分析产生问题的主要原因,提出教育扶贫助力乡村教育振兴的改进策略和相应的保障体系构建。主要以政策分析、理论演绎、数据统计和案例举隅等研究方法为主,促进多种研究方式交叉融合。首先,"导论"部分主要以背景分析、概念内涵及其关系解读和前期研究成果综述为主,对本书的时代背景、理论依据和研究主题进行概述;其次,"历史经验和当代实践"部分主要以历史文献整理和政策文本分析为主,全面梳理我国从古代到近代、从新中国成立到改革开放再到党的十八大以来关于教育扶贫促进乡村教育发展的探索实践和思想升华的历史脉络;再次,"现状调查和发展需求"以本文资料收集和数据统计为主,全面整理十多年来我国通过教育扶贫政策实施促进乡村各级各类学校教育发展的成效;最后,"问题归因与对策保障"部分主要以学理分析和观点提炼为主,基于教育扶贫促进乡村教育振兴的发展需求,从教育扶贫的根基、能力、通道、空间、力量等五个领域进行问题归纳,运用教育学、社会学、行政学、管理学等多学科观点,从政府、社会、学校、家庭、教师等视角,深入挖掘振兴乡村教育背后存在的思想观念、政治经济、文化教育、社会治理等深层次原因,并提出相应改进对策、体制机制和运行保障思路。

三、内容框架

本书试图运用多学科理论视角,在研究教育扶贫的目标导引和价值取向的基础上,深入调查乡村教育脱贫的根基、能力、通道、空间和力量的现状,详尽进行教育扶贫的问题归纳和原因分析,并提出后扶贫时代教育扶贫迈向乡村教育振兴的切合实际的保障机制和对策建议。

本书主要遵循"点面结合"思维模式,从"主体—对象—过程—成效"的思路,全面调查党的十八大以来教育扶贫促进乡村教育发展的成效与问题归因;针对后扶贫时代乡村教育的发展需求,对接"雨露计划"与"两个行动",提出教育扶贫迈向乡村教育振兴的针对性对策和保障机制。研究内容框架主要分为以下四部分。

导论。该部分主要从课题研究的社会时代背景出发,根据国内外关于"贫困"研究的多元价值理论观点,结合"教育扶贫"和"乡村振兴"相关政策,对"教育扶贫""教育精准扶贫""后扶贫时代""乡村教育振兴"四个主要概念内涵进行解读与界定,并说明概念之前的相互关系;在综述国内外关于教育扶贫的现状、问题与对策研究前期成果基础上,以教育学(教育供给—主体性教育理论)、经济学(就业市场—人力资本理论)、管理学(行政调控—新公共管理理论)等多学科观点为立论基础,提出本书的总体问题、内容框架和重点关键,并从研究对象选择、方法技术路线方面,说明本书的基本思路和创新之处。

教育扶贫的历史经验与当代实践。该部分从目的论和工具论两方面解读"教育扶贫"概念的内涵与外延,阐明新时代背景下"乡村教育振兴"的要素以及与教育扶贫的关系;结合教育扶贫的理论研究与多元价值,从中国古代政治思想家关于教育治贫的观点论述,到民国时期的"陶梁晏黄"教育家们关于乡村教育的理论与实践,从新中国成立后的扫盲识字教育到改革开放以来解决"三农"问题、"希望工程"建设等教育扶贫举措,从习近平总书记在宁德期间关于摆脱贫困的研究与实践,特别是关于开展扶贫攻坚工作的重要论述到党的十八大以来教育扶贫逐步深化和全面创新,系统总结我国教育扶贫促进乡村教育振兴的历史经验、实践深化和思想升华,为第三部分的现状调查和成效分析作铺垫。

乡村教育的现状调查与发展需求。该部分以实施《国家中长期教育改革和发展规划纲要(2010—2020年)》10年以来的乡村各级各类学校教育发展成效,根据党的十八大以来教育扶贫政策和涉及的攻坚领域(基础、主体、空间、力量、能力),运用统计资料、问卷调查、文献分析等方法,全面调查我国乡村学前教育和义务教育办学条件改善、普及攻坚计划中的乡村高中教育发展、教师专业化政策指导下的乡村教师队伍建设、乡村家校协同育人与家庭教育发展、职业技术促进乡村社会发展等取得的主要成效;根据乡村振兴战略和行动计划,结合"十四五"教育发展规划目标体系,基于教育扶贫"扶智与扶志互为一体"的视角,提出新时代巩固教育扶贫成果、助力乡村教育振兴的各级各类教育(主要是高中教育、职业教育、义务教育和学前教育)的发展需求(含发展目标和任务要求),做到调查数据与统计实证衔接,量化表述与质性研究结合,观点和材料统一。

乡村教育振兴的困境和成因分析以及迈向乡村教育振兴的对策和保障。该部分既是对当下乡村振兴战略实施中的乡村教育振兴存在的问题归纳、困境与成因分析,也是后续部分提出具体对策的基础,旨在从发展需求角度,审视乡村教育振兴中存在的能力不足、路径不优、体制有待完善等问题、困境及需突破的瓶颈,并分析其产生的主要原因。迈向乡村教育振兴的对策和保障,立足新时代乡村社会发展特征,根据乡村振兴战略行动计划,结合国内外已有的乡村教育发展研究成果,探索教育扶贫助力乡村教育振兴的改进对策及相应的保障体系。主要包括四个方面的内容:一是探讨迈向乡村教育振兴的内在动力激发问题;二是分析迈向乡村教育振兴的核心能力提升;三是研究迈向乡村教育振兴的社会多元机制问题;四是关于乡村教育振兴工作的保障体系及其运行问题。

第二章 教育扶贫的历史经验与当代实践

根据"教育扶贫"概念的内涵与外延,结合教育扶贫的理论研究与多元价值,阐明新时代背景下教育扶贫与乡村振兴的关系;从中国古代政治思想家关于教育治贫的观点论述,到民国时期"陶梁晏黄"教育家们关于乡村教育的理论与实践,再到新中国成立以来特别是党的十八大以来教育扶贫逐步深化和全面创新,系统总结教育扶贫促进乡村教育振兴的历史经验、实践深化和思想升华,为第三章的教育扶贫促进乡村教育振兴取得的成效现状调查作铺垫。

第一节 教育扶贫是乡村振兴的必由之路

教育扶贫与乡村振兴作为我国农村发展的重要政策行动,同时也是研究中的重要概念,二者既相联系又相区别,统一于我国乡村发展的历史框架下,又分别承接着不同历史阶段的使命任务。厘清教育扶贫与乡村振兴的联系以及与乡村教育振兴的区别,有助于我们深刻总结教育扶贫历史经验与当代实践,探索新时代背景下的乡村教育振兴之路。

一、教育扶贫与乡村振兴的联系

教育扶贫和乡村振兴的联系主要体现在:二者同属我国建设教育强国的阶段性任务,相互衔接,相互促进,并为乡村教育发展提供巨大的历史机遇,是实现乡村全面振兴战略的重要子课题。

(一)教育扶贫与乡村振兴是我国建设教育强国过程中的阶段性任务

自新中国成立以来,我国就在为实现国家富强、民族复兴努力奋斗,而发展教育,建设教育强国,正是中华民族伟大复兴事业的重要组成部分。新中国成立初期,我国是一个教育穷国,80%以上的人口是文盲半文盲,农村教育问题更甚。

改革开放以来,在中国共产党的领导下,我国教育面貌发生了翻天覆地的变化,彻底改变了过去教育领域一穷二白的局面,建立了世界上最大的教育体系,也实现了由教育穷国向教育大国的伟大飞跃。如今,站在新的时代节点上,正在努力实现由教育大国向教育强国的伟大跨越。但在我国建设教育强国的过程中,农村教育的贫弱始终是我国教育强国建设中的最大短板,为补齐这一短板,我国对农村薄弱地区的教育发展作出阶段性的任务安排,以促成农村薄弱地区实现教育现代化,建立覆盖全体国民的优质教育服务体系。教育扶贫与乡村教育振兴正是我国在建设教育强国过程中阶段性任务的体现。从任务阶段性的先后来讲,教育扶贫在前,乡村教育振兴在后,但二者同属建设教育强国过程中不可绕开的重要环节,且共同立足于发展乡村教育这一重点,立足于通过发展教育,解决我国的"三农"问题,助力"两个一百年"奋斗目标的如期达成。

(二)教育扶贫与乡村教育振兴是实现乡村全面振兴战略的重要组成

教育扶贫与乡村教育振兴同为乡村振兴战略中的重要子课题,无论脱贫攻坚实践抑或乡村振兴工作,都将"优先发展教育事业"作为行动的核心内容,因为教育有助于促进农村贫困人口提升劳动力素质,是减贫过程中最根本、最持久的力量。在实现乡村全面振兴的大课题中,教育扶贫与乡村教育振兴两个子课题间存在着紧密联系。首先,教育扶贫解决了农村贫困地区的教育无保障问题,使得所有农村人口都拥有了接受教育改变命运的机会,这也为乡村教育全面振兴提供前提条件。如果农村地区仍然存在教育没有保障的问题,追求乡村教育的高质量发展,实现乡村教育振兴也只能沦为空谈。其次,乡村教育振兴的工作开展不是另起炉灶,而是在总结教育扶贫工作经验基础上的接续和超越,前期教育扶贫中的有益经验可被乡村教育振兴工作充分吸收、借鉴,二者是有机衔接、相互促进的关系,并统一于乡村全面振兴战略的整体规划中,两者的科学衔接有助于在薄弱的农村地区建立起教育发展的长效机制,遏止教育脱贫攻坚时期的短期化偏向,使乡村全面振兴工作更加有序地推进,使乡村教育的发展更具可持续性。

(三)教育扶贫与乡村振兴的有序衔接为我国乡村教育发展带来机遇

教育扶贫与乡村教育振兴共同指向我国乡村教育发展事业,因此,二者均给我国广大乡村教育发展带来巨大的历史机遇。一是在教育扶贫与乡村教育振兴的工作衔接中,乡村教育的整体规划将更加系统地关注乡村均衡发展和高质量发展问题,更加系统地融入城乡教育一体化发展的进程之中;二是二者都为解决乡村教育的发展困境和难题提供了支持,无论教育扶贫抑或乡村教育振兴,都将教育置于优先发展的战略地位,这必将得到社会各界和政府的关注、倾斜支持,例如政府在教育扶贫时期和乡村振兴时期出台了一系列针对农村教育发展的倾斜性政策,为乡村教育发展工作提供了政策引领;三是由于政府对乡村教育的关注加强,对解决乡村教育中存在的突出、短板问题会出台针对性的政策等支持行动,例如针对"三区三州"农村地区存在的语言文化多元的情况开展的语言扶贫行动,便是一些典型区域乡村教育发展的重大机遇;四是教育扶贫和乡村教育振兴的工作开展为乡村教育发展带来了许多积极影响,如教育扶贫时期的控辍保学工作保障了乡村教育机会的公平,易地扶贫搬迁为整合乡村教育资源提供了条件,产业扶贫促进了乡村的产教融合。

二、教育扶贫与乡村教育振兴的区别与联系

作为国家进入后扶贫时代政策上的行动,教育扶贫与乡村教育振兴的区别主要体现在发展理念、发展目标、治理体系、发展模式上。即:发展理念由"注重硬件和城镇发展"向"关注软件和乡土服务"转化,发展目标由"注重数量和技术技能"向"注重质量和创新能力"转变,治理体系上体现为"精准短期的政府主导"和"创新常态的多元共治"的区别,发展模式上表现为"外部输血夯基"和"内部造血释力"的区别。

(一)发展理念:从"注重硬件和城镇发展"到"关注软件和乡土服务"

教育扶贫与乡村教育振兴在教育发展理念上的区别主要体现在两个方面:一是由注重硬件改善向注重软件建设的转化。教育扶贫是脱贫攻坚时期的一项重点民生工程,目的是为了保障贫困地区乡村人民的受教育机会,使其在接受教育上"有保障"。这一阶段教育发展要解决的是人民对受教育的需求与落后教育发展现状之间的矛盾,尚未上升到对更高质量的教育需求,处理的是一个教育"从无到有"的问题,因此,在教育扶贫时期,更多强调完善学校的硬件设施,尤其是学校基础设施建设,使之达到合格标准。随着"两不愁三保障"的落实,人民对教育的需求也随之发生转化,在乡村振兴时期,发展理念转变为对高质量教育的需求,这就意味着乡村教育光靠硬件条件的改善已远远不够,需要更多聚焦软件方面的提升,尤其是乡村师资队伍力量的提升。二是由"关注城镇化"向

"服务乡村"方向的转变。在教育扶贫时期,许多贫困地区的城镇化水平很低,不足以支撑区域内实现现代化发展的需求,因此在教育扶贫时期不仅注重通过教育摆脱贫困,也关注通过教育推动贫困地区的城镇化进程;到乡村教育振兴时期,贫困地区的城镇化已经达到一定水平,乡村教育却在城镇化过程中逐渐萎靡,为振兴乡村,就必须将发展的战略重点由"关注城镇化"转向"关注城乡一体化发展"和"服务乡村"的问题上,这就要求乡村教育振兴时期的教育发展需要促进乡土文明建设,服务于农村农业现代化,提升乡村从业人口素质,防止乡村人口大量流出,造成乡村萎缩和消亡。

（二）发展目标:从"注重数量和技术技能"到"注重质量和创新能力"

教育扶贫与乡村教育振兴在发展目标上的差异主要体现在义务教育和职业教育两个方面。义务教育方面,区别在于目标从"数量上都能上学"到"质量上都上好学"的转变。教育扶贫阶段,教育发展的首要目标是实现义务教育有保障,并确保贫困人口不因贫失学,因此在这一阶段不仅强调满足学校"量"的充足,也把控辍保学工作作为教育扶贫的重点工作;乡村教育振兴时期,由于发展理念实现了向"服务乡村"的转化,义务教育要求适应乡村发展,这就要求乡村教育的发展必须不断追求质量提高而不仅仅是数量充足。职业教育方面,要求教育的发展从培养技术技能型人才向培养创新型人才转变。在教育扶贫阶段,职业教育的首要目标是帮助贫困人口脱贫,因此通过职业教育或技能培训帮助贫困人口在短期内掌握脱贫所需的某门技术技能,使其足以脱贫获得经济收入即可;但乡村教育振兴时期,不仅要求进一步巩固教育脱贫攻坚成果,更要求有助于农村农业的现代化,有助于乡村全面振兴,这意味着职业教育单纯培养技术技能人才远远不够,更需要培养具有创新能力的高素质职业人才,使其能够不断适应现代化的需要,通过创新一方面巩固自身可持续脱贫能力,一方面助力乡村社会经济发展。

（三）治理体系:"精准短期的政府主导"和"创新常态的多元共治"

教育扶贫与乡村教育振兴在治理体系上主要存在以下区别:第一,教育扶贫时期在乡村教育治理上呈现出"精准型""短期化"的特征,乡村教育振兴时期则在治理中呈现出"创新型""常态化"的特征,造成这一变化的原因主要有二:一是就治理的"面"来看,教育扶贫聚焦的是贫困地区,乡村教育振兴聚焦广大农村地区,治理面扩大使得乡村教育治理必须根据不同地区需要实现创新型治理;

二是贫困的特征发生了根本性转变,由"绝对型贫困"转变为"相对型贫困",这使得农村的贫困治理需要符合相对贫困的治理特点,相对贫困长期存在且要素多元的表征使乡村教育振兴时期的教育治理要求向"创新"与"常态化"的方向转化。第二,治理主体的区别,教育扶贫中的治理主体以政府为主导,乡村教育振兴时期的治理主体则更加强调"多元共治",这是由二者不同的目标要求、时代特点决定的。教育扶贫时期要求短期内解决区域性贫困,消除绝对性贫困,需要政府主导,聚合各方力量集中快速地进行教育贫困治理;乡村教育振兴时期要求教育发展积极服务乡土和促进农业农村现代化,需要由专业的多元主体进行合作共治,共同实现治理的创新目标。

(四)发展模式:"外部输血夯基"向"内部造血释力"的转变

教育扶贫时期,由于贫困地区教育发展的历史欠账多,根基力量十分薄弱,单纯靠自身发展需要很长一段时间,因此需要通过国家源源不断进行外部输血和东部发达地区的对口支持协助,帮助乡村贫困地区的教育发展夯实根基,改变其力量薄弱处境。例如,我国开展的一系列东西部教育对口协作行动和教育脱贫攻坚行动,掣肘乡村贫困地区教育发展的基础设施短板已经得到补足,需要开始发掘有利于本土发展的内生动力,摆脱长期的依赖和扶持,实现内部的自我造血,释放内生发展动力,推动乡村教育发展内源性振兴,实现乡村教育稳固长效发展。

第二节 中国古代教育治贫思想概要

中国传统文化是中华民族文明的结晶和宝贵的历史财富。历代政治思想家关于消除贫困使人民生活"小康"从而达到社会"大同"的一系列论述,既是我国优秀传统文化重要的组成部分,也蕴含着一定的教育扶贫思想。梳理中国古代政治思想家对"治贫致富"的相关论述和制度实践,对当代深化教育精准扶贫工作,促进乡村教育振兴具有一定的理论价值和实践意义。

一、贫困对象界定、程度划分与缓解制度

中国古代的经济结构以自然的小农经济为主体,这种经济特性使得贫困广泛存在于中国的任一朝代。怀揣民本思想的古代仁人志士始终关注着国家经济

治理和社会贫困问题,作出许多与贫困治理相关的思想论述。下面主要从贫困对象界定、程度划分与缓解制度三方面对中国古代消贫致富的经验进行介绍。

(一)分级分类确认经济贫困对象

中国古代政治思想家对贫困的认定,一般是从收入来源、财产状况、家庭劳动力等因素来考量,贫困主要是指因经济贫穷而导致生活困苦,其原意是从生活穷困的角度进行界定。古代政治思想家对贫困的程度进行了划分,如清代汪志伊在《荒政辑要》中将"产微力薄,家无担石,或户倾业废,孤寡老弱,鹄面鸠形,朝不谋夕者"定为"极贫",将"田虽被灾,盖藏未尽,或有微业可营,尚非急不及待者"定为"次贫"①。这是基于家庭生产力水平低下导致经济贫困的层面进行界定,并未专门从培养平民百姓的文化素质角度涉及教育贫困问题。

限于当时人们对教育功能的认识,中国古代政治思想家并没有立足藉由教育手段来培养平民百姓的文化素质和技术能力,进而促进家庭经济发展和提高社会生产水平的角度进行专门的论述。随着对教育"生产力属性"以及社会经济功能的认识逐渐深入,从"家庭劳动力"即今天所谓的"生产力"角度,当今人们从扶贫的多个维度出发,用实际行动深刻回答关于扶贫"扶持谁、谁来扶、怎么扶"等重大问题。即通过教育提高劳动技能和知识水平,不仅可以增加家庭经济收入,而且能够激发贫民脱贫信心和意识,达到消除贫困、共同富裕,实现经济增长和社会协调发展。

(二)建立贫困审定体系与社会赈济

什么样的群体为贫民?其贫困程度如何审定?这些是开展扶贫工作的先期工程。在中国古代,历代政府救济的目标都是以适当物资投入达到救济效果。而"审户"作为社会赈济之前的必备步骤,是实施社会保障的重要工作。为避免"贫者未必报、报者未必给、报且给者未必贫"的现象,古代负责"审户"的官吏采用多种办法来分辨贫困的程度。宋朝苏轼在澧州实施赈济时,"患抄札不公,令民用纸半幅,上书某家口数若干,合请米豆若干,实帖各人门首壁上。如有虚伪,许人告首,甘伏断罪,以备委官检点"②。明朝潘游龙在《救荒》中提出运用"保甲法",全面深入了解各家庭的真实情况,以便准确判断贫困程度;俞汝为在《荒

---

① 刘亚中:《汪志伊〈荒政辑要〉浅探》,《安徽农业大学学报(社会科学版)》2008 年第 3 期。
② 转引自李文海、夏明方主编:《中国荒政全书》,北京古籍出版社 2003 年版,第 303 页。

政要览》中提出"分层法"来对贫民的贫困程度进行定级,每个等级对应不同的赈济之法;林希元在《荒政丛言》中提到"奸欺百出,乃有颇过之家,滥支米食,而穷饿之夫反待毙茅檐……真伪莫分,此其所以难也"①,提出运用"以民辨民法",根据日常相处观察、判断乡村民众的贫困程度,形成了"官吏主导,民众监督"的地方官员、乡保、普通民众参与的贫困审定体系。这种注重辨明不同性质的贫困,对贫困人口进行分类定级、分类扶持的做法,并予以不同方式的救助,积极调动贫困家庭的生产能力,放到今天对实施扶贫对象的"精准性"也具有借鉴意义。

(三)缓解贫困问题的社会制度建设

中国古代农民贫困的制度性因素主要源于土地私有制带来的土地兼并,为此,中国古代的历代政府官员先后通过建立荒政体系、实行土地改革、建立制度保障,解决贫民生活困难,进而缓解教育的贫困。

荒政措施。早期的荒政主要体现在农业生产、法律刑罚、赈恤灾民等方面。《礼记·月令》记载:"季春之月……天子布德行惠,命有司发仓廪,赐贫穷,赈乏绝。"②《周礼·大司徒》提出"以荒政十有二聚万民"③,即推出"荒政"措施有散利、缓刑、弛力、舍禁、去几、眚礼、杀哀、蕃乐、多昏、索鬼神、除盗贼等12项。这些措施包含了慈善、税收、律法方面的政策,相对当时社会而言是比较系统且先进的。西周之后各朝代均以此"荒政十二条"为基础,并对相关内容不断加以补充,形成了形式多样、涵盖面广泛的荒政体系。

土地政策。土地是农民最重要的劳动生产物资,各朝代都以土地改革并以农业为基础发展各种副业以解决贫民生活问题。如董仲舒的"限民名田",商鞅的"开阡陌封疆",王安石的"方田均税法",洪亮吉的"开田"思想,均体现了废除土地国有制,确立私有制来解放农民以提高其生产劳动积极性。但后期由于土地可以自由买卖,导致出现土地兼并的现象,一部分农民失去赖以生存的土地而陷于贫困。北魏李安世提出"均田制",以人口分配土地,但随着人口激增而无法实施。唐朝杨炎提出实行"两税法",奠定了之后各朝代的土地税法基础,但却使土地兼并更为严重。明代虽十分重视农业生产,强调"令有司劝民农事,勿夺其时",然而,受阶级和时代局限,农民因土地问题导致贫困的现象无法得

---

① 转引自李文海、夏明方主编:《中国荒政全书》,北京古籍出版社2003年版,第159页。
② (汉)郑玄注,(唐)孔颖达等正义:《礼记正义》(上),上海古籍出版社2008年版,第648页。
③ 《十三经注疏》整理委员会:《十三经注疏·周礼注疏》,北京大学出版社2000年版,第306页。

到实际解决。

　　制度保障。古代社会,面对因天灾、疾病等致使贫困,各思想家建议国家、民间建立相应制度以帮扶贫民。一是义仓。《隋书·长孙平传》:"奏令民间每秋家出粟麦一石已下,贫富差等,储之里巷,以备凶年,名曰义仓。"①丰年且粮食有节余时,要对粮食、布料等物质进行储藏,以备荒年的不时之需;粮食短缺时,开放义仓以低价或免费形式发放赈灾粮食,并设立粥厂安抚灾民,安顿流民。二是移民调粟。董煟《救荒活民书》云:"此宜物色上流丰熟去处,劝诱大姓,或本州发钱,差人转籴,循环粜贩,非惟可活吾境内之民,又且可活邻郡、邻路之饥民"②。针对农业生产资源困乏,劳动人民选择合理的移民;针对不同地区农业收成不同,国家调拨收成较好地区的粮食救助歉收之地,"以期活民"。三是义田。由家族富户拿出一定钱财置公益田地,发放给家族贫困人员耕种或用田租来帮助贫困之家,实行民间互助。宋朝钱公辅《义田记》记载:范文正公"方贵显时,置负郭常稔之田千亩,号曰义田,以养济羣族之人"③。有的义田制度还包括设立公益性学校、宗族祠堂等,除为贫困户提供物质需要外还为他们的子女提供免费教育。

二、国家安定和天下大同的社会理想追求

　　从古至今,人人平等、民生富裕是国家、社会和人民一直所希望达到的社会理想状态。"大同"作为一种构建理想型社会模式的思想,蕴涵着平民百姓对平等、富裕、幸福等美好生活的向往。中国古代思想家和政府都注重通过各种渠道使老百姓生活安定,不为生存而发愁,促进国家安定、达到天下大同。

(一)"大同"世界和"小康"生活的追求

　　《礼记·礼运》云:"大道之行也,天下为公……谋闭而不兴,盗窃乱贼而不作,故外户而不闭,是谓大同。"④在"大同"世界里,社会制度完备,国家呈现出"至平""至公""至仁""至治"的社会景象,如《礼记》中"老有所终,壮有所用,

---

① (唐)魏徵等:《隋书》,中华书局 1973 年版,第 1254 页。
② 转引自张文:《宋朝乡村社会保障思想研究——以〈救荒活民书〉为中心》,《苏州大学学报(哲学社会科学版)》2012 年第 4 期。
③ 李更生:《中国古代反贫困思想及对当代的影响》,《理论与当代》2006 年第 10 期。
④ 《礼记》,中华书局 2017 年版,第 419 页。

幼有所长,矜寡孤独废疾者,皆有所养"①,形成任何人都能得到社会关怀,都主动关心社会的良好局面。从国家角度看,强调国家的公共性,主张国家是全体公民共有的;从社会角度看,强调政体、经济、科技、教育等各方面紧密相连,形成均衡发展的社会环境;从个人角度看,强调平民之间要形成各尽其力、互帮互助的良好关系。

"小康"一词最早出于《诗经》:"民亦劳止,汔可小康。惠此中国,以绥四方。"②《礼记·礼运》中阐释"小康":"今大道既隐,天下为家……以著其义,以考其信,著有过,刑仁讲让,示民有常,如有不由此者,在执者去,众以为殃。是谓小康。"③小康思想基于"小国寡民",突出了经济的重要性,先要实现平民生活上的富足,再达到国家的富强。

"小康"和"大同"是两种社会模式,有不同的内容和等级,"大同"可以说是"小康"发展的最终目标。孔子提出,国家要"天下为公",人民要"力恶其不出于身也,不必为己"。劳动已经成了平民自觉而又习惯的活动,通过劳动收获提高生活水平;国家应普及全民教育,老百姓自觉接受教育;"师者"将知识和道德传播给全体公民,使平民摆脱愚昧,拥有一定的生产生活知识;国家以高度民主的政治制度和切实可靠的社会保障帮扶贫民,社会消除贫困,关爱全体公民,提升道德水平,达到共同富裕。

《孟子·离娄上》曰:"得天下有道:得其民,斯得天下矣。得其民有道:得其心,斯得民矣。"④要求国家要充分体察百姓疾苦,为老百姓谋利益,才能"本固邦宁"。《孟子·梁惠王下》亦云:"乐民之乐者,民亦乐其乐,忧民之忧者,民亦忧其忧。"⑤这说明,面对"乐民"的执政者,老百姓"乐之";面对"忧民"的执政者,老百姓"忧之"。《周礼·地官司徒》中记载,西周以"一曰慈幼,二曰养老,三曰振穷,四曰恤贫,五曰宽疾,六曰安富"⑥的六项政策来安民,也说明要治理好国家,不仅让普通的老百姓能过上平稳安定的生活,更要救济生活在穷苦中的老百

---

① 《礼记》,中华书局2017年版,第419页。
② 《诗经》,中华书局2011年版,第730—731页。
③ 《礼记》,郭齐勇解读,科学出版社2020年版,第178—179页。
④ 杨伯峻译注:《孟子译注》,中华书局2019年版,第185页。
⑤ 杨伯峻译注:《孟子译注》,中华书局2019年版,第34页。
⑥ (清)孙诒让:《十三经注疏·周礼正义》卷10,中华书局1980年版,第706页。

姓,让富有的人帮助处在贫困之中的人。

（二）"以民为本",推进国家"亲民仁政"

老百姓是国家的根本,只有老百姓丰衣足食,安居乐业,国家才能长治久安。如果一个国家贫富差距过大,人民生活长期贫困,会导致民不聊生继之揭竿而起,甚至导致国家动荡灭亡。

孟子曰:"君子之于物也,爱之而弗仁;于民也,仁之而弗亲。亲亲而仁民,仁民而爱物。"①在我国古代,君王深信"君者,舟也;庶人者,水也。水则载舟,水则覆舟"。亲民而行仁政的民本思想和治国理念始终是统治阶级的主流伦理道德,"以民为本"成为治国理政的出发点和落脚点。《管子·牧民》云:"政之所兴,在顺民心;政之所废,在逆民心。"②这说明一个国家想要治理得好,就要顺应民心,将百姓放在首位,民心向背关系着政权的存亡。

管仲的民富思想对古代国家的影响更为深远。他在早期利民思想基础上提出,"民富,则易治也;民贫,则难治也"③。平民过着"民富"生活,社会就会安定,国家治理就相对容易,反之,民不聊生,国家就会动乱衰败。孟子在《孟子·梁惠王下》提出"民为贵,社稷次之,君为轻"的思想,已经将爱民的思想提升到国家治理方式的高度上,国家关心百姓疾苦,百姓生活水平提高又反过来推动国家发展。

《墨子·兼爱》也说:"以兼相爱、交相利之法易之。"④墨子学说以兼爱为核心,是一种跨越阶级、家族、地域限制的普爱。要求对人对己一视同仁,爱护别人如同爱护自己,人与人之间要相亲相爱,这样百姓才能幸福,国家才能安康。

可见,民本与民富、爱民与仁政是互动促进的关系,维系着社会稳定与国家发展。作为国家根基的教育担负了国家安定和社会发展的责任,通过对人民生产生活技术及道德的教育,提升劳动技术,推动经济发展,缩小贫富差距,消除贫困现象,成为国家重要的行为和属性。

（三）实施因材施教,促进全体仁民"全面脱贫"

"以人为本"思想的核心要义是:一切以人为中心,因为人是手段和目的有

---

① 杨伯峻译注:《孟子译注》,中华书局 2019 年版,第 360 页。

② 谢浩范、朱迎平译注:《管子全译》,贵州人民出版社 1996 年版,第 4 页。

③ 谢浩范、朱迎平译注:《管子全译》,贵州人民出版社 1996 年版,第 595 页。

④ 周才珠、齐瑞端译注:《墨子全译》,贵州人民出版社 1995 年版,第 128 页。

机统一体,人一切活动的终极目的都是为了满足人民对美好生活的向往,实现人的"全方位、立体式"发展。

管仲是中国最早提出"以人为本"思想的人,他在《管子》中提出"夫霸王之所始也,以人为本。本理则国固,本乱则国危"①,且在《管子·君臣上》中说"是以明君顺人心,安情性"②。要求国家最为重要的是要做到顺民心、兴民德,对百姓施仁政,关心民众的疾苦,政策的实施要从与人民切身相关的地方出发,使人民生活无忧,精神满足。子思在《中庸》中讲到"仁也者,人也"③,意为仁是人的本质。可见,儒家强调人的主体性,主张将人看成具有独立人格和自我主动发展的属性,人的行为要满足人的利益需求和物质欲望。

基于人性的分析,儒家对民众的最高要求是要其成为"仁"人。孔子提出"因材施教",首先要"知人",详细了解教育对象的情况,知道得越多,"施教"就越有针对性,教育的效果就越好。同理,不同情况导致贫困帮扶的手段也是不一样的,因病导致家庭贫困和因生产技术能力不足导致贫困,国家帮扶的方式不一样。针对前者,国家可以给予"输血"式扶贫,后者则应给予"造血"式扶贫。孔子的"因材施教"与当今精准扶贫理念从根源上是一致的,即针对不同的贫困人员,需要根据其所需的不同加以教育及帮扶。墨子也说:"有力者疾以助人,有财者勉以分人,有道者劝以教人。若此,则饥者得食,寒者得衣,乱者得治。若饥则得食,寒则得衣,乱则得治,此安生生。"④墨子教育其弟子为人不仅要自我努力奋斗,更要关心爱护他人,使别人受益,在思想上要有寻求改变和发展的想法,同时要有帮扶他人,使其具有摆脱贫困的理念,才能在实际生活中对贫民施以援手,这实际上已经提出全民帮扶以达全民脱贫的理念。

国家的繁荣安定以经济发展为基础,经济发展主要依靠生产技术的提升来推动,技术的传播是通过教育的普及来完成,教育成为人民幸福、社会稳定和国家发展的基础。今天所谓的"教育扶贫",是指通过普及和发展教育并且依靠教育的社会功能来使人民摆脱贫困,有两个层面的含义:一是指扶教育之贫,意为提高贫困地区的教育水平和教学质量,改善教学条件等;二是指依靠教育脱贫,

① 谢浩范、朱迎平译注:《管子全译》,贵州人民出版社1996年版,第357页。
② 谢浩范、朱迎平译注:《管子全译》,贵州人民出版社1996年版,第415页。
③ 杨伯峻译注:《孟子译注》,中华书局2019年版,第370页。
④ 周才珠、齐瑞端译注:《墨子全译》,贵州人民出版社1995年版,第80页。

通过教育的手段为贫困地区培养职业人才,激发人们的脱贫意识和信心,进而促进地区经济的发展,实际上这也是古代政治家关于教育治贫思想的延续。

三、发展教育是消贫致富的根本

博大精深的中国传统文化蕴含着丰富的消除贫困思想,其深植于中国传统文化土壤之中,是国家发展富强的内在动力。中国古代政治思想家提出通过教育促进国家和人民以各种方式摆脱贫困,"以民为本""求真务实""知行合一"蕴含着教育扶贫思想的核心与灵魂。

(一)以民为本,以发展教育为先

人民群众是历史的创造者和传承者,社会一切活动都是以人的存在才有意义。荀子在《荀子·大略》记载:"天之生民,非为君也。天之立君,以为民也。故古者列地建国,非以贵诸侯而已;列官职,差爵禄,非以尊大夫而已"①,即"立君以为民";《孝经》亦云:"天地之性,生人为贵"②。这均表明我国古代思想家的历史唯物主义先进性。

以民富为治贫的出发点。"学而优则仕",在中国古代,读书不是一件容易的事情,只有较为富裕的家庭才能支撑起学子读书的费用。《论语·述而》说:"自行束脩以上,吾未尝无悔焉"③,无论是贫是贱,只要带一束"干肉"作为学费,只要学子有志于学,都可以收为弟子,施以教诲,首次提出教育的平民化,也为民富提供了教育基础。《荀子·富国》提出,"下富则上富",民富与国富本质上是一致的,并不相对立,而平民要富裕,教育以为基,民众要脱贫,教育以为先。

以民众为扶贫的主体力量。古代中国在各个历史时期,政府都十分关注民生疾苦,致力解决和消除贫困。如,姜太公对周武王问"治国之策"时所言"善为国者,遇民如父母之爱子,兄之爱弟,闻其饥寒为之哀,见其劳苦为之悲"④,张载说"志久则气久,德行久",王守仁说"持志如心痛,一心在痛上,岂有功夫说闲话,管闲事"⑤,等等,这些都以贫民为脱贫主体力量。调动贫困群众主动参与脱

---

① 梁启雄:《荀子简释》,中华书局 1983 年版,第 376 页。

② 《十三经注疏》整理委员会:《十三经注疏·孝经注疏》,北京大学出版社 1999 年版,第 28 页。

③ 杨伯峻译注:《论语译注》,中华书局 2006 年版,第 76 页。

④ (汉)刘向:《说苑全译》,王锳、王天海译注,贵州人民出版社 1992 年版,第 273 页。

⑤ 《王阳明全集》,世界书局出版社 1936 年版,第 9 页。

贫,其是教育脱贫的力量源泉,贫困人民要脱贫须具有坚定的脱贫意识。

以贫民脱贫为评价治贫目标。教育扶贫是否真正落在实处,扶贫的效果如何评价,是否经得起历史的检验? 我国古代思想家认为,贫民才是衡量教育扶贫有效的评价主体。"民惟邦本"一语源于《尚书·五子之歌》中的"民可近,不可下;民惟邦本,本固邦宁"。《尚书·泰誓上》指出:"天矜于民,民之所欲,天必从之。"①君主作为民之父母,是为了保护民众的,君主是政治之本;为君的目的不是为了天下,民众是国家之本。民众是教育扶贫利益的既得者也是评价主体。管子认为,"民富则易治也,民贫则难治也"②。我国古代思想家对于教育扶贫的各种论述和当朝的各项举措归根结底是为了"富民""国强",促进民众生活"小康"从而国家社会"大同"。民众生活是否富足,受教育机会、教育资源是否能较公平,社会能否达到"共同富裕",国家能否稳定繁荣成为检验教育扶贫效果的标准。这种从教育扶贫的主体力量和效果评价等方面阐释教育扶贫均凸显"以人为本"的价值取向。

(二)求真务实,扶志与扶智相结合

任何一种意识理念都是来源于现实物质的存在,离开实际存在的理念都是虚构的。一切从实际出发,任何行为都应以实际情况为出发点。求真务实,是一个理论价值观外显的出发点,言行一致,注重践履,必须"求真""务实"。

1.立志才能脱贫

中国古代"年年扶贫年年贫,贫困户永远是贫困户"现象存在的一个重要原因是贫民缺失摆脱贫困的精神意志。要做好教育脱贫工作,首要的是要帮助贫困人员树立正确的志向,建立和维持强烈的脱贫意识,重视人的自觉性和主观能动性,增强摆脱贫困的内生动力。

孔子十分重"志",认为一个人要有正确的人生志向,树立明确的生活目标和理想,有远大的志向才能成为"仁人志士"。孔子曰:"三军可夺帅也,匹夫不可夺志也。"③是由于有了"志"的存在,人的生命活动才有意义和价值。《孟子·公孙丑上》中孟子与学生公孙丑的一段话,讨论了"持志"与"养气"的关系。

---

① (汉)孔安国著,(唐)孔颖达正义:《尚书正义》卷11,中华书局1980年版,第181页。
② 谢浩范、朱迎平译注:《管子全译》,贵州人民出版社1996年版,第595页。
③ 杨伯峻译注:《论语译注》,中华书局2006年版,第108页。

孟子说"夫志,气之帅也;气,体之充也。夫志至焉,气次焉。故曰持其志,无暴其气。"①孟子所说的"志"即人的志向、信念或追求,坚持崇高的志向,也要"养吾浩然之气"。一个人有了志向与追求,他就会有相应的"气"——精神状态,有了坚定的摆脱贫困的"志",再根据自身和社会实际情况采取适宜的方式,脱贫则不再是不可及之事。

当今所谓的扶贫先扶志,其中"扶志"所体现的"志"有两个层面的含义,一是帮助贫困地区的群众形成脱离贫困的"志气",即脱贫的积极性和主动性。只要有志气、有信心,就没有过不去的坎;反之,如果一味地依靠外在的帮扶,而自身不思进取,安于贫困,这样即使达到了扶贫指标,也只是暂时性的。二是帮助群众在脱贫过程中树立"意志"。面对中国由来已久的贫困问题,在脱贫的艰难困苦过程中,无论是领导干部还是人民群众,都必须发挥水滴石穿、坚忍不拔的精神,才有可能打赢脱贫攻坚战,实现全面脱贫的伟大目标。

2. 扶智与扶志相结合

针对古代平民由于文化知识水平和农业技术水平普遍较低的状况,墨子提出培养"兼士"的教育目标,要求学子需"博乎道术",即掌握一定的生产生活知识技能和自然科学知识,用以从事生产劳动,摆脱贫困。《论语·雍也》说:"中人以上,可以语上也;中人以下,不可以语上也。"②要因地制宜、因人而异地发展教育,因材施教,统筹兼顾。东汉时期创办的鸿都门学则打破了入学独尊的教育传统,以社会生活所需要的知识为教育内容,向社会推广道德教化。正如颜元所说,要培养"实才实德之士",即有"终身止精一艺"的专门人才。在古代教育体制上,官学与私学相继发展,通过全民教育和终身教育,让全体平民都享有平等接受教育的权利和机会,增强贫困人民的脱贫能力。当今,"扶智"要让贫困地区的孩子们接受良好的教育,必须改良贫困地区的教育建设,实施从资金到人才保障学生的义务教育。同时,"扶智"的内容必须多样化且有针对性,因为扶持的群体并不仅仅是学生群体,农村大量的低文化素质成年人口、农民等都是重要"扶智"对象,传播和宣扬对应的科学文化知识、个体经营方法、农业手工业生产模式和技术是"扶智"的重要内容。而且,"扶智"的策略和手段必须不是专业性的

---

① 杨伯峻译注:《孟子译注》,中华书局 2019 年版,第 66 页。
② 杨伯峻译注:《论语译注》,中华书局 2006 年版,第 69 页。

理论知识,而是满足农民迫切需求的通俗易懂的生产和技术。

(三)知行合一,建立治贫社会保障机制

"知行合一"强调理论与实践的紧密统一。王阳明说:"知是行的主意,行是知的工夫;知是行之始,行是知之成。"[①]在勘定贫困后,如何选择合乎实情又有实效的脱贫方式也是中国古代思想家论述的重点。

通过考试选拔人才解决贫困专项问题。"学而优则仕",中国古代学子通过读书求学进而升官发财,一定程度顾及平民百姓的脱贫和升迁机会。但从汉代的"察举"到魏晋南北朝的"九品中正制"再到隋唐的"科举",古代学子通过"科举入仕"的比例是非常小的。唐代经学家赵匡在其《举选议》中称:"大率二十人中方收一人",录取率大约为5%。为了鼓励"怜恤寒畯"学子辛劳读书,国家在录取名额上有一定倾向:录取名额向平民、庶族倾斜,让普通学子有较多科举入仕的机会。如宋朝规定,凡连考15次仍未中者,可直接照顾录取;明代为保障录取平衡,推出南北卷制度,以照顾教育资源相对落后地区的考生;清朝推行官民分开、商民分卷的录取办法。这些政策在一定程度上普及了教育,提高了民众的知识文化素质。

通过税赋兴学办校促进教育发展。赋税是一个国家存在的经济基础,也与广大劳动人民的生活水平息息相关。在我国古代思想家关于"薄赋轻敛"的论述中,孔子是"不违农时""薄税敛"的倡导者。他主张征收赋税必须"度于礼""使民以时",认为"百姓足,君孰与足",百姓富足国家才能征收一定的赋税。荀子在《荀子·富国》中主张,"轻田野之税,平关市之征……罕兴力役,无夺农时"[②],要求政府将民富的思想运用于治国理政的实际中,藏富于民,通过减轻赋税、少征壮丁等措施来促进农业生产发展,使人民减少税赋的支出,保证生活水平。管子主张"取之有度",认为"取于民有度,用之有止"[③],国家征收一定的税赋又开支于民,用税赋兴学办校,促进教育的发展,提升农民的生产技术水平,提高人民的生活水平。

激发富人阶层帮扶救助的社会责任。针对一些贫困地区教育问题比较严重,有些家庭的孩子因贫而不能学,在帮扶救民上,北宋叶适提出"富人代天子

---

① 《王阳明全集》卷1,上海古籍出版社1992年版,第4页。
② 蒋南华、罗书勤、杨寒清译注:《荀子全译》,贵州人民出版社1995年版,第177页。
③ 蒋南华、罗书勤、杨寒清译注:《荀子全译》,贵州人民出版社1995年版,第26页。

养民"。针对贫困人员,除了国家救助外,还要充分激发富人阶层的社会责任,富人阶层被广泛动员起来或自发行动起来对贫困民众进行救助,形成了从国家到民间一系列的保障机制。王夫之明确提出"宽以养民,严以治吏"的主张,也希望当朝官府缓解民众负担,解决平民百姓接受教育困难,从而确保国家安定。可见,我国古代思想家针对贫困问题,既从个人、社会、国家政策等方面分析致贫原因,又以教育的方式提出解决问题的政策、途径等,从思想内容到实践行动都彰显着"知行合一"这一基本理念。

第三节　中华民国时期教育家们的乡村教育思想及经验启示

民国时期中国积贫积弱,老百姓在军阀混战和上层剥削下层的环境下过着水深火热的日子,中国广大乡村经济凋敝,人民困苦。时代造就英雄,也许正是这样的年代,为救广大乡村人民于水火之中,陶行知、梁漱溟、晏阳初、黄炎培等教育理论和实践家认为,乡村改造是旧中国改造的根本,是重振中华民族,使其崛起于世界民族之林的关键。为此,他们发起乡村教育建设运动,以教育来救农民、救乡村、救中国,实现中华民族的重振与复兴。他们通过创办学校,培养下一代,发展乡村教育,解决农民问题,探索实践形成的乡村教育实践经验对当代促进农民摆脱贫困、促进乡村发展、开发农民智慧、解决农民温饱等方面工作具有重要的历史借鉴价值。

一、陶行知的乡村教育思想与帮助农民摆脱贫困实践

陶行知乡村教育思想的实践经验对农民摆脱贫困的作用体现在:其"生活即教育"的理念使农民开始关注乡村贫苦生活的改变,把乡村教育重新拉回乡村的现实生活;其"社会即学校"的办学模式使教育紧密联系乡村的生产,促进农民通过教育适应乡村的生产生活;其"教学做合一"的方法培养了农民脱贫的实际能力,使农民有了脱贫致富的本领;其"乡村本土化"的教师意识为促进农民摆脱贫困提供了人才队伍支撑。

(一)"生活即教育"的理念:关注乡村贫苦生活的改变

陶行知对民国时期的农村教育作了深刻批判,他认为当时的乡村教育脱离

于乡村生活,培养出来的人无法投身于乡村建设和发展,这是对教育资源的浪费,在此认识基础上,他提出了一种十分务实的教育思想:"整个的乡村生活就是乡村教育的内容"。他认为,乡村教育应以乡村实际生活为指南①。在这种教育观念的指引下,陶行知开办了晓庄学校。学校四周没有围墙,设立了中心茶园、乡村教育研究部、科学社等组织,整个乡村都是学校,乡村生活每一处都是教学内容。这启示我们,农民摆脱贫困不仅依存于其自身的主观条件,实际中的客观因素也是关系农民脱贫和乡村发展的关键。长期以来,我国乡村教育执行的是一种让农民离开田地、走出大山、逃离乡村的教育,若在此传统理念指引下长期发展,将可能导致乡村人才外流,使乡村教育振兴缺乏必要的人才支持。陶行知的生活即教育思想,把我们的教育视野重新拉回了乡村现实生活,启示我们发展乡村教育不应脱离乡村的生活实际。

(二)"社会即学校"的思想:教育紧密联系乡村的生产

陶行知实行"社会即学校"的组织模式,最好的例子就是组建乡村工学团,它将社会活动与学校教育有机结合,把工场、学校、社会连成一片,它既是教育团体,又是生产团体:"乡村工学团是一个小工场,一个小学校,一个小社会,在这里面包含着生产的意义,长进的意义,平等互助自卫卫人的意义,它是将工场、学校、社会打成一片,产生一个改造乡村的富有活力的新细胞。"②此外,他还提出一系列普及教育的方法,如"即知即传人""小先生制",借助在社会上形成集体的教学氛围,把"家庭、店铺、工厂、机关、寺庙、民团、军队"变成"下层之教育场所",使"城乡同进",打破教育只在学校课堂里发生的空间束缚。陶行知"社会即学校"组织模式的最大特点在于,突破了学校原有的教学场域,扩大到整个社会,将教育与生产生活紧密结合,对农民摆脱贫困而言,这种学校组织形式促使他们所接受的教育内容能与现实的生产生活形成更紧密的联系,使他们的生产能力、生活能力、平等互助自卫卫人意识得到提高,为摆脱贫困提供智志支持。

(三)"教学做合一"的方法:培养农民脱贫的实际能力

陶行知认为"活的乡村教育要有活的方法,活的方法就是教学做合一",他反对传统只注重书本学习的教育方法,让学生更多地参与实践活动,以社会生产

---

① 《陶行知教育文集》,四川教育出版社 2005 年版,第 107 页。
② 徐莹晖、徐志辉编:《陶行知论乡村教育》,四川教育出版社 2010 年版,第 175 页。

生活为根据,鼓励学生勤思考勤动手,让学习变得更加实用和具有针对性:"在劳力上劳心,是一切发明之母。事事在劳力上劳心,便可得真理。人人在劳力上劳心,便可无废人。"①强调教育扶贫过程中要注重理论与实践的结合,不能只停留在农民理论知识的掌握上,更需培养他们动手操作的实践能力,将技能真正内化为脱贫致富的实际行动。

(四)"乡村本土化"的教师:促进农民脱贫的人才支撑

陶行知在乡村教育实践中,十分重视乡村教师的培养,"师范教育可兴邦,也可以促国之亡"。他对我国传统"书呆子"师范教育进行了反思:"这些大书呆子分布到小学里去,又以几何的加速率制造小书呆子。倘使再刮一阵义务教育的大风,可以把书呆子的种子布满全国,叫全国的国民都变成书呆子,中华民国简直可以变成中华书呆国"②。从某种程度上讲,他的预言已经得到了应验,当时的乡村教师队伍"离农化"倾向严重,脱离生产生活劳动,这对乡村教育振兴具有一定的负面效应。陶行知要求师范生具备"农夫的身手、科学的头脑、艺术的兴味、改革社会的精神"③。这些对我国当前培养乡村教师、巩固教育脱贫成果、助力乡村教育振兴具有一定启示。乡村教育振兴需要培养一批能够适应乡村实际生产和生活需要的人才,而作为人才的培养者——教师,就必须具备适应乡村生产生活的知识与能力,并且具备改造乡村社会、推动乡村振兴的精神。

二、梁漱溟的乡农学校教育与促进农村发展实践

梁漱溟在其乡农学校的办学实践中,通过教育对象与内容的"乡村社会化",实现同农村经济发展的深度融合;通过学校课程的精神陶冶,推动农村精神文明的改造与重建;通过加强教育者与乡民的文化交往,促进农民价值观念的启迪与互融,藉此实现所在农村的发展与振兴。

(一)教育对象与内容"乡村社会化":实现农村经济发展的深度融合

梁漱溟的乡农学校与乡村社会形成深度融合的路径,主要体现在两个方面:教育对象与乡村民众的融合,教育内容与乡村社会的融合。教育对象与乡村民众融合的最直观体现,在于梁漱溟将乡村所有民众都视为乡农学校的教育对象,

---

① 董宝良主编:《陶行知教育论著选》,人民教育出版社 2015 年版,第 219 页。
② 《陶行知教育文集》,四川教育出版社 2005 年版,第 107 页。
③ 徐莹晖、徐志辉编:《陶行知论乡村教育》,四川教育出版社 2010 年版,第 9 页。

他在《设立乡学村学办法》第二条中提到："乡村村学以各该区域之全社会民众为教育对象而施其教育。"①这超越了传统学校的受教育群体，真正实现将区域内全体民众作为教育对象，而非一个只招收适龄学生的教育机构。这种学校组织形式兼顾了乡村社会所有人力资源的开发，并将乡村人力资源开发视为一项整体的工程。"乡就等同于乡学，乡学就等同于乡"。所有乡民都成为乡村建设中不断发展的主力军，在乡农学校教育中提升其精神面貌和知识文化水平，不断发展人力素质，投入到乡村建设中，防止传统学校只将人力开发聚焦于部分适龄学生，割裂原本乡村人力资本开发的整体性。

梁漱溟指出："我们的目的是要化社会为学校，可称之为'社会学校化'。"②为了实现教育内容的"乡村社会化"，与乡村社会高度融合，以达到与乡村社会发展嵌合的目的，他认为，要对乡村社会进行改造，仅依靠乡建理论、儒家思想道德修养等课程是不够的，学校还要增加与中国现实社会、乡村实际相结合的课程内容。当时的课程设置分为两大类：一类是各乡农学校统一的课程，如识字、音乐和精神讲话等。另一类是各乡农学校因地制宜开设的课程。比如在社会治安差的地方设置自卫训练课，山区人民则学习怎样造林的课程，种棉区开设选棉种的课程。统一的课程是乡农学校促进乡民发展与乡村社会发展融合的基础，因地制宜的课程则为乡民发展与乡村社会生产力发展相结合提供实现的可能。此外，乡农学校在寻求教育内容社会化的同时，也充分考虑到教育场所的社会化，当具体的教育场域与教育内容相配套时，有助于教育内容更好地被乡民吸收，并与乡村社会发展融合。随着教育内容不断丰富，教育地域也不断扩大，学校、家庭、农场、工厂都被开发成教育场所，以便知识技能更好为当地乡民内化。

（二）关注学校课程中的"精神陶冶"：推动乡村精神文明的改造重建

梁漱溟在乡农学校的实践中意识到，中国乡民存在的问题不仅包含农民知识水平和实践技能低下的"智"的问题，也包含农民在精神上存在的颓废沮丧、意志消沉的"志"的问题。他指出："有此两面——价值判断失掉，天灾人祸频来——所以乡村中人死板沉寂而无气力。"③导致"志"的"精神破产"的因素有两个：主观上，近代化以来中国传统的儒家价值体系受到西方文化观念的冲击，

---

① 《梁漱溟全集》第 5 卷，山东人民出版社 2005 年版，第 666 页。
② 《梁漱溟全集》第 5 卷，山东人民出版社 2005 年版，第 347 页。
③ 《梁漱溟全集》第 5 卷，山东人民出版社 2005 年版，第 501 页。

造成乡民原有的价值判断标准受到挑战,价值观念混乱。客观上,当时中国社会风雨飘摇、政治腐败黑暗、天灾人祸不断,乡民的生产生活受到巨大的破坏,使乡民生产生活积极性大受打击,陷入精神破产的境地。在这种情况下,要想开展乡村教育和乡村建设,就要培养乡民积极进取、振奋精神,也就是要进行"精神陶炼":"我们非先给他解决精神上的问题不可。我们要替他从苦闷中找到出路,从彷徨中找到方针,从意兴消沉中仿佛叫他有了兴趣,从他不知将往哪里去的时候能够让他看见一点前途、生出一点希望。"①

基于这一想法,梁漱溟在乡农学校课程教学中推行"精神陶炼"教育,将建立合理的人生态度、教授中国传统文化、组织讨论人生实际问题等内容融入日常教学中。除了课程设置外,道德协会也会每天组织"朝会",让乡民一起唱歌、呐喊或者听演讲,进行"精神上的锻炼"。同时,教员也要通过各种方式去提升学生的道德水平,灌输传统优秀道德观念,比如让学生写日记、进行个别谈话等。在这个过程中,教员的主要目的是恢复农民原有的价值标准,即古人的道理,也就是儒家的道理。"在人生实际问题上来给他点明,使看见前边的道路,他才能有乐生之心、进去之念。所以我们要先安定他,然后再给他开出路子。"②在乡民精神状况稳定之后,还要结合具体情况给他指出恰当的人生道路,也就是从价值观念和人生道路两个方面入手,逐步推行乡民的精神陶炼。

（三）加强教育者与乡民"文化交往":启迪农民价值观念的互融生成

当时,乡农学校的主要成员包括学董、学长、学众和教员。教员是知识分子的代表,是学校中开展教育、指导帮扶乡民的主体力量,其教育内容涵盖识字教学、情谊教育、技能培训等多个方面。教员素质的高低,与乡民文化交往的频度、价值观的融合度,直接决定乡村教育的效果,所以教员必须由有文化、有才能的人担任。梁漱溟指出,城里的知识分子(尤其是大学生)德才兼备,怀有热切的救国救民情怀,让他们与农民结合在一起,对解决中国乡村的实际问题具有重大意义。"中国问题之解决,其发动主动以至于完成,全在其社会中知识分子与乡村居民打并一起,所构成之一力量。"③他进一步指出,农民才是乡村的主人,解决乡村问题的主体力量还是农民:"知识分子之革命,须由乡村农民做起;良以

---

① 《梁漱溟全集》第 5 卷,山东人民出版社 2005 年版,第 500 页。
② 《梁漱溟全集》第 5 卷,山东人民出版社 2005 年版,第 501 页。
③ 《梁漱溟全集》第 5 卷,山东人民出版社 2005 年版,第 450 页。

农民为潜伏之最大力量,此种力量一经发动,则任何问题不期而可有办法。"①

如何通过乡农学校的教学组织,实现教育者与乡民的"价值共融"启迪乡民自觉? 梁漱溟在实践中指明了"价值共融"的步骤:首先,将乡村范围内的所有民众纳入组织内,使其成为学校学习的主体部分。但此时大部分学众都存在缺乏自觉的问题,表现在机械性地参加学校活动,缺乏对乡村现实的自觉思考,以及缺少自觉寻找解决办法的行动。这就需要第二步,通过由知识分子组成的教育者群体,藉由多种"精神陶炼"的形式,通过"群体间"的文化交往(如"朝会")和"个体间"的文化交往(如个别谈话)启发农民的自觉。当怀揣救国救民之心、德才兼备的知识分子与乡民产生文化交往时,知识分子就能够在教育过程中发挥其传统道德楷模的功能,让乡农意识到乡村问题的解决、生活状况的改善只能依靠他们自己。最后,构造出知识分子与乡民"价值共融"的新"乡村文化圈",发挥群体文化对个体价值观念的辐射、默化效应,利用学生教大众,再利用大众传播知识,启迪更多乡民积极投入学校的学习中,意识到自身改造乡村社会的重担,加入乡村建设的队伍中。

三、晏阳初的农村治愚主张与开发农民智慧实践

晏阳初在农村治愚工作实践中,重视语言文字教育的基础性功能,强调农业知识技能的关键性作用,落实农民教育对象的全面性覆盖,使得农民智慧得到了系统性开发。

(一)治愚中重视语言文字教育的基础性功能

晏阳初将中国落后于世界的原因归结为"愚穷弱私"四大问题,愚则是当时中国亟待解决的重要问题,中国作为一个幅员辽阔、人口众多的大国,竟有多达三分之二的人不识字。文字是文化传播的基本符号之一,不识字便无法掌握基本文化知识、技能,人就会愚昧、迷信、思想封闭,愚是导致中国人民"穷弱私"问题的主要原因。从人类认知发展的规律来看,解决"愚"的前提是掌握基本的文化知识、打开农民的"脑矿",而掌握基本文化知识的前提是要识字,只有识了字才能学习科学文化知识,看懂期刊书报,了解国内国际形势,参与政治活动,行使公民权利,不至于在民主社会中"眼瞎、耳聋、口哑"。因此,晏阳初认为农村教育

---

① 《梁漱溟全集》第5卷,山东人民出版社2005年版,第486页。

的首要问题就是要"治愚",第一步就是要"除文盲",教会农民识字,重视发挥教育的基础作用,让农民识字,继而在识字的基础上学习基础文化知识、培养职业技能、开展卫生教育和公民教育等,但这一切都需要建立在解决乡民文盲问题的基础之上。为此,晏阳初编写了基础识字教材《农民千字课》以解决农民的文盲问题,并且通过多种形式生动的教育媒介(如戏剧、图画)给农民传递基础文化知识,以此解决扫盲教育过程中一些时间、资金上的客观局限问题。

(二)治愚中强调农业知识技能的关键性作用

晏阳初认为中国乡村贫困的原因之一在于生产力低下,几千年来根深蒂固的小农经济和传统的愚民思想造成了中国农民"靠天吃饭"自给自足的生活惯习。文字理解能力的匮乏也让他们不懂科学文化知识,不懂怎样提升生产力,这种小农的生产生活惯习具有客观上的脆弱性,一旦遭遇天灾人祸,生活便难以为继。只有通过教会农民科学文化知识和技能,进行农业知识的推广,才能逐步提高中国的落后生产力,改变乡村的贫困面貌。不幸的是,"自张之洞提倡农业科学以来,至今已有60多年。为农业改良,不知费了多少钱,而农业科学自农业科学,农民自农民,双方到今天还没有见面"①。为解决农业科学与乡村生产相脱离的问题,晏阳初大力提倡"博士下乡",为乡村农民传播先进的农业生产科学知识,鼓励博士们走出研究所的象牙塔,把有利于提升生产力的农业科学技术带到乡下。比如,晏阳初建立生计巡回训练学校根据春夏秋冬不同时序安排适切的农业生计教育,"通过学校学习、农家实验、实施技术推广,提高农民的生产技术和经营能力"②,又用"表证农家"的方式来培养推广先进农业生产技术的骨干。

(三)治愚中落实农民教育对象的全面性覆盖

晏阳初在河北定县进行的乡村教育实验不仅仅局限在学校教育层面。根据1927年他在河北定县开展的统计数据显示,"全县共40万人口,17岁以上33万人。男约17万,女约16万,在这33万中,文盲达到27万,文盲占到83%"③,多数成人没有接受识字教育。基于当时中国的乡村实情,晏阳初开展的乡村教育

---

① 晏阳初:《平民教育与乡村建设运动》,商务印书馆2014年版,第255页。
② 卢璐、夏金星、彭干梓:《晏阳初生计教育思想与实验》,《职教论坛》2009年第16期。
③ 孙诗锦:《启蒙与重建——晏阳初乡村文化建设事业研究(1926—1937)》,商务印书馆2012年版,第344页。

运动主张"有教无类",实行"学校式、家庭式、社会式"三者统合的系统教育方式,将受教育群体扩展到儿童之外的广大成年人、老年人、妇女中。晏阳初的社会式教育的主要目的是"为了解决农民尤其是平民学校毕业生的继续教育问题"①,"家庭式教育是联合各个家庭中地位相同的分子施以相当的训练。一方面是使家庭社会化,一方面是要使在家庭中的老少男女,都能得到相当的教育"②,他将学校、家庭、社会三个主要教育场域有机地统合起来,落实农民教育对象的全面性覆盖,有力提高了乡村教育扶贫的成效。

四、黄炎培的职业教育思想与解决农民温饱实践

黄炎培的职业教育实践以"使无业者有业,使有业者乐业"为目标,开展以广大乡村人口为服务对象的平民教育,注重加强职业教育与产业发展联系,强调职业教育课程的科学性与适应性,切实帮助农民掌握赖以谋生的职业知识和技能,促进了农民温饱问题的解决。

(一)职业教育的总体目标:使无业者有业,使有业者乐业

黄炎培所谈的职业教育,并非今天我们所熟知的普通教育与职业教育简单的学校类型之别,而是立足于更大的社会发展的宏观视角审视职业教育。在他看来,伴随着工业革命所催生出的生产力的高速发展,让社会分工日趋明细化、多样化,人类的生计、温饱与职业建立了密不可分的链锁关系,职业不仅是人类的社会化需要,同时也是个体在多元化分工的社会中谋求个性化发展的必然需要。当今人类所处的世界不仅是血缘社会与地缘社会的集合,业缘社会同样也在生产力的促进作用下蓬勃发展。结构功能主义视角下的社会系统中,人类作为构建起整个庞大社会系统的一个个结构单位,职业于人类而言早已不仅仅是个人谋生之需要,同时也是维系社会健康运转的必然要求。职业对己谋生,为群服务,而职业教育的发展,不仅仅关系着中国最大、最主要、最困难、最迫切需要解决的人民的生计问题,同时也关系着中国未来的生存与发展问题。

基于职业对个人发展与社会(国家)发展的推动关系,黄炎培对职业教育的总体目标进行了高度、全面、系统的概括:一为谋个性之发展;二为个人谋生之准

---

① 郑大华:《民国乡村建设运动》,社会科学文献出版社 2000 年版,第 249 页。
② 周容容:《二十世纪二三十年代乡村教育运动研究》,云南大学硕士学位论文,2018 年。

备;三为个人服务社会之准备;四为国家及世界增进生产力之准备。在此基础上确立了终极目标:"使无业者有业,使有业者乐业"。"黄炎培先生的职业教育目的观是个人本位论与社会本位论的统一,也体现着他尊重人的个性、发展人的个性的崇高境界,不仅关注低层次的谋生,也关注高层次的乐业"①。不仅强调个人的谋生,同时着眼于个人自我价值的社会实现,是物质层面需要与高级精神层次需要的统一。

通过对黄炎培职业教育目标内容的梳理,我们可将其基本精神概括为以下两个要点:"有业"与"乐业"。"有业"要求职业教育的发展能提高就业和巩固就业;"乐业"则要求职业教育不仅要使受教育者在经过教育后可以获得工作岗位,且使受教育者能在工作岗位中获得充分的满足感、幸福感,达到自我价值的实现,促进高质量就业,巩固就业率。在巩固脱贫攻坚成果、推动乡村教育振兴的当下,我国职业教育的发展不仅要促进就业,同时也要培育毕业生爱岗敬业精神,因此,黄炎培职业教育中"有业"与"乐业"精神对当今职业教育的发展仍有重要的指导价值。职业院校要以实现学生"有业"和"乐业"为发展目标,以帮助他们通过职业教育获得工作岗位、培养爱岗敬业精神为基本的工作方向。

(二)职业教育的服务对象:以广大乡村的贫苦农民为主体

身处 20 世纪二三十年代军阀混战、经济凋敝的动乱中国,黄炎培深知广大中国人民最根本、最严重的苦痛与胁迫是贫穷,人民的生计问题是当时中国迫切需要解决的大问题,而贫穷最主要的地方是乡村。在黄炎培先生看来,当时中国社会就如同摇摇欲坠的花瓶,花瓶的重心在下,如果重心失去,整个花瓶就瞬间倾倒,而这重心就是中国乡村社会广大的困苦贫民。

基于此认识,黄炎培把职业教育的重心放在广大农村地区,把眼光投向广大贫苦的下层人民,他提出"先富后教",将解决人民当前急需的生计问题摆在最核心位置。仓廪实则知礼节,衣食足则知荣辱。马斯洛的需要层次理论也指明人只有在满足低层次需要后才能出现较高层次需求,而当人连最基本需要都不能满足,教育就无从谈起,更毋论人民遵循道德秩序。黄炎培同样认为生存是人的第一要求和唯一要求。他清楚地知晓如果教育不能"使人民在生活上,尤其是

---

① 胡宇彬:《黄炎培的职业教育目的观对现代高职教育的启示》,《职教论坛》2003 年第 5 期。

生产上,增加利益或减少损害",这种教育就只能被"拒之门外"①。他不仅重视将职业教育与平民教育结合,通过成本投入较小的职业教育方式使平民获得一门糊口的生计(如裁缝、理发、洗衣等),而且将职业教育的对象扩大到其他一些相对弱势群体,例如灾民、伤残士兵等,促使广大平民通过职业教育获得赖以生存的生计,有效维护了社会秩序与稳定。

通过上文梳理,我们可以将黄炎培职业教育所服务的主体对象内容概括为:以广大的乡村贫苦农民为主体,以贫苦的乡村底层群众为重心,以"先富后教"解决生计问题为核心的服务方向。放眼当下,职业教育服务的主体对象没有改变:"职业院校70%以上的学生都来自于农村","职教一人,就业一人,脱贫一家"是阻断贫困代际传递见效最快的方式②。由此可见,黄炎培职业教育思想对于指导职业教育巩固脱贫攻坚成果、推动乡村教育振兴仍有启发意义。我国目前的职业教育以乡村人口、贫困人口为主要服务对象,通过职业教育实现"志智双扶",帮助乡村人口和底层群众解决生计问题,使他们"有业"且"乐业",获得生产上的实际利益,是促进和维护社会秩序和稳定的重要保证,也是进一步巩固脱贫攻坚成果,推动乡村振兴的内在要求。

(三)职业教育的办学方向:促进教育和乡村产业融合

基于对职业教育个人本位与社会本位的辩证统一认识,黄炎培不仅强调要在教育中进行从小的职业陶冶,促进个体职业道德的从小养成,同时也十分关注职业教育与社会、产业的联系性加强。职业教育要满足个人、社会的需要,准确地说要与社会生产生活紧密相关,职业教育与职业界的联系就更不能被忽略。他十分反感传统浓厚的重学轻艺脱产教育之风,对这种分利"趋之若鹜",职业教育生利却"无人问津"的教育现象深以为戒,"黄炎培认为,职业界应与学校共同承担起职业教育的责任,建立产学联合体"③。他强调社会需要什么人才,就应办什么职业学校。职业教育的课程制定、教材选用、训练方法、教师聘请,应当考量职业界的需求,将培养人才的学校与任用人才的产业界对口连接,这是打破学校与社会之间闭塞的有效出路。产业与职业学校的深度联合,不

① 陈双华:《试论农村职业教育与农村扶贫——黄炎培"先富后教"、"富—教—治"农村教育思想的启示》,《中国职业技术教育》2006年第11期。
② 《职业教育成为阻断贫困代际传递见效最快的方式》,中国教育在线网,2021年4月21日。
③ 董仁忠:《论黄炎培"大职业教育主义"思想及其启示》,《教育与职业》2007年第23期。

仅有利于职业学校的健康良性发展,为社会输入合格适宜的专门人才,而且也有助于产业进行对口的人才吸收,进而促进产业的开发,同时精准有效地解决人民的生计与温饱问题。

综上所述,我们可归纳出黄炎培对职业教育办学模式的基本思路:加强职业教育与产业发展的联系。用现在的语言表述,就是要按照习近平总书记对职业教育工作的重要指示要求,"深化产教融合、校企合作"①,从而实现对职业教育的就业通道"拓宽"和"精准"两个并重。职业教育不能实现充分就业表现为两个基本矛盾:宏观上看,是学校培养的职业教育毕业生数与社会产业对该职业岗位需求人数间的矛盾,即"社会需要多少人才和职业学校培养多少人才"的矛盾;微观上看,则是毕业生经过职业教育所掌握的知识技能与企业对员工知识技能的要求二者之间的矛盾,即"社会需要什么人才和职业学校培养什么人才"的矛盾。前者需"拓宽"就业通道,通过广泛的校企合作,为毕业生提供更多的就业机会;后者要求实现对不同类型毕业生就业通道"精准"定位,深化产教和校企合作也有助于职业院校动态即时地把握产业与企业的发展信息和需要,增强教育与产业、企业的适应性和对接性。由此可见,黄炎培加强职业教育与产业发展联系的办学思想,仍对当前我国职业院校如何深化朝产教融合、校企合作的办学方向改革有重要的启发价值。

(四)职业教育的课程设置:强调科学性与适应性有机结合

在职业教育的课程设置与安排上,黄炎培强调科学性与适应性相结合,不仅要遵循社会现实需要,强调课程设置与现实需要的适切性,同时根据不同个体的性格与志趣,安排多样化的课程,使得每个人都能找到适合自己的职业。例如,黄炎培先生领导的中华职业教育社,"通过制作其中不同的心理测量,在学生入学科目考试之外对其进行心理测验,由此考察适宜学生的发展方向"②。针对不同人身心发展的差异性进行分类,判断"谁则宜某种""谁则不宜某种"。黄炎培的中华职业学校还通过组织调查和委托其他机构进行协同调查,来确认当地人所从事的主要职业,由此在中华职业学校开设了铁工、木工等四门科目。黄炎培因地制宜、依据学生的心理特点规划、设置有关课程的想法,既遵循学生身心发

① 《加快构建现代职业教育体系 培养更多高素质技术技能人才能工巧匠大国工匠》,《人民日报》2021 年 4 月 14 日。
② 潘懋元:《黄炎培职业教育思想对当前高等职业教育的启示》,《教育研究》2007 年第 1 期。

展的差异性,使课程设置符合科学性,又通过实地调查确定最能满足当地社会实际需要的职业作为开设课程的依据,兼顾了课程设置对社会需求的适应性。

通过前文所述,我们可以总结出黄炎培职业教育课程设置的基本特征:科学性与适应性并存。科学性与适应性体现为两个维度:一是课程本身设置的科学性与适应性;二是课程设置之于学生的科学性与适应性。前者体现为,黄炎培通过社会调研确定社会的主要职业需求来设置课程;后者体现为,黄炎培在课程设置上注重学生本身身心发展的差异性,通过心理测验、考试等方式帮助学生确定职业发展方向,选择适宜学生发展的课程内容。李克强同志指出:"职业教育是培养技术技能人才、促进就业创业创新、推动中国制造和服务上水平的重要基础"①,这就需要职业教育的课程设置兼顾科学性与适应性,要求职业院校不仅能动态性地掌握产业、企业动态发展的信息,进行适切的课程安排和设置,还应深化职业院校课程改革,了解学生身心发展的差异性,制定个性化的课程进行针对培养,使学生不仅掌握符合产业、企业需求的技能技术,更能进一步培养学生创造力和专业性,树立正确的职业观和工作观。由此可见,黄炎培职业教育课程设置思想对当前职业院校的课程改革仍有一定的借鉴意义。

五、"陶梁晏黄"的教育思想对当代教育扶贫的启示

通过梳理"陶梁晏黄"的教育思想和实践总结如下:在教育扶贫的目标上,他们都注重激发农民内生动力;在教育扶贫政策上,突出教育对象的全覆盖;在教育扶贫空间上,强调将教学场域扩大到整个社会;在教育通道上,提倡多通道合力促进学生发展;在教育扶贫能力上,注重书本和实践相结合。本部分将从观念、对象、空间、通道、能力方面阐述以下时代意涵:扶智与扶志并举,以阻断家庭代际贫困,全面培育公民素质;以脱贫致富促进乡村精神文明建设,构建乡村社会治理体系;实现振兴乡村发展战略,全面建成小康社会。

(一)观念更新:注重唤起教育扶贫对象脱贫的自主意识

随着脱贫工作不断推进,一些深层次问题也日渐突出,如某些地方的贫困户"等靠要"思想严重,依赖政府送政策送资金,政府在发挥扶贫工作主导性时却

① 《加快构建现代职业教育体系　培养更多高素质技术技能人才能工巧匠大国工匠》,《人民日报》2021年4月14日。

忽视了贫困户主体性的发挥。精神匮乏问题成为脱贫工作的思想阻碍。习近平总书记2018年在打好精准脱贫攻坚战座谈会上强调:"必须坚持依靠人民群众,充分调动贫困群众积极性、主动性、创造性,坚持扶贫和扶志、扶智相结合,正确处理外部帮扶和贫困群众自身努力关系,培育贫困群众依靠自力更生实现脱贫致富意识。"[①]扶志指贫困人口主体意识的培育;扶智则注重贫困群众脱贫能力的提高。扶志是源,扶智是水,人一旦失去了志,智就是"无源之水"。陶行知等四人在教育扶贫方面的最大突破就是超越了以往传统乡村教育扶贫办"模范村""救济村"的思路,由过去简单投入教育资源、建学校到真正关注教育方法、教学效果,旨在真正帮助贫困地区农民生成自立自强主动脱贫的意愿和观念,唤起贫困地区民众自我改造的主体意识,形成积极向上自觉脱贫的乡村发展观。陶行知要求教育内容与生活紧密联系,让教育扶贫对象自觉发现问题解决问题,就是为了唤起当地民众自觉参与改造乡村贫困面貌的主体意识和自觉精神;梁漱溟制定乡学乡约,重构乡村的制度秩序维持乡村道德规范,并通过丰富多样的文化教学形式对乡村民众实行教化,振作农民精神;晏阳初大力推行"除文盲"活动,发挥教育文化基础功能,使其掌握文字从而更好接受基础文化教育并进一步产生脱贫意识,唤起民众自力更生的内生动力;黄炎培倡导在职业教育中开展道德教育,让民众树立起"敬业乐群"的责任心、协作心和事业心,通过职业观念养成促进民众自力更生、奋发向上的乡村建设观念和脱贫动力。这些都是指导我国教育扶贫工作的有益启示。

(二)政策推行:关注对教育扶贫对象覆盖的全面性

相较于今天,20世纪二三十年代的教育资源稀缺,如何在有限资源的前提下实现教育对象的全覆盖,四位教育家进行了各种积极尝试,也为我们的政策推行提供了一定的经验启示。如陶行知在"即知即传"基础上提出"小先生制",以小孩为教师去教授不识字的孩子或成人,小先生的职责不仅是教人,更要教人去教人。这种滚雪球式的普及教育方式可以解决贫困地区教育师资奇缺的问题,在"三区三州"地区,由小先生教授成人文化知识可有效打破汉族教师与少数民族在语言交流方面的局限,即知即传的方式让学生成为文化教育者、宣传者和传播者,不仅可以提高学生教学能力,也有助于形成积极向上学习文化的社会风

---

① 习近平:《在打好精准脱贫攻坚战座谈会上的讲话》,人民出版社2020年版,第9页。

气,并在热烈的学习交往中实现教育对象的覆盖。梁漱溟的乡学村学可以为少数民族地方政府借鉴,设立独具地方少数民族文化特色的乡学村学,将当地民众纳入体系中,设立乡约民约将地方乡学组织化、制度化,教学内容可以既包含少数民族所喜闻乐见的民族文化知识,也加入基础文化知识和社会主义文化,营造积极向学文化氛围,从而改造整个少数民族贫困地区的学习氛围,使整个乡村社会群体受文化教育熏染,共同通过文化教育实现精神陶冶目的。同时可充分利用乡学村学组织化能力开展对失学儿童的控辍保学工作,借由集体力量推进劝返工作,达成普及义务教育和受教育群体的全覆盖。黄炎培在职业教育过程中关注社会上的弱势群体(如灾民、伤残士兵),我国教育扶贫的相关政策制定也应考虑到一些伤残、智残群体的特殊教育问题,考虑在贫困地区设置特殊教育学校,保障弱势群体的受教育权利,实现教育公平,如对聋哑儿童和盲障儿童开展特殊教育,对成年但有自力更生能力的残疾人通过特殊教育进行职业技能教育培训,满足其生计需要与教育需要,将教育覆盖到包含弱势群体在内的所有社会群体。

(三)空间拓展:积极拓展乡村社会的教育脱贫空间

"陶梁晏黄"四位教育家在 20 世纪二三十年代提出了"打破单一封闭式学习场域,将教育场所进行拓展"的思想,他们批判传统"旧八股""洋八股"以课堂书本为中心的教学,支持将教育教学场域扩展到整个乡村社会。陶行知"社会即学校"要求教育突破学校教育藩篱,走向社会。广大贫困地区长期存在着师资弱、教育质量低等劣势,在线教学作为一种新方式,让学生与教师、教育组织之间借助网络在线课、直播课、电视空中课堂等形式,跨学校、跨地区实现了学习场所和形式的灵活多变,这也是"社会即学校,打破学校壁垒"的践行,可以在贫困地区将线上教学和线下教学有机结合,努力构建在线教学现代化体系。首先,校方积极探索线上教学与线下教学相结合的新模式,如"线上播课+线下讨论"模式,进行在线作业和在线测验及时跟进学生学习情况。其次,政府行政部门发挥保证技术服务支持、提供优质教育资源方面的作用,及时向校方提供解决方案和政策支持,提升在线教学效果。最后,鼓励社会力量创办在线课程平台,结合校方教学需求,丰富平台优质教育资源。梁漱溟的乡农学校实践十分注重课程内容与乡村实际的结合,比如在治安差的地方设置自卫训练课、山区开设造林课程等,乡农学校的实践经验启示我们可以在贫困地区的课程开发中以学生实践能力提升为目标,并结合当地经济、政治、文化特点,注重课程的实际运用价值。同时通过暑期实践、毕业实习等方式,鼓励学生参与当地工农业生产,通过实地考察、实习实践体察当地实际情况,掌握真知识真本领,为投身乡村振兴事业打好基础。晏阳初乡村教育扶贫的"三大方式",可以借助当前的网络技术实现创新,构建家庭—社会—学校的教育扶贫网络互助平台和交流平台,扩大教育扶贫地区的信息交流与经验共享,使家庭、社会、学校通过平台交流真正形成一个系统整体,共同推进家庭教育、社会教育、学校教育的发展,实现贫困地区的教育整体发展。

(四)通道探索:努力探索多通道合力共促扶贫对象发展

民国教育家们积极探索,从知识界、科研界、产业界等社会力量中开辟新的通道,合力共促乡村教育长远发展,给予我们诸多启示。如梁漱溟"知识分子与乡村居民打拼一起"的思想,启示我们可以在贫困地区设立研究生实践基地,将学生能力培养与农村建设有机结合,为推动贫困户增产增收,创新农村发展方式贡献智慧力量。如设立"实践—理论—实践"的三段式培养模式。在农业研究生新生开学前的暑假,要求学生在农户家中住宿一个月,进行"三农"实际和生产问题方面的新生培训;开学后用一个学期学习理论知识,围绕实践时的实际问题进行课题设计;之后让他们再次深入农村,和导师一起在当地开展科研工作,与农民"同吃同住同劳动",将科技成果播撒在祖国大地上。黄炎培将教育与产业协调联合的思想对我们也有启发价值,关于职业教育扶贫与产业联合,可从以下方面着手考量:一是对贫困地区的实际情况进行精准探测和调查,根据实际环境选择适宜的配套产业开展扶贫开发工作,职业学校可与承担项目的相关单位联动,如招募贫困地区实习生一起参与开发建设工程,既让扶贫对象通过实习掌握技能,又借实习进行本地建设;二是根据本地已有产业设置职业学校的课程内容,以保证教育内容与产业需要的实际衔接;三是确保职业学校与当地企业、部门、机构的交流畅通化、透明化,构建扶贫工程的信息交流共享系统,贫困者可通过系统了解招聘信息、要求,企业和部门也可以通过系统了解每一位学生专业背景和学习情况,为实现培养与任用的对口精准提供信息数据保障。

(五)能力培养:全方位培养教育扶贫对象能力的完整性

陶行知等人批判传统教育只能教授"书呆子"的能力培养模式,积极开拓多方面能力发展的教育模式,这对推动贫困地区的教育质量发展,实现乡村教育振兴具有借鉴意义。如陶行知的"教学做合一",启示我们注重德智体美劳教育,尤其是当前劳动教育相对不足的情况,要求我们务必将劳动教育纳入中小学教育体系,发挥综合育人效应。首先,我们要注重劳动精神、价值观、技能的整体培养,而不是将劳动教育窄化为技能培训;其次,建立家校合作培养机制,让学生在家庭劳动中感受、切身体会劳动的价值;最后,多学科融入劳动教育内容,在科学课中渗透劳动知识传授,思想品德课中进行马克思主义劳动观教育,等等。黄炎培"先富后教"思想十分重视通过"后教"完善教育对象的能力素质,我国在教育扶贫实践中也应当注重继续教育问题,让无法继续升学接受普通教育的青年通过接受职业教育解决温饱问题,实现脱贫,同时鼓励其接受更高层次教育。我国当前基础教育系统和职业教育系统之间的通道有待进一步打通,在"三区三州"等深度贫困地区,基础教育机构与职业教育机构应通力协作为贫困地区民众开启继续教育通道,通过继续教育手段实现贫困人口素质继续发展和全面发展。

第四节　新中国成立后教育扶贫的探索与实践

新中国成立后,我国广泛开展教育扶贫工作,取得诸多显著成效。新中国建立初期,为了提高人民的文化素质,开展大规模扫盲和识字教育运动,提高了人民的文化水平,为改革开放后的经济腾飞奠定了基础。改革开放时期,面对区域差异和城乡差别,教育扶贫政策成为国家发展政策的重要组成部分,逐步形成了高质量、全覆盖、精准化、专业化的教育扶贫政策体系,助力我国教育向城乡优质均衡发展的方向转变。党的十八大以来,为了消除贫困,实现共同发展,教育精准扶贫政策继续深化,经历了脱贫攻坚全面建成小康社会到巩固脱贫攻坚与乡村振兴有序衔接的阶段,乡村教育发展成果进一步得到巩固和发展,为世界减贫发展事业提供中国蓝本方案。

一、新中国成立初期的扫盲和识字教育

新中国成立初期即开展了大规模扫盲和识字教育运动,对当时的社会经济发展起到了多方面促进作用。对扫盲和识字教育运动的背景、过程、方法、成效和存在的问题进行系统梳理及反思,有助于加深对教育扶贫相关理论的认识。

（一）扫盲和识字教育的背景

新中国成立以前,教育长时间为上层阶级垄断,广大工农群众特别是劳动妇女没有受教育的权力。截至 1949 年,全国 5.5 亿人口中文盲总数高达 2.9 亿人,全国农村青壮年中约有文盲 16500 万,占全国总人口的 80%[①],而广大农村文盲率又高达 95% 以上[②]。新中国成立后,随着政治制度革新、经济发展,国家建设要求更多有一定文化水平的劳动人民参与,提升劳动人民的文化水平就成为国家建设面临的一项重要任务。面对庞大的文盲队伍和落后的教育基础现实,为了恢复和发展经济生产进而使劳动人民在政治、经济、文化上彻底翻身,新中国成立初期,党中央决定把扫盲教育作为新中国成立初期的重要国策[③]。1949 年 9 月 1 日,毛泽东同志在中国人民政治协商会议第一届全体会议的宣言中称:中华人民共和国中央人民政府"将领导全国人民克服一切困难,进行大规模的经济建设和文化建设,扫除旧中国所留下来的贫困和愚昧,逐步地改善人民的物质生活和提高人民的文化生活"[④]。在此背景下,我国借鉴土地革命时期、抗日战争时期和解放战争时期已有的扫盲经验,根据新中国成立初期国家的具体国情,积极开展形式多样的扫盲识字教育运动。

（二）开展扫盲和识字教育运动的过程

1. 初期（1949—1957）

1949 年 12 月,政务院教育部召开第一次全国教育工作会议,提出全国应普遍创办工农速成中学,将工农干部培养成知识分子,从 1951 年开始举行全国规模的识字运动。12 月 5 日,教育部在《关于开展 1949 年冬学工作的指示》中指出:"冬学这种适应广大群众需要及与实际工作密切结合着的教育方式,今后应当在全国农村普遍推行,并强调冬学文化教育的内容应当以识字为主。"1950年 9 月教育部与全国总工会联合召开第一次全国工农教育会议,强调应重点加强工农干部和积极分子的教育,并进一步推广到有组织的男女青年和其他迫切要求学习的工农群众中。12 月 14 日,教育部强调应有计划、有步骤地开展农民业余教育,争取将冬学转变为常年业余学校（民校）。随着 1949 年 12 月中央人

---

① 《中国教育年鉴（1949—1981）》,中国大百科全书出版社 1984 年版,第 586 页。
② 马云:《20 世纪 50 年代中国农村扫盲运动研究》,西北大学硕士学位论文,2003 年。
③ 代天喜:《建国初期扫盲识字运动研究》,河南师范大学出版社 2009 年版,第 11 页。
④ 《毛泽东文集》第 5 卷,人民出版社 1996 年版,第 348 页。

民政府教育部第一次全国教育工作会议和1950年9月第一次全国工农教育会议的召开,扫盲运动在全国范围内拉开了序幕①。参与扫盲和识字教育的教师除统一聘请的专任教师,主要依靠"以民教民",即具有一定文化知识基础的"文化人"或已经完成扫盲识字教育的群众兼职教师。新中国成立后的最初三年分别扫除文盲65.7万人、137.2万人、137.5万人②。截至1949年冬季,土改地区已有1000余万农民参加冬学,1950年冬季参加冬学的农民已达2500万人,到1951年秋季转入农民业余学校的达到1100万余人③。

2. 中期(1952—1955)

1952年9月,教育部和全国总工会召开全国扫盲工作座谈会,制定了在5—10年基本扫除文盲的计划,规定扫盲的原则是"大张旗鼓、稳步前进、由点到面、限期完成"④。同年11月15日,"中央扫盲工作委员会"成立,下设"农民扫盲工作司,以此加强对扫盲工作的领导"⑤。同时,为使扫盲工作更有序地开展,教育部于1953年对干部、工人、农民分别作出扫盲规定,如不识字或识字数500以下者为文盲,识字达到500字而没有达到扫盲标准者为半文盲。扫盲毕业考试分为识字、阅读、写作三项,使扫盲工作逐步走向制度化和规范化。1953年,我国开始进入第一个五年计划时期,国民经济的发展推动了扫盲教育发展,1954年6月,教育部、扫除文盲工作委员会联合召开第一次全国农民业余文化教育会议,指出今后农民业余教育必须紧跟农村互助合作运动和农业生产发展,争取用15年左右时间,基本扫除农村2亿多青壮年文盲。此后几年这项活动高速发展。

3. 后期(1956—1960)

1956年3月15日,中华人民共和国全国扫除文盲协会成立,标志着全国扫盲工作第二个高潮的到来。据不完全统计,到1956年,全国农民扫盲入学人数

---

① 李艳:《四川省宜宾地区农村扫盲运动研究(1950—1958)》,四川师范大学硕士学位论文,2020年。

② 《中国教育年鉴(1949—1981)》,中国大百科全书出版社1984年版,第578页。

③ 国家教育委员会成人教育司编:《扫除文盲文献汇编(1949—1996)》,西南师范大学出版社1997年版,第302页。

④ 何东昌主编:《中华人民共和国重要教育文献(1949—1997年)》,海南出版社1998年版,第100页。

⑤ 何东昌主编:《当代中国教育》(上),当代中国出版社1996年版,第53页。

达到 6200 多万人,占全国 14 岁以上青壮年农民总数的 30%①。截至 1957 年,全国共扫除文盲 600 多万,达到新中国成立以来的顶峰。

1958 年至 1960 年,由于第一个五年计划的提前完成以及中央对国际形势的乐观判断,在农业"大跃进"的背景下,扫盲工作紧跟"大跃进"的步伐,过于急于求成。1959 年 3 月,教育部党组在《关于 1959 年教育事业发展计划的意见》中指出争取在 4 年内基本完成扫盲任务,同年 10 月在报告中提出应在 1—2 年内完成扫盲。扫盲"跃进"过程中虽然取得了一定的成就,但同时也忽视了扫盲工作的艰巨性和长期性。政府花费了大量的财力、物力和人力,但扫盲的质量不乐观,出现严重的复盲现象。下图为新中国成立初期的扫盲成果。

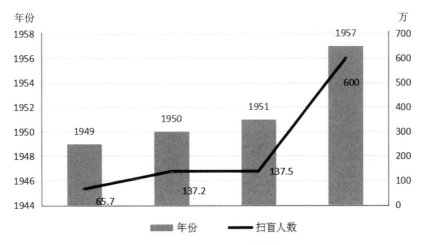

图 1　新中国成立初期的扫盲成果

(三)扫盲和识字教育的方法

扫盲的形式主要分为集中学习和分散学习。集中学习主要在相对较大的农村、城镇、村落开展,主要包括冬学和民校。冬学是利用冬季农闲的时间组织农民开展的文化教育活动,它是在创办民校条件不具备的情况下举办的,资金、师资、教材等比较充足时就由冬学转为民校,可以说冬学就是民校的前身②。

民校是农民业余学校的简称,在学习时间上有一定连续性。但考虑到部分

---

① 《中国教育年鉴(1949—1981)》,中国大百科全书出版社 1984 年版,第 578 页。
② 李飞龙:《20 世纪 50 年代农民业余文化教育述论》,《当代中国史研究》2009 年第 3 期。

地区由于人口、地域、文化限制,举办集中学习有一定难度,于是政府在这些地区采取分散学习的方式。分散的学习方式包括分时教学,即学员根据自己的空间时间参加学习。此外还有生产教学,是根据学员生活与工作上的需要结合生产开展的边生产边学习方式。这些学习方式灵活多变,能根据学员具体情况来安排学习。

(四)扫盲和识字教育的成效

提升文化水平。扫盲教育提高了广大农村群众的文化水平和素质。文盲通过扫盲和识字教育掌握文字并学会运用文字工具阅读书籍、报纸、杂志等,能够及时了解外面世界和学习新技能。人民有了文化,农村普遍开展各式各样的活动,如读书、歌唱、舞蹈、写诗等,形成了良好的社会风尚。

掌握日常生活技能。通过开展符合群众需求的教育,工农干部和群众能在较短的时间内掌握生产劳动和生活所需要的知识和技能,如写信、认识各种工具或机器名、记账、发通知等,解决了以往发错工票、消息通知困难等问题。

提高妇女地位。扫盲和识字教育不仅提高了广大妇女的思想觉悟,也提高了她们的社会地位,她们在接受教育后能识文断字、学习文化、掌握健康保健知识等。妇女通过学习有关社会生产劳动的知识技能,工作能力提升,能参加的工作类型增加了,这使她们更加热情参与社会劳动和农业生产建设。工农干部、群众包括广大妇女文化知识的提高,促进了新中国经济文化建设。

(五)扫盲和识字教育对当下教育扶贫的启示

第一,应重视贫困地区师资队伍建设。新中国成立初期的扫盲和识字教育,教师发挥着不可替代的作用。新中国成立初期教育部在关于开展1949年冬学工作的指示中就强调办好冬学的因素之一在于师资,同时教育部也对教师队伍建设和专职教师配备提出了具体要求。近年来,部分地区为弥补师资缺陷,招收了一大批定向公费师范生,但也出现一些问题,如由于公费生就业岗位一般面向农村基层,部分公费生毕业后选择放弃定向就业学校而自己考取满意的岗位,导致人才流失;部分公费生因没有就业压力在学习上应付了事,导致教学水平有限。因此,政府应完善贫困地区教师培养问题,提高师资水平,增加贫困地区教师岗位吸引力,吸引更多人才加入教育扶贫队伍中。

第二,重视成人教育,推广终身教育。新中国成立初期成年文盲的"脱盲"一方面提高了广大农村群众素质、生产技能和生活水平,也为我国国民经济恢复发展提供了智力支撑。在农村贫困地区开展成人教育,是推进"精准扶贫"工作以摆脱贫困的有效方法之一①。在"精准扶贫"理念下,对农民工教学内容的内涵应以提升农民工知识实用价值为主,因此,建构以技能培训和信息化为主体的知识体系,是提升农民工就业能力的核心②。政府应加强对农村教育的监督管理,使农村成人教育制度化、规范化,针对不同层次和条件的农民开展教学,保障按需入学。建立巩固机制,使农民在参加学习后能够学以致用。重视教育评价作用,提升农民学习效果。统筹教育资源,加强成人教育与中小学、高校间资源共享。增强农民自主学习能力,树立终身学习意识。

第三,认识教育的长期性和长效性,培养可持续脱贫能力。当代教育扶贫应认识到教育的长期性和长效性。教育扶贫不仅要重视学前教育、基础教育和职业教育,也要延长贫困扶持年限,向高等教育阶段以及贫困生择业期、就业后延伸。

二、改革开放后的教育扶贫基本举措

综上所述,新中国成立初期到20世纪50年代,我国为了完成新中国社会主义改造,从提高国民素质和促进生产发展方面,主要通过扫盲和识字教育,促进成人继续教育和终身教育的发展。"文化大革命"期间,由于受到十年动乱的影响,我国社会各行各业曲折发展,教育扶贫和乡村教育发展工作也不例外。一直到党的十一届三中全会召开之后,随着党的经济建设中心转移和思想上的全面拨乱反正,教育扶贫和乡村教育发展工作才回到正确的发展轨道。

(一)教育扶贫从国家政策制定到区域实施(点面)简况

改革开放以来,教育扶贫政策的历史演进经历了以"面"为主、"面点结合"、以"点"为主三阶段③。教育扶贫政策作为国家扶贫政策的组成部分,也体现了与国家扶贫政策相似的发展历程。以我国三个扶贫开发纲要为节点,扶贫政策发展大致可分为初步构建、基本形成、逐步完善三个阶段④。

---

① 何悦、张清学:《基于精准扶贫的农村成人教育发展研究》,《中国成人教育》2018年第17期。
② 张俊、赵丽汝:《精准扶贫下的农民工继续教育机制创新》,《中国成人教育》2018年第7期。
③ 孔繁金:《改革开放以来扶贫政策的历史演进及其创新:以中央一号文件为中心的考察》,《当代中国史研究》2018年第2期。
④ 薛二勇、周秀平:《中国教育脱贫的政策设计与制度创新》,《教育研究》2017年第12期。

1. 教育扶贫政策目标从保障型、普惠型向精准型和追求高质量演进

20 世纪 80 年代末 90 年代初，我国贫困地区初等教育尚未完全普及，教育扶贫政策以普及初中阶段教育和扫除青壮年文盲为目标。如 1994 年《国家八七扶贫攻坚计划（1994—2000 年）》提出"基本普及初等教育，积极扫除青壮年文盲"的目标。直到 21 世纪初，教育扶贫政策的关注点依然是确保每一位儿童都能接受教育。如 2003 年《国务院办公厅转发教育部等部门关于开展经常性助学活动意见的通知》提出"让孩子们都上学"，表明教育扶贫政策依然在于兜底性扫盲目标与普惠性目标，政策"尚未触及教育发展的'质量'和不同阶段教育扶贫具体模式的设计"①。

随着初期目标基本实现，教育扶贫政策对象开始进一步精准，聚焦深度贫困地区和特殊儿童群体。开始关注教育均衡发展和教育公平，不仅强调基础教育，也开始关注职业教育和高等教育。2013 年《国务院办公厅转发教育部等部门关于实施教育扶贫工程意见的通知》就已经进一步提出"建立普惠和特惠政策相结合的资助体系，保证每一个残疾儿童不因贫困而失学"等针对特殊儿童群体的目标。2017 年《国务院关于印发国家教育事业发展"十三五"规划的通知》指出，"完成教育脱贫攻坚任务……义务教育实现基本均衡的县（市、区）比例达到95%，城乡、区域、学校之间的差距进一步缩小，建成覆盖城乡、更加均衡的基本公共教育服务体系……让贫困家庭子女都能接受公平而有质量的教育"。

2. 教育扶贫政策日益专门化，教育扶贫政策体系初步构建

初期教育扶贫政策尚未从国家扶贫开发政策和国家教育政策体系中独立，只作为国家扶贫政策的局部内容出现，如 1985 年《中共中央关于教育体制改革的决定》、1994 年《国家八七扶贫攻坚计划（1994—2000 年）》等，呈现碎片化状态，缺乏系统性②。直到 2013 年，教育部等七部门发布《关于实施教育扶贫工程意见的通知》，教育扶贫有了自己独立的专门政策文本。

3. 教育扶贫政策形成整体的结构体系，实现教育扶贫全覆盖

随着教育扶贫政策日益专门化，政策也逐渐系统化，形成整体的结构体系。不仅对不同教育阶段形成专门的教育扶贫政策，且不同教育阶段的教育扶贫政

---

① 薛二勇、周秀平：《中国教育脱贫的政策设计与制度创新》，《教育研究》2017 年第 12 期。
② 赵阔、张晓京：《改革开放 40 年我国教育扶贫政策变迁及其经验》，《中国人民大学教育学刊》2019 年第 1 期。

策也形成相对完善的多层次政策结构。现有教育扶贫政策体系已覆盖各个阶段教育,包括学前教育、义务教育、高中教育和职业教育等。以义务教育阶段教育扶贫政策为例,改革开放40多年来,教育扶贫在义务教育阶段就形成了包括《关于全面改善贫困地区义务教育薄弱学校基本办学条件的意见》《国务院办公厅关于实施农村义务教育学生营养改善计划的意见》《乡村教师支持计划(2015—2020年)》等在内的多项扶贫计划。

(二)教育扶贫促进"三农"问题解决的举措与成效

第一,教育扶贫通过教育手段扶志治愚,有助于重新唤起农民参与乡村振兴建设的主体能动性。主客二分的城乡发展思维曾长期影响我国在城乡发展上的相关政策,城市为主、乡村为辅,工业为主、农业为辅的思想造成乡村地区主体性丧失,客观造成农民对自我身份、地位、职业的迷惘和怀疑,但凡有能力的农民纷纷转向城市,试图摆脱自己的农民身份,成为文明的"城市人"。尽管农业合作化与人民公社体制早已分崩离析,农村的各种生产要素仍然向城镇"大逃亡",根本原因与城乡二元社会结构下的重工轻农、厚工薄农、贵工贱农的一系列政策正相关[1]。党的十九大以来,这种城乡主客二分的思维方式已经在官方语言上得到消解,但思维定势要想真正消除,城乡融合、互为发展主体的理念要想真正贯彻落实,仍需要经过长期努力。通过有目的、有计划的教育,能够对农民身心施加影响,使农民深入理解自己的生存状况和方式,重新唤起农民主体性,消解被动客体自我认知,获得改造乡村、振兴乡村的自我意识、自主意识、自觉意识,使农民靠自身摆脱贫困、振兴乡村、解决三农问题的主人翁意识觉醒,只有农民真正加入解决"三农"问题的具体工作中,"三农"问题才能得到有效解决。

第二,教育扶贫通过教育手段发挥文化继承创新职能,继承发扬构建中国的乡村优秀传统文化。广大农村地区是中国传统文化的发源地和大后方,但在现代化的今天,农村传统文化正在遭受西方文化的冲击。那些历史悠久的传统农业文化及节俭文化和自然文化在市场化、全球化的冲击下,正在被西方工业文化、消费文化、城市文化日益取代[2]。文化是塑就民族性格的精神内核,5000多年的文明历史造就了中华民族优秀传统文化,勤俭节约、尊老爱幼、奋发图强等

---

① 　宋亚平:《中国"三农"问题的历史透视》,《汉江论坛》2017年第12期。

② 　吴太贵、陈湘舸:《"新三农"问题探讨》,《农业现代化研究》2012年第6期。

优良美德绝不能被来自西方资本主义社会的消费主义、利己主义、享乐主义所吞噬。弘扬传统文化需要重视发扬好乡村优秀传统文化,教育具有保存、继承、发扬、创新中华优秀传统文化职能。通过教育扶贫,既有助于中国 5000 多年文化遗产免受西方外来文化吞噬,也有助于各少数民族特色文化的保留和传承,地区文化的繁盛和健康与否直接关系到农民正向精神品质的养护,影响着"三农"问题的良性解决。

第三,教育扶贫通过教育手段传播生态环保理念,构筑新时代人与自然和谐相处的乡村生活方式。在中国后工业化的新常态下,要求我们树立与自然和谐相处的生态环保理念,乡村的高质量发展绝不是以牺牲环境为代价得来的。作为体现人与自然高度结合相处的农业生产方式,应当有别于现代产业化其他多种发展方向,谋求一种动态和谐共处的平衡关系[1]。教育扶贫通过在农村地区传播生态环保理念,引导农民积极探索发掘"天人合一"与自然和谐共处的乡村生活方式,处理好乡村的生态环境问题,消解传统以破坏生态环境为代价的工业化理念,是高质量解决"三农"问题的一个关键。

第四,教育扶贫通过合理的教育资源配置,改善地域间教育资源配置不平等现象。在扶贫问题上,除了经济扶贫,更重要的是将优质教育资源配置给农村,若农民的受教育水平不高,在竞争中不占优势,即便拓宽增收途径也很难获得实利[2]。教育资源、医疗卫生资源的城乡差距是制约优秀人才扎根于乡村的最大原因[3]。教育扶贫基于自上而下的政策推行,运用政府和社会各界力量对地域间教育资源的不平等分配进行合理的再调整,为经济欠发达地区输送优质的教育资源,这就有利于农民获得优质教育提升和改善素质结构,增强竞争能力,提高收入,改善家庭经济,从而为地区摆脱贫困、发展乡村经济、解决"三农"问题提供保障。乡村相比城市生活压力小、生活成本低,但由于城乡间教育资源的巨大差距,为了让子女后代能得到良好教育,过上富足生活,有能力的青壮年农民会希望进城,以享有更好的教育机会,而城乡教育资源差距的缩小就有助于缓和

[1] 何慧丽:《从建设性后现代的视角来看中国"三农"问题的出路》,《江苏社会科学》2014 年第 6 期。
[2] 温思美、黄冠桂、郑晶等:《改革开放以来我国三农问题关注重点变化及其演进逻辑》,《农业经济问题》2018 年第 12 期。
[3] 谢芬:《新时代中国"三农"问题演变及破解思路》,《农村经济》2019 年第 6 期。

这种人口流出的矛盾。应大力向农村贫困地区配置优质教育资源,发展乡村高质量教育,吸引更多的优秀人才参与乡村建设,以解决好"三农"问题。

第五,教育扶贫结合各地实际条件进行精准帮扶,为引导农民发展当地特色产业助力。教育活动涉及人与人深层次的交往和对话,能有助于精准识别对象的身心特征、兴趣优势,实现对贫困人口的精准帮扶,扶贫扶到根上、落到实处有助于农民自我发展动力的长效维持;同时,通过教育教学这种直接的交往模式不仅能了解农民的发展需求,也有助于了解当地文化、环境等特征,从而引导当地农民根据实际条件探索、发展特色产业,实现因地制宜的乡村振兴与发展,针对各地域"三农"问题具体的问题表征,确立适切当地农情的"三农"问题解决模式。

第六,教育扶贫提高当地劳动者素质,为发展乡村地区的内生动力提供内在保障。毛泽东同志说过,"严重的问题是教育农民",发展乡村地区经济、解决"三农"问题关键在于解决农民的问题,在于教育农民,提升农民参与农村建设、农业发展的思想觉悟,获取实现脱贫致富、乡村振兴的知识与技能。"三农"问题的解决,归根结底离不开人,农民通过教育扶贫掌握现代化的手段和技术,便有助于他们依靠现代科学知识的力量摆脱贫困,实现长效、可持续的稳定发展,从而为发展乡村地区的内在驱动力提供保障。

综上所述,教育扶贫在助推乡村振兴、农村现代化与城乡融合发展方面有着深刻的内在意义,是解决"三农"问题的有效途径和重要措施。做好教育扶贫工作,有助于振兴乡村、为农村现代化发展铺路,进而促进城乡的有效融合和发展,为"三农"问题的最终解决奠定牢固的基础和前提。

(三)贫困地区"希望工程"建设与教育精准扶贫

"希望工程"创立于 1989 年,是我国第一个大型非营利性公益组织,主要由团中央和中国青少年发展基金会联合发起的一项公益事业,目的是帮助解决贫困地区儿童上学难的问题。通过多渠道筹集教育经费,利用民间力量广泛宣传,鼓励人们积极奉献爱心,建立希望工程基金专款,用募捐专款资助贫困地区失学儿童完成学业,改善贫困地区办学条件,促进贫困地区教育事业发展。希望工程主要包括两大公益项目,分别是援建希望小学与资助贫困学生。在希望工程实施 30 年之际,习近平总书记指出,在党的领导下,希望工程在 30 年时间里,聚焦助学育人目标,植根尊师重教传统,创新社会动员机制,架起了爱心互助和传递的桥梁,帮助数以百万计贫困家庭青少年圆了上学梦、成长为奋斗在祖国建设各条战线上的栋梁之材。

在教育扶贫事业中,希望工程作为一个典型的教育扶贫代表,为我国教育事业作出巨大贡献。一是资助贫困家庭上学费用,避免因学费问题造成儿童失学;二是援建希望小学,为贫困地区提供优质教育;三是帮助扶贫对象学习和掌握先进知识和技术,依靠教育实现脱贫;四是缓解政府财政压力,辅助政府实现贫困地区教育脱贫;五是树立良好公益形象,创建友好和谐社会氛围。经过多年发展和建设,希望工程已经成为我国著名的公益品牌。据统计,到1995年底,希望工程共接收捐款6.92亿元,资助贫困学生125万名;到1996年上半年,援建希望小学2574所,教育扶贫效应日渐凸显,在国家教育扶贫格局中起到补充和辅助作用。

作为实现我国教育精准扶贫的重要手段之一,希望工程在未来发展中要定位好自己的角色。第一,教育精准扶贫工作的资源提供者。作为非营利性社会组织,希望工程面向国内外募集物资,将人民捐出的爱心善款用于我国教育事业发展,弥补政府工作的空隙,缓解政府财政上的压力。第二,国内非营利性组织教育精准扶贫工作的领头者。作为国内最早成立的公益组织之一,希望工程已经成为家喻户晓的公益品牌,国内许多公益组织都会向其学习,因此,未来的日子里,希望工程要保持自己先进的活力,树立良好榜样,引导国内公益氛围,做好每项公益活动。第三,教育精准扶贫能力的建设者①。如果受援的贫困主体不能在意识层面和能力层面摆脱"志穷"和"力不能及"的困局,即便接受资金援助,也只能解一时之需,无法实现可持续脱贫,因此,希望工程要持续关注受援者的自我脱贫能力的提升,积极关注扶贫者的智能建设。

第五节　新时代教育精准扶贫与
乡村振兴的衔接

党的十八大以来,为了实现"为中华民族谋复兴,为中国人民谋幸福"的目

---

① 　张莲:《农村教育精准扶贫的困境与对策研究——以湖北省恩施州为例》,华中师范大学硕士学位论文,2020年。

标,党中央深入开展一系列教育精准扶贫行动,先后出台了《关于实施教育扶贫工程的意见》《教育脱贫攻坚"十三五"规划》《深度贫困地区教育脱贫攻坚实施方案(2018—2020年)》等文件,重点聚焦中西部的贫困地区尤其是"三区三州"深度贫困地区,结合职业教育东西部协作行动、技能脱贫千校行动等,特别是我国全面建成小康社会之后,教育精准扶贫视角逐渐转向乡村教育振兴工作,并与乡村振兴战略高度衔接,在提供人才支撑和智力支持、激发贫困群众脱贫主体内生能力等方面,成为新时代我国社会分享改革开放成果、发展全过程人民民主和推进共同富裕的新举措。这也是习近平总书记重视"扶智与扶志"相结合,实现共同富裕的教育扶贫重要论述的具体落实。

一、教育精准扶贫与乡村振兴战略

对于农村落后地区的问题,党中央始终保持高度关注。2012年以来,脱贫攻坚一直被党中央视为重中之重。党和人民敢于面对难题,以不怕苦不怕累的钉子精神,闯过了贫困中的步步难关,脱贫攻坚取得重大历史性成就。教育领域贯彻落实习近平总书记关于教育的重要论述,发挥教育优势,实施教育精准扶贫,实施乡村振兴战略。

(一)教育精准扶贫为乡村振兴提供人才支撑

"三农"问题是事关国计民生的根本性问题,随着中国城镇化进程的加快,部分地区出现了诸如"农村空心化""农业边缘化""农民老龄化"等问题。乡村振兴关键在人才,但贫困地区教育基础薄弱,农民受教育水平相对偏低,导致他们发展生产的能力较低,依靠自身脱贫致富能力弱,虽然传统"输血"式扶贫可以帮助贫困人口实现短期脱贫,但也会助长"等靠要"等思想。农民作为农村主体,要充分发挥其在乡村振兴中的主力军作用,就要重视"造血式"扶贫,通过教育的作用,坚持扶贫与扶志、扶智相结合,引导克服"等靠要"等思想,激发贫困人口的内生动力,努力提升其自我发展的能力,培养出有志向和有智慧、高素质的农民。比如通过开展技能、就业培训以及系统的职业教育,培养贫困人口发展生产和务工经商的技能,提高其发家致富的能力;同时,在各学段教育上加大对贫困人口子女的扶持力度,保证其完成学业,阻断贫困代际传递,从而为乡村振兴提供人才支撑,实现乡村的可持续发展。

（二）教育精准扶贫是实施乡村振兴战略的应有之义

进入新时代，我国社会发展的主要矛盾已经转化为人民日益增长的美好生活需要和不平衡不充分的发展之间的矛盾，这种不平衡突出体现在农村发展问题上。由于城镇化的快速发展，造成资金、技术、人才等核心资源要素向城市单向式流动，加上政府政策、资金的短缺，导致某些农村地区发展频频遇阻，形成经济衰退、教育水平落后的局面，深度贫困地区更是成为脱贫攻坚的"硬骨头"和"深水区"。农村的发展问题归结到底是人的发展问题，如果不能解决人口素质问题，实现由人口红利向人才红利转化，通过人力资源开发促进土地、资源、资本等要素实现聚合与创新，乡村的振兴就难以实现可持续。因此，通过实施教育精准扶贫，实现贫困家庭子女享有公平且有质量的教育；在经费分配方面向贫困地区倾斜，建立健全学前资助制度、实行营养改善计划等；提高基础教育学段学生的就学率，普及高中阶段教育，逐步免除家庭贫困学生学杂费；加强职业教育建设，加大对贫困学生的扶持力度，对未就业的高校贫困生提供就业指导；加强乡村教师队伍建设，通过一系列面向乡村教育领域的深度改革和创新，使乡村教育取得大繁荣大发展，切实提高乡村人口素质，释放人才红利，这是实施乡村振兴战略过程的应有之义。

（三）乡村教育发展是乡村振兴战略的基础工程

乡村教育发展是乡村振兴战略的基础工程的逻辑在于，在社会经济发展过程中，人才是发展的第一资源，创新是发展的第一动力。人才的培养要依靠教育，创新能力的培养也离不开教育，换言之，教育事关"人"的振兴，是基础中的基础。人的培养出现问题，便可能无法适应乡村发展的需要，与乡村振兴的规划和目标相脱嵌，因此，要重视人才第一资源的开发。自乡村振兴战略提出以来，党中央、国务院颁布了诸多政策措施，明确了乡村振兴战略的谋篇布局以及涉及教育精准扶贫的具体要求，起到政策保障作用。在《关于打赢脱贫攻坚战的决定》的基础上，2018年的中央一号文件《中共中央　国务院关于实施乡村振兴战略的意见》提到，要优先发展农村义务教育事业，推动建立以城带乡、城乡一体、均衡发展的义务教育发展机制，把农村需要的人群纳入特殊教育体系。此外，要求以市县为单位，推动优质学校辐射农村薄弱学校常态化，统筹配置城乡师资，并向乡村倾斜，建好建强乡村教师队伍。可见，为了实现乡村全面振兴，国家将教育视为重要的基础工程，努力提高贫困地区教育水平，加强人力资源战略储备,进而提高生产力水平,推动贫困地区经济文化的发展。

二、教育精准扶贫与全面建成小康社会

我国已经全面建成小康社会,迈向全面建设社会主义现代化国家新征程。根据我国小康社会建设目标的整体要求,我们的小康社会应该对农村落后地区民众进行覆盖,如果农村地区,尤其是农村落后地区没有同步实现小康,那么小康社会建设的最终目标就无法实现;贫困不是社会主义的固有标签,如果农村落后地区的民众始终得不到生活条件改善,那他们就很难在精神面貌上出现转变,这就体现不出我国政治制度的先进性,所以,脱贫攻坚是必须要打赢的战役。在全面建成小康社会进程中,教育精准扶贫持续发力,巩固教育脱贫成果,促进社会全面治理。

(一)推进教育精准扶贫为小康社会强化智力支持

教育扶贫作为一种断穷根、强智力的帮扶手段,对社会发展具有长期滋养的作用。正如一个人如果自身缺乏内生的基本生存能力,总是依靠外部力量的帮助很难实现自力更生。一个地区不具备有知识有文化有眼界的劳动者,后续发展也会后劲不足,经济发展也不具备爆发潜力。从我国现有教育成果和基础看,九年义务教育全面普及,高等教育正在由大众化进入普及化阶段,高等学校毛入学率 2018 年已达 48.1%[①]。无论什么时期,教育都是国家重点关注的领域。从个人角度看,教育能提高人们自身知识素养,进而适应更高领域工作。从国家整体发展层面看,教育能对国家整体力量提升形成有效支持,能够持续提升国际影响力。国家通过教育提高人们的知识素养和能力,为社会经济建设提供人力保障,为国家培养大批生力军,充分发挥人才的优势,促进我国政治经济快速、稳定、高效发展。而帮助农村落后地区人民彻底摆脱贫困,就应当从人民的知识积累与技术能力入手,提高其受教育程度和自身行为能力,从而增加其生存自信心和面对困境的勇气,为全面实现乡村振兴提供强大智力支持。

(二)实施教育扶贫持续激发贫困群众的内生动力

教育扶贫,主体是农村落后地区人民群众,群众的参与和支持是扶贫活动的

---

① 习近平:《关于全面建成小康社会补短板问题》,《求是》2020 年第 11 期。

力量源泉。要贯彻群众主体理念,听取群众心声,考虑群众需求,让集体智慧深入决策。要以多种方式对贫困群众内在主动性进行刺激和挖掘,除外部扶贫之外关注扶贫内生动力的挖掘。贫困的帽子,首先应该从思想中进行摘除。我们要注重把人民群众对美好生活的向往转化成脱贫攻坚的强大动能,实行扶贫和扶志扶智相结合,既富口袋也富脑袋,引导贫困群众依靠勤劳双手和顽强意志摆脱贫困、改变命运。我们要引导贫困群众树立"宁愿苦干、不愿苦熬"的观念,鼓足"只要有信心,黄土变成金"的干劲,增强"弱鸟先飞、滴水穿石"的韧性,让他们心热起来、行动起来①。此外,我们也要对各个地区实际条件进行正确认知,对民众的客观需求给予满足。在教育领域,要根据城乡一体化战略,逐渐增加教育资源向农村落后地区流动,让各地区孩子享受一样的教育,切实推进公平教育理念。加大资金投入,为农村落后地区基础设施建设提供物质帮助,以提供一个良好的生产生活环境条件。在此基础上,努力实现有学上、有技术、有帮扶、有希望的美好局面。通过教育扶贫,让一批批学子学有所成,立足长远,把人民的信心转换成对全面建成小康社会的内生动力。

(三)实施教育扶贫与全面建成小康社会有机衔接

我国教育扶贫相关政策在战略布局上是与全面建成小康社会紧密联系的,小康社会最基本的要求就是"两不愁三保障",即吃、穿不愁,义务教育、基本医疗、住房安全有保障,而教育扶贫聚焦的正是小康社会建设中教育领域的突出问题。2015 年,国家实行精准扶贫脱贫战略。在该战略指导下,我国脱贫工作不断推进,每年实现脱贫人口都超过 1000 万,这与中等国家的全部人口数等同。贫困地区在经济领域实现了提升,贫困人口衣食问题得到了非常好的解决,此外在医疗、教育和住房方面也得到了较好保障。2015—2020 年,我国"三农"领域各种改革政策陆续落地,这是我国解决"三农"问题的特殊历史阶段。在这个重要的历史时期,农村落后地区和非落后地区都发生重大深刻变化,在教育层面,义务教育阶段建档立卡贫困家庭辍学学生实现动态清零,数以千计的贫困学子享受到了更为广泛的教育公平。教育扶贫相关政策为我国全面建成小康社会在教育领域中的达成提供了重要的政策保障和制度保障,有效衔接了全面建成小康社会的战略工作。

---

① 习近平:《在全国脱贫攻坚总结表彰大会上的讲话》,《人民日报》2021 年 2 月 26 日。

第三章　乡村教育的现状调查与发展需求

本章根据党的十八大以来教育扶贫政策和攻坚领域（基础、主体、空间、力量、能力）现状，运用统计资料、问卷调查、文献分析等方法，全面调查我国乡村学前教育和义务教育办学条件改善、乡村教师队伍建设、职业技术促进乡村社会发展等取得的主要成效，做到调查数据与统计实证衔接、量化表述与质性研究结合、观点和材料统一。

教育优先，投入先行，政府对教育的投入是支撑教育长远发展的基础性、战略性投资，并日益成为评价教育事业是否得到优先发展的重要标尺之一。教育是最持久有效的扶贫，为了彻底改变贫困地区的教育面貌，教育部秉承"城乡一体、重在农村"的原则，在政策、资金项目上优先向义务教育及最困难地区学校、学生倾斜支持。

第一节　幼有所育政策下的乡村学前教育发展

作为国民教育体系的重要组成部分，学前教育是儿童接受集体教育的开启，关系着亿万儿童健康成长，对幼儿身心健康、习惯养成、智力发展具有重要意义。学前教育关系千家万户幸福和谐，更是迈入教育强国新征程的重要起点，关系着国家发展和民族未来。2017 年，习近平总书记在党的十九大报告中首次提出，要在"幼有所育"上不断取得新进展，"办好学前教育"，这为我国 0—6 岁学龄前儿童的保育和教育指明了方向，并提出了要求①。然而，长期以来，学前教育是我国某些地区教育的短板，乡村学前教育又是短板中的短板。为了补足乡村学前教育的短板，党的十八大以来，《国家中长期教育和改革发展规划纲要

---

① 　周飞：《推动"幼有所育"不断取得新进展》，《中国教育报》2018 年第 6 期。

(2010—2020年)》(简称《教育发展纲要》)、《国务院关于当前发展学前教育的若干意见》(简称"国十条")等一系列政策不断得到贯彻落实,各级政府发挥关键性主导作用,完善体制机制,强化乡村幼儿园建设,科学规划乡村幼儿园布局,分类建设镇、乡、村幼儿园,重点扶持普惠性幼儿园建设①,不断推动实现"幼有所育"。

一、乡村学前教育发展的政策支持

2010年5月,国务院常务会议审议通过《国家中长期教育改革和发展规划纲要(2010—2020年)》,将"推进农村学前教育"列入重大项目。提出,要支持办好现有的乡镇和村幼儿园,重点支持中西部贫困地区充分利用中小学富余校舍和社会资源,改扩建或新建乡镇和村幼儿园。

2010年,"国十条"旗帜鲜明地提出"扩大农村学前教育资源",明确要求各省(区、市)以县为单位编制实施学前教育三年行动计划,指明了乡村学前教育发展目标达成的实现路径。

为了贯彻党的十八大精神,落实中央扶贫开发工作会议要求和《中国农村扶贫开发纲要(2011—2020年)》《教育发展纲要》的战略部署,充分发挥教育在扶贫开发中的重要作用,2013年7月,国务院办公厅转发教育部等部门《关于实施教育扶贫工程意见的通知》,面向《中国农村扶贫开发纲要(2011—2020年)》所确定的连片特困扶贫攻坚地区组织实施教育扶贫工程,提出了到2020年基本普及学前教育的具体目标。

2014年12月,国务院办公厅印发《国家贫困地区儿童发展规划(2014—2020年)》,要求加大中央财政学前教育发展重大项目、乡村学前教育推进工程和省级学前教育项目对集中连片特殊困难地区的倾斜支持力度。提出要"坚持政府主导、社会参与、公办民办并举,多种形式扩大贫困地区普惠性学前教育资源"。为此,2016年《教育脱贫攻坚"十三五"规划》要求,贫困地区每个乡镇至少办好一所公办中心幼儿园,在有条件的大行政村独立建园或设分园,小行政村联合办园,逐步形成贫困地区农村学前教育服务网络。

根据2021年12月教育部等九部门印发的《"十四五"学前教育发展提升行

---

① 周飞:《推动"幼有所育"不断取得新进展》,《中国教育报》2018年第6期。

动计划》,国家将进一步完善乡村学前教育资源布局,办好乡镇公办中心幼儿园,通过依托乡镇中心幼儿园举办分园、村独立或联合办园、巡回支教等方式满足乡村适龄儿童入园需求。

二、乡村学前教育办学条件的改善

为填充乡村学前教育资源洼地,中央财政支持学前教育发展专项资金10年累计投入超过1700亿元。各省均出台了公办园生均公用经费标准或生均财政拨款标准、普惠性民办园补助标准,并根据事业发展需要不断完善标准。2022年4月,教育部新闻发布会通报,到2021年乡村普惠性幼儿园覆盖率达到90.6%。10年间,在"每个乡镇原则上至少办好一所公办中心园,大村独立建园或设分园,小村联合办园"等要求下,从中央到地方,持续进行投入,一座座公办园在农村拔地而起,乡村学前教育发生了巨大变化[1]。

(一)乡村幼儿园的数量剧增

设置足够数量的幼儿园是办好学前教育、实现"幼有所育"的重要条件。根据《中国教育统计年鉴(2011—2020)》,幼儿园所在区域,可划分为城区、镇区、乡村等3个区域。2011—2020年,全国幼儿园总数呈上升趋势,从2011年16.67万所增加到2020年的29.17万所,增加了12.50万所,涨幅74.99%。其中,农村幼儿园从5.86万所增加到10.15万所,增加了4.29万所,涨幅高达73.2%(见表1)[2]。以福建省宁德市为例,全市幼儿园由2011年的343所增加至2020年的546所,10年增加了59.18%(见图1),有力保障了城乡不断增加的适龄幼儿入园需求。

表1　2011—2020年全国幼儿园数量情况　　　　　　　(单位:万所)

年度	教育部门公办			非教育部门公办			民办		
	城区	镇区	乡村	城区	镇区	乡村	城区	镇区	乡村
2011	0.60	1.11	1.39	0.75	0.46	0.82	4.01	3.88	3.65
2012	0.67	1.33	1.70	0.75	0.45	0.77	4.35	4.27	3.84

① 《"十四五"学前教育发展提升行动计划》,2021年12月9日。
② 《"教育这十年""1+1"系列发布会:介绍党的十八大以来学前教育改革发展成效》,中华人民共和国教育部网,2022年4月26日。

续表

年度	教育部门公办			非教育部门公办			民办		
	城区	镇区	乡村	城区	镇区	乡村	城区	镇区	乡村
2013	0.75	1.59	2.17	0.76	0.46	0.79	4.62	4.70	4.03
2014	0.83	1.78	2.46	0.78	0.45	0.77	4.98	4.92	4.03
2015	0.89	1.98	2.88	0.77	0.45	0.76	5.24	5.31	4.09
2016	0.98	2.15	3.49	0.77	0.44	0.74	5.69	5.58	4.16
2017	1.07	2.36	4.12	0.76	0.42	0.72	6.07	5.80	4.17
2018	1.18	2.52	4.56	0.75	0.41	0.67	6.44	5.96	4.17
2019	1.34	2.68	4.99	0.75	0.40	0.64	6.87	6.21	4.24
2020	1.80	3.06	5.61	0.84	0.42	0.65	6.85	6.05	3.89

注:本章有关全国性的统计数据均来源于《中国教育统计年鉴(2011—2021)》。

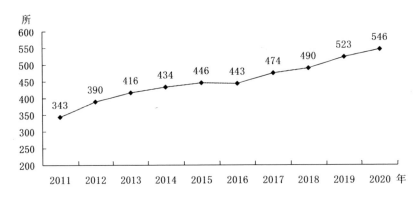

图1　2011—2020年宁德市幼儿园数量情况

注:数据来源于《宁德统计年鉴(2012—2021)》,宁德市统计局网,2021年10月29日。

1. 乡村公办幼儿园数量激增

乡村公办幼儿园的数量激增,展现了国家围绕破解"入园难""入园贵"等难题,实现"有园上""上得起"的坚强决心和执行力。根据办学主体,可区分为教育部门公办、非教育部门公办、民办、中外合资等四类幼儿园。至2020年,公办幼儿园总量达到12.38万所,占幼儿园总量的42.44%。教育部门成为公办幼儿园的主力,各级教育部门积极扩大学前教育资源,通过新建、改建、扩建公办园,将资源向农村倾斜。2011—2020年,由教育部门公办的幼儿园数从3.10万所增加到10.47万所,增加了7.37万所,涨幅高达237.74%,占总增加数的58.96%。其中,教育部门公办的乡村幼儿园数量从1.39万所激增到5.61万所,增加了 4.22 万所(见图 2),涨幅高达 3 倍,远高于城区幼儿园(2 倍)、镇区幼儿园(1.74 倍)的增幅。

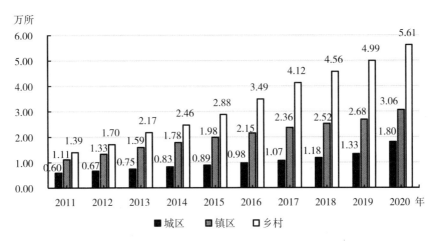

图 2　2011—2020 年教育部门公办幼儿园数量情况

乡村公办幼儿园数量的激增,得益于国家一系列政策尤其是扶贫相关政策的支持和推动。在"国十条"推动下,从 2010 年开始,各级政府持续加大对乡村学前教育的投入,国家实施推进农村学前教育项目,重点支持中西部地区;地方各级政府安排专门资金,重点建设乡村幼儿园①。乡村公办幼儿园发挥了兜底线、保基本、平抑收费、引领方向的重要作用。

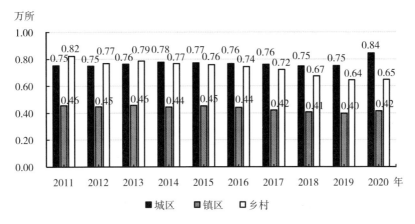

图 3　2011—2020 年非教育部门公办幼儿园数量情况

---

① 《国务院关于当前发展学前教育的若干意见》,2010 年 11 月 21 日。

然而,2011—2020 年,非教育部门公办幼儿园数量略有减少,从 2.03 万所减至 1.91 万所,减少了 0.12 万所。主要是乡村非教育部门公办幼儿园数量的减少,从 0.82 万所减少到 0.65 万所,减少了 0.17 万所,降幅达 20.73%。镇区、城区此类幼儿园数量虽然也有所涨落,但变化幅度不大(见图 3)。

2. 乡村民办幼儿园数量增长缓慢

"国十条"明确指出,必须坚持政府主导,社会参与,公办民办并举。《国家贫困地区儿童发展规划(2014—2020 年)》继续坚持"国十条"的要求,并提出要多种形式扩大贫困地区普惠性学前教育资源。10 年来,政府积极鼓励、大力支持民办幼儿园发展的政策始终没有改变,在国家推行普惠性幼儿园政策支持下,普惠性资源不断扩大,2011 年至 2020 年,民办幼儿园数量快速增加,从 11.54 万所增加到 16.79 万所,增加了 5.25 万所,涨幅 45.49%。民办幼儿园发展快、增幅大,充分体现了国家对民办学前教育的重视。然而,我们发现,尽管国家有发展普惠性幼儿园的政策,但城镇化带动了农村人口流动,同时,现代化带来的婚育观念转变及社会转型下的高竞争压力导致青年推迟婚育年龄,未婚比例高、生育欲望低下,生育率持续下降①,农村幼儿数量减少,受幼儿园办学投入产出比等因素的影响,乡村民办幼儿园并未呈现出如城区、镇区民办幼儿园蓬勃发展的态势。

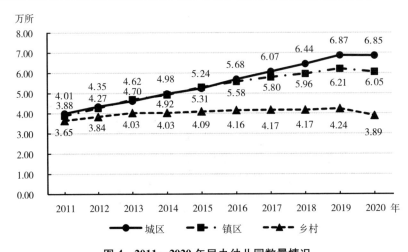

图 4　2011—2020 年民办幼儿园数量情况

① 周宇香:《中国青年人口规模与结构变化——基于历次人口普查数据的分析》,《中国青年研究》2022 年第 7 期;徐兴林、李云萍:《农村民办幼儿园发展的困境与出路——以山东省 L 县 X 镇为例》,《教育现代化》2019 年第 1 期。

2011—2020 年,全国乡村幼儿园中民办园数量增长缓慢,从 3.65 万所增长到 3.89 万所,只增加了 0.24 万所,涨幅仅为 6.58%。而城区民办幼儿园数量从 4.01 万所激增到 6.85 万所,增加了 2.84 万所,涨幅高达 70.82%(见图 4)。乡村民办幼儿园发展面临的困境,还与乡村民办幼儿园本身存在的缺陷有关,如许多乡村幼儿园办学经费短缺、设施落后,园长文化程度低、教育理念不科学,师资力量薄弱,保教人员教育水平低,在当地得不到家长的信任,等等。

3. 乡村幼儿园的办学规模缩小明显

人民日益增长的"有园上、上好园"需求与学前教育不平衡不充分的发展之间的主要矛盾,曾是《教育发展纲要》征求意见时群众反映较多的民生问题。2011 年,全国教育部门公办的城区、镇区、乡村幼儿园平均规模都在 400 人以上。2016 年 3 月 1 日起施行的《幼儿园工作规程》第十一条明确规定,"幼儿园规模应当有利于幼儿身心健康,便于管理,一般不超过 360 人",就是为了解决这一对主要矛盾。

2011—2020 年,随着幼儿园数量的激增,不论是城区、镇区还是乡村,幼儿园平均规模均呈缩小趋势。城区幼儿园平均规模变化不大,镇区、乡村幼儿园平均规模缩小明显(见图 5)。

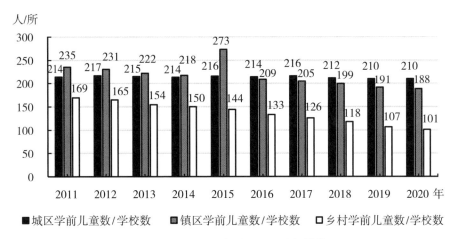

图 5 2011—2020 年幼儿园平均规模情况

但整体的平均规模并不能反映现实,实际上,2011—2020 年,全国由教育部门公办的城区幼儿园规模除了 2018 年(358 人/所)低于《幼儿园工作规程》规定的有关幼儿园规模的限制要求之外,其余年份均未低于 360 人的标准。受 2016 年《幼儿园工作规程》的指导性影响,教育部门在城区加大公办园设置,幼儿园规模也接近达标。镇区教育部门公办幼儿园规模也从平均 489 人降至 266 人。与此同时,乡村幼儿园规模断崖式缩小,从平均 401 人降至 106 人(见图 6)。根据 2022 年 4 月教育部新闻发布会公布的数据,党的十八大以来,国家日渐完善乡村学前教育资源布局,全国新增的幼儿园 80% 左右集中在中西部,60% 左右分布在乡村。幼儿园数量的激增、幼儿园规模的缩小,使幼儿园资源设置更加合理分配,每位幼儿能得到最大限度的资源来满足自身的发展。但正如"国十条"所指出的,发展乡村学前教育要充分考虑农村人口分布和流动趋势,合理布局,有效使用资源。

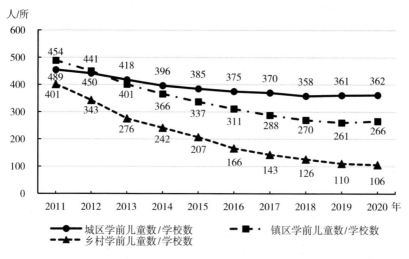

图 6　2011—2020 年教育部门公办幼儿园平均规模

与教育部门公办幼儿园平均规模急剧缩小的发展态势不同,2011—2020 年,不论是城区、镇区或者乡村,非教育部门公办幼儿园、民办幼儿园的平均规模都没有明显的变化。总体来说,非教育部门公办的镇区幼儿园平均规模介于 190—270 人,城区幼儿园则介于 210—220 人,乡村幼儿园均不足 200 人(见表 2)。

表 2　2011—2020 年非教育部门公办幼儿园平均规模　（单位:人/所）

年度	2011	2012	2013	2014	2015	2016	2017	2018	2019	2020
城区	214	217	215	214	216	214	216	212	210	210
镇区	235	231	222	218	273	209	205	199	191	188
乡村	169	165	154	150	144	133	126	118	107	101

城区民办幼儿园平均规模也一直保持在 160—180 人之间,镇区民办幼儿园 2011—2019 年一直保持在 160—170 人之间,2020 年则缩减至 147 人,乡村民办幼儿园规模一直处于 100 人左右的低位(见表 3)。

表 3　2011—2020 年民办幼儿园平均规模　（单位:人/所）

年度	2011	2012	2013	2014	2015	2016	2017	2018	2019	2020
城区	172	175	176	176	180	180	183	180	175	163
镇区	165	164	163	165	169	169	170	169	160	147
乡村	100	102	103	108	113	114	115	114	105	95

(二)办学空间与教育资源的扩大

1. 乡村幼儿园的办学空间快速扩大

根据《教育发展纲要》的部署,全国各地大力发展公办幼儿园,积极扶持民办幼儿园,加快幼儿园的建设。2011—2020 年,全国幼儿园校舍建筑总面积快速扩大,从 15.03 千万平方米增至 42.46 千万平方米,增加了 27.43 千万平方米,涨幅 182.50%。"国十条"指出,城镇小区没有配套幼儿园的,应根据居住区规划和居住人口规模,按照国家有关规定配套建设幼儿园。受政策引导,2011—2020 年,城区幼儿园校舍建筑面积增加到 19.15 千万平方米,增加了 11.81 千万平方米;镇区幼儿园校舍建筑面积增加了 10.21 千万平方米(见图 7)。

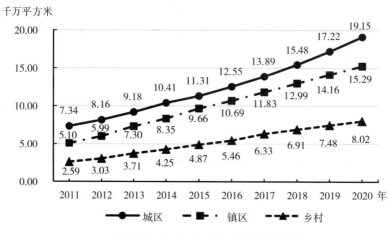

图7 2011—2020年幼儿园校园面积情况

同时,国家要求各地通过改扩建、新建幼儿园,充分利用中小学布局调整富余的校舍,采取多种形式扩大乡村学前教育资源,从而使乡村幼儿园校舍建筑面积从2.59千万平方米增至8.02千万平方米,增加了5.43千万平方米,涨幅209.65%。虽然乡村幼儿园校舍建筑总面积不足10千万平方米,但从生均面积计算,则可以发现,乡村幼儿园生均校舍建筑面积增幅最大,从2011年的2.60平方米增至2020年的7.80平方米,涨幅达200%。虽然仍少于城区幼儿园的9.59平方米/生、镇区幼儿园的8.52平方米/生(见图8),但城乡差距大幅度拉近。

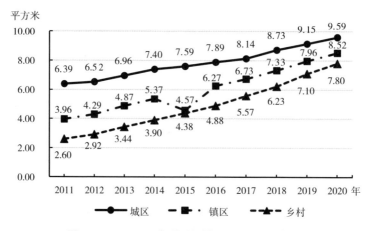

图8 2011—2020年幼儿园校园生均面积情况

2.乡村幼儿园的校园占地面积激增

幼儿园的办学条件除了需要足够的建筑面积,以安排各种功能室,同时还需要绿化用地、运动场地等,因此,占地面积的历年变化反映了办学条件的改善情况。2011—2020年,全国幼儿园占地总面积从2011年的30.35千万平方米增至2020年的72.40千万平方米,涨幅138.55%。其中,乡村幼儿园占地总面积从8.00千万平方米增至20.26千万平方米,增加了12.26千万平方米,涨幅153.25%。这一增长速度远大于城区幼儿园(涨幅121.31%)、镇区幼儿园(涨幅146.72%),乡村幼儿园办学条件得到明显改善(见图9)。

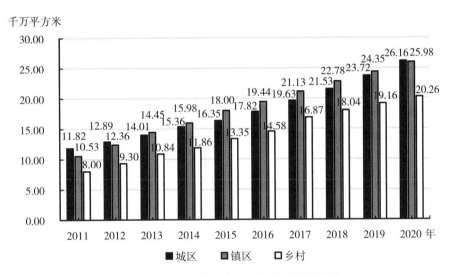

千万平方米

图9 2011—2020年幼儿园建筑总面积情况

由于乡村幼儿园平均规模较小,2020年其生均校园占地面积为19.72平方米,明显比城区幼儿园(13.10平方米/生)、镇区幼儿园(14.48平方米/生)都大得多(见图10)。

3.乡村幼儿园的图书资源快速丰富

学前教育数字图书馆分馆持续更新馆藏内容,扩大馆藏规模,丰富服务内容,不断满足幼儿园教学和园务管理业务发展的需求。从2010年开始,国家实施农村学前教育推进工程,2011年进一步将试点覆盖至中西部,先后投入20亿

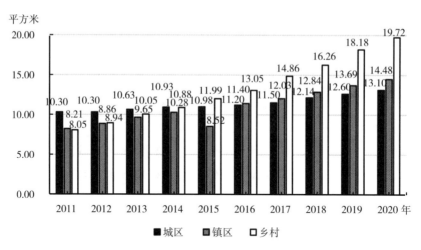

图 10　2011—2020 年幼儿园生均建筑面积情况

元资金建设乡镇中心幼儿园及村幼儿园,配备玩教具和图书①。经过 10 年的投入,全国幼儿园的图书总量由 2011 年的 14.88 千万册增至 2020 年的 46.88 千万册,涨幅 215.05%(见图 11)。乡村幼儿园图书总量从 2.40 千万册增至 8.25 千万册,涨幅 243.75%,这一增幅大于城区幼儿园(193.06%)、镇区幼儿园(233.13%)的涨幅。

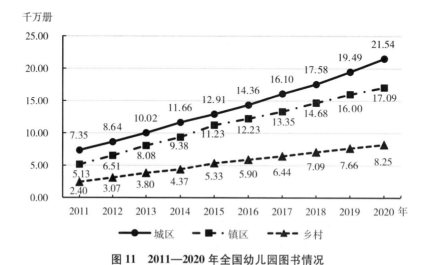

图 11　2011—2020 年全国幼儿园图书情况

---

① 杨润勇等:《中国农村教育发展报告(2010—2020)》,科学出版社 2021 年版,第 118 页。

2011—2020 年,全国乡村幼儿园生均图书册数从 2.41 册增至 8.03 册,增加了 5.62 册,涨幅达 233.20%。接近于城区幼儿园生均图书册数的 10.78 册、镇区幼儿园生均图书册数的 9.53 册(见图 12),从图书资料的变化情况更能获得乡村幼儿园教育资源更加丰富的感受。

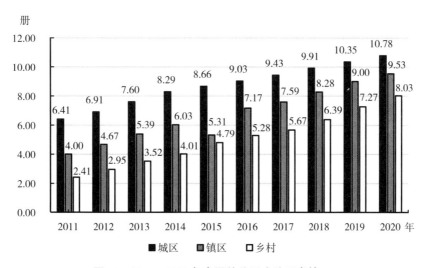

图 12　2011—2020 年全国幼儿园生均图书情况

图书资料的快速丰富,见证了《教育规划纲要》、“国十条”旗帜鲜明所提出的“扩大农村学前教育资源”要求的实现,但 2020 年乡村幼儿园图书总数仅有 8.25 千万册,不及城区、镇区图书数量的一半,尤其是其更新的速度和图书质量,仍然有待于扩容增效。

三、乡村学前教育持续发展的成效

乡村学前教育办学条件得以改善,得益于从中央到地方各项相关政策的落实。2010 年,《教育规划纲要》设立“学前教育”专章,提出“普及学前教育”,为乡村学前教育发展绘制了发展蓝图;“国十条”指明了乡村学前教育发展目标达成的实现路径。在有关教育扶贫政策的持续扶持下,乡村幼儿园数量激增,办学条件得到显著改善,普及普惠的期待得到了有力的回应,乡村幼儿园从无到有,从有渐优,“幼有所育”政策下乡村学前教育获得了长足发展。

(一)政策扶持乡村学前教育,办学条件得以改善

2011 年开始,国家实施推进乡村学前教育项目,重点支持中西部地区。国务院审议通过《财政部 教育部关于加大财政投入支持学前教育发展的通知》，提出"十二五"期间，中央财政将投入 500 亿元，重点支持四大类 7 个项目。具体包括：支持中西部农村改建、扩建幼儿园；建立山区巡回支教试点；设立"奖补资金"，扶持提供普惠性服务、招收农民工子女的民办幼儿园和城市集体、企事业单位办园；实施中西部农村幼儿教师国家级培训计划；建立贫困儿童、孤儿和残疾儿童的幼儿教育资助制度；等等。《财政部 教育部关于印发支持中西部地区利用农村闲置校舍改建幼儿园实施方案的通知》《财政部 教育部关于印发支持中西部地区农村小学增设附属幼儿园实施方案的通知》等政策在中西部地区得到落实，扩大了公办资源，鼓励多主体办园，更加突出"普惠性"和向农村地区倾斜，兼顾学前教育发展的城乡不平衡。

"十二五"期间，中西部地区和东部困难地区乡村学前教育发展获得中央财政重点支持。在此期间，四川省凉山州全州开办幼教点 1289 个、教学班 1676 个，选聘辅导员 3343 人，招收幼儿 5.5 万人。全州幼儿园达到 514 所，在园班幼儿 16.75 万人，幼儿毛入园率达 55.4%，较"十一五"末提高了 28.73 个百分点，入园难、入园贵问题得到基本缓解。2016 年《教育脱贫攻坚"十三五"规划》要求，贫困地区每个乡镇至少办好一所公办中心幼儿园，在有条件的大行政村独立建园或设分园，小行政村联合办园，逐步形成贫困地区农村学前教育服务网络；要求采取多种方式鼓励普惠性民办幼儿园招收建档立卡等贫困家庭子女；提出要健全学前教育资助制度，帮助农村贫困家庭幼儿接受学前教育。2018 年 1 月，教育部、国务院扶贫办印发《深度贫困地区教育脱贫攻坚实施方案（2018—2020 年）》，鼓励在"三区三州"实施"幼有所育"计划，大力发展公办园，支持每个乡镇至少办好一所公办中心幼儿园，大村独立建园，小村联合办园或设分园，完善农村学前教育服务网络，帮助农村贫困家庭幼儿就近接受学前教育，解放农村劳动力。这些政策的落实，有效满足了贫困地区适龄幼儿就近入园的需求。例如，新疆维吾尔自治区 2016 年和 2017 年投入 163 亿元，新建、改扩建农村幼儿园 4408 所，实现乡村幼儿园"应建尽建"，全区城镇中心幼儿园覆盖率达到 100%。西藏自治区的村级幼儿园覆盖率达到 66.8%。甘肃省 2017 年建设村幼儿园 1127 所，2018 年建设 1217 所，实现了深度贫困县有需求的行政村幼儿园全覆盖。近年来，甘肃省对学前三年在园幼儿按每生每年 1000 元的标准减免保教费，对 58 个贫困县的建档立卡贫困户在园幼儿每人每年再补助 1000 元，累计惠及在园幼儿 443 万人次,增强了人民群众的教育获得感。卢迈等人调研发现,"三区三州"七成在园幼儿的家庭距离幼儿园在 1 公里以内,近一半幼儿园免保教费,八成幼儿园贫困生资助比例较高。多数西部省份和地区已实现国家设定的 2020 年学前三年毛入园率达到 85% 的目标,有的甚至超过了 90%:陕西省、新疆维吾尔自治区、内蒙古自治区、甘肃省的学前三年毛入园率分别达到了 98%、95.95%、94.1% 和 91%。有的省份如云南,"十二五"末学前三年毛入园率为 63.82%,低于全国平均水平 11.18 个百分点。但到了 2017 年,全省幼儿园数量达到 8286 所,比 2011 年增加了 4029 所;在园儿童数量有 143.1 万人,比 2010 年增加了 34.51 万人①。

宁德市一度被称为我国东南沿海"黄金断裂带",经过多年的发展,终于厚积薄发,教育事业随着经济高速发展也相应快速提升。2011—2020 年全市幼儿园数量从 343 所增加至 546 所,一定程度上缓解了"入园难"的问题②。地处闽东北的寿宁县,2011 年有幼儿园 31 所(其中社会力量办园 14 所)。10 年来,该县学前教育提质扩面,加快公办幼儿园建设步伐,不断提高公办幼儿园覆盖面。截至 2022 年,全县共有幼儿园 29 所,其中公办幼儿园 17 所(19 个园区),民办幼儿园 12 所,各级各类示范性幼儿园 11 所,其中省级示范性幼儿园 1 所,市级示范性幼儿园 2 所,县级示范性幼儿园 8 所,适龄幼儿入园率由 2012 年的 93.90% 提高到 98.53%,公办园占比为 67.43%,实施推动县实验幼儿园、斜滩幼儿园、武曲幼儿园、下党幼儿园等幼儿园扩建增容,有效解决城乡幼儿入园难问题③。

在福建省对口支援建设的宁夏回族自治区永宁县西部的闽宁镇,2011 年仅有 1 所幼儿园,如今已经有闽宁镇幼儿园、闽宁第二幼儿园等公办幼儿园,2020 年 9 月新建成的木兰幼儿园、永宁县闽宁第三幼儿园又投入使用④,此外还有闽宁镇中心幼儿园、闽宁镇世纪星幼儿园等民办幼儿园,进一步增加了学前教育阶段学位供给,改善基础教育办学条件,全力保障教育优先发展。

(二)"普及普惠"的期待得到回应

学前教育公平首先意味着入园机会均等,"普及"是学前教育发展要实现的

---

① 卢迈、方晋、杜智鑫等:《中国西部学前教育发展情况报告》,《华东师范大学学报(教育科学版)》2020 年第 1 期。

② 《宁德统计年鉴(2012—2021)》,宁德市统计局网,2022 年 10 月 29 日。

③ 《寿宁教育十年巨变》,今日寿宁网,2022 年 10 月 15 日。

④ 《永宁县 3 所新建幼儿园 9 月开园》,银川新闻网,2022 年 8 月 19 日。

目标。为了回应人民群众对学前教育"普及普惠"的期待,"国十条"明确提出"调整办园结构",各地要把发展普惠性学前教育作为重要任务;"鼓励社会力量办园",政府加大扶持力度,引导社会力量更多举办普惠性民办园。从中央到地方,都把发展贫困地区和薄弱地区普惠园建设作为重中之重,扩大农村、边远、深度贫困等地区普惠优质学前教育资源,从县区、镇区,再向行政村、边远山村延伸,推进教育精准扶贫和供给力度,不断缩小区域间发展差距,坚定不移地推进教育公平。

为了提高贫困地区乡村学前教育普及率,通过教育手段阻断贫困代际传递、促进社会公平,自 2009 年起,中国发展研究基金会通过和当地政府、捐赠企业、机构、个人及非盈利组织深度合作,开始实施"一村一园"计划,将乡村幼儿园设在村一级单位,为偏远贫困村落 3—6 岁的儿童提供低成本保质量的免费学前教育。截至 2017 年 8 月,在青海、贵州、湖南等 9 个省(区)的 17 个县(市),共设立了乡村幼儿园近 1800 所,在园幼儿 4.5 万余人。至 2019 年底,"一村一园"计划扩大到 11 个中西部省份的 33 个县,在园儿童超过 8 万人,累计受益人数超过 21 万人。10 余年来,"一村一园"计划在很多地方政府的认可与支持下得以大力推进,已建成了村一级学前教育服务体系,显著提升了贫困地区学前教育 3 年毛入园率。基金会与贵州省教育厅、云南省教育厅、四川省凉山州雷波县政府合作,在贵州的 8 个县、怒江州所辖 4 县、雷波县实现了村一级学前教育全覆盖①。贵州省政府投入建设了 5100 所村一级幼儿园,有 30 万贫困农村儿童从中受益。在青海省海东市乐都区,至 2019 年底学前 3 年毛入园率已超过 98%,10 年间有 8705 名儿童从乡村幼儿园毕业进入义务教育阶段,受益家庭超过 5400 户,保障了近 30%的贫困农村学生。截至 2018 年底,甘肃省学前教育三年毛入园率达到 91%,出台实施了《甘肃省精准扶贫学前教育专项支持计划(2015—2020 年)》,大力推动学前教育向行政村延伸,并且较早推行政策,支持在贫困地区特别是革命老区 2000 人以上的行政村建园,此后又延伸到 1500 人的行政村。这种持续扩大的农村学前教育资源虽然不能彻底解决偏远农村幼儿入园问题,但已经为贫困家庭幼儿就近入园提供了有利条件。

---

① "一村一园"计划课题组卢迈、方晋、赵晨等:《教育精准扶贫:"一村一园"计划乐都十周年效果评估》,《华东师范大学学报(教育科学版)》2021 年第 7 期。

根据教育部 2022 年 4 月新闻发布会信息,2021 年全国幼儿园在园幼儿数达到 4805.2 万人,比 2011 年增加 1380.8 万人,全国学前三年毛入园率由 2011 年的 62.3% 提高到 2021 年的 88.1%,增长了 25.8 个百分点,学前教育实现了基本普及。其中,中西部和农村发展最快,全国新增的幼儿园,80% 左右集中在中西部,60% 左右分布在农村。10 年间毛入园率增长幅度超过 30% 的 13 个省份都在中西部,"三区三州"等原深度贫困地区入园率显著提高。2021 年全国普惠性幼儿园(包括公办园和普惠性民办园)达到 24.5 万所,占幼儿园总量的 83%,其中公办园 12.8 万所,比 2011 年增长了 149.7%。农村普惠性幼儿园覆盖率达到 90.6%,每个乡镇基本办有一所公办中心园,大村独立办园、小村联合办园①。截至 2022 年,福建省宁德市寿宁县普惠性学前教育覆盖率达到 100%,由县财政出资购买普惠性民办幼儿园学位 1568 个②。但是,由于人口数量的持续减少,在偏远山村设立幼儿园获得的效益越来越少,以 2019 年我国平均人口出生率为 10.48‰ 计算,一个 1500 人的行政村庄,意味着 2022 年村里学前适龄幼儿人数仅约 16 人。包括大班、中班、小班,一个乡村幼儿园的规模大概 50 人。随着人口出生率进一步下降,如 2021 年减至 7.52‰,至 2024 年,一个 1500 人的行政村的学前适龄幼儿数仅约 11 人,届时乡村幼儿园的规模将更加缩小。一个行政村通常包含多个自然村组,即使在行政村建立幼儿园,其周边自然村组的幼儿依然不能就近入园。以寿宁县下党乡为例,下辖下党、上党、下屏峰等 10 个行政村,2011 年末,下党乡仅有 1 所幼儿园,在园幼儿 36 人,专任教师 1 人。当今,仍只有 1 所下党中心幼儿园,在上党小学、下屏峰小学分别附设 1 个幼儿班。随着适龄幼儿的减少,从办园效益考虑,要在行政村建立幼儿园的可能性都在降低。

第二节　均衡发展背景下的乡村义务教育发展

推进义务教育均衡发展,保障适龄儿童少年平等接受义务教育是《中华人民共和国义务教育法》和《国家中长期教育改革和发展规划纲要(2010—2020

---

① 《"教育这十年""1+1"系列发布会:介绍党的十八大以来学前教育改革发展成效》,中华人民共和国教育部网,2022 年 4 月 26 日。
② 《寿宁教育十年巨变》,今日寿宁网,2022 年 10 月 15 日。

年)》明确提出的法律规定和战略性任务,是促进教育公平的重要举措。2006年,新修订的《中华人民共和国义务教育法》首次以法律形式提出促进义务教育均衡发展的思想。2012年《国家教育事业发展第十二个五年规划》提出了推进义务教育学校标准化建设、均衡合理配置教师资源、建立县(市)域义务教育均衡发展评价机制等推动义务教育均衡发展的具体举措;同年,国务院出台《关于深入推进义务教育均衡发展的意见》,教育部出台《县域义务教育均衡发展督导评估暂行办法》,将义务教育均衡发展这一理想目标变为"看得见、摸得着、可测量、可操作"的现实目标,明确了义务教育基本均衡督导评估的条件、指标、方法和体制。党的十八大以来,义务教育均衡发展加快推进。2017年,教育部出台《县域义务教育优质均衡发展督导评估办法》,并于2019年10月正式启动了县域义务教育优质均衡督导评估认定工作。在一系列法律、政策推动下,乡村义务教育由基本均衡转向优质均衡,教育资源获得了较合理配置,乡村教师整体素质得以全面提升,与城区义务教育发展水平的差距不断缩小。从基本均衡到优质均衡,乡村义务教育的师资调配、办学水平和教育质量等方面与义务教育公平性、普及性、基础性越来越适应。

一、乡村义务教育发展的政策支持

《国家中长期教育改革和发展规划纲要(2010—2020年)》,将"义务教育学校标准化建设"列入重大项目。提出,要完善城乡义务教育经费保障机制,科学规划、统筹安排、均衡配置、合理布局;实施中小学校舍安全工程,集中开展危房改造、抗震加固,实现城乡中小学校舍安全达标;改造小学和初中薄弱学校,尽快使义务教育学校师资、教学仪器设备、图书、体育场地基本达标;改扩建劳务输出大省和特殊困难地区农村学校寄宿设施,改善农村学生特别是留守儿童寄宿条件以基本满足需要。

为此,2012年9月国务院印发《关于深入推进义务教育均衡发展的意见》,要求省级政府依据国家普通中小学校建设标准和本省(区、市)标准,为农村中小学配齐图书、教学实验仪器设备、音体美等器材,着力改善农村义务教育学校学生宿舍、食堂等生活设施,妥善解决农村寄宿制学校管理服务人员配置问题,继续实施农村义务教育薄弱学校改造计划和中西部农村初中校舍改造工程,积极推进节约型校园建设。

为了贯彻党的十八大精神,落实中央扶贫开发工作会议要求和《中国农村扶贫开发纲要(2011—2020 年)》《国家中长期教育改革和发展规划纲要(2010—2020 年)》的战略部署,充分发挥教育在扶贫开发中的重要作用,2013 年 7 月,国务院办公厅转发教育部等部门《关于实施教育扶贫工程意见的通知》,面向《中国农村扶贫开发纲要(2011—2020 年)》所确定的连片特困扶贫攻坚地区组织实施教育扶贫工程,提出到 2020 年"义务教育水平进一步提高,基本普及视力、听力、智力三类残疾儿童义务教育……基础教育普及程度和办学质量有较大提升"的具体目标。

2014 年 12 月,国务院办公厅印发《国家贫困地区儿童发展规划(2014—2020 年)》,要解决农村义务教育中基本教学仪器和图书不达标等突出问题。

2016 年 12 月,教育部等六部门关于印发《教育脱贫攻坚"十三五"规划》的通知,提出要坚持教育优先发展,尽快补齐贫困地区教育发展短板,夯实脱贫根基。

2018 年 6 月,中共中央、国务院发布了《关于打赢脱贫攻坚战三年行动的指导意见》,要求"全面推进贫困地区义务教育薄弱学校改造工作,重点加强乡镇寄宿制学校和乡村小规模学校建设,确保所有义务教育学校达到基本办学条件"。

通过 10 余年"教育扶贫"系列政策和实践推进,学校成为乡村最美的建筑,贫困地区办学条件得到根本性改善,乡村义务教育条件得到了快速改善。

二、乡村义务教育办学条件的改善

我国自 1986 年 7 月起施行《义务教育法》,实行九年制义务教育。2010 年,《教育发展纲要》提出,为了适应城乡发展需要,要合理规划学校布局,办好必要的教学点,方便学生就近入学。还将推进义务教育均衡发展作为重要的发展任务,推进义务教育学校标准化建设,均衡配置教师、设备、图书、校舍等资源。为贯彻落实《教育发展纲要》,2012 年 9 月,国务院印发《关于深入推进义务教育均衡发展的意见》,要求依据国家普通中小学校建设标准和本省(区、市)标准,为农村中小学配齐图书、教学实验仪器设备、音体美等器材,着力改善农村义务教育学校学生宿舍、食堂等生活设施。2013 年教育部等部门《关于实施教育扶贫工程意见的通知》,提出要"改善保留的村小学及教学点,特别是改善边境一线学校及教学点基本办学条件。完善农村义务教育薄弱学校教学用房、学生宿舍等附属设施,加强图书、教学仪器设备、多媒体远程教学设备和体育卫生、艺术教育器材的配备"。2014年《国家贫困地区儿童发展规划(2014—2020年)》要求解决农村义务教育中基本教学仪器和图书不达标等突出问题。为了巩固提高九年义务教育水平,2016年的《教育脱贫攻坚"十三五"规划》提出,要"加快推进贫困地区全面改善农村薄弱学校基本办学条件,引导和支持地方于2017年底前完成贫困县全面改善义务教育薄弱学校基本办学条件任务"。

10多年来,在有关义务教育均衡发展、教育扶贫系列政策的推动下,乡村义务教育办学条件得到了优化和改善。2022年6月,教育部举行"教育这十年"新闻发布会,聚焦党的十八大以来义务教育改革发展成效。据悉,国家坚持补短板、兜底线,实施"全面改善贫困地区义务教育薄弱学校基本办学条件"等重大项目,2012—2021年,全国义务教育基本办学条件得到显著改善,危房、大通铺等问题基本得到解决,特别是许多中西部农村地区学校办学条件实现了质的飞跃,"最好最安全的建筑在学校"得到群众的公认①。

(一)乡村义务教育学校数量与规模的变化

在考虑乡村义务教育学校的数量及其分布时,通常需要考虑方便乡村学子入学,又需要兼顾城镇化建设、新农村建设的现实,以及当地学龄人口变化趋势、交通、环境等因素。

1. 乡村义务教育学校的数量持续减少

(1)乡村小学的数量骤减。乡村小学的设置和办学质量对推进教育精准扶贫有着重要作用。作为义务教育的起点,小学阶段教育为提升国民基本素质、为学生后续发展奠定坚实的基础。然而,受城镇化进程等社会变迁因素影响,从2001年起在全国兴起的"撤点并校"继续扩展,从2011年至2020年,全国小学数量总数呈现下降的趋势,从2011年的24.12万所减至2020年的15.80万所,减少了8.32万所,降幅高达34.49%。

这一减少主要体现在乡村小学数量的骤减,从16.90万所减少到8.61万所,骤减了8.29万所,降幅高达49.05%,全国乡村小学的减少量占全国学校减少总量的99.63%。镇区小学数量也从4.60万所小幅减少至4.27万所,减少了

---

① 《"教育这十年""1+1"系列发布会:介绍党的十八大以来义务教育改革发展成效》,中华人民共和国教育部网,2022年6月21日。

3290 所。而同时期城区小学数量逐年增加,从 2.62 万所增至 2.92 万所,增加了 2980 所,增幅 11.37%(见图 13)。

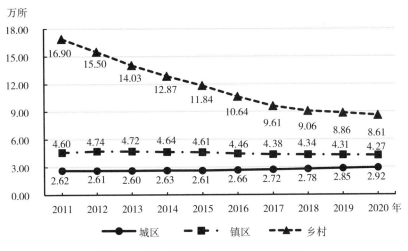

图 13　2011—2020 年小学数量变化情况

　　乡村小学数量的骤减导致部分学生上学路途变远、交通安全隐患增加,学生家庭经济负担加重,并带来农村寄宿制学校不足、一些城区镇区学校的班额过大等问题[①]。为进一步减少"撤点并校"政策惯性,2012 年,《国务院办公厅关于规范农村义务教育学校布局调整的意见》指出,坚决制止盲目撤并农村义务教育学校。2013 年,《关于实施教育扶贫工程的意见》要求农村义务教育学校布局要保障学生就近上学的需要,改善保留的村小学及教学点。2015 年,《国务院关于进一步完善城乡义务教育经费保障机制的通知》要求,加快探索建立农村小规模学校办学机制和管理办法,慎重稳妥撤并农村学校。2016 年,《教育部办公厅关于农村义务教育学校布局调整有关问题的通报》指出,优先保障学生就近入学需求,办好小规模学校和寄宿制学校。从不同时期来看,2011—2015 年乡村小学数量降幅较大,2016—2020 年降幅和缓,表明政策的落实一定程度上延缓了乡村小学数量减少的速度。

　　据寿宁县人民政府教育督导室介绍,随着村小的撤并,建立寄宿制中心校后,相当一部分学生上学要走几公里至十多公里不等,存在很大安全隐患。同

①　赖长春:《义务教育均衡发展的阶段特征及趋势分析》,《教育与教学研究》2020 年第 10 期。

时,随着城镇化进程的加快,城镇人口急剧增加,城区学校大班额现象较为突出,城镇规划中教育发展空间考虑不够。宁德全市小学数量从 2011 年的 451 所骤减至 2012 年的 283 所,降幅 37.25%,此后总体平稳。其中寿宁县,至 2012 年上半年,全县自然消失和撤并的小学学校 145 所,全县只有 24 所小学(中心校 17 所,完全小学 7 所)、教学点 79 所,此后也稳定在 20 所左右(见表 4)。

表 4　2011—2020 年宁德市、寿宁县小学数量　　　　　　（单位:所）

年份	2011	2012	2013	2014	2015	2016	2017	2018	2019	2020
宁德全市	451	283	279	279	278	279	278	277	275	276
寿宁县	33	24	24	24	20	20	19	19	18	19

注:数据来源于《宁德统计年鉴(2012—2021)》,宁德市统计局网,2021 年 10 月 29 日。

(2)初中学校数城乡间此消彼长。根据《关于基础教育改革与发展的决定》要求,乡村初中在设置时要注意相对集中、优化教育资源配置的原则,要因地制宜调整乡村义务教育学校布局。2011—2020 年,全国初中学校数量总数有小幅减少,从 2011 年的 5.42 万所减少到 2020 年的 5.28 万所,降幅 2.58%。具体表现为乡村初中学校数量减少了 32.38%,从 2011 年的 2.10 万所减少到 2020 年的 1.42 万所。而同时期城区、镇区的初中学校数量都逐年增加,其中城区初中从 1.08 万所增加到 1.40 万所,增加了 3223 所,增加 29.84%;镇区初中从 2.24 万所增加到 2.46 万所,增加 2221 所,增加 9.92%(见表 5)。初中学校数量的增减态势,除了城镇化率逐年提高和农民工随迁子女数量增加导致了乡村初中生源数量减少外,还因为农民工对教育教学质量的要求逐步提高,更乐于把子女送往教育资源相对优质的城镇,这一现象也进一步助推了乡村初中生源数量的减少和城区、镇区初中学校数量的增加。

表 5　2011—2020 年全国初中学校数量　　　　　　（单位:万所）

年份	2011	2012	2013	2014	2015	2016	2017	2018	2019	2020
城区	1.08	1.09	1.11	1.15	1.15	1.19	1.24	1.28	1.34	1.40
镇区	2.24	2.29	2.32	2.34	2.39	2.40	2.43	2.44	2.45	2.46
乡村	2.10	1.94	1.85	1.77	1.70	1.62	1.53	1.48	1.45	1.42

2.乡村义务教育的平均办学规模不断扩大

（1）乡村小学的办学规模小幅扩大。在 2012 年《国务院关于深入推进义务教育均衡发展的意见》推动下，"控辍保学"工作制度进一步完善，适龄儿童更多进入小学学习。

2011—2020 年，全国小学平均规模呈上升趋势。其中，城区小学平均规模从 2011 年的 994 人稳步增至 2020 年的 1439 人，涨幅为 44.77%；镇区小学平均规模也从 2011 年的 708 人增加至 2020 年的 954 人，涨幅 34.75%；乡村小学学校数量与学生数双双缩减，平均规模仅从 2011 年的 240 人增加至 2020 年的 285 人，涨幅 18.75%（见图 14）。城区、镇区、乡村平均办学规模都符合《县域义务教育优质均衡发展督导评估办法》对小学规模不超过 2000 人的要求。

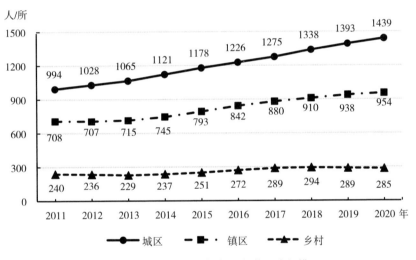

图 14　2011—2020 年全国小学平均规模

以寿宁县为例，2012—2021 年（2016 年数据暂缺），小学学龄儿童净入学率始终保持在 100% 以上，但主要在县城的四五所小学，平均规模从 2011 年的 977 人快速扩大到 2012 年的 1306 人，扩大了 33.67%，此后逐年持续扩大，尤其 2017—2019 年更是扩大到将近 1800 人/校①。由于学校数量的减少，同时也因学生到城区或随迁外出学习，以及出生率下降等原因，乡村小学的学校规模总体较小，且呈小幅缩小态势（图 15）。

---

①　《宁德统计年鉴（2012—2021）》，宁德市统计局网，2021 年 10 月 29 日。

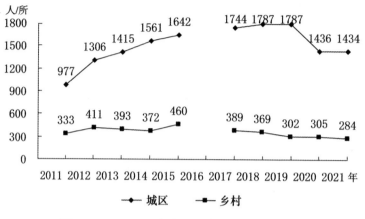

图 15　2011—2021 年寿宁县城乡小学平均规模

（2）乡村初中学校的办学规模平稳。在《国务院关于深入推进义务教育均衡发展的意见》推动下，"控辍保学"工作制度进一步完善，适龄学生能持续其初中学习。

2011—2020 年间，全国初中学校平均规模变化不大，城区初中学校平均规模略有增长，从 1335 人增至 1361 人，涨幅仅为 1.95%；镇区、乡村初中学校平均规模略微缩小，镇区初中学校平均规模从 1103 人减至 965 人，减少了 138 人，降幅 12.51%；同时，乡村初中学校平均规模也从 554 人缩减至 448 人，降幅 19.13%（见表 6）。

表 6　2011—2020 年全国初中学校规模　　　　（单位：人/所）

年份	2011	2012	2013	2014	2015	2016	2017	2018	2019	2020
城区	1335	1318	1286	1279	1253	1249	1268	1320	1349	1361
镇区	1103	1026	947	925	907	905	920	949	965	965
乡村	554	502	441	423	413	412	421	438	449	448

据调查，2012 年寿宁县初中学校 17 所，平均每校 419 人，其中 500 人以上的学校只有 5 所；500 人以下的学校有 12 所，占总数的 70.60%。这种情况导致原本有限的教育资源分散甚至是浪费，难以集中优化配置，发挥最大效益。经过 10 年的建设，初中阶段毛入学率保持在 100% 以上，九年义务教育巩固率从 93.35% 提高至 100.37%，建档立卡贫困学生辍学实现动态清零。

（二）乡村义务教育的办学空间与教育资源过剩

1. 乡村义务教育学校的校舍建筑面积过剩

（1）乡村小学的校舍建筑面积的闲置。全国小学校舍建筑面积总数从2011年的56.9千万平方米增至2020年的84.6千万平方米,涨幅48.68%。然而,由于生源锐减,乡村小学校舍面积已无需扩大,10年间微增2.36千万平方米。在此期间,为了应对城镇化、进城务工人员所带来日渐增长的随迁进城学生入学,城区校舍建筑面积几乎翻倍增长,镇区小学校舍建筑面积也增长了72.13%(见图16)。

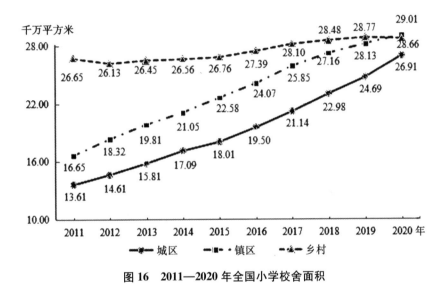

图16　2011—2020年全国小学校舍面积

根据《县域义务教育优质均衡发展督导评估办法》,要求小学生均教学及辅助用房面积达到4.5平方米。在此政策推动下,2011—2020年,全国小学校舍生均面积呈现上升的趋势。城区小学因激增的学生数,校舍面积虽然翻倍增长,但生均面积只从5.22平方米增至6.40平方米,镇区小学校舍生均面积也增加至7.13平方米;而乡村小学因生源锐减,校舍生均占地面积从6.56平方米增至11.69平方米,涨幅达78.20%(见图17),闲置的乡村小学校舍的利用成为乡村小学发展面临的新课题。

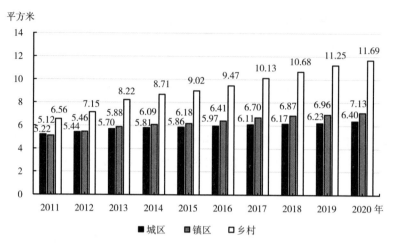

图 17 2011—2020 年全国小学生均校舍面积

（2）乡村初中学校的校舍建筑面积基本不变。2011—2020 年,全国初中学校校舍建筑面积总量从 45.55 千万平方米增至 71.84 千万平方米,增加了 26.29 千万平方米,涨幅 57.72%(见图 18)。由于受城镇化、随迁进城以及追求更高质量学习资源等因素的影响,更多农村初中生到城区、镇区求学,因应这一变化,城区初中学校也相应扩大校舍建筑面积,从 2011 年的 12.04 千万平方米增至 2020 年的 25.02 千万平方米,扩大了一倍。镇区初中学校校舍建筑面积也增加了 13.05 千万平方米,涨幅高达 60.72%。而乡村初中学校校舍建筑面积 10 年间基本不变,只微增 0.26 千万平方米,略增 2.16%。

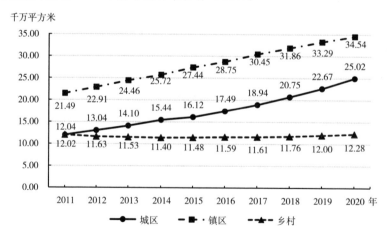

图 18 2011—2020 年初中学校校舍面积

根据 2017 年 4 月教育部印发的《县域义务教育优质均衡发展督导评估办法》,要求初中学校生均教学及辅助用房面积达到 5.8 平方米以上。10 年来,城区初中学校生均校舍面积从 8.37 平方米增加到 2020 年的 13.15 平方米,涨幅 57.11%;镇区初中学校生均校舍面积也增加到 2020 年的 14.55 平方米;乡村初中学校生均校舍面积从 2011 年的 10.36 平方米增加至 2020 年的 19.26 平方米,远高于国家评估标准(见图 19)。

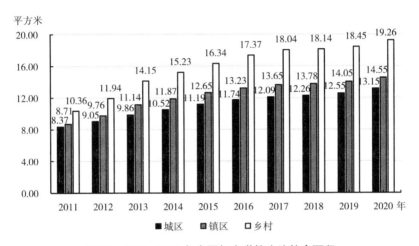

图 19　2011—2020 年全国初中学校生均校舍面积

2. 乡村义务教育学校的校园占地面积小幅减少

(1)小学的校园占地面积闲置明显。2011—2020 年,全国小学校园占地面积总量仅有 5.54% 的微弱增长,从 2011 年的 225.60 千万平方米增至 2020 年的 238.10 千万平方米。这一增长主要来自城区小学占地面积增长(18.46 千万平方米)和镇区小学占地面积增长(18.36 千万平方米)。而乡村小学因学校数减少自然带来校园占地面积减少,从 2011 年的 134.50 千万平方米减至 2020 年的 110.16 千万平方米,减少了 24.34 千万平方米,降幅 18.10%(见表 7)。

表 7　2011—2020 年全国小学校园占地面积　(单位:千万平方米)

年份	2011	2012	2013	2014	2015	2016	2017	2018	2019	2020
城区	32.20	33.61	35.30	32.20	37.97	40.25	42.74	45.48	47.92	50.66
镇区	58.87	62.33	65.21	58.87	68.63	70.46	73.46	75.35	76.32	77.23
乡村	134.50	129.10	126.92	134.50	119.91	117.16	115.88	113.98	112.87	110.16

城区小学校园占地面积虽然增长了,但由于随迁进城学生数的增长,使得生均占地面积从 2011 年的 12.35 平方米减少到 2020 年的 12.05 平方米;而镇区小学校园生均占地面积增加了 0.88 平方米;乡村小学因生源锐减,生均占地面积从 2011 年的 33.09 平方米增加至 2020 年的 44.96 平方米(见表 8)。

表 8　2011—2020 年全国小学生均校园占地面积　　(单位:平方米)

年份	2011	2012	2013	2014	2015	2016	2017	2018	2019	2020
城区	12.35	12.50	12.73	10.94	12.36	12.32	12.35	12.22	12.09	12.05
镇区	18.09	18.58	19.35	17.03	18.77	18.77	19.05	19.07	18.89	18.97
乡村	33.09	35.35	39.45	44.10	40.43	40.51	41.75	42.75	44.13	44.96

(2)乡村初中学校平均占地面积逐年减少。2011—2020 年,全国城、镇、乡初中学校校园占地面积总数从 2011 年的 149.5 千万平方米增加到 2020 年的 171.2 千万平方米。这主要体现在城区学校校园面积增加了 18.0 千万平方米;镇区初中学校的增加了 15.8 千万平方米;而乡村初中学校校园占地面积却逐年减少,从 2011 年的 48.40 千万平方米减至 2020 年的 36.38 千万平方米,减少了 12.02 千万平方米,降幅 24.83%(见表 9)。

表 9　2011—2020 年全国初中校园占地面积　　(单位:千万平方米)

年份	2011	2012	2013	2014	2015	2016	2017	2018	2019	2020
城区	29.29	30.58	32.10	33.95	34.41	36.55	38.84	41.75	44.19	47.24
镇区	71.82	74.20	76.53	77.29	79.54	80.77	82.95	84.52	86.25	87.57
乡村	48.40	45.21	43.06	41.00	39.62	38.27	36.96	36.41	36.27	36.38

城区初中学校生均校园占地面积变化不大,从 2011 年的 12.35 平方米略降到 2020 年的 12.05 平方米;镇区初中校生均校园占地面积从 2011 年的 18.09 平方米略增至 2020 年的 18.97 平方米;因学生数较少,乡村初中校生均校园占地面积都较大,从 2011 年的 33.09 平方米增至到 2020 年的 44.96 平方米(见表 10)。

表 10 2011—2020 年全国初中学校生均校园占地面积 （单位:平方米）

年份	2011	2012	2013	2014	2015	2016	2017	2018	2019	2020
城区	12.35	12.50	12.73	10.94	12.36	12.32	12.35	12.22	12.09	12.05
镇区	18.09	18.58	19.35	17.03	18.77	18.77	19.05	19.07	18.89	18.97
乡村	33.09	35.35	39.45	44.10	40.43	40.51	41.75	42.75	44.13	44.96

3. 乡村义务教育的教学设备更新换代

（1）乡村义务教育信息化水平快速提升。《县域义务教育优质均衡发展督导评估办法》要求实现学校管理与教学信息化,那么,学校拥有的计算机台数多少自然反映了这一指标的达成水平。

乡村小学的计算机数骤增。全国城区小学的计算机台数从 2011 年 227.22 万台增至 2020 年 564.78 万台,涨幅 148.56%;镇区小学从 166.86 万台骤增到 492.59 万台,涨幅近 2 倍;乡村小学的计算机数也逐年增加,从 153.91 万台增加到 433.19 万台,增加了 279.28 万台,涨幅也高达 181.46%（见图 20）。与此相应,城区、镇区、乡村小学教学用的计算机台数也快速增长,教学信息化得到了较好的物质保障。

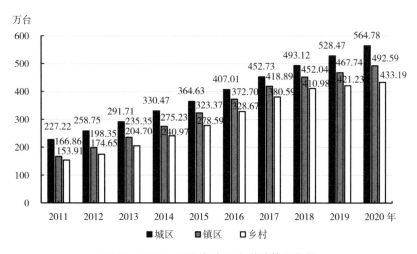

图 20 2011—2020 年全国小学计算机数量

乡村初中学校的计算机数量快速增长。基于学校管理与教学信息化的需要,2011—2020 年,全国城区初中学校计算机数从 2011 年 159.79 万台快速增加到 2020 年的 393.25 万台,涨幅 146.10%（见图 21）。

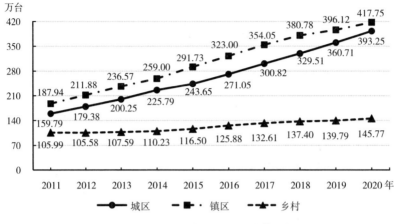

图 21 2011—2020 年全国初中计算机数量

镇区初中学校计算机数从 187.94 万台骤增至 417.75 万台,涨幅 122.28%;与城镇初中学校快速增长的态势不同,10 多年来,乡村初中学校的计算机数量从 105.99 万台仅增至 145.77 万台,增幅 37.53%。

(2)乡村义务教育的教室数量相对减少。乡村小学的教室数量小幅减少。随着校舍建筑面积的变化,教室间数也有所增减。2013 年至 2020 年,全国城区、镇区小学教室间数逐年增加,城区小学教室从 2013 年的 72.69 万间增加到了 2020 年的 117.71 万间,涨幅 61.93%。镇区小学教室从 99.87 万间增加到 133.68 万间,涨幅 33.85%;而乡村小学因学校数缩减,教室间数也相应减少,从 174.59 万间减少到 159.88 万间,减少了 8.43%(见图 22)。

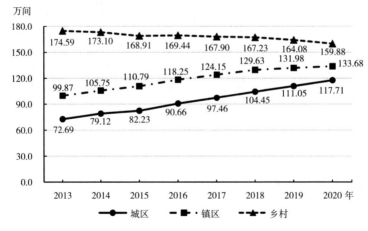

图 22 2013—2020 年全国小学教室数量

乡村初中学校的教室数量基本不变。2011—2020 年,全国城区、镇区初中教室总量逐年增加。其中,城区初中学校教室间数从 2011 年的 42.73 万间增至 2018 年的 74.72 万间,涨幅 74.87%。镇区初中学校教室间数从 69.93 万间增至 95.91 万间,涨幅 37.15%,而乡村初中学校教室间数减少了 5345 间(见表 11)。

表 11　2013—2020 年初中教室数量　　　　　(单位:万间)

年份	2011	2012	2013	2014	2015	2016	2017	2018	2019	2020
城区	42.73	47.64	49.25	54.69	58.95	64.07	69.45	74.72	42.73	47.64
镇区	69.93	72.70	75.83	82.28	86.00	90.59	93.62	95.91	69.93	72.70
乡村	36.74	36.47	35.64	36.86	36.16	36.24	36.08	36.20	36.74	36.47

(3)乡村义务教育的教学仪器设备。乡村小学的教学仪器设备迅猛更新。2011 年至 2020 年,全国城区、镇区、乡村小学的教学仪器设备资产值都逐年快速增加,涨幅 2—3 倍。其中,乡村小学教学仪器设备资产值从 150.00 亿元增至 459.34 亿元,增加了 309.34 亿元,涨幅高达 2 倍(见图 23)。

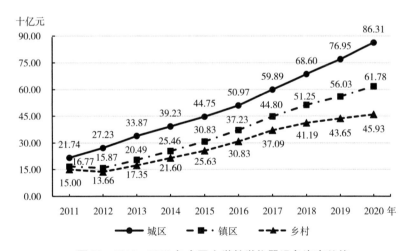

图 23　2011—2020 年全国小学教学仪器设备资产总值

《县域义务教育优质均衡发展督导评估办法》要求小学的生均教学仪器设备值达到 2000 元以上。生均仪器设备值虽然逐年递增,但只有城区小学在 2020 年度达 2100 元,达到义务教育均衡发展对此项要求的标准。镇区小学、乡村小学的教学仪器设备生均资产值都仍未达标(见图 24)。

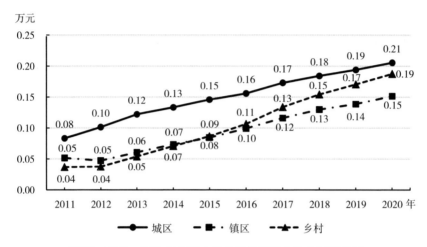

图 24 2011—2020 年全国小学教学仪器设备生均资产总值

乡村初中学校的教学仪器设备增长较快。2011—2020 年,全国城区、镇区、乡村初中学校教学仪器设备资产值逐年增加。城区初中学校教学仪器设备资产值涨幅高达 286.63%;镇区初中学校涨幅更是高达约 2.5 倍;乡村初中学校教学仪器设备资产值也从 79.16 亿元增加到 191.61 亿元,涨幅 142.05%(见图 25)。

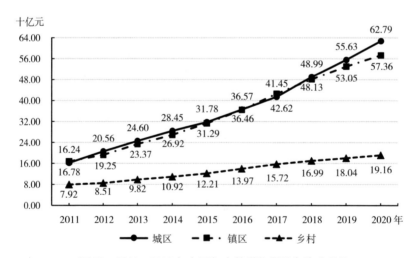

图 25 2011—2020 年全国初中教学仪器设备资产总值

《县域义务教育优质均衡发展督导评估办法》要求小学的生均教学仪器设备值达到 2500 元以上。在此推动下,2016—2020 年城区初中学校生均教学仪器设备资产值超过 2500 元。乡村初中学校生均教学仪器设备资产值也从 2018

年起超过 2500 元标准。而镇区初中学校虽然教学仪器设备资产总值骤增,生均值却尚未达标(见图 26)。

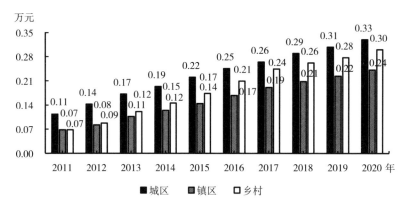

图 26　2011—2020 年全国初中生均教学仪器设备资产总值

4.乡村义务教育学校的书香校园建设亟须加强

(1)乡村小学的图书资料更新太慢。国家发出"推进全民阅读,构建书香社会"的号召,阅读被抬升到提高国民综合素质的高度。"书香校园"是"书香社会"的重要组成部分,而由于城乡教育资源分配不均,农村小学长期处于教育资源配置的弱势地位,农村小学图书室建设情况更加值得关注。

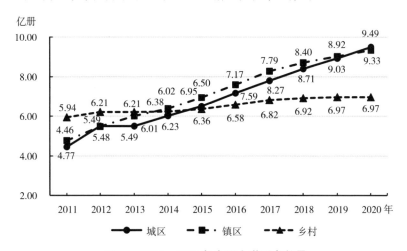

图 27　2011—2020 年全国小学图书数量

如图 27 所示,2011—2020 年全国乡村小学的图书总量从 5.94 亿册增加到 6.97 亿册,增加 17.34%,涨幅远低于城区小学(109.19%)、镇区小学(95.95%)。

虽然乡村小学图书总数不如城区、镇区小学,但是乡村小学生均图书情况得到了良好的改善,2020 年达到 28.43 册,多于城区小学的 22.58 册、镇区小学的 22.92 册(见表 12)。

表 12　2011—2020 年全国小学生均图书数量　　　　(单位:册)

年份	2011	2012	2013	2014	2015	2016	2017	2018	2019	2020
城区	17.11	20.44	19.81	20.44	21.18	21.96	22.51	22.56	22.51	22.58
镇区	14.66	16.33	17.82	18.45	19.01	20.22	21.45	22.06	22.35	22.92
乡村	14.61	17.00	19.30	20.43	21.44	22.75	24.57	25.95	27.26	28.43

乡村小学生均图书数量的增加,一定程度上满足了乡村师生的阅读需求。乡村小学图书方面的主要矛盾已经由稀缺的图书资源与学生的阅读需求之间的矛盾,转化为逐步增长的图书数量和学生阅读兴趣有待提高之间的矛盾[①]。了解学生阅读兴趣、激发学生阅读动力,尤其是图书的更新,是乡村小学开展"书香校园"建设时必须考虑的问题。

(2)乡村初中学校的图书资料不增反减。2011—2020 年全国城区、镇区初中图书数量逐年增加,城区从 2.79 亿册增加到 6.64 亿册,涨幅 137.99%(见图 28);镇区初中图书数量也从 4.96 亿册增至 8.67 亿册,涨幅 74.80%;而乡村初中学校的图书数量不增反减,从 2.97 亿册减到 2.86 亿册,减少 0.11 亿册。

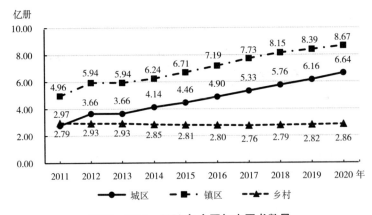

图 28　2011—2020 年全国初中图书数量

①　梧苹、黄茗、韦金色、卢银凤:《广西义务教育学校图书馆(室)图书配备使用管理的现状及发展对策研究》,《教学仪器与实验》2015 年第 5 期。

不过,因为学生数的减少,乡村初中学校的生均图书数量 10 年来始终多于城区、镇区初中校,如 2020 年的 44.86 册,远多于城区初中学校的 34.89 册和镇区初中学校的 36.52 册(见表 13)。

表 13　2011—2020 年全国初中生均图书数量　　　　　(单位:册)

年份	2011	2012	2013	2014	2015	2016	2017	2018	2019	2020
城区	19.40	25.42	25.61	28.19	30.97	32.87	34.04	34.05	34.09	34.89
镇区	20.09	25.30	27.05	28.80	30.92	33.07	34.66	35.23	35.42	36.52
乡村	25.52	30.12	36.02	38.14	40.01	41.95	42.94	43.02	43.34	44.86

5. 乡村义务教育学校的体育等功能用室充足

(1)乡村小学的体育等功能用室充足。2011—2020 年全国小学体育等功能用室总面积逐年增加。其中,乡村小学体育等功能用室占地面积从 2011 年的 1976.99 万平方米增加到 2999.24 万平方米(涨幅 51.71%),略少于城区小学的 3492.95 万平方米、镇区小学的 3047.97 万平方米(见图 29)。

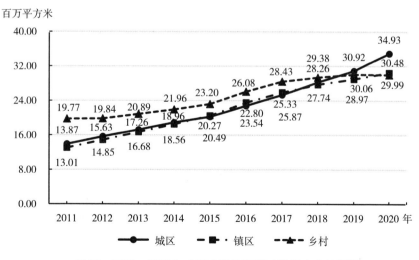

图 29　2011—2020 年全国小学体育等功能用室占地面积

2020 年乡村小学体育等功能用室生均面积 1.22 平方米,大于城区小学的 0.83 平方米、镇区小学的 0.75 平方米(见图 30)。

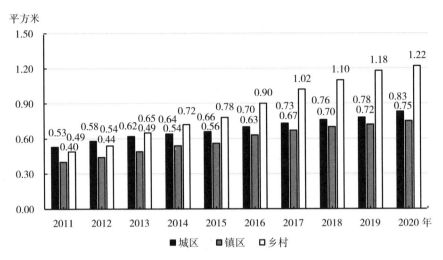

图 30　2011—2020 年全国小学体育等功能用室生均占地面积

（2）乡村初中学校的体育等功能用室情况基本没变。2011—2020 年，全国城区、镇区初中体育等功能用室总面积逐年增加。乡村初中体育等功能用室面积只有微弱的增减，2020 年只有 1420.46 万平方米，与 2011 年相比只增加了 212.47 万平方米。而同时期，城区、镇区初中学校的这一指标都高歌猛进，2020 年城区初中学校体育等功能用室面积共 4081.66 万平方米，增加了 2259.16 万平方米；镇区初中学校这一指标也达到 4209.61 万平方米，涨幅 89.51%（见图 31）。

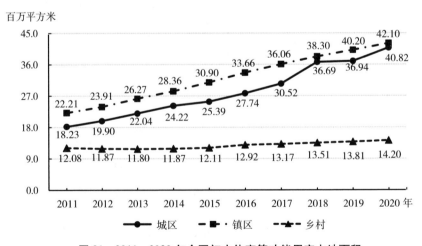

图 31　2011—2020 年全国初中体育等功能用室占地面积

2020 年乡村初中学校体育等功能用室生均面积 2.23 平方米,大于城区小学的 2.14 平方米、镇区小学的 1.77 平方米(见图 32)。

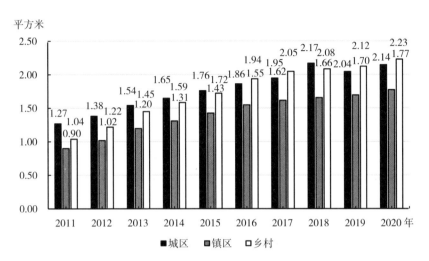

图 32　2011—2020 年初中体育等功能用室生均占地面积

三、县域乡村义务教育的基本均衡发展

针对扶贫对象,《中国农村扶贫开发纲要(2011—2020 年)》提出"两不愁三保障"。"两不愁三保障",很重要的一条就是义务教育要有保障。抓好控辍保学、实现义务教育有保障,是拔掉穷根、阻断贫困代际传递的重要途径,事关广大人民群众切身利益,事关国家和民族的未来。在各方面的努力和支持下,义务教育有保障取得了重要进展。10 多年来,我国义务教育坚持促进均衡发展,在提供更加公平、更有质量的教育上取得新成就。从 2012—2021 年,我国义务教育在实现全面普及的基础上,仅用 10 年左右的时间实现了县域基本均衡发展,成为我国义务教育发展史上又一个新的里程碑①。

(一)控辍保学基本实现应返尽返

"一个都不能少",教育部与 10 余个省份签订《打赢教育脱贫攻坚战合作备忘录》,将控辍保学作为重要任务写入备忘录;与重点省份签订"任务书",明确

---

① 《我国义务教育质量迈入世界先进行列——党的十八大以来义务教育改革发展纪实》,中华人民共和国教育部网,2021 年 6 月 24 日。

控辍保学工作任务,强化控辍保学工作责任。2020 年初,教育部党组又专门成立调研指导小组实施挂牌督战,助推贫困县脱贫摘帽,上下合力做好控辍保学工作①。2019 年全国小学净入学率为 99.94%,初中毛入学率为 102.6%。截至2020 年 9 月,全国义务教育阶段辍学学生由 60 万人降至 2419 人,其中建档立卡贫困家庭辍学学生清零。2012—2021 年,全国小学净入学率从 99.85% 提高到99.9% 以上,初中阶段毛入学率始终保持在 100% 以上②。义务教育阶段建档立卡脱贫家庭学生辍学实现动态清零,长期存在的辍学问题得到历史性解决,特别是"三区三州"等原深度贫困地区以前所未有的力度狠抓控辍保学,确保一个都不能少③。

各地积极响应,层层压实责任,全国 95% 的县"一县一案"出台了控辍保学工作方案。如河北省通过实施义务教育控辍保学"七长"责任制等有力措施,2019 年全省九年义务教育巩固率达到 97.6%,建档立卡贫困家庭适龄儿童少年辍学人数实现了动态清零。截至 2020 年 10 月,陕西省义务教育阶段在校学生数 403.91 万人,其中建档立卡贫困学生 34.12 万人④,无贫困家庭义务教育阶段适龄儿童、少年因贫困失学辍学。

(二)乡村义务教育有保障已全面实现

义务教育学校实现了教育部提出的办学条件配备要求。2013 年,教育部等五部门印发的《关于加强义务教育阶段农村留守儿童关爱和教育工作的意见》指出,努力实施好农村义务教育薄弱学校改造计划和初中校舍改造工程。党的十八大以来,尤其是 2013 年以来,我国开始在全国范围内全面改善贫困地区义务教育阶段薄弱学校基本办学条件,包括对 14 个集中连片特困地区中的 592 个国家扶贫开发重点县(区)的义务教育学校基础设施的改善,其主要做法是开展并实施了乡村初中校舍改造、农村寄宿制学校建设、教学点数字教育资源全覆盖

---

① 《奋力攻坚实现"义务教育有保障"——教育系统全面推进控辍保学工作纪实》,《中国教育报》2020 年 12 月 21 日。
② 《建档立卡贫困家庭辍学学生清零——我国义务教育有保障的目标基本实现》,《光明日报》2020 年 9 月 24 日。
③ 《我国义务教育质量迈入世界先进行列——党的十八大以来义务教育改革发展纪实》,中华人民共和国教育部网,2021 年 6 月 24 日。
④ 《奋力攻坚实现"义务教育有保障"——教育系统全面推进控辍保学工作纪实》,《中国教育报》2020 年 12 月 21 日。

等一系列重大工程项目①。2012—2021 年,全国义务教育学校生均教学及辅助用房面积从 3.7 平方米增至 5 平方米,生均体育运动场占地面积从 7.3 平方米增至 8.2 平方米,生均教学仪器设备值从 727 元增至 2285 元,互联网接入率由 25%提升到近 100%,大班额比例由 17.8%降至 0.71%,超大班额比例由 6.6%降至 0.01%。义务教育基本办学条件得到显著改善,危房、大通铺等问题基本解决②。

河北省 2014 年至 2018 年,实施全面改善贫困地区义务教育薄弱学校基本办学条件工程,各级财政累计投入 263 亿元,覆盖 13502 所中小学,受益学生 456 万人,全省义务教育阶段学校办学条件得到明显改善,优质教育资源覆盖面不断扩大。2020 年,河北省利用中央和省级专项资金 4.8 亿元,全力推进学校基础设施建设和教学装备配备,基本补齐了两类学校短板,秋季学期开学前两类学校办学条件全部达到省定基本办学标准③。2016 年以来,陕西省先后启动"全面改薄工程"及"改提工作",累计投入 283 亿元,改善 7900 多所薄弱学校办学条件,全省义务教育阶段中小学校的基本办学条件得到明显改善④。在海南,2008 年起就实施教育扶贫移民工程,累计投入 14 亿元,建成 24 所思源实验学校,改建、扩建 14 所学校,覆盖了包括全省所有民族市县在内的 16 个市县,提供优质学位 5.5 万个,使边远民族贫困地区和山区的孩子享受到与城市孩子一样的优质教育资源⑤。自党的十八大以来,义务教育学校基本实现了教育部提出的办学条件配备要求。据教育部领导介绍,2013 年到 2019 年贫困地区新建改扩建校舍面积约 2.21 亿平方米⑥。

（三）教育信息化助力乡村义务教育发展

要振兴乡村教育,信息化是捷径,利用信息化破解乡村学校师资不足和数字资源匮乏的关键是解决好优质教育资源的供给与充分利用的问题。党的十

---

① 付卫东、曾新:《十八大以来我国教育扶贫实施的成效、问题及展望——基于中西部 6 省 18 个扶贫开发重点县(区)的调查》,《华中师范大学学报(人文社会科学版)》2019 年第 5 期。

② 《教育部:我国义务教育阶段学校办学条件根本改观》,新华网,2022 年 6 月 21 日。

③ 《从学前班到高等教育　河北省建成全链条学生资助体系》,人民网,2020 年 10 月 27 日。

④ 《陕西基本实现义务教育有保障目标　59 万建档立卡学生实现应助尽助》,中华人民共和国教育部网,2022 年 10 月 23 日。

⑤ 《海南党史百件大事　实施教育扶贫移民工程》,人民网,2021 年 5 月 12 日。

⑥ 《我国义务教育有保障目标基本实现》,人民网,2020 年 9 月 24 日。

八大以来,以习近平同志为核心的党中央敏锐把握信息时代的"时"与"势",对我国信息化发展特别是教育信息化作出全面部署。"十三五"期间正值脱贫攻坚决战决胜时期,乡村学校的环境设施得到了极大改善。从一定程度上看,无论是校舍还是信息化环境,除个别教学点外,大都能满足当地开展基本的信息化教学的需要①。10多年来,通过教育信息化逐步缩小了区域、城乡数字差距,大力促进教育公平,推动教育高质量发展,引领教育现代化,成为建设教育强国的强力引擎②。

福建与宁夏自1997年开展对口帮扶的闽宁镇,在福建省持续20多年的帮扶下,教育信息化建设成效显著。2018年,宁夏获教育部批准成为全国首个"互联网+教育"示范区,闽宁镇的教育事业迎来发展的关键期。随着线上"一托二"在线课堂等多种"互联网+教育"优质资源的推广应用,远在福建的老师即便不能到宁夏,也能为闽宁镇的孩子们上课。现如今,闽宁镇各学校还不断打造"互联网+N"模式,将互联网与学校管理、教研、德育等工作联系起来,全方位利用智能化信息化设备为学生创造更加全面多元、舒适便利的学习与生活环境。

宁德市寿宁县从2012年至2022年,在学校信息化基础网络建设、电脑及多媒体设备、课桌椅及教玩具、实验室及音体美卫常规装备等方面,实施"中小学校舍建设工程""教育装备建设工程""校园技防工程""课桌工程"等一系列教育标准化学校建设工程,共投入约2.16亿元,完成56所学校或幼儿园设施设备配置,各校设施设备得到大幅改善。全县所有学校全部实现光纤宽带上网,全县559个班级实现信息化教学,教育信息化水平极大提升,极大地改善了办学条件③。受益于教育信息化水平的提高,寿宁县下党希望学校的学生可以隔着一块大屏幕,与"手拉手"协作共建学校福州铜盘中心小学的师生、身在国外的外教"同上一堂课",完成"两校三地"的跨时空交流④。

---

① 李华:《信息化助力乡村教育发展的现实问题与对策》,《教育科学研究》2022年第6期。
② 《教育信息化引领教育现代化》,光明网,2022年10月14日。
③ 《寿宁教育十年巨变》,今日寿宁网,2022年10月15日。
④ 《鼓楼区与寿宁县下党乡开展教育对口帮扶工作》,福州新闻网,2019年9月23日。

第三节　新高考制度下的乡村高中教育发展

高中阶段教育（包括普通高中、普通中专、成人中专、职业中专、技工学校）是国民教育体系的重要环节，是学生从未成年走向成年、个性形成、自主发展的关键时期，肩负着为各类人才成长奠基、培养高素质技术技能型人才的使命。高中教育一端系着千百万家庭的期望，一端系着民族的未来，既为高校输送新鲜血液，又为广阔天地带来年轻的劳动者，在人才培养中起着承上启下的关键作用。《教育发展纲要》明确指出，高中阶段教育是学生个性形成、自主发展的关键时期，对提高国民素质和培养创新型人才具有特殊意义。办好乡村普通高中学校，教育好高中生热爱家乡，就是在培养振兴乡村事业的接班人，就是在为广大农村储备源源不断的建设人才。特别是在我国中西部脱贫地区，发展和普及普通高中教育，对于加强脱贫地区的创新型人才培养，全面提高脱贫地区人口素质，增强脱贫人口和脱贫地区可持续发展的内生动力，实现全面建成小康社会的目标，具有极其重要的战略意义[1]。

一、乡村普通高中教育发展的政策支持

随着城镇化的不断深化，大量农村青壮年单向流向城市，有些人将子女带入城市，导致乡村普通高中的生源数量逐年减少，办学的规模缩小[2]。高中学校布局也向城市、县城集中，城区出现"超大中学"的同时，乡村高中面临着规模缩小、优秀教师外流问题，与乡村日益增长的优质教育需求相去甚远。乡村普通高中教育的健康有序发展，关系着我国整个教育改革发展，关系着人口素质的提高[3]。2013年，国务院办公厅转发教育部等部门《关于实施教育扶贫工程意见的通知》，面向《中国农村扶贫开发纲要（2011—2020年）》所确定的连片特困扶贫攻坚地区组织实施教育扶贫工程，提出要推动普通高中多样化发展。民族地

---

① 于璇：《我国中西部贫困地区普通高中教育经费投入：成就、问题及对策》，《教育学报》2019年第3期。
② 郭童川：《现阶段农村普通高中教育的困惑与出路》，《西部素质教育》2017年第11期。
③ 童长灯、何声钟：《谈农村普通高中教育的出路——以玉山县樟村中学为例》，《江西教育学院学报》2013年第2期。

区教育基础薄弱县普通高中建设项目和普通高中改造计划优先支持片区普通高中教育。改善普通高中的办学条件,加强图书馆(室)、实验室、体育场所建设和教学仪器设备配备。支持片区推进人才培养模式多样化,鼓励普通高中办出特色,促进学生全面有个性发展。

2016 年 12 月出台的《教育脱贫攻坚"十三五"规划》提出,要重视普通高中教育,将积极发展普通高中教育视作拓宽教育脱贫通道,尽快补齐贫困地区教育发展短板,积极发展普通高中教育。要求普通高中改造计划和教育基础薄弱县普通高中建设项目要优先支持贫困县普通高中改善办学条件,保障建档立卡等贫困家庭学生接受普通高中教育的机会。各地要加大对贫困地区普通高中的投入力度,逐步建立健全普通高中生均拨款制度,为实现 2020 年普及高中阶段教育兜住底线。

普通高中教育是中西部贫困地区教育发展中的明显短板,也是财政资金投入支持的重点领域。2017 年 3 月,教育部等四部门印发的《高中阶段教育普及攻坚计划(2017—2020 年)》进一步将中西部贫困地区列为攻坚的重点之一。中西部贫困地区普通高中教育的健康、可持续发展离不开充足、稳定的经费支持,建立强有力的经费保障机制势在必行。中央和地方发布一系列政策措施,加大对中西部贫困地区普通高中教育的财政投入和支持力度,使中西部贫困地区普通高中教育获得长足发展,为高中阶段教育的全面普及和脱贫攻坚目标的如期实现奠定了坚实的基础①。自 2011 年起至 2017 年,国家实施了"教育基础薄弱县普通高中建设项目"和"普通高中改造计划"两个重大工程,中央财政 5 年累计投入 271.7 亿元,用于支持中西部贫困地区普通高中的建设和发展,惠及1800 多所农村普通高中和近千万名学生②。

2018 年 1 月,教育部、国务院扶贫办印发的《深度贫困地区教育脱贫攻坚实施方案(2018—2020 年)》要求深入实施《高中阶段教育普及攻坚计划(2017—2020年)》,把"三区三州"尚未普及高中阶段教育的地区作为攻坚的重中之重。教育基础薄弱县普通高中建设项目、普通高中改造计划等优先支持"三区三州"扩大

---

① 于璇:《我国中西部贫困地区普通高中教育经费投入:成就、问题及对策》,《教育学报》2019 年第 3 期。

② 《"教育这十年""1+1"系列发布会:介绍从数据看党的十八大以来我国教育改革发展有关情况》,中华人民共和国教育部网,2017 年 9 月 27 日。

教育资源,改善办学条件,保障建档立卡贫困家庭学生接受高中阶段教育的机会。要求各地完善财政投入机制,加大投入力度,积极化解"三区三州"普通高中债务,制定债务偿还计划。

2021年12月,教育部、国家发展改革委等九部门联合印发《"十四五"县域普通高中发展提升行动计划》,旨在深入贯彻落实党的十九届五中全会关于"加强县域普通高中建设"的部署要求,不断加强县域普通高中在推进教育高质量发展和乡村振兴战略中承担的重要使命,积极回应广大人民群众对孩子接受优质教育的美好期盼。

二、乡村普通高中学校办学规模略有缩减

(一)乡村普通高中学校的数量增长缓慢

乡村普通高中教育在农村未来人才培养中起着重要作用,但我国乡村高中学校发展总体缓慢。全国高中学校数量从2011年1.37万所发展到2020年1.42万所,只增加了547所。所增加的高中基本都在城区(增加1025所)。2017年教育部等四部门印发的《高中阶段教育普及攻坚计划(2017—2020年)》提出,在没有普通高中的县,根据人口变动趋势和实际情况,因地制宜新建或改扩建普通高中学校,方便学生在当地上学。即使如此,镇区、乡村原本就不多的高中学校仍然逐年减少,镇区高中从6451所减少到6044所,减少了407所;全国乡村高中学校从2011年仅有的848所继续减少71所,仅存777所(见表14)。

表14　2011—2020年全国高中学校数量　　　　　(单位:所)

年度	2011	2012	2013	2014	2015	2016	2017	2018	2019	2020
城区	6389	6401	6348	6422	6425	6628	6810	6985	7190	7414
镇区	6451	6390	6296	6164	6147	6103	6070	6042	6034	6044
乡村	848	718	708	667	668	652	675	710	740	777

农村普通高中数量的减少与城镇化率提高和经济发展有关,并非农村学子不想上高中了,而是更多的农村学子跟随着城镇化的脚步,追求更好的教育资源而选择到城区高中学习。因此,城区高中学校不断增加。经历过义务教育阶段的农村学生可能较难进入城区高中获得进一步学习的机会,乡村高中的存在将为他们提供继续学习的机会。2016年《国务院办公厅关于加快中西部教育发展

的指导意见》指出,各地要根据人口变化趋势和城镇化建设规划,合理布局普通高中,优先保障乡村高中。因此,只有保障乡村高中学校设置这一硬件条件,才可能实现高中教育普及的攻坚任务,保障农村学生继续升学,为乡村振兴培养热爱家乡、热爱农村的人才作出贡献。

(二)乡村普通高中的办学规模平稳

总体来说,2011—2020 年,城区、镇区、乡村的高中学校规模都较平稳。城区高中规模介于 1600—1800 人之间,镇区高中规模介于 1900—2000 人之间,乡村高中规模介于 1100—1250 人之间(见表 15)。

表 15 2011—2020 年全国高中学校规模 (单位:人/所)

地区＼年度	2011	2012	2013	2014	2015	2016	2017	2018	2019	2020
城区	1720	1749	1756	1735	1710	1679	1661	1638	1638	1662
镇区	1942	1978	1969	1960	1950	1931	1920	1902	1912	1939
乡村	1219	1162	1151	1179	1153	1161	1154	1156	1120	1165

三、乡村普通高中资源配置有所改善

(一)乡村普通高中的校舍建筑些微变化

2011—2020 年,全国高中学校数量虽然增加不多,但校舍建筑面积从 2011 年的 4.08 亿平方米增至 2020 年的 6.00 亿平方米,增加了 1.92 亿平方米。与高中学校设置相对应,校舍面积的增加主要由城区高中学校的扩建而致,从 2011 年的 2.02 亿平方米增至 2020 年的 3.25 亿平方米,增加了 1.23 亿平方米。镇区高中学校校舍建筑面积也略增加,即 6.01 亿平方米,而乡村高中学校的校舍建筑面积只有些微的变化(见表 16)。

表 16 2011—2020 年全国高中学校校舍占地面积(单位:千万平方米)

年度	2011	2012	2013	2014	2015	2016	2017	2018	2019	2020
城区	20.23	21.22	21.78	23.00	23.77	25.20	26.66	28.44	30.24	32.45
镇区	18.48	19.15	19.86	20.37	21.31	21.75	22.45	23.11	23.67	24.49
乡村	2.11	1.87	1.92	1.98	2.06	2.19	2.40	2.65	2.88	3.10

因学生数减少,乡村高中学校生均校舍面积从 2011 年的 20.44 平方米增至 2020 年的 34.26 平方米,增加了 13.82 平方米;城区高中学校生均校舍面积从 2011 年的 18.41 平方米增至 2020 年的 26.34 平方米,增加了 7.93 平方米;镇区高中学校生均校舍面积从 2011 年的 14.75 平方米增至 2020 年的 20.91 方米,增加了 6.16 平方米(见表 17)。

表 17　2011—2020 年全国高中学校校舍生均占地面积　(单位:平方米)

年度	2011	2012	2013	2014	2015	2016	2017	2018	2019	2020
城区	18.41	18.95	19.54	20.65	21.63	22.65	23.56	24.87	25.68	26.34
镇区	14.75	15.15	16.02	16.86	17.78	18.46	19.27	20.11	20.51	20.91
乡村	20.44	22.45	23.54	25.19	26.71	28.94	30.77	32.29	34.72	34.26

2017 年教育部等四部门印发的《高中阶段教育普及攻坚计划(2017—2020年)》指出,继续实施普通高中改造计划,支持西部省份贫困地区教学生活设施不能满足基本需求、尚未达到国家基本办学条件标准的普通高中学校改扩建校舍。近年来,随着该政策的落实,乡村高中生均校舍面积增加明显,尤其对于学校距离家比较远的学生来说,校舍面积的增加解决了该部分学生的住宿问题,确保乡村高中生就学安全。

(二)乡村普通高中的校园占地面积微弱增长

全国高中学校校园占地面积总数从 2011 年的 9.16 亿平方米增至 2020 年的 11.21 亿平方米,增加了 2.05 亿平方米。乡村高中学校校园占地面积 10 年间先减后增,从 2017 年的 0.55 亿平方米增至 2020 年的 0.67 亿平方米,增加了 0.12 亿平方米;城区高中学校校园占地面积从 2011 年的 4.02 亿平方米一直增至 2020 年的 5.52 亿平方米,增加了 1.5 亿平方米;镇区高中学校校园占地面积略有增加,从 2011 年的 4.55 亿平方米增至 2020 年的 5.02 亿平方米,增加了 0.47 亿平方米(表 18)。

表 18　2011—2020 年全国高中学校校园占地面积　(单位:亿平方米)

年度	2011	2012	2013	2014	2015	2016	2017	2018	2019	2020
城区	4.02	4.13	4.20	4.35	4.41	4.61	4.81	5.02	5.25	5.52
镇区	4.55	4.62	4.71	4.69	4.77	4.79	4.83	4.91	4.93	5.02

年度	2011	2012	2013	2014	2015	2016	2017	2018	2019	2020
乡村	0.58	0.51	0.50	0.50	0.50	0.51	0.55	0.59	0.63	0.67

城区高中生均校园占地面积从 2011 年的 36.60 平方米增至 2020 年的 44.80 平方米,增加了 8.20 平方米;镇区高中学校生均校园占地面积也由 2011 年的 36.35 平方米增至 2020 年的 42.85 平方米,增加了 6.50 平方米;而乡村高中学校生均校园占地面积较大,从 2011 年的 56.24 平方米增至 2020 年的 73.69 平方米,增加了 17.45 平方米(见表 19)。

表 19　2011—2020 年高中学校生均校园占地面积　　(单位:平方米)

年度	2011	2012	2013	2014	2015	2016	2017	2018	2019	2020
城区	36.60	36.85	37.64	39.03	40.16	41.43	42.48	43.87	44.59	44.80
镇区	36.35	36.56	37.98	38.79	39.80	40.65	41.46	42.72	42.70	42.85
乡村	56.24	60.77	61.66	63.79	65.25	67.43	70.31	71.33	75.52	73.69

(三)乡村普通高中教学物质保障有力

1. 乡村普通高中计算机数量充裕

基于学校管理、教学信息化、人才培养的需要,2011—2020 年,乡村高中计算机数量从 2012 年的 13.02 万台增至 2020 年的 24.17 万台,涨幅 85.64%;而城区高中计算机数量从 201.34 万台增至 368.11 万台,涨幅 82.83%;镇区高中计算机数量从 135.33 万台增至 223.31 万台,增加 65.01%(见表 20)。乡村高中学校计算机数量虽然涨幅最大,但其总量差不多为镇区高中的零头,与城区高中学校的数量差距更大。

表 20　2011—2020 年全国高中学校计算机数量　　(单位:万台)

年度	2011	2012	2013	2014	2015	2016	2017	2018	2019	2020
城区	201.34	217.57	244.71	248.23	261.77	282.43	303.34	324.6	344.79	368.11
镇区	135.33	144.06	154.29	163.68	177.12	187.42	196.39	205.45	212.48	223.31
乡村	14.23	13.02	13.37	15.20	16.02	17.00	18.34	19.83	22.09	24.17

2. 乡村普通高中学校教室数量充足

2013—2020 年,城区高中学校教室间数从 41.06 万间增至 65.50 万间,涨幅 59.52%;镇区高中教室间数逐年增加,从 40.26 万间增至 50.19 万间,增加 24.66%;乡村高中教室间数从 2011 年的 3.38 万间增至 2020 年的 5.79 万间,总量不大,但增幅 71.13%(见表 21)。

表 21　2013—2020 年全国高中学校教室数量　　　　(单位:万间)

年度	2013	2014	2015	2016	2017	2018	2019	2020
城区	41.06	45.81	47.49	52.32	55.33	58.36	61.91	65.50
镇区	40.26	41.95	42.34	45.61	46.66	47.98	48.85	50.19
乡村	3.38	3.67	3.78	4.12	4.58	4.97	5.30	5.79

3. 乡村普通高中教学仪器设备缓步增长

2011—2020 年全国高中教学仪器设备资产值呈快速增加态势,城区高中教学仪器设备资产值从 280.72 亿元增至 752.71 亿元,涨幅 168.14%;镇区高中也从 170.61 亿元增至 383.78 亿元,增加 213.17 亿元,增加 124.95%;乡村高中教学仪器设备资产值从 2011 年的 28.51 亿元增至 2020 年的 45.33 亿元,只增加了 16.82 亿元,涨幅 59.00%(见图 33)。

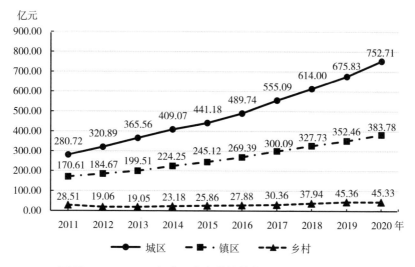

图 33　2011—2020 年全国高中学校教学仪器设备资产总值

2011—2020 年,城区高中学校生均教学仪器设备资产值从 0.26 万元增至 0.61 万元,增加了 0.35 万元。镇区高中学校生均教学仪器设备资产值也逐年增加,到 2020 年达 0.33 万元,增加 0.19 万元。2017 年《高中阶段教育普及攻坚计划(2017—2020 年)》指出,继续实施普通高中改造计划,支持乡村高中学校配置教学仪器设备等附属设施建设。2017 年后,乡村高中学校生均教学设备资产总值增加速度提高,但 2020 年又有所下降(见图 34)。

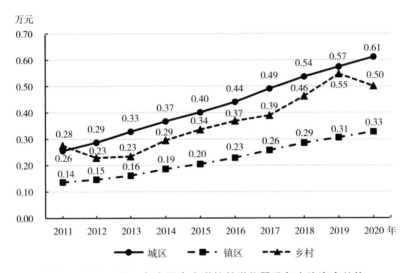

图 34　2011—2020 年全国高中学校教学仪器设备生均资产总值

4. 乡村普通高中学校图书资料稳步增加

2011—2020 年,城区高中图书数量逐年稳步增加,从 2011 年的 3.32 亿册增至 2020 年的 5.62 亿册,涨幅 69.28%;镇区高中图书数量也从 2.91 亿册增至 4.25 亿册,涨幅 46.05%;而乡村高中学校体量较小,图书数量从 2011 年的 0.29 亿册增至 2020 年的 0.39 亿册,只增加了 0.10 亿册(见表 22)。

表 22　2011—2020 年全国高中图书数量　　　　（单位:亿册）

年度	2011	2012	2013	2014	2015	2016	2017	2018	2019	2020
城区	3.32	3.59	3.80	4.15	4.42	4.68	4.93	5.19	5.39	5.62
镇区	2.91	3.15	3.32	3.43	3.65	3.81	3.97	4.06	4.15	4.25
乡村	0.29	0.26	0.27	0.29	0.30	0.30	0.33	0.36	0.37	0.39

不过因为乡村高中学校学生数较少,生均图书数量从 2011 年至 2020 年都与城区高中学校的图书数量相近,且全部超过镇区高中的生均图书数量(见图 35)。

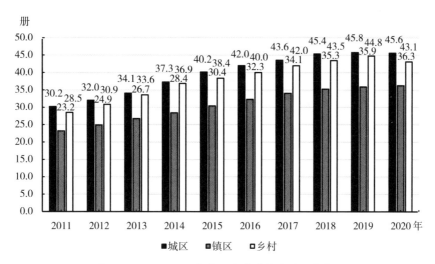

图 35　2011—2020 年全国高中学校生均图书数量

5. 乡村普通高中体育等功能用室满足需求

2011—2020 年全国城区、镇区高中体育等功能用室占地面积逐年增加。2017 年《高中阶段教育普及攻坚计划(2017—2020 年)》提出要继续实施普通高中改造计划,支持乡村高中学校改配置图书等附属设施建设。由于乡村高中学校数少,其体育等功能用室占地面积总量自然较少,从 2011 年的 228. 60 万平方米增至 2020 年的 381. 85 万平方米,涨幅 67. 04%,但总量远低于城区高中学校、镇区高中学校的体育等功能用室占地面积(见表 23)。

表 23　2011—2020 年普通高中学校体育等功能用室占地面积

(单位:万平方米)

年度	2011	2012	2013	2014	2015	2016	2017	2018	2019	2020
城区	3274. 71	3458. 51	3569. 58	3786. 21	3921. 21	4216. 34	4448. 88	4732. 41	4970. 43	5261. 21
镇区	2208. 71	2338. 28	2523. 19	2648. 10	3218. 80	3383. 44	3436. 88	3192. 25	3262. 17	3383. 44
乡村	228. 60	212. 14	222. 97	248. 26	245. 44	272. 20	303. 22	334. 27	362. 17	381. 85

不过,在此期间,乡村高中学校的生均体育等功能用室面积接近城区高中学校,且高于镇区高中学校(见图 36)。

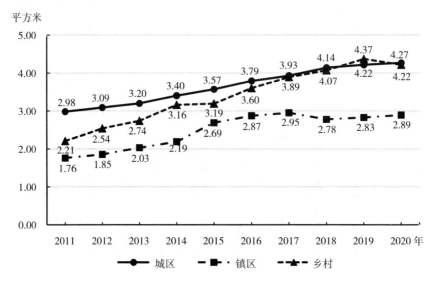

图 36   2011—2020 年普通高中学校生均体育等功能用室占地面积

四、乡村普通高中整体办学条件缓步维持

从前文数据分析可见,与乡村幼儿园、义务教育办学条件的显著改善有所不同,乡村普通高中的办学条件只处于缓步维持状态,尤其是与城区普通高中的快速发展相比,则愈见其发展的不易。

(一)乡村普通高中因"城挤乡空"而缓步维持

2016 年 4 月,教育部相关人员介绍《加快中西部教育发展行动计划(2016—2020)》时指出,普及高中阶段教育是国家"十三五"确定的目标,到2020 年高中阶段毛入学率要超过 90%,国家将在普通高中资源缺少的地区,新建、改建、扩建一批普通高中。关键是要提升中西部一些特殊困难地区的高中阶段毛入学率,要办好 1000 所左右的乡村高中。改善这 1000 所普通高中的办学条件,配强这 1000 所普通高中的师资力量,提升这 1000 所普通高中的办学水平。

2017 年《高中阶段教育普及攻坚计划(2017—2020 年)》确定"到 2020 年,全国普及高中阶段教育,适应初中毕业生接受良好高中阶段教育的需求。全国、各省(区、市)毛入学率均达到 90% 以上,中西部贫困地区毛入学率显著提升;普通高中与中等职业教育结构更加合理,招生规模大体相当;学校办学条件明显改善,满足教育教学基本需要"的主要目标,提出要"优化结构布局"。要"根据人口变化趋势、新型城镇化规划和产业发展需求,合理规划学校布局,有效利用高中教育资源,方便学生在县域内就学。办好必要的乡镇高中"。根据 2022 年 7月教育部新闻发布会的消息,10 年来,我国普通高中办学规模持续扩大,毛入学率不断提高,2021 年全国普通高中总数达到 1.46 万所,全国高中阶段教育毛入学率进一步提高到 91.4%①。在整体提高普通高中教育办学水平的同时,有效提升了国民整体素质,有力支撑了国家人才发展战略,为培养德智体美劳全面发展的社会主义建设者和接班人奠定了坚实基础②。但是,与全国普通高中总量增长的趋势相反,镇区高中减少了 407 所,剩下 6044 所;乡村高中减少了 71 所,仅存 777 所。普通高中规模大起来,2021 年,全国普通高中总数达到 1.46 万所,在校生达到 2605.03 万人,分别比 2012 年增长 7.97% 和 5.59%③。但是,随着城镇化的快速推进,县域内学龄人口从农村不断向县镇集聚,乡村学校学龄人口密度不断下降,出现了"城挤乡空"的县域教育发展困局。2013 年,乡村高中在校生数为 81.5 万人,2016 年下降至 75.7 万人,此后又略有增长,2019 年微增至 82.9 万人。但是,留在镇区、乡村普通高中学习的学生质量总体不高。大部分是由于中考成绩不够上城区高中学校录取线,且家庭无力支撑其到城区民办高中学习,所以就留在乡村中学了。农村一部分人先富起来后就在城里买了房,举家搬迁,其子女成了"城区学生"。一部分外出到城市务工的人员因不相信家乡的普通高中办学质量,想尽办法让孩子从小就到城区学校学习。还有一部分乡村优秀的初中生被省、市重点中学优先录取了。各种原因所致的留在乡村高中学习的学生有相当一部分不仅成绩不理想,品行素养也存在某些欠缺。

（二）乡村普通高中硬件亟须更新提质

根据 2022 年 7 月教育部新闻发布会信息,普通高中硬件硬起来了。10 年来,全国累计新建改扩建普通高中学校 4570 所,2021 年全国普通高中校舍建筑面积达到 6.4 亿平方米,比 2012 年增加 2.2 亿平方米,增长 52.35%④。2021

① 《全国高中阶段教育毛入学率达 91.4%》,《人民日报》2022 年 7 月 9 日。
② 《十年,普通高中教育办学水平整体提高》,中华人民共和国教育部网,2022 年 7 月 6 日。
③ 《全国高中阶段教育毛入学率达 91.4%》,《人民日报》2022 年 7 月 9 日。
④ 《十年来全国普通高中财政性教育经费投入增幅超过 1 倍》,中华人民共和国教育部网,2022 年 7 月 5 日。

年,全国普通高中 56 人及以上大班额比例由 2012 年的 47.76% 降低到 4.81%,下降了 43 个百分点。2021 年,全国普通高中生均仪器设备值达到 4968 元,比 2012 年增加了 2841 元,提高 1.34 倍;体育器械配备达标学校比例达 96%,音乐和美术器械配备达标学校比例超过 95%,理科实验仪器达标学校比例达 95.6%,均比 2012 年提高了 10 个百分点左右①。

从整体上来看,高中教育总体办学条件得到了显著提高,但是,镇区、乡村高中与城区高中之间的差距呈现出逐渐扩大的态势。在教学设施上,虽然这两类高中都已经普及了电子化教学,但是由于教育资金较为缺乏,镇区、乡村普通高中通常只有几个电化教室,且通常只在录公开课时才会使用,而在城区普通高中,每个教室基本上都已经实现了电子化、网络化。与城区普通高中功能齐全、更新及时的实验室不同,乡村普通高中的教学设备设施依然比较简陋、陈旧,实验室有些设备甚至是 20 世纪八九十年代配置的,已经跟不上时代;乡村普通高中的操场大多是水泥地或者是泥土地,还有一些学校没有标准的 400 米跑道,而城区普通高中的大都是塑胶跑道和人造草坪。此外,乡村普通高中生宿舍大都是 8—12 人间,而且没有独立卫生间,在城市里的普通高中大都是 4—6 人间,而且配备独立卫生间和空调。

第四节 乡村职业教育发展与治贫能力的提升

正如晏阳初所认为的,只有通过教会农民科学文化知识和技能,进行农业知识的推广,才能逐步提高中国的落后生产力,改变乡村的贫困面貌。他大力提倡为乡村农民传播先进的农业生产科学知识,把有利于提升生产力的农业科学技术带到乡下②。提高农民脱贫治贫能力,正是职业教育之于农村脱贫致富的根本。"职教一人,就业一人,脱贫一家"是阻断贫困代际传递见效最快的方式。据统计,职业院校 70% 以上的学生来自农村,职业教育在担当与服务乡村振兴方面被赋予重任③。《中华人民共和国职业教育法》(2022 年修订版)第二条明

---

① 《十年来全国普通高中财政性教育经费投入增幅超过 1 倍》,中华人民共和国教育部网,2022 年 7 月 5 日。
② 卢璐、夏金星、彭干梓:《晏阳初生计教育思想与实验》,《职教论坛》2009 年第 16 期。
③ 张媛媛:《以职业教育赋能乡村振兴》,《中国社会科学报》2022 年 4 月 22 日。

确规定,职业教育是指为了培养高素质技术技能人才,使受教育者具备从事某种职业或者实现职业发展所需要的职业道德、科学文化与专业知识、技术技能等职业综合素质和行动能力而实施的教育,包括职业学校教育和职业培训。职业教育是与普通教育具有同等重要地位的教育类型,是国民教育体系和人力资源开发的重要组成部分,是培养多样化人才、传承技术技能、促进就业创业的重要途径。国家采取措施,支持举办面向农村的职业教育,组织开展农业技能培训、返乡创业就业培训和职业技能培训,培养高素质乡村振兴人才。

职业学校教育分为中等职业学校教育(简称"中职学校")、高等职业学校教育(简称"高职学校")。中等职业学校教育由高级中等教育层次的中等职业学校(含技工学校)实施,属于高中阶段教育①。由于高等职业学校教育多设置于城市,其人才培养并非完全面对农村的社会经济发展,故本节只统计分析中等职业学校教育、职业技术培训机构及其所开展的职业技术培训的发展情况,由此思考中职教育与治贫能力提升、乡村治理的关系。此外,由于中职学校大部分设置于县城以上区域,故没有城区、镇区、乡村之分,但通常以东部、中部、西部来划分省份考虑政策、规划的落实,故在考察中等职业教育的发展时也以东部、中部、西部来划分。

中职教育因其实践性和现实性而成为我国教育体系中独具特色的一环,在脱贫攻坚、乡村振兴中发挥一定的引导和示范的作用。此外,农村成人文化技术学校以及其他培训机构面向农村开展的各类职业技能培训,都是为了实现脱贫举措与技能培训精准对接。

一、中职教育提升治贫能力的政策脉络

改革开放40多年尤其是党的十八大以来,党中央、各级地方政府越来越重视乡村职业教育在精准扶贫、乡村振兴以及实现共同富裕中的重要作用,出台了许多支持乡村职业教育发展的政策,有力地推动着中等职业教育的蓬勃发展,助力脱贫攻坚、乡村振兴的重大战略推进。

2010年,《国家中长期教育改革和发展规划纲要(2010—2020年)》提出要提高职业教育质量,体现终身教育的理念,形成中高等职业教育协调发展的现代

---

① 《中华人民共和国职业教育法》,2022年5月1日。

职业教育体系。

2010 年 11 月，教育部印发的《中等职业教育改革创新行动计划（2010—2012 年）》指出，要大力发展职业教育，加快发展面向农村的职业教育；认为，发展职业教育，能够使人们掌握一定的专业技术，顺利实现就业，摆脱贫困，从而过上有尊严的生活，是促进社会公平、实现社会和谐的有效途径。大力发展中等职业教育是加快普及高中阶段教育，促进就业、改善民生、解决"三农"问题的重要途径。该行动计划提出了中职教育的"事业发展目标"，其中包括："保证中等职业教育年招生规模与普通高中教育大体相当"，"大力发展西部地区、民族地区和农村农业职业教育，东西部之间、城乡之间、区域之间协调发展的局面基本形成，职业教育支撑国家区域统筹协调发展的能力显著增强"。服务产业目标包括"对接以现代农业为代表的第一产业，扶持农业职业学校发展，建设县级职教中心，办好涉农专业点，多种形式开展现代农业技术培训，培养 250 万扎根农村、服务农业的技能型人才，造就数以亿计的有文化、懂技术、会经营的新型农民"。并确立了包含"以加大扶持、多方投入、合作办学、对口支援等方式，重点扶持农村、西部、民族地区发展，扶持涉农、民族工艺等专业和薄弱学校发展"等指导原则。在支持国家中等职业教育优质特色学校建设时"重点支持主要招收农村学生的职业学校，推动农村劳动力转移和农村实用技术培训，重点支持开展东部对西部、城市对农村对口支援、联合招生的职业学校"。在中等职业教育资源整合与东西合作推进计划中，就"积极推进东西部中等职业学校合作办学""加快推进西部民族地区中等职业教育发展"作了详细的部署；在中等职业教育支撑现代农业及新农村建设能力提升计划中，就"加快推进农村、农业职业教育发展""加强新型农民职业技能培训工作"给予具体的目标设定。

2012 年以来，按照党中央、国务院的部署要求，农业部、财政部等部门启动实施新型职业农民培育工程，各地加大组织实施力度，创新机制、建立制度、健全体系，新型职业农民培育工作取得明显进展。2017 年，农业部印发了《"十三五"全国新型职业农民培育发展规划》，在总结已有经验，分析所面临的挑战、战略需求基础上，围绕新型农民培育工作提出了多方面的任务，确定重点项目，明确保障措施。

2014 年，《关于加快发展现代职业教育的决定》提出要加强乡村职业教育、加强贫困地区职业教育、加强东部对中西部职业教育的支援。同年 6 月，《现代职业教育体系建设规划（2014—2020 年）》提出招生名额适当向区域内农村学校倾斜,加大优质中等职业学校招收贫困地区学生的比例。

2016 年,教育部等六部门印发的《教育脱贫攻坚"十三五"规划》,将"加快发展中等职业教育"作为提升教育脱贫能力的重要举措,确立了中等职业教育作为普及高中阶段教育的重点地位。提出要优化中等职业学校布局结构,在人口集中和产业发展需要的贫困地区建好一批中等职业学校。启动实施职教圆梦行动计划,实施中等职业教育协作计划和技能脱贫千校行动,为建档立卡等贫困家庭子女在招生、实用技能学习、经费减免、就业等给予全方位的支持帮扶。多部门协同,广泛开展公益性职业技能培训,加大职业技能提升计划和贫困户教育培训工程实施力度,鼓励职业院校面向建档立卡等贫困家庭开展多种形式的职业教育和培训,积极发展贫困地区现代农林职业教育,建立公益性农民培养培训制度,大力培养新型职业农民等,实现脱贫举措与技能培训精准对接。

在完善职业教育扶贫工作、发挥职业教育助力脱贫作用方面,2017 年 6 月教育部、国务院扶贫办发布《贯彻落实〈职业教育东西协作行动计划(2016—2020 年)〉实施方案》,提出进一步做强中职教育,精准脱贫与职教发展相结合。落实东西协作中职招生兜底行动。东西部地区统筹安排符合条件的中职学校,兜底式支持西部地区省(区、市)建档立卡贫困家庭应、往届初、高中毕业生,到东部地区省(市)接受优质中等职业教育,以此推动中等职业教育公平化,造就更多的高素质劳动者和技能人才①。

2018 年 1 月,《中共中央 国务院关于实施乡村振兴战略的意见》作为农村建设的指导性文件,提出要"大规模开展职业技能培训,促进农民工多渠道转移就业,提高就业质量";要"提升贫困群众发展生产和务工经商的基本技能,实现可持续稳固脱贫";要"实施新型职业农民培育工程,支持新型职业农民通过弹性学制参加中高等农业职业教育";要"创新培训机制,支持农民专业合作社、专业技术协会、龙头企业等主体承担培训";要"支持地方职业院校综合利用教育培训资源,为乡村振兴培养专业化人才"。

2018 年 6 月,中共中央、国务院发布的《关于打赢脱贫攻坚战三年行动的指导意见》,提出要普及高中阶段教育。教育基础薄弱县现代职业教育质量提升计划、

---

① 鈕海燕、鄂世举:《改革开放 40 年中等职业教育政策的演进探析》,《职业教育研究》2019 年第 2 期。

职业教育产教融合工程等要优先支持"三区三州"扩大教育资源,改善办学条件,保障建档立卡贫困家庭学生接受高中阶段教育的机会。各地要完善财政投入机制,加大投入力度,建立完善中等职业学校生均拨款制度。加快发展职业教育,要求省级统筹职业教育资金,支持"三区三州"每个地级市(州、盟)建设好一所中等职业学校。在"三区三州"率先实施职业教育东西协作行动计划,全面落实东西职业院校协作全覆盖行动、东西协作中职招生兜底行动、职业院校参与东西劳务协作等三大任务。广泛开展公益性职业技能培训,实现脱贫举措与技能培训的精准对接。

2019年,国务院办公厅印发《职业技能提升行动方案(2019—2021年)》,提出要加大贫困劳动力和贫困家庭子女技能扶贫工作力度。聚焦贫困地区特别是"三区三州"等深度贫困地区,为贫困劳动力提供免费职业技能培训。深入推进技能脱贫千校行动和深度贫困地区技能扶贫行动,对接受技工教育的贫困家庭学生,按规定落实中等职业教育国家助学金和免学费等政策;对子女接受技工教育的贫困家庭,按政策给予补助。

为贯彻落实全国职业教育大会精神,推动现代职业教育高质量发展,2021年10月,中共中央办公厅、国务院办公厅印发《关于推动现代职业教育高质量发展的意见》,提出要大力提升中等职业教育办学质量,优化布局结构,实施中等职业学校办学条件达标工程,建设一批优秀中等职业学校和优质专业。强调要支持办好面向农村的职业教育,加快培养乡村振兴人才,鼓励更多农民、返乡农民工接受职业教育。

回顾10余年来有关职业教育改革发展的政策,可以深切感受到这些政策不仅关注职业教育体系建设,还特别关注职业教育对精准扶贫、脱贫攻坚、乡村振兴的特定功能。

二、乡村职业教育规模急遽缩减

乡村职业教育作为一种面向农村、指向农业、服务农民的职业教育,既包括办在农村的职业教育、农业职业教育,也包括为农村建设培养人才的职业教育与技能培训,在乡村振兴过程中起着复合性作用①。当前,我国乡村职业教育基本

---

① 朱成晨:《农村职业教育发展的共生逻辑:结构与形态》,《华东师范大学学报(教育科学版)》2022年第7期。

上确立了以学历教育为主,长、短期教育培训共同发展的形式结构。学历教育主要以中等职业学校为主,面向初中后毕业生提供高中阶段学历教育。长、短期教育培训主要由职教中心、农民文化技术学校以及农技推广中心承担,提供农民职业技术教育以及推广农业技术等①。

(一)职业学校设置总量减少

1.中职学校数量缩减明显

2011—2020 年,全国中职学校总数呈下降趋势,从 2011 年 1.02 万所减少到 2020 年的 0.75 万所,且始终保持中东部多、西部较少的区域分布特点。其中东部地区从 2011 年的 0.38 万所减少到 2020 年的 0.28 万所,中部地区从 2011 年的 0.41 万所减少到 2020 年的 0.29 万所,西部地区从 2011 年的 0.22 万所减少到 2020 年的 0.17 万所(见图 37)。

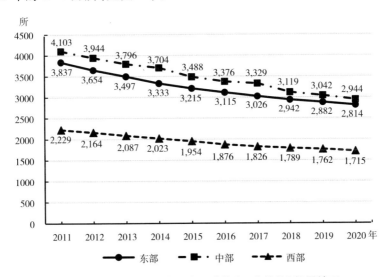

图 37　2011—2020 年全国中职学校(不含技校)数量情况

东部沿海的宁德市,2004 年曾有多达 39 所中职学校,2011 年仍然拥有 23 所,自 2013 年起就只剩下 12 所,2020 年只剩下 11 所,除了市区有 3 所职业中专学校,其他各县均仅余 1 所中职学校②。数量的减少主要有两个原因,一方面是国家鼓励中职学校整合办学资源,将一些整体实力相对薄弱的学校整合为一所

---

①　薛瑞英:《乡村振兴战略下的农村职业教育功能研究》,西南大学硕士学位论文,2019 年。
②　《宁德统计年鉴(2012—2021)》,宁德市统计局网,2021 年 10 月 29 日。

规模大、质量高、竞争性强的中职学校;另一方面是因为相关部门要求定位不明确,办学质量低的中职学校停招或者减招①。

2. 职业技术培训机构数量

党的十九大报告提出全面实施乡村振兴战略,强调要大规模开展职业技能培训,提升职业技术人才建设力度。《职业教育法》(2022 年修订版)要求,国家采取措施,支持举办面向农村的职业教育,组织开展农业技能培训、返乡创业就业培训和职业技能培训,培养高素质乡村振兴人才。随着社会发展和教育改革的推进,许多职业技术培训机构由于办学条件弱化、培训能力下降、缺乏稳定的场所和设施等主客观原因,无法适应急速变化的职业教育环境,最终被淘汰。

2011 年至 2020 年间,全国职业技术培训机构总数呈下降趋势,从 2011 年 12.95 万所减少到 2020 年 8.75 万所,减少了 4.2 万所,降幅为 32.43%。其中,职工技术培训学校从 3049 所减少到 1835 所,减少了 1214 所,降幅为 39.82%;农村成人文化技术学校从 10.34 万所减少到 4.45 万所,减少了 5.89 万所,降幅为 56.96%;而其他培训机构数量在增加,从 2.31 万所增加到 4.12 万所,增加了 1.81 万所,涨幅为 78.35%(见表 24)。

表 24　2011—2020 年全国职业技术培训机构数量情况　（单位:万所）

年度	职工技术培训学校			农村成人文化技术学校			其他培训机构		
	东部	中部	西部	东部	中部	西部	东部	中部	西部
2011	0.13	0.11	0.07	3.09	2.82	4.43	1.68	0.38	0.24
2012	0.12	0.12	0.04	3.35	2.45	4.20	1.49	0.40	0.21
2013	0.12	0.12	0.06	2.82	2.15	3.93	1.40	0.39	0.24
2014	0.13	0.09	0.04	2.78	1.86	3.57	1.45	0.35	0.22
2015	0.10	0.08	0.05	2.50	1.56	3.57	1.47	0.35	0.22
2016	0.09	0.07	0.05	2.31	1.40	3.39	1.44	0.34	0.25
2017	0.12	0.06	0.05	2.25	1.18	2.99	1.56	0.36	0.34
2018	0.12	0.04	0.05	2.16	0.83	2.60	1.96	0.30	0.38
2019	0.11	0.03	0.07	2.01	0.69	2.31	2.56	0.37	0.52
2020	0.08	0.03	0.07	1.68	0.65	2.13	3.08	0.45	0.59

---

① 《教育部等六部门关于印发〈现代职业教育体系建设规划(2014—2020 年)〉的通知》,2014 年 6 月 16 日。

2011—2020 年,东部职工技术培训学校从 1324 所减至 843 所,农村成人文化技术学校从 3.09 万所减至 1.68 万所,而其他培训机构则从 1.68 万所增加到 3.08 万所。中部职工技术培训学校从 1071 所锐减为 332 所,农村成人文化技术学校从 2.82 万所锐减为 0.65 万所,其他培训机构从 3803 所略增至 4510 所。西部职业技术培训学校数量少且变化不大,2011—2020 年,从 654 所增加到 660 所,农村成人文化技术学校则从 4.43 万所锐减为 2.13 万所,而其他培训机构则从 2418 所大幅增至 5890 所。

东部地区职业技术培训机构数量降幅远低于中西部地区,主要原因在于绝大多数省份对职业技术培训机构政策支持以及经费补贴效果不佳,东部地区要优于中西部地区,发达城市要优于欠发达城市①。随着国家职业教育相关政策的推出,职业培训虽然发展迅速,但由于中部职业技术培训起点较低,并且建设和监督方面做得还不够,总体水平与东部相比还是存在明显的差异②。西部地区职业技术培训机构在质量上远不如东部发达地区,再加上国家政策鼓励初中毕业生到省外经济较发达的地区接受教育,导致西部地区学生外流,使得当地的职业技术培训机构难以招收到足够的学生,最终逐渐被淘汰或者选择多个机构合并为一家更有竞争力的机构。

(二)学生数量明显减少

1. 中职学生数量

全国中职学生数量从 2011 年的 1774.91 万人减至 2020 年的 1267.84 万人。其中,东部地区中职学生数从 774.51 万人降至 2020 年的 534.30 万人,中部地区中职学生数从 600.84 万人降至 2020 年的 424.87 万人,西部地区中职学生数从 399.56 万人降至 2020 年的 308.67 万人(见图 38)。以宁德市为例,2011 年全市中职学生数 43750 人,2016 年陡降至 18321 人,此后有所增加,2020 年在校生 19380 人,总降幅高达 55.70%;寿宁县 2011 年在校中职学生有 3176 人,2014 年陡降至 844 人,2016 年甚至只剩下 468 人,2020 年也只有 726 人,不到 2011 年的四分之一③。

① 史珍珍、陈玉杰、李星:《我国民办职业技能培训机构培训补贴效果的省际比较研究——基于数据包络法(DEA)的分析》,《中国劳动》2020 年第 4 期。
② 林井萍:《中部地区职业培训状况的比较及启示》,《江西社会科学》2004 年第 9 期。
③ 《宁德统计年鉴(2012—2021)》,宁德市统计局网,2021 年 10 月 29 日。

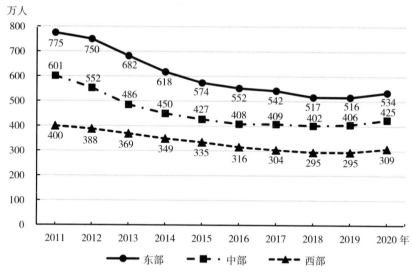

图 38　2011—2020 年全国中职在校学生数情况

2. 职业技术培训机构学生数量

由于职业技术培训机构数减少,且随着教育知识的普及,越来越多的学生和家长轻视职业培训,觉得上普通高中才"有出息"。全国职业技术培训机构注册学生数从 2011 年 5021.12 万人减少到 2020 年 3229.78 万人(见表 25)。

表 25　2011—2020 年全国职业技术培训机构注册学生数情况（单位:万人）

年度	职工技术培训学校			农村成人文化技术学校			其他培训机构		
	东部	中部	西部	东部	中部	西部	东部	中部	西部
2011	133.99	126.11	76.40	1491.53	633.86	1371.57	983.44	102.99	101.23
2012	102.24	136.30	53.96	1368.77	581.10	1226.21	902.81	104.23	91.73
2013	116.40	128.23	60.88	1325.73	527.92	1189.39	941.90	107.19	118.32
2014	121.20	119.58	53.99	1298.38	499.78	1069.97	871.26	95.20	108.35
2015	110.39	117.34	64.25	1317.86	423.85	1128.42	863.31	91.75	101.23
2016	116.92	112.58	62.85	1273.32	396.81	1130.50	834.09	92.88	115.25
2017	110.69	118.67	60.94	1323.75	353.44	1131.02	873.62	89.76	144.60
2018	98.55	26.21	53.38	1249.25	194.01	948.01	882.94	45.31	156.49
2019	128.81	23.74	87.84	1188.00	162.99	768.77	1021.71	49.79	183.57
2020	87.19	26.49	52.79	1070.02	162.90	690.63	940.19	63.53	136.04

其中,职工技术培训学校注册学生数从336.50万人减少到166.47万人;农村成人文化技术学校注册学生数从3496.96万人减少到1923.55万人;而其他培训机构注册学生数从1187.66万人减少到1139.76万人,较为稳定,波动较小。

三、乡村职业教育资源配置的改善

(一)中职学校的校舍

中职学校校舍占地总面积(不含职业技术培训机构)从2011年的20.46千万平方米增至2020年的21.29千万平方米。其中,西部地区中职学校校舍面积从2011年的4.07千万平方米增至2020年的4.90千万平方米,东部地区、中部地区中职学校校舍面积10年间没有明显的变化(见表26)。

表26　2011—2020年中职学校校舍占地面积　(单位:千万平方米)

年度	2011	2012	2013	2014	2015	2016	2017	2018	2019	2020
东部	9.36	9.68	9.63	9.53	9.47	9.39	9.49	9.36	9.28	9.38
中部	7.03	7.30	7.34	7.30	7.09	7.08	6.89	6.83	6.86	7.01
西部	4.07	4.24	4.43	4.72	4.75	4.79	4.82	4.89	4.92	4.90

生均校舍面积从2011年的33.97平方米增至2020年的49.94平方米。东部地区、中部地区、西部地区都有一定比例的增长,分别增加5.48平方米、4.80平方米、5.69平方米(见表27)。在国家对职业教育相关扶持政策推动下,中职学校办学的硬件条件得到了一定程度改善。

表27　2011—2020年中职学校校舍生均占地面积　(单位:平方米)

年度	2011	2012	2013	2014	2015	2016	2017	2018	2019	2020
东部	12.08	12.90	14.12	15.43	16.52	17.01	17.50	18.10	18.00	17.56
中部	11.71	13.21	15.12	16.22	16.61	17.34	16.87	16.99	16.89	16.51
西部	10.18	10.94	12.01	13.54	14.18	15.15	15.89	16.59	16.68	15.87

(二)全国职校校园面积

1.中职学校校园占地面积

教育部、人社部、财政部2010年启动国家中职改革发展示范校建设计划,在建设评审指标体系中将占地面积、建筑面积、实训基地配置、招生规模等作为指标,引领中职学校的建设发展①。由于中职学校数量锐减,校园占地面积也相应减少。

2011—2020年,全国东部、中部、西部中职学校校园面积总数均有所减少,其中东部地区从21.93千万平方米减至17.81千万平方米,中部地区从18.27千万平方米减至14.98千万平方米,西部地区较为平稳,稍有增减。为了配合2013年国家政策做好针对14个集中连片特困地区的教育扶贫工程,推动制订片区中等职业教育发展计划,2014年西部地区中职学校校园占地面积有所增加,但2015年后又继续微幅减少(见图39)。

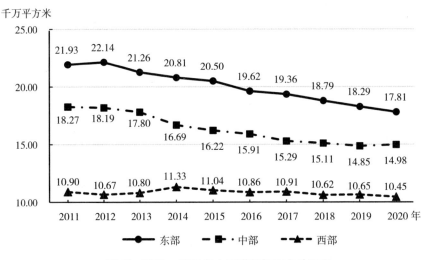

图39　2011—2020年中职学校校园占地面积

全国中职学校生均校园占地面积从2011年的86平方米增至2020年的102.45平方米。东部地区从28.32平方米增至33.33平方米,增加了5.01平方米;中部地区从30.41平方米增至35.26平方米,增加了4.85平方米;西部地区

①　陈衡:《中职校园规划策略研究——以北部湾职业技术学校校园规划为例》,广西大学硕士学位论文,2018年。

从 27.27 平方米增至 33.86 平方米,增加了 6.59 平方米(见表 28)。

表 28 2011—2020 年中职学校生均校园占地面积 （单位:平方米）

年度	2011	2012	2013	2014	2015	2016	2017	2018	2019	2020
东部	28.32	29.52	31.18	33.69	35.75	35.54	35.71	36.36	35.47	33.33
中部	30.41	32.92	36.67	37.11	38.00	38.97	37.43	37.58	36.59	35.26
西部	27.27	27.52	29.28	32.46	32.95	34.40	35.93	36.06	36.14	33.86

2. 职业培训机构校园占地面积

2011—2020 年,全国职业技术培训机构校园占地面积从 2011 年的 140.67 百万平方米降至 2020 年的 100.30 百万平方米,主要表现为农村成人文化技术学校和其他培训机构校园占地面积的减少。其中,农村成人文化技术学校校园占地面积从 77.25 百万平方米降至 39.50 百万平方米,其他培训机构校园占地面积从 39.24 百万平方米降至 34.39 百万平方米。与此同时,职工技术培训学校校园占地面积从 24.18 百万平方米微增至 26.41 百万平方米(见表 29)。

表 29 2011—2020 年全国职业技术培训机构占地面积

（单位:百万平方米）

年度	职工技术培训学校			农村成人文化技术学校			其他培训机构		
	东部	中部	西部	东部	中部	西部	东部	中部	西部
2011	9.11	8.88	6.19	30.67	31.00	15.58	23.30	5.74	10.20
2012	8.76	11.66	6.68	26.45	21.23	11.80	25.70	7.76	2.89
2013	10.89	10.34	6.51	27.68	17.41	11.95	24.97	4.62	2.47
2014	11.23	9.49	4.26	26.64	13.74	9.70	23.89	4.83	2.32
2015	10.74	10.02	6.92	26.41	13.89	13.36	23.71	3.66	2.76
2016	12.02	10.17	7.57	25.19	13.98	13.03	17.72	3.07	3.63
2017	11.53	10.78	8.26	22.36	12.62	11.60	19.58	3.01	3.85
2018	8.31	9.71	6.88	23.27	11.82	10.50	18.85	4.16	4.89
2019	12.09	10.35	6.75	21.09	10.22	10.18	21.54	3.89	5.11
2020	7.91	10.54	7.96	20.34	9.09	10.07	23.07	4.01	7.31

2011—2020 年,职业技术培训机构校园占地面积不论是东部地区还是中部

地区、西部地区都在减少。其中,东部地区校园占地面积从 63.08 百万平方米减至 51.32 百万平方米,职业技术培训学校、农村成人文化技术学校和其他培训机构校园占地面积都在减少(见表 29),东部地区生均校园占地面积从 11.23 平方米增至 13.42 平方米(见表 30)。中部地区校园占地面积从 45.62 百万平方米减至 23.64 百万平方米,农村成人文化技术学校和其他培训机构校园占地面积都在减少,但职业技术培训学校校园占地面积略微增加(见表 29),中部地区生均校园占地面积呈现上升的趋势,从 17.50 平方米增至 51.67 平方米,增加了近两倍(见表 30)。西部地区校园占地面积也从 31.97 百万平方米减至 25.34 百万平方米,成人文化技术学校和其他培训机构校园占地面积都有所减少,但职业技术培训学校校园占地面积略有增加(见表 29),西部地区生均校园占地面积呈现上升的趋势,从 19.32 平方米增至 21.92 平方米(见表 30)。

表 30 2011—2020 年职业技术培训机构生均占地面积 (单位:平方米)

年度	职工技术培训学校			农村成人文化技术学校			其他培训机构		
	东部	中部	西部	东部	中部	西部	东部	中部	西部
2011	6.80	7.04	8.10	2.06	4.89	1.14	2.37	5.57	10.08
2012	8.57	8.56	12.38	1.93	3.65	0.96	2.85	7.44	3.15
2013	9.36	8.06	10.69	2.09	3.30	1.00	2.65	4.31	2.09
2014	9.26	7.93	7.88	2.05	2.75	0.91	2.74	5.08	2.14
2015	9.73	8.54	10.78	2.00	3.28	1.18	2.75	3.99	2.72
2016	10.28	9.03	12.05	1.98	3.52	1.15	2.12	3.31	3.15
2017	10.41	9.08	13.55	1.69	3.57	1.03	2.24	3.36	2.66
2018	8.43	37.03	12.90	1.86	6.09	1.11	2.13	9.19	3.12
2019	9.38	43.62	7.68	1.78	6.27	1.32	2.11	7.80	2.78
2020	9.07	39.78	15.08	1.90	5.58	1.46	2.45	6.31	5.38

我国中部地区正在大力推进工业化、农业产业化和城镇化进程,用现代技术来改造传统产业,由传统农业向现代化农业转变,农业及传统产业的提升呼唤加强职业教育[1]。但是在 2011—2020 年中部地区包括中等职业学校、职业技术培训机构的校园占地面积总量都在缩小(见表 29)。

---

[1] 唐先文:《我国中部地区推进"三化"进程须靠发展职业教育作支撑》,《当代教育论坛》2002 年第 4 期。

职业技术培训机构承载着西部地区千千万万个家庭改善生活条件、提高社会地位的美好愿望,也承载着共同富裕的使命与责任。加大西部地区职业教育,让乡村劳动力掌握一项可以立足于社会的工作技能,是巩固脱贫攻坚成果、助力乡村振兴的需要。

(三)中职学校的教学设备

教育教学设备是中职学校实现学校人才培养目标、传授学生专业理论知识、训练学生专业实践技能的主要物质元素,主要包括校内实训场地、教学实训设备、教室和图书馆等设施[1]。在此以学校计算机数、教室间数、学校教学仪器设备资产值为观测点。

1. 中职学校教学设备情况

(1)教学计算机数量。中职学校开设专业众多,需要有足够数量的计算机,提供现代化的系统网络,为课堂教学、实践实训以及教育管理提供基本设施保障。教师需要根据教学内容,完善和调整教学计划,建立一个自主交流的互动平台,让学生更细致地学习知识[2]。2011—2020 年全国中职学校计算机总数从2011 年的 281.18 万台增加到 2020 年的 348.54 万台。其中东部地区从 2011 年140.35 万台增至 2020 年 182.81 万台,中部地区从 2011 年 87.21 万台增至 2020年 100.28 万台,西部地区中职学校计算机数量有增有减,从 2011 年 53.62 万台增至 2020 年 65.45 万台(见表 31)。

表 31 2011—2020 年中职学校计算机数量　　　　　(单位:万台)

年度	2011	2012	2013	2014	2015	2016	2017	2018	2019	2020
东部	140.35	146.67	152.06	159.34	162.33	165.73	171.95	175.03	179.18	182.81
中部	87.21	90.11	88.27	88.84	88.88	89.80	91.74	94.14	96.37	100.28
西部	53.62	55.24	58.74	61.64	62.15	62.91	62.98	72.85	65.04	65.45

(2)中职学校教室数量。教室是中职学校师生共同贯彻教育方针、落实培养计划和实施理论知识教学的主要场所,也是班级文化建设的重要基地,对学生

---

[1] 黄磊:《中职学校校园物质文化建设研究——以西安技师学校为例》,西北农林科技大学硕士学位论文,2016 年。

[2] 李瑛:《浅谈中职〈计算机应用基础〉教学改革的实践和探索》,《科学咨询(科技·管理)》2020年第 5 期。

的成长往往有潜移默化的作用①。中职学校教室数量通常与办学规模的变化以及学校重视学生专业发展而兴建各类功能室的需要关系密切。2013—2020 年全国中职学校教室间数从 2013 年的 41.09 万间减至 2020 年的 38.18 万间,减少了 2.91 万间。其中,东部地区从 18.65 万间减至 16.38 万间,减少了 2.27 万间;中部地区从 13.63 万间减至 12.65 万间;但西部地区从 8.81 万间增至 2020 年的 9.15 万间,增加了 0.34 万间(见图 40)。

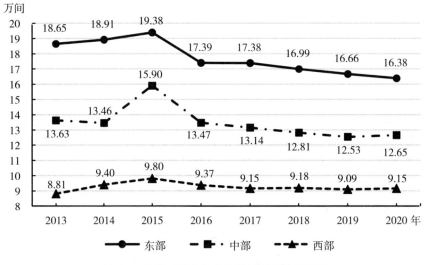

图 40　2013—2020 年中职学校教室数量情况

(3)中职学校教学仪器设备资产值。有研究者认为,中职学校创新人才培养质量的高低取决于实验教学质量的高低,实验教学质量的高低在很大程度上又取决于实验室建设的水平②。中职学校教学仪器设备成为评估中职学校发展水平的观测点,教学仪器设备资产值增加也体现了中职学校的蓬勃发展。2011—2020 年全国中职学校教学仪器设备资产总值从 459.96 亿元骤增到 966.97 亿元,涨幅高达 110.23%。其中,东部地区从 264.41 亿元增至 545.11 亿

① 黄磊:《中职学校校园物质文化建设研究——以西安技师学校为例》,西北农林科技大学硕士学位论文,2016 年。
② 谭萍:《浅谈中职学校实验室管理存在的问题及对策》,《科学咨询(科技·管理)》2013 年第5 期。

元,中部地区从 122.65 亿元增至 239.87 亿元,西部地区从 72.90 亿元增至
181.99 亿元(见表 32)。

表 32　2011—2020 年中职学校教学仪器设备资产总值　(单位:亿元)

年度	2011	2012	2013	2014	2015	2016	2017	2018	2019	2020
东部	264.41	266.45	304.35	333.45	363.13	400.19	443.38	479.35	512.61	545.11
中部	122.65	138.77	150.41	156.10	164.32	172.61	189.94	206.98	219.79	239.87
西部	72.90	88.26	101.12	117.91	125.39	136.63	146.42	158.03	169.74	181.99

中职学校教学仪器设备生均资产值从 2011 年 0.70 万元增至 2020 年 2.17
万元,涨幅高达 2 倍。其中,东部地区从 0.32 万元增至 1.02 万元,远超中部地
区和西部地区;中部地区从 0.20 万元增至 0.59 万元;西部地区从 0.18 万元快
速增至 2020 年的 0.56 万元(见图 41)。

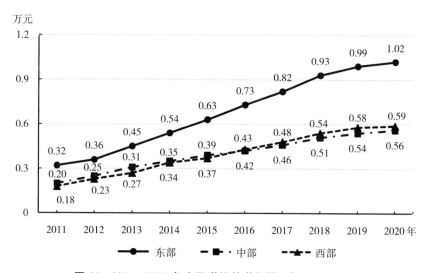

图 41　2011—2020 年中职学校教学仪器设备生均资产值

2. 职业技术培训机构的教学设备情况

(1)教学计算机数量。与中职学校计算机数量连年增加的趋势不同,职业
技术培训机构计算机数量却有所减少。

表33　2011—2020年职业技术培训机构计算机数量　（单位:万台）

年度	职工技术培训学校			农村成人文化技术学校			其他培训机构		
	东部	中部	西部	东部	中部	西部	东部	中部	西部
2011	6.45	3.95	2.94	13.49	4.76	4.09	29.57	4.42	3.27
2012	6.65	4.57	3.04	13.06	5.54	4.45	36.01	4.25	2.56
2013	6.72	4.67	2.57	13.51	4.64	3.90	22.16	3.74	3.05
2014	6.87	3.68	1.88	12.35	3.27	3.91	24.57	2.61	2.14
2015	7.17	4.15	3.01	12.51	2.99	4.32	22.39	2.83	2.04
2016	8.05	4.74	3.89	12.44	2.90	4.24	16.71	3.12	3.01
2017	8.93	4.79	4.14	14.09	2.46	4.15	19.90	3.36	2.81
2018	7.54	3.69	3.78	12.95	2.30	5.03	21.63	2.15	3.11
2019	8.23	3.95	6.18	12.83	2.40	5.00	22.53	1.84	3.37
2020	7.43	4.76	4.19	12.95	2.27	4.81	23.87	2.12	3.19

2011—2020全国职业技术培训机构教学计算机数量从2011年的72.94万台减至2020年的65.59万台,减少了7.35万台。主要体现为其他培训机构的教学计算机数量的减少,从2011年的37.26万台减至2020年的29.18万台,减少了8.08万台。农村成人文化技术学校教学计算机数量也从22.34万台小幅减至20.03万台。但职工技术培训学校教学计算机数量却从13.34万台增至16.38万台,增加了3.04万台。

职业技术培训机构教学计算机数量,东部地区从49.51万台减至44.25万台,中部地区从13.14万台减至9.15万台,西部地区则从10.31万台微增至12.19万台(见表33)。中央安排的职业教育专项资金和转移支付资金,始终坚持向西部地区倾斜,西部地区职业教育的办学条件得到了一定程度的改善①。

（2）职业技术培训机构教室数量。职业技术培训机构的教室数量从2013年的51.19万间减至2020年的40.67万间,减少了10.52万间。

---

① 《教育部对十二届全国人大三次会议第8048号建议的答复》,中华人民共和国教育部网,2016年3月25日。

表 34　职业技术培训机构教室数量　　　　　　　　　（单位:万间）

年度	职工技术培训学校			农村成人文化技术学校			其他培训机构		
	东部	中部	西部	东部	中部	西部	东部	中部	西部
2013	3.42	1.35	0.68	12.99	3.79	2.80	22.80	2.16	1.19
2014	3.78	1.00	0.49	4.25	3.77	2.38	10.59	1.90	1.19
2015	1.30	4.55	0.66	4.44	3.02	2.90	11.08	1.81	1.23
2016	1.36	1.26	0.66	3.82	2.93	2.79	11.15	1.71	1.56
2017	1.70	0.97	0.72	4.69	3.67	2.46	11.35	2.17	2.18
2018	1.30	0.67	0.65	4.59	1.19	2.55	14.99	1.64	2.38
2019	1.26	0.75	0.66	4.64	0.96	2.35	21.93	2.01	3.12
2020	1.15	1.01	0.71	3.93	1.54	2.27	24.08	2.53	3.44

其中,农村成人文化技术学校的教室数量从 2013 年的 19.58 万间减至 2020 年的 7.74 万间,减少了 11.84 万间。职工技术培训学校的教室数量也从 5.45 万间减至 2.87 万间,减少了 2.58 万间。但其他培训机构的教室数量从 26.15 万间增至 30.05 万间,增加了 3.90 万间。东部地区职业技术培训机构的教室数量从 39.21 万间减至 29.16 万间;中部地区从 7.30 万间减至 5.08 万间;而西部地区从 4.68 万间增至 2020 年的 6.42 万间,增加了 1.76 万间(见表 34)。

(3)职业技术培训机构的教学设备资产。职业技术培训机构的教学仪器设备资产总值从 2011 年的 161.98 亿元骤增到 2020 年的 1901.56 亿元,骤增了 1739.58 亿元。主要增量来自其他培训机构教学仪器设备资产值,从 110.10 亿元增至 1657.32 亿元,增加了 1547.22 亿元,这也反映了职业技能培训的活跃。职工技术培训学校的从 25.82 亿元增至 49.39 亿元。农村成人文化技术学校的从 26.06 亿元骤增到 194.85 亿元(见表 35)。

东部地区职业技术培训机构的教学仪器设备资产值从 121.65 亿元激增至 1840.74 亿元。主要是 2019 年其他培训机构的教学设备资产值骤然上升至 2747.52 亿元(见表 35)。东部地区生均教学仪器设备资产值从 1016.83 元增加到 3319.89 元,涨幅达到 2 倍。尤其是其他培训机构生均教学仪器设备资产值从 948.74 元增至 17294.98 元(见表 36)。

中部地区职业技术培训机构的教学仪器设备资产值从 24.12 亿元增至 34.45 亿元。其中,其他培训机构教学仪器设备资产值从 11.81 亿元增至 22.29

亿元,增加了 10.48 亿元,尤其是 2019 年骤增至 20.80 亿元(见表 35)。中部地区职工技术培训学校生均教学仪器设备资产值从 641.47 元增至 3599.32 元,其他培训机构教学仪器设备生均资产值从 1146.87 元增至 3508.55 元,增加了 2361.68 元(见表 36)。

西部地区职业技术培训机构的教学仪器设备资产值从 16.21 亿元增至 26.37 亿元。其中,2015 年农村成人文化技术学校的教学设备资产值骤然增至 974.92 亿元,其后又回落到 4.65 亿元(见表 35)。西部地区生均教学仪器设备资产值方面,职工技术培训学校从 538.23 元增至 2065.52 元,农村成人文化技术学校从 51.81 元增至 93.92 元,其他培训机构从 493.04 元增至 660.15 元(见表 36)。

表 35　2011—2020 年职业技术培训机构教学仪器设备资产总值（单位:亿元）

年度	职工技术培训学校			农村成人文化技术学校			其他培训机构		
	东部	中部	西部	东部	中部	西部	东部	中部	西部
2011	13.62	8.09	4.11	14.73	4.22	7.11	93.30	11.81	4.99
2012	11.96	15.51	4.25	12.93	4.18	11.24	59.44	12.35	3.70
2013	64.95	11.13	5.45	246.40	3.95	23.87	337.01	6.40	5.33
2014	43.04	10.65	4.27	54.59	3.50	11.42	578.20	6.53	5.25
2015	17.65	12.62	23.95	131.08	3.20	974.92	629.58	6.39	17.10
2016	155.51	10.58	7.70	19.41	3.46	4.65	234.86	6.25	16.94
2017	20.40	10.55	8.77	107.34	3.12	5.07	555.85	7.23	93.75
2018	53.20	7.88	7.33	224.35	2.94	6.19	530.35	6.28	110.21
2019	40.79	8.43	8.85	140.73	2.95	6.10	2747.52	20.80	27.97
2020	28.95	9.54	10.90	185.74	2.62	6.49	1626.05	22.29	8.98

表 36　2011—2020 年职业技术培训机构教学仪器设备生均资产值　（单位:元）

年度	职工技术培训学校			农村成人文化技术学校			其他培训机构		
	东部	中部	西部	东部	中部	西部	东部	中部	西部
2011	1016.83	641.47	538.23	98.75	66.57	51.81	948.74	1146.87	493.04
2012	1170.11	1138.12	788.53	94.49	72.00	91.63	658.41	1184.66	403.77
2013	5580.38	867.61	895.12	1858.58	74.79	200.72	3577.95	597.07	450.23

年度	职工技术培训学校			农村成人文化技术学校			其他培训机构		
	东部	中部	西部	东部	中部	西部	东部	中部	西部
2014	3550.73	890.48	791.07	420.48	69.99	106.70	6636.30	686.29	484.28
2015	1598.60	1075.84	3727.99	994.66	75.43	8639.69	7292.60	696.59	1689.17
2016	13300.03	940.10	1225.49	152.40	87.21	41.09	2815.72	673.30	1469.67
2017	1843.29	889.00	1439.27	810.91	88.30	44.81	6362.66	805.82	6483.29
2018	5398.12	3008.13	1372.93	1795.90	151.72	65.26	6006.70	1385.55	7042.53
2019	3166.89	3552.06	1007.21	1184.58	181.14	79.29	26891.51	4177.67	1523.74
2020	3319.89	3599.32	2065.52	1735.84	160.86	93.92	17294.98	3508.55	660.15

（四）中职学校图书资料情况

1. 全国中职图书资料情况

2011—2020 年中职学校图书数量从 3.52 亿册减至 3.18 亿册。其中,东部地区从 1.68 亿册减至 1.58 亿册,中部地区从 1.20 亿册减至 0.99 亿册,西部地区从 0.64 亿册减至 0.61 亿册(见表 37)。

表 37　2011—2020 年中职学校图书数量　　（单位:千万册）

年度	2011	2012	2013	2014	2015	2016	2017	2018	2019	2020
东部	16.77	17.27	16.40	16.13	16.14	15.88	15.77	15.46	15.61	15.80
中部	12.03	12.44	12.09	11.44	11.07	10.57	10.07	10.02	9.90	9.93
西部	6.36	6.49	6.54	6.52	6.34	6.19	6.14	6.12	6.11	6.08

2011—2022 年三大区域中职生均图书数量从 57.60 册增至 72.63 册。其中,东部地区从 21.65 册增至 29.58 册,中部地区从 20.03 册增至 23.36 册,西部地区从 15.92 册增至 19.69 册。西部地区中职学校的生均图书数量与东部地区差距明显(见图 42)。

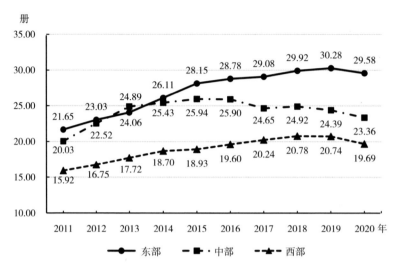

图 42　2011—2020 年三大区域中职图书生均数量

2. 职业技术培训机构图书资料

职业技术培训机构的图书总量从 2011 年的 13.31 千万册减至 11.56 千万册。其中，职工技术培训学校的从 1.87 千万册减至 1.66 千万册，农村成人文化技术学校的从 4.67 千万册减至 4.43 千万册，其他培训机构的从 6.77 千万册降至 5.47 千万册(见表 38)。

表 38　2011—2020 年全国职业技术培训机构图书数量　(单位：千万册)

年度	职工技术培训学校			农村成人文化技术学校			其他培训机构		
	东部	中部	西部	东部	中部	西部	东部	中部	西部
2011	0.91	0.63	0.33	2.11	1.19	1.37	6.06	0.43	0.28
2012	0.79	0.79	0.34	2.17	1.03	1.25	6.27	1.26	0.23
2013	0.88	0.80	0.38	2.20	0.90	1.22	8.36	0.48	0.26
2014	0.92	0.82	0.35	2.20	0.92	1.11	7.92	0.44	0.24
2015	0.93	0.87	0.49	2.34	0.78	1.30	5.87	0.36	0.28
2016	0.96	0.83	0.47	2.30	0.88	1.38	6.86	0.43	0.32
2017	1.03	0.78	0.72	2.39	0.74	1.28	4.77	0.46	0.37
2018	0.84	0.41	0.61	2.46	0.59	1.26	5.16	0.21	0.37
2019	0.88	0.37	0.44	2.37	0.66	1.18	4.93	0.20	0.34
2020	0.84	0.40	0.42	2.68	0.64	1.11	4.94	0.22	0.31

东部地区图书数量从 9.08 千万册减至 8.46 千万册(见表 38)。其中,职工技术培训学校、其他培训机构都有所减少,但农村成人文化技术学校略微上升。东部地区生均图书数量从 6.78 册增到 9.69 册,增加了 2.91 册,涨幅 42.92%(见表 39)。

表 39 2011—2020 年职业技术培训机构生均图书数量 (单位:册)

年度	职工技术培训学校			农村成人文化技术学校			其他培训机构		
	东部	中部	西部	东部	中部	西部	东部	中部	西部
2011	6.78	5.00	4.32	1.41	1.87	1.00	6.16	4.22	2.75
2012	7.68	5.76	6.28	1.59	1.78	1.02	6.95	12.11	2.51
2013	7.58	6.26	6.18	1.66	1.70	1.03	8.87	4.51	2.22
2014	7.59	6.87	6.45	1.70	1.83	1.04	9.09	4.60	2.24
2015	8.39	7.40	7.65	1.78	1.85	1.15	6.80	3.88	2.75
2016	8.21	7.40	7.54	1.81	2.23	1.22	8.23	4.60	2.81
2017	9.26	6.55	11.75	1.80	2.09	1.13	5.47	5.10	2.54
2018	8.53	15.68	11.48	1.97	3.02	1.33	5.85	4.59	2.37
2019	6.79	15.75	4.96	2.00	4.05	1.53	4.82	3.94	1.85
2020	9.69	14.99	7.95	2.50	3.90	1.61	5.25	3.41	2.26

中部地区图书数量从 2.25 千万册减至 1.26 千万册(见图 38)。职工技术培训学校、农村成人文化技术学校、其他培训机构的图书总数均呈下降趋势。中部地区职工技术培训学校生均图书从 5.00 册增至 14.99 册;农村成人文化技术学校的从 1.87 册增至 3.90 册;其他培训机构的从 4.22 册下降到 3.41 册,下降了 0.81 册(见表 39)。

西部地区图书数量从 1.98 千万册降至 1.84 千万册(见表 38)。职工技术培训学校、农村成人文化技术学校均有所减少,而其他培训机构的图书总数从 2011 年的 278.24 万册增至 2020 年的 307.51 万册。西部地区职工技术培训学校生均图书从 4.32 册增至 7.95 册;农村成人文化技术学校的从 1.00 册增至 1.61 册;其他培训机构从 2.75 册下降到 2.26 册,下降了 0.49 册(见表 39)。

四、乡村职业教育教师队伍质量的提升

（一）乡村职业教育的师资数量

1. 中职学校的教师数量

2011—2020年,中职学校教师总数从68.94万人略减至64.87万人。主要表现在中部地区中职学校教师数量的减少,从23.98万人下降到20.66万人;东部地区教师数量从31.07万人微减至30.31万人;西部地区教师数量基本不变(见表40)。

表40　2011—2020年全国中职学校教师数量　　　　（单位:万人）

年度	2011	2012	2013	2014	2015	2016	2017	2018	2019	2020
东部	31.07	30.76	30.24	30.05	29.79	29.69	29.92	29.71	30.00	30.31
中部	23.98	23.70	22.55	22.06	21.32	20.66	20.38	20.14	20.47	20.66
西部	13.89	13.94	14.09	14.27	14.13	13.97	13.74	13.70	13.75	13.90

根据《中等职业学校设置标准》有关生师比至少达到20:1的规定,中职学校生师比从2011年的25.7:1降至2020年的19.5:1,达到国家规定的比例要求。其中东部地区由24.4:1优化至17.6:1,中部地区从23.3:1优化至20.6:1,西部地区自27.8:1降至22.2:1。虽然不断优化,但中部地区、西部地区中职学校生师比仍未达标。由此可见,中西部地区的师资缺乏现象仍然存在(见图43)。

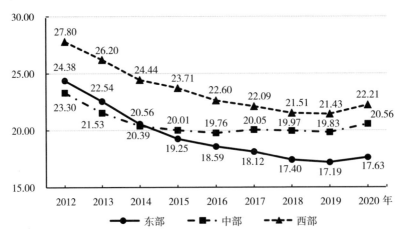

图43　2011—2020年全国中职学校生师比情况

2. 职业技术培训机构的教师数量

2011—2020 年,职业技术培训机构的教师总数从 29.84 万人增至 34.19 万人。其中,东部地区教师数量从 18.37 万人增加到 22.88 万人;西部地区教师数量从 4.61 万人增加到 6.89 万人,增加了 2.28 万人,涨幅 49.46%;但中部地区教师数量却从 6.86 万人减少到 4.42 万人。2016 年的 26.39 万人为最低值,比2011 年减少了 3.45 万人,降低 11.56%(见表 41)。

表 41 2011—2020 年全国职业技术培训机构教师数量 （单位:万人）

年度	职工技术培训学校			农村成人文化技术学校			其他培训机构		
	东部	中部	西部	东部	中部	西部	东部	中部	西部
2011	2.05	1.77	0.97	4.16	3.01	2.28	12.16	2.08	1.36
2012	2.09	1.31	0.91	4.25	2.42	2.10	11.41	2.35	1.38
2013	2.28	1.31	0.96	4.11	2.38	2.52	10.17	2.18	1.52
2014	2.72	1.28	0.84	3.86	2.05	2.52	10.91	2.15	1.31
2015	2.85	1.45	1.09	3.56	1.88	2.66	11.25	2.42	1.27
2016	1.81	1.29	1.49	3.24	1.72	2.61	10.38	2.28	1.57
2017	2.30	1.24	1.09	3.16	1.41	2.19	12.91	2.25	2.41
2018	1.85	1.04	0.93	3.05	0.99	2.00	14.07	1.59	2.86
2019	1.99	1.01	1.09	2.93	0.82	1.80	16.51	2.08	4.11
2020	1.86	1.21	1.03	2.76	0.70	1.84	18.26	2.51	4.02

与中职学校、中小学的生师比不同,职业技术培训机构对生师比没有具体的要求。农村成人文化技术学校的生师比非常小,中部地区比例稍好些,2018 年最佳时的比例也是 195.9∶1,而 2017 最低时的比例为 249.8∶1;东部地区 2012年比例最大,达 322∶1,而 2017 年时则只有 418.6∶1;西部地区生师比例最低的是 2011 年的 602.09∶1,而最高比例是 2020 年的 376.34∶1。显然,农村成人文化技术学校师资相对比较缺乏。

(二)乡村职业教育教师的学历结构

2011—2020 年,中职学校专任教师的学历结构发生了较明显的变化,至 2020年中职学校本科及以上学历的专任教师占比达到 94%。博士研究生学历的专任教师数量从 2011 年的 799 人减至 2020 年的 431 人,减少了 368 人;但硕士研究生学历的专任教师数量从 3.05 万人增至 5.49 万人,涨幅 80.00%。2011 年至 2020 年具有本科学历教师的数量基本保持相对稳定,从 55.74 万人减至 54.75 万人,总的减少了 0.99 万人;专科学历教师的数量从 9.55 万人减至 4.44 万人,降幅 53.51%;高中及以下学历的中职专任教师数量 2020 年仍有 0.15 万人。

2011—2020 年东部地区中职专任教师中具有博士研究生学历的人数从 306 人减至 280 人;硕士研究生学历人数从 1.70 万人快速增至 3.34 万人,几乎翻倍;本科生学历人数从 25.85 万人减至 25.44 万人;专科学历人数从 3.25 万人减至 1.42 万人;高中阶段及以下的人数从 2316 人减至 806 人。中部地区中职专任教师中具有博士研究生学历的人数从 374 人减至 86 人,流失了 77.01%;硕士研究生学历的从 8891 人增至 1.32 万人;本科学历的从 19.15 万人减至 17.45 万人;专科学历的从 3.75 万人减至 1.85 万人;高中阶段及以下学历的从 1523 人减至 435 人。西部地区中职专任教师中具有博士研究生学历的人数从 119 人减至 65 人;硕士研究生学历的从 4597 人增至 8260 人;本科学历的从 10.74 万人增至 11.86 万人;专科学历的从 2.55 万人减至 1.17 万人;高中及以下学历人数从 1361 人减到 296 人(见表 42)。

表 42 2011—2020 年中职专任教师学历情况　　　　　　　(单位:万人)

年度		2011	2012	2013	2014	2015	2016	2017	2018	2019	2020
博士	东部	0.03	0.03	0.03	0.04	0.04	0.03	0.03	0.04	0.03	0.03
	中部	0.04	0.03	0.03	0.02	0.02	0.01	0.01	0.01	0.01	0.01
	西部	0.01	0.03	0.03	0.01	0.01	0.01	0.01	0.01	0.01	0.01
硕士	东部	1.70	1.96	2.11	2.30	2.50	2.67	2.89	2.97	3.14	3.34
	中部	0.89	0.98	1.06	1.12	1.16	1.15	1.23	1.27	1.30	1.32
	西部	0.46	0.51	0.57	0.65	0.67	0.73	0.73	0.75	0.78	0.83
本科	东部	25.85	25.72	25.39	25.38	25.14	25.05	25.19	25.00	25.26	25.44
	中部	19.15	19.30	18.41	18.20	17.75	17.27	17.11	16.96	17.29	17.45
	西部	10.74	10.94	11.18	11.54	11.52	11.49	11.45	11.53	11.65	11.86
专科	东部	3.25	2.88	2.55	2.18	1.99	1.82	1.70	1.61	1.48	1.42
	中部	3.75	3.27	2.93	2.63	2.32	2.15	1.96	1.86	1.82	1.85
	西部	2.55	2.37	2.21	1.99	1.87	1.69	1.51	1.36	1.28	1.17
高中及以下	东部	0.23	0.18	0.17	0.14	0.12	0.11	0.10	0.10	0.08	0.08
	中部	0.15	0.13	0.12	0.10	0.09	0.08	0.06	0.05	0.05	0.04
	西部	0.14	0.10	0.09	0.07	0.06	0.05	0.05	0.04	0.03	0.03

10 年来,不论是东部地区、中部地区还是西部地区,中职学校教师中虽然仍以本科学历为主,但具有硕士研究生学历的教师数快速增长,尤其是东部地区的中职学校。专科及以下学历的教师数都在快速减少。2011 年东部、中部、西部中职学校中都有一些博士研究生,但 10 年中都出现了流失,尤其是中部地区从 374 人减至 86 人,流失了 77.01%。如何让中职学校更能吸引并留住高学历人才,提升中职学校师资队伍整体素质,将是关于中职学校的重要课题。

（三）乡村职业教育教师的职称结构

2011—2020 年,中职学校专任教师中正高级职称的教师数量从 0.48 万人减至 2020 年的 0.3 万人,副高级职称者从 14.71 万人增至 16 万人,中级职称者从 27.83 万人减至 24.46 万人,初级职称者从 19.9 万人减至 15.14 万人,未定职级者从 2011 年的 6.01 万人增至 8.96 万人（见表 43）。高级职称比例由 22.05% 提高至 25.13%。

表 43　2011—2020 年中职学校专任教师职称结构情况　（单位:万人）

年度		2011	2012	2013	2014	2015	2016	2017	2018	2019	2020
正高	东部	0.18	0.16	0.14	0.15	0.14	0.14	0.14	0.14	0.15	0.18
	中部	0.18	0.14	0.12	0.10	0.09	0.06	0.06	0.05	0.06	0.07
	西部	0.12	0.10	0.08	0.07	0.06	0.06	0.05	0.04	0.04	0.05
副高	东部	6.60	6.93	7.18	7.37	7.47	7.62	7.75	7.64	7.79	7.85
	中部	5.32	5.46	5.34	5.36	5.23	5.09	5.08	4.85	4.90	4.90
	西部	2.79	2.92	3.03	3.09	3.09	3.14	3.15	3.12	3.20	3.25
中级	东部	12.78	12.76	12.52	12.44	12.36	12.31	12.31	12.30	12.26	12.16
	中部	9.81	9.78	9.24	9.08	8.81	8.40	8.17	8.05	7.85	7.62
	西部	5.24	5.21	5.10	5.11	5.02	4.93	4.74	4.72	4.65	4.68
初级	东部	8.82	8.32	7.90	7.61	7.33	7.08	6.87	6.74	6.69	6.64
	中部	6.87	6.65	6.15	5.87	5.58	5.25	5.04	4.92	4.85	4.85
	西部	4.21	4.21	4.20	4.21	4.25	4.20	4.05	3.94	3.81	3.65
未定职称	东部	2.68	2.59	2.50	2.49	2.49	2.54	2.85	2.88	3.10	3.49
	中部	1.79	1.67	1.70	1.65	1.62	1.84	2.03	2.27	2.81	3.21
	西部	1.54	1.50	1.67	1.78	1.72	1.63	1.75	1.86	2.05	2.26

东部地区中职专任教师中具有正高级职称者从 1841 人微减为 1826 人,副高级职称者从 6.60 万人增至 7.85 万人,中级职称者从 12.78 万人减至 12.16 万人,初级职称者从 8.82 万人减至 6.64 万人,未定职级者从 2.68 万人增至

3.49 万人(见表 43)。高级职称者比例从 21.85% 提升至 26.50%。

中部地区中职专任教师中正高级职称者从 1841 人减至 685 人,副高级职称者从 5.32 万人减至 4.90 万人,中级职称者从 9.81 万人减至 7.62 万人,初级职称者从 6.87 万人减至 4.85 万人;未定职级者从 1.79 万人增至 3.21 万人(见表 43)。教师总量减少,伴随着各级职称人数的减少,但高级职称比例从 22.95% 提升至 24.06%。

西部地区中职专任教师中具有正高级职称者从 1245 人减至 538 人,副高级职称者从 2.79 万人增至 3.25 万人,中级职称者从 5.24 万人减至 4.68 万人,初级职称者从 4.21 万人减至 3.65 万人,未定职级者从 1.54 万人增至 2.26 万人(见表 43)。中职学校专任教师总量略减,各级职称人数也相应减少,但高级职称比例从 20.95% 提高到 25.06%。

五、乡村职业教育助力脱贫攻坚的成效

(一)中职教育优化布局提质培优

与普通教育形式相比,中等职业教育在精准扶贫的"投入"和"产出"两方面具备最优的效能①。门槛更低、成本更小、就业通道更为直接的职业教育,不仅点亮了贫困家庭子女的人生梦想,也阻断了贫困代际传递,改写了贫困家庭的命运②。然而,前述统计数据显示,全国中职学校从 2011 年 10.17 万所减少到 2020 年的 7.47 万所,且始终保持中东部多、西部较少的区域分布特点。全国中职学生数量从 2011 年的 1774.91 万人减至 2020 年的 1267.84 万人。与 2020 年相比,2021 年全国中职学校数量继续减少了 2571 所,招生人数少了 138 万人③。以东部沿海的宁德市为例,2011 年 21 所中职学校 43750 人,减至 2020 年的 19380 人,减少了 24370 人。虽然国家对中职教育进行大力宣传和推动,在深度贫困地区实施"9+3"免费中等职业教育,且党的十八大以来,职业教育在服务脱贫攻坚中发挥了重要作用,一批又一批贫困学子"进得去、上得起、学得好、有出

---

① 贾连君:《对中等职业教育精准扶贫问题的探究与思考》,《中国教师》2016 年第 S1 期。
② 张凡:《以职业教育赋能脱贫攻坚》,《人民日报》2020 年 12 月 29 日。
③ 崔文灿:《中职一年锐减超 2000 所、高职数量稳步提升,为何一减一增》,《羊城晚报》2022 年 3 月 2 日。

路"①,然而,中职学生数仍在逐年降低。中职教育的招生困境,还与职业教育社会地位不高,社会"学历情结""普高热"等问题有关,普高招生数居高不下,普职招生比长期不协调;另外则是因为部分中职学校办学质量不高、口碑不佳,学生和家长对职业教育缺乏认同,担心学不到有用的技能。

与此同时,高职数量不降反升,本科层次职业学校从 2020 年的 21 所上升至 2021 年的 32 所②,高职(专科)增加了 18 所②。由此可见,中职学校数量和招生人数锐减,和国家中职教育高质量发展的布局不无关系。2020 年,教育部等九部门印发的《职业教育提质培优行动计划(2020—2023 年)》提到,要全面核查中职学校基本办学条件,整合"空、小、散、弱"学校,优化中职学校布局。高职与中职的一增一减背后,正是职业教育提质培优的体现,通过整改、关停并转一些弱小学校,调整优化布局,同时集中力量建设一批高水平高等职业学校和专业,这是中职教育优化布局、提质培优必须经历的阵痛。

(二)中职教育为农村社会经济发展赋能兜底

自 2010 年以来,我国职业教育取得丰硕成果,其中一大亮点就是在服务脱贫攻坚中发挥了重要作用。职业教育尤其是乡村中职教育相对普通教育而言,入学门槛低、教育周期短、费用支出少、就业通道直接、扶贫见效快。对贫困家庭而言,具有得天独厚的优势,既能点亮贫困家庭子女的人生梦想,改善贫困家庭子女的教育水平,又能消除贫困,阻断贫困代际传递,改写贫困家庭的命运,实现可持续发展③。

虽然在发达地区的确出现了"无人工厂""无人码头",但仍有广大欠发达地区需要大批一线技工和熟练劳动者,中职教育正是培养这类人才且赋能本地发展的主力军。近 5 年全国中职毕业生半年后就业率稳定在 95% 左右,就是一个有力佐证。即使是在发达地区,中职也依然发挥着为高层次技术技能人才蓄势的基础性作用。同时,中职教育面向贫困地区、弱势阶层和特殊群体,还发挥着

---

① 张凡:《以职业教育赋能脱贫攻坚》,《人民日报》2020 年 12 月 29 日。
② 崔文灿:《中职一年锐减超 2000 所、高职数量稳步提升,为何一减一增》,《羊城晚报》2022 年 3 月 2 日。
③ 任鹏:《利用自身优势,助力脱贫攻坚——农村中职校在教育扶贫攻坚方面的探索与实践》,《学苑教育》2020 年第 18 期。

维护社会公平的"兜底"作用①。四川省凉山彝族自治州姑娘扎西祝玛从小家庭贫困,初中毕业时一度面临辍学,四川实行的"9+3"免费教育计划,让她有机会接受 3 年免费中等职业教育,由此改变了她的人生轨迹。数据显示,近年来已有 8 万余个民族地区家庭受益于这一免费职业教育计划②。

(三)农村职业培训提升治贫能力

调研发现,一些贫困户之所以发展动力不足,缺乏职业技能是重要原因。让贫困人口通过职业教育掌握一技之长、拥有安身立命本领的"造血式"扶贫,更有助于帮助贫困人口稳定脱贫,从根本上拔除"穷根"。我国脱贫攻坚的实践充分证明,作为教育扶贫的"排头兵",职业教育扶贫是见效快、成效显著的扶贫方式之一。如在甘肃省东乡族自治县,当地大力开展兰州拉面培训,3 个月的培训就能让学员的收入显著提高,并且就业有保障。以前在牛肉面馆打工干杂活的马进龙,一个月只能挣 2000 多元,经过拉面技能培训,他在北京做拉面师傅,一个月底薪就有 6000 多元,去年还被聘为职校的中式面点师。技能扶贫让更多人有机会就业、有条件创业③。

当前,乡村最基础、最紧缺、最急需培养的人才为高素质农民、家庭农场主、合作社带头人和乡村服务人才④。随着新型工业化和城镇化进程加快,大量农村青壮年劳动力进城务工就业,务农劳动力数量大幅减少,"兼业化、老龄化、低文化"的现象十分普遍。很多地方务农劳动力平均年龄超过 50 岁,文化程度以小学及以下为主,"谁来种地""如何种好地"问题成为现实难题。迫切需要加快培育新型职业农民,吸引一大批年轻人务农创业,形成一支高素质农业生产经营者队伍,确保农业后继有人⑤。根据 2022 年 5 月教育部"教育这十年"新闻发布会发布的信息,党的十八大以来在开展新型职业农民培训服务的高职院校中,141 所学校年培训量超过了 5000 人/日,86 所学校年培训量超过了 10000 人/日,学历教育与培训并举并重的职业教育办学格局基本形成。如海南省多所中

---

① 王新波:《"机器替代人工",中职教育为何依然有生命力》,《光明日报》2022 年 8 月 9 日。

② 张凡:《以职业教育赋能脱贫攻坚》,《人民日报》2020 年 12 月 29 日。

③ 张凡:《以职业教育赋能脱贫攻坚》,《人民日报》2020 年 12 月 29 日。

④ 刘宝民、张志增:《职业教育助力乡村振兴的政策依据、内涵与保障》,《中国职业技术教育》2022 年第 10 期。

⑤ 《"十三五"全国新型职业农民培育发展规划》,2017 年 1 月 9 日。

职学校,或发挥涉农专业优势,举办系列"农民中专班",把技能培训送到家门口,培养了一批集懂文化、技术、经营理念于一身的"新型职业农民";或举办送教下乡活动,把技能培训送到家门口。这样可以充分发挥中职教育培训资源优势,有效提高农村人力资源开发、提升农村劳动力转移培训和农业技术培训质量;能够培养新型职业农民,充分保障农民的就业和劳动,增强农民的获得感和幸福感,从而在全面助力脱贫攻坚和乡村振兴中发挥重大作用[1]。河北省枣强县根据经济发展的现状,以劳动力"订单培训"为例,提出农村职业技术教育脱贫的五条路径,即依托县职业技术教育中心培训,创新人才培养模式,贫困学生带薪培训,解决就业后顾之忧,提升农民的整体精神风貌[2]。

2022 年,中央一号文件《关于做好 2022 年全面推进乡村振兴重点工作的意见》要求,必须着眼国家重大战略需要,接续全面推进乡村振兴,"支持办好涉农高等学校和职业教育",加强乡村振兴人才队伍建设,实施高素质农民培育计划、乡村产业振兴带头人培育"头雁"项目、乡村振兴青春建功行动、乡村振兴巾帼行动,培养乡村规划、设计、建设、管理专业人才和乡土人才。

第五节　专业发展指导下的乡村教师队伍建设

发展乡村教育,让每个乡村孩子都能接受公平、有质量的教育,阻止贫困现象代际传递,就需要建设一支高质量的乡村教师队伍。乡村教师是发展更加公平、更有质量乡村教育的基础支撑,是推进乡村振兴、建设社会主义现代化强国、实现中华民族伟大复兴的重要力量。党和国家高度重视乡村教师队伍建设,先后出台了一系列有关教师队伍建设的政策,强力支持高质量乡村教师队伍这一教育扶贫主体的建设。

一、乡村教师队伍建设的政策供给

2010 年 7 月,中共中央、国务院印发的《国家中长期教育改革和发展规划纲要(2010—2020 年)》提出,以农村教师为重点,提高中小学教师队伍整体素质。

---

[1] 邱天爽、孙雨娇:《海南中职教育助力乡村振兴的现状与对策研究》,《新教育》2022 年第 10 期。
[2] 张弛:《农村职业技术教育助力脱贫的路径研究——以河北省枣强县劳动力"订单培训"为例》,《现代职业教育》2018 年第 19 期。

创新农村教师补充机制,完善制度政策,吸引更多优秀人才从教。积极推进师范生免费教育,实施农村义务教育学校教师特设岗位计划,完善代偿机制,鼓励高校毕业生到艰苦边远地区当教师。《国家中长期教育改革和发展规划纲要》还将义务教育教师队伍建设列入重大项目。要继续实施农村义务教育学校教师特设岗位计划,吸引高校毕业生到农村从教;加强农村中小学薄弱学科教师队伍建设,重点培养和补充一批边远贫困地区和革命老区急需紧缺的教师;对义务教育教师进行全员培训,组织校长研修培训;对专科学历以下小学教师进行学历提高教育,使全国小学教师学历逐步达到专科以上水平。

根据党的十七大关于"加强教师队伍建设,重点提高农村教师素质"的要求和《国家中长期教育改革和发展规划纲要》精神,为进一步加强教师培训,全面提高教师队伍素质,教育部、财政部决定从 2010 年起实施"中小学教师国家级培训计划"(简称"国培计划")①。"国培计划"是提高中小学教师特别是乡村教师队伍整体素质的重要举措。"国培计划"包括"中小学教师示范性培训项目"和"中西部农村骨干教师培训项目"两项内容。"国培计划"实施范围广、投入力度大、实践尝试多、影响程度高,开创了我国教师培训前所未有的新局面。

2012 年 9 月,国务院印发《关于深入推进义务教育均衡发展的意见》,要求合理配置教师资源。"改善教师资源的初次配置,采取各种有效措施,吸引优秀高校毕业生和志愿者到农村学校或薄弱学校任教。对长期在农村基层和艰苦边远地区工作的教师,在工资、职称等方面实行倾斜政策,在核准岗位结构比例时高级教师岗位向农村学校和薄弱学校倾斜。完善医疗、养老等社会保障制度建设,切实维护农村教师社会保障权益。""重点为民族地区、边疆地区、贫困地区和革命老区培养和补充紧缺教师。""建立和完善鼓励城镇学校校长、教师到农村学校或城市薄弱学校任职任教机制……建设农村艰苦边远地区教师周转宿舍,城镇学校教师评聘高级职称原则上要有一年以上在农村学校任教经历。"

2013 年 7 月,国务院办公厅转发教育部等部门《关于实施教育扶贫工程意见的通知》,要求研究制定教师到片区农村边远学校工作的奖励措施。要求各地职称晋升、荣誉奖励和绩效工资分配向村小学和教学点专任教师倾斜;具体要求城镇中小学教师在评聘高级职务(职称)时,同等条件下有在片区农村学校任

---

① 《教育部财政部关于实施"中小学教师国家级培训计划"的通知》,2010 年 7 月 1 日。

教经历的优先。《通知》还要求:各地设立专项资金,对在片区乡、村学校和教学点工作的教师给予生活补助;边远艰苦地区农村学校教师周转宿舍建设工程优先在片区实施;实施好边远贫困地区、边疆民族地区和革命老区人才支持计划教师专项计划,选派优秀教师到连片特困地区支教,推动地方开展城乡教师交流活动并形成制度;鼓励免费师范生到片区从教。幼儿园和中小学教师国家和省级培训计划、农村学校教育硕士师资培养计划进一步向片区倾斜。

2014年12月,国务院办公厅印发《国家贫困地区儿童发展规划(2014—2020年)》,要求地方政府要依法落实相关政策,稳定贫困地区幼儿园教职工队伍。支持各地制定实施贫困地区教师队伍建设规划,统筹教师聘任(聘用)制度改革、农村义务教育学校教师特设岗位计划、中小学教师国家级培训计划、教师合理流动、对口支援等政策,系统解决贫困地区合格教师缺乏问题。对已实施集中连片特殊困难地区乡、村学校和教学点教师生活补助政策的地方,中央财政予以奖补。在农村义务教育学校教师特设岗位计划和中小学教师国家级培训计划中加大对体育和心理健康教育骨干教师的补充和培训力度。

2015年4月,中央深化改革领导小组举行第十一次会议,审议通过了《乡村教师支持计划(2015—2020年)》,明确要把乡村教师队伍建设摆在优先发展的战略位置,多措并举,定向施策,精准发力,吸引优秀人才到乡村学校任教,稳定乡村教师队伍,带动和促进教师队伍整体水平提高,促进教育公平、推动城乡一体化建设、推进社会主义新农村建设、实现中华民族伟大复兴的中国梦。

2018年1月,教育部、国务院扶贫办印发《深度贫困地区教育脱贫攻坚实施方案(2018—2020年)》,以"三区三州"为重点,要求"落实幼儿园教职工配备标准,配足配齐幼儿园教职工,加大对农村幼儿园教师特别是小学转岗教师的培训力度",强调加强乡村教师队伍建设。深入实施乡村教师支持计划,继续加大国培计划、特岗计划、公费师范生培养、中小学教师信息技术应用能力提升工程等政策对"三区三州"的支持力度,资助教师开展学历继续教育能力提升,提高教师整体素质和能力水平。落实好连片特困地区乡村教师生活补助政策,指导"三区三州"所在省份用好中央奖补政策,逐步提高补助标准,自主扩大实施范围,稳定和吸引优秀人才长期在乡村学校任教。加大边远贫困地区、边疆民族地区和革命老区人才支持计划教师专项计划倾斜力度,优先向"三区三州"选派急需的优秀支教教师,缓解"三区三州"师资紧缺、优秀教师不足的矛盾,提高当地学校教育教学水平。

2018 年 1 月,中共中央、国务院发布《关于全面深化新时代教师队伍建设改革的意见》,提出了一系列有关乡村教师队伍建设的具体意见:(1)加大幼儿园园长、乡村幼儿园教师、普惠性民办幼儿园教师的培训力度。(2)编制向乡村小规模学校倾斜,按照班师比与生师比相结合的方式核定。(3)推动城镇优秀教师、校长向乡村学校、薄弱学校流动。实行学区(乡镇)内走教制度,地方政府可根据实际给予相应补贴。(4)逐步扩大农村教师特岗计划实施规模,适时提高特岗教师工资性补助标准。鼓励优秀特岗教师攻读教育学硕士。鼓励地方政府和相关院校因地制宜采取定向招生、定向培养、定期服务等方式,为乡村学校及教学点培养"一专多能"教师,优先满足老少边穷地区教师补充需要。实施银龄讲学计划,鼓励支持乐于奉献、身体健康的退休优秀教师到乡村和基层学校支教讲学。(5)将中小学教师到乡村学校、薄弱学校任教 1 年以上的经历作为申报高级教师职称和特级教师的必要条件。(6)大力提升乡村教师待遇。深入实施乡村教师支持计划,关心乡村教师生活。认真落实艰苦边远地区津贴等政策,全面落实集中连片特困地区乡村教师生活补助政策,依据学校艰苦边远程度实行差别化补助,鼓励有条件的地方提高补助标准,努力惠及更多乡村教师。加强乡村教师周转宿舍建设,按规定将符合条件的教师纳入当地住房保障范围,让乡村教师住有所居。拿出务实举措,帮助乡村青年教师解决困难,关心乡村青年教师工作生活,巩固乡村青年教师队伍。在培训、职称评聘、表彰奖励等方面向乡村青年教师倾斜,优化乡村青年教师发展环境,加快乡村青年教师成长步伐。为乡村教师配备相应设施,丰富精神文化生活。

2018 年 6 月,中共中央、国务院发布的《关于打赢脱贫攻坚战三年行动的指导意见》,要求改善贫困地区乡村教师待遇,落实教师生活补助政策,均衡配置城乡教师资源。加大贫困地区教师特岗计划实施力度,深入推进义务教育阶段教师校长交流轮岗和对口帮扶工作,国培计划、公费师范生培养、中小学教师信息技术应用能力提升工程等重点支持贫困地区。鼓励通过公益捐赠等方式,设立贫困地区优秀教师奖励基金,用于表彰长期扎根基层的优秀乡村教师。

2020 年 7 月,为深入落实《中国教育现代化 2035》和《中共中央 国务院关于全面深化新时代教师队伍建设改革的意见》,加强新时代乡村教师队伍建设,努力造就一支热爱乡村、数量充足、素质优良、充满活力的乡村教师队伍。教育部等六部门出台了《关于加强新时代乡村教师队伍建设的意见》,提出了9个方面具体意见:准确把握时代进程,深刻认识加强新时代乡村教师队伍建设的重要意义和总体要求;加强师德师风建设,激发教师奉献乡村教育的内生动力;创新编制管理,提高乡村学校教师编制的使用效益;畅通城乡一体配置渠道,重点引导优秀人才向乡村学校流动;创新教师教育模式,培育符合新时代要求的高质量乡村教师;拓展职业成长通道,让乡村教师获得更广阔的发展空间;提高地位待遇,让乡村教师享有应有的社会声望;关心青年教师工作生活,优化在乡村建功立业的制度和人文环境;强化组织领导,确保各项政策措施落到实处。

2022年4月,教育部等八部门印发《新时代基础教育强师计划》提出,突出重点工作:"按照乡村振兴重大战略部署和振兴教师教育有关要求,立足重点区域和人才紧缺需求,适应区域、学段、学科等发展需要,加强东西部协作、对口支援等,加大中西部欠发达地区师范院校、教师发展机构建设和高素质教师培养培训力度,增加紧缺薄弱领域师资培养供给。"以期达成"完善部属师范大学示范、地方师范院校为主体的农村教师培养支持服务体系,为中西部欠发达地区定向培养一批优秀中小学教师""欠发达地区中小学教师紧缺情况逐渐缓解"等目标。实施中西部欠发达地区优秀教师定向培养计划。"支持部属师范大学和高水平地方师范院校,根据各地需求,每年为中西部欠发达地区定向培养一批高素质教师,发挥示范带动作用,推进各地进一步加大县域普通高中和乡村学校教师补充力度。中西部欠发达地区优秀教师定向培养计划(简称优师计划)提前批次录取,学生在校学习期间免除学费、免缴住宿费,并补助生活费,毕业后到定向就业县中小学履约任教不少于6年,由定向就业县人民政府按定向培养计划统筹落实就业工作,确保岗位和待遇保障。鼓励支持履约任教的优师计划师范生职后专业发展,建立跟踪指导机制,持续提升教书育人本领"。"完善交流轮岗激励机制,将到农村学校或薄弱学校任教1年以上作为申报高级职称的必要条件,3年以上作为选任中小学校长的优先条件。城镇教师校长在乡村交流轮岗期间,按规定享受乡村教师相关补助政策。实施银龄讲学计划,鼓励支持乐于奉献、身体健康的退休优秀校长教师到乡村和基层学校支教讲学。加强乡村教师周转宿舍建设,支持地方完善住房保障体系,加大保障性住房供应力度,解决教师队伍住房困难问题。"

在中央和地方各级政府的政策引导和具体落实下,乡村教师整体数量得到了有力补充,生活待遇保障的提高、工作环境的改善也提升了乡村教师队伍整体的稳定性,国家和地方政策在培养培训、评职评优等方面对乡村教师的倾斜也使得乡村欠发达地区的师资队伍素质得到了显著提高,乡村教育面貌发生改变,质量稳步提升。

二、乡村幼儿园教师队伍结构明显改善

《教育发展纲要》提出要严格执行幼儿教师资格标准,切实加强幼儿教师培养培训,提高幼儿教师队伍整体素质,依法落实幼儿教师地位和待遇。学前教育仍然是我国教育体系中的薄弱环节,而乡村学前教育是"薄弱中的薄弱"。农村学前教育发展与当地幼儿园教师队伍建设紧密相关。

(一)乡村幼儿园教师数量激增

2018 年 2 月,教育部、国务院扶贫办关于印发《深度贫困地区教育脱贫攻坚实施方案(2018—2020 年)》的通知,指出落实幼儿园教职工配备标准,配足配齐幼儿园教职工,加大对乡村幼儿园教师特别是小学转岗教师的培训力度。2011—2020 年,全国幼儿园教师总数由 149.60 万人增加到 322.19 万人,增加了172.59 万人,涨幅 115.38%。其中,乡村幼儿园教师数从 24.70 万人增加到53.64 万人,增加了 28.94 万人,与城区、镇区幼儿园教师数的增幅相差 2—3 倍(见图 44)。仅宁德市全市幼儿园教师总数也由 2011 年的 4680 人逐年增加到2020 年的 7483 人,涨幅 59.89%①。

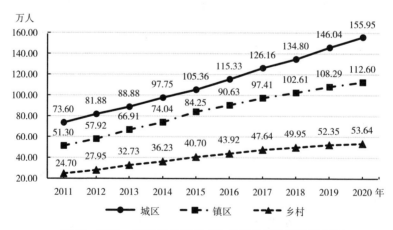

图 44　2011—2020 年全国城、镇、乡幼儿园教师总体情况

① 《宁德统计年鉴(2012—2021)》,宁德市统计局网,2021 年 10 月 29 日。

幼儿园教师数量的增长也进一步优化了幼儿园的师生比。乡村幼儿园生师比从 2011 年的 40.23:1 提高到 2020 年的 19.16:1。虽然仍不及城区幼儿园的 12.81:1、镇区幼儿园的 15.93:1,但已经与之相当接近,达到了教育部提出的标准要求(见图 45)。

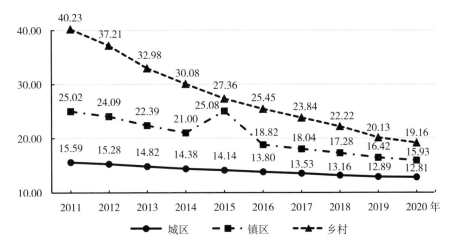

图 45　2011—2020 年全国城、镇、乡幼儿园生师比情况

国家政策规定,全日制幼儿园每班要配置两位带班老师,一位保育员老师。小班(3—4 岁)每班人数为 20—25 名,中班(4—5 岁)每班人数为 20—30 名,大班(5—6 岁)每班人数为 30—35 名。随着乡村幼儿园教师数量的增加,生师比优化,提升乡村学前教育发展质量有了力量支持。

(二)乡村幼儿园教师的学历结构逐渐优化

1. 园长学历层次快速提升

2011—2020 年全国乡村幼儿园园长总人数从 2011 年 4.53 万人增至 2020 年的 7.49 万人,涨幅 65.34%。其中,具有研究生学历的园长从 37 人增至 141 人;本科学历人数从 4265 人增至 24064 人,增长了近 5 倍;专科学历人数从 21131 人增至 42301 人,翻了一倍。相应的,高中学历(含职业中专)的人数从 17880 人减至 7570 人,降幅 57.66%;高中以下学历的人数从 1983 人减到 840 人,降幅 57.64%(见表 44)。

表44 2011—2020年全国幼儿园园长学历情况 （单位:万人）

年度	研究生			本科			专科			高中			高中以下		
	城区	镇区	乡村	城区	镇区	乡村	城区	镇区	乡村	城区	镇区	乡村	城区	镇区	乡村
2011	0.134	0.022	0.004	2.209	1.071	0.427	3.898	3.168	2.113	1.213	1.604	1.788	0.075	0.113	0.198
2012	0.149	0.022	0.004	2.552	1.356	0.571	4.220	3.638	2.487	1.146	1.548	1.739	0.081	0.123	0.190
2013	0.170	0.028	0.007	2.891	1.701	0.790	4.466	4.250	3.125	1.065	1.515	1.773	0.068	0.114	0.200
2014	0.198	0.034	0.009	3.273	2.011	0.995	4.749	4.577	3.403	1.019	1.407	1.578	0.077	0.111	0.175
2015	0.204	0.044	0.012	3.662	2.432	1.203	4.882	4.998	3.706	0.933	1.341	1.467	0.057	0.101	0.171
2016	0.215	0.051	0.013	4.139	2.741	1.452	5.201	5.200	3.923	0.866	1.241	1.330	0.053	0.099	0.148
2017	0.225	0.051	0.015	4.643	3.064	1.691	5.397	5.388	4.162	0.775	1.124	1.196	0.055	0.084	0.123
2018	0.233	0.052	0.015	5.138	3.414	1.921	5.589	5.591	4.310	0.700	0.999	1.031	0.043	0.071	0.108
2019	0.243	0.055	0.014	5.760	3.767	2.151	5.715	5.662	4.333	0.634	0.905	0.914	0.040	0.072	0.099
2020	0.251	0.055	0.014	6.335	4.075	2.406	5.694	5.522	4.230	0.546	0.768	0.757	0.038	0.062	0.084

《幼儿园工作规程》中指出,幼儿园园长应具备幼儿师范学校(包括职业学校幼儿教育专业)毕业及其以上学历。经过10多年的建设,乡村幼儿园园长的学历层次大幅度提升,以大专为主,本科学历次之,高中(含职业中专)及以下学历的园长明显减少。乡村幼儿园园长学历层次的结构与镇区幼儿园的相似,以专科为主、本科次之,但本科学历园长少于镇区幼儿园,城区幼儿园园长的学历层次则以本科为主、专科次之,城乡差距仍然相当明显。

2.专任教师大专以上学历比例激增

2011—2020年全国乡村幼儿园专任教师总人数从2011年20.17万人增至2020年的46.15万人,涨幅128.81%。其中,具有研究生学历的专任教师从31人增至252人;本科学历人数从10548人增至82128人,增长近7倍;专科学历人数从75374人增至256664人,涨幅240.52%;高中(含职业中专)人数从100187人增至106526人,涨幅6.33%;高中以下的人数不减反增,从15581人增至15880人,增长了299人(见表45)。随着乡村幼儿园教师总量的快速增长,本科、专科毕业生加入乡村教师队伍,乡村幼儿园专任教师的学历结构发生了巨大变化。2011年乡村幼儿园教师中本科学历占5.23%,专科学历占37.36%,至2020年本科学历教师占17.80%,专科学历占55.62%。2011—2012年乡村幼儿园专任教师高中学历的人数多于专科学历人数,2013年开始专科学历的教师数超过高中学历教师数,且成为主力,本科学历教师数也快速增长。城区、镇区、乡村幼儿园专任教师队伍均以专科学历为主,只是城区幼儿园专任教师中本科学历人数超过专科学历的一半,高中及其以下的都较少,镇区幼儿园的情况也与城区幼儿园相似。

表45　2011—2020 年全国幼儿园专任教师学历情况　　（单位:万人）

年度	高中以下			高中			专科			本科			研究生		
	城区	镇区	乡村	城区	镇区	乡村	城区	镇区	乡村	城区	镇区	乡村	城区	镇区	乡村
2011	1.02	1.71	1.56	18	17	10	36	22	8	1.05	5.03	1.05	0.12	0.02	0.00
2012	1.07	1.78	1.64	19	18	11	40	26	9	1.44	6.27	1.44	0.14	0.02	0.00
2013	1.08	1.91	1.72	18	19	11	45	31	12	1.97	8.09	1.97	0.19	0.03	0.01
2014	1.19	1.91	1.68	19	19	12	50	35	14	2.67	9.98	2.67	0.23	0.04	0.01
2015	1.05	1.81	1.67	18	19	12	55	42	17	3.39	12.46	3.39	0.27	0.05	0.01
2016	0.97	1.79	1.66	17	19	12	61	46	19	4.16	14.53	4.16	0.32	0.05	0.02
2017	0.87	1.79	1.63	16	19	12	69	50	21	5.20	16.77	5.20	0.35	0.07	0.02
2018	0.77	1.85	1.62	15	18	12	74	54	23	6.04	19.03	6.04	0.41	0.06	0.02
2019	0.88	1.91	1.71	14	17	11	80	57	25	7.03	21.55	7.03	0.46	0.06	0.02
2020	0.87	1.75	1.59	13	16	11	85	60	26	8.21	24.65	8.21	0.56	0.07	0.03

（三）乡村幼儿园教师职称结构进一步改善

1. 高职称园长比例有待提高

职称是教师专业发展水平和学术地位的重要标志,是确定教师工资水平和福利待遇的主要依据之一,同时又影响着教师的社会地位,因而也是教师专业发展的助推力①。2011—2020 年乡村幼儿园园长具有高级职称的人数从 379 人增至 3987 人,增加了 3608 人;中级职称人数从 6607 人增至 13443 人,涨幅103.47%;初级职称人数从 6559 人增至 10621 人,涨幅 61.93%;未定职级的人数从 31751 人增至 46865 人,涨幅 47.60%（见表46）。未定职级的幼儿园园长占比太高,如 2020 年,62.87%的乡村幼儿园园长未定职级,这与镇区（67%）、城区（63.95%）幼儿园的比例相近。而在拥有职称的 28051 名乡村幼儿园园长中,中级职称略多于初级职称人数,高级职称只占 14.12%,这一比例远低于城区（24.97%）、镇区（22.55%）幼儿园。

---

① 刘军豪:《幼儿园教师专业发展的制度支持研究》,华中师范大学博士学位论文,2018 年。

表46　2011—2020年全国幼儿园园长职称情况　　　（单位:万人）

年度	未定职级			初级			中级			高级		
	城区	镇区	乡村	城区	镇区	乡村	城区	镇区	乡村	城区	镇区	乡村
2011	4.02	3.75	3.18	1.29	0.82	0.66	1.83	1.25	0.66	0.39	0.17	0.04
2012	4.50	4.27	3.48	1.34	0.88	0.73	1.89	1.35	0.74	0.43	0.18	0.05
2013	4.88	4.92	4.03	1.43	0.99	0.90	1.89	1.48	0.90	0.46	0.22	0.07
2014	5.39	5.25	4.13	1.53	1.09	0.95	1.89	1.57	1.01	0.51	0.24	0.08
2015	5.74	5.84	4.36	1.62	1.17	1.02	1.84	1.62	1.09	0.53	0.29	0.09
2016	6.29	6.16	4.50	1.77	1.25	1.11	1.82	1.60	1.15	0.58	0.33	0.11
2017	6.84	6.51	4.70	1.94	1.36	1.26	1.66	1.47	1.09	0.65	0.37	0.13
2018	7.34	6.83	4.85	2.05	1.44	1.31	1.60	1.42	1.06	0.72	0.44	0.17
2019	8.01	7.15	4.91	1.28	0.97	1.01	2.04	1.66	1.25	1.06	0.68	0.34
2020	8.23	7.02	4.69	1.34	0.98	1.06	2.14	1.70	1.34	1.16	0.78	0.40

2.乡村幼儿园极缺高职称专任教师

2011—2020年乡村幼儿园专任教师中具有高级职称的人数从384人增至5038人,增长了4654人;中级职称人数从15518人增至24496人,涨幅57.86%;初级职称人数从32119人增至73113人,涨幅127.63%;未定职级人数从153700人增至358803人,涨幅133.44%(见表47)。

表47　2011—2020年全国幼儿园专任教师职称情况　　　（单位:万人）

年度	高级			中级			初级			未定职级		
	城区	镇区	乡村	城区	镇区	乡村	城区	镇区	乡村	城区	镇区	乡村
2011	0.36	0.18	0.04	7.98	5.81	1.55	14.08	9.46	3.21	43.65	29.87	15.37
2012	0.34	0.19	0.05	8.43	6.09	1.65	14.67	10.03	3.46	50.29	34.94	17.80
2013	0.31	0.23	0.06	8.46	6.48	1.89	15.19	10.96	3.86	56.26	41.62	21.03
2014	0.36	0.26	0.08	8.61	6.81	2.04	16.13	12.25	4.62	63.34	46.59	23.35
2015	0.38	0.31	0.08	8.43	7.04	2.17	17.12	13.69	5.37	69.70	54.29	26.52
2016	0.46	0.34	0.10	8.53	6.92	2.24	18.47	14.76	6.07	77.40	59.28	28.64
2017	0.57	0.42	0.14	8.26	6.40	2.07	20.50	15.82	6.32	85.73	65.05	31.93
2018	0.67	0.58	0.23	8.08	6.02	1.91	21.88	16.73	6.70	92.47	69.15	33.72

年度	高级			中级			初级			未定职级		
	城区	镇区	乡村	城区	镇区	乡村	城区	镇区	乡村	城区	镇区	乡村
2019	0.98	0.92	0.39	10.53	7.55	2.45	21.52	16.04	6.66	100.61	73.31	35.34
2020	1.10	1.10	0.50	11.08	7.77	2.45	24.08	17.56	7.31	106.82	75.69	35.88

与幼儿园园长职称结构相似,未定职级的幼儿园专任教师占比太高,如2020年,77.82%的乡村幼儿园专任教师未定职级,与镇区(74.12%)、城区(74.83%)幼儿园的比例相近。而在拥有职称的28051名乡村幼儿园专任教师中,中级职称略多于初级职称人数,高级职称极少,只占4.55%,由于乡村幼儿园教师总数相对少于城区、镇区幼儿园专任教师数,其高级职称比例略高于城区(2.16%)、镇区(4.15%)幼儿园的专任教师。

《国务院关于当前发展学前教育的若干意见》指出,各省(区、市)政府要深入调查,以县为单位结合实际情况编制实施学前教育三年行动计划(简称"行动计划")。在2011—2013年第一期"行动计划"中学前教育资源迅速扩大,学前教育投入大幅增长,教师数量迅速增加①。尽管2011—2020年,幼儿园教师数量整体上是增加的,但相应的职称评定标准还未完善,导致出现城镇乡幼儿园专任教师绝大部分未定职级的情况。加上幼儿园教师薪酬待遇低,即使评上初级、中级、高级职称,工资上涨的幅度不大,因此单纯的职称申报评定不足以激发幼儿园教师的热情。因此国家应提高幼儿教师的薪酬,提升其社会地位与作为幼儿教师的职业幸福感和满意度。

三、乡村义务教育教师队伍质量整体优化

(一)乡村义务教育教师的数量骤减

1. 乡村小学生师比进一步优化

受乡村小学"撤点并校"等客观因素影响,2011—2020年全国乡村小学教师数量从244.34万人减至178.75万人,减少了65.59万人。与此同时,城区小学教师则从136.59万人增至229.94万人,涨幅68.34%;镇区小学教师从179.56万人增至234.73万人,涨幅30.73%(见图46)。

---

① 郑名:《"学前教育三年行动计划"成效分析与政策建议》,《学前教育研究》2014年第8期。

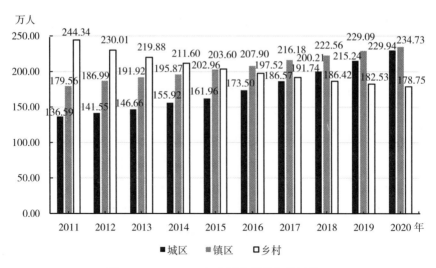

图46 2011—2020年全国小学教师数量情况

乡村小学的生师比自2011年的16.64∶1增至2020年的13.71∶1。城区小学的生师比由2011年的19.09∶1增至2020年的18.28∶1,镇区小学生师比也从18.12∶1增至17.35∶1,生师比结构逐渐优化(见表48)。

表48 2011—2020年全国小学的生师比情况

年度	2011	2012	2013	2014	2015	2016	2017	2018	2019	2020
城区	19.09	18.99	18.91	18.88	18.96	18.83	18.56	18.59	18.42	18.28
镇区	18.12	17.94	17.56	17.65	18.01	18.06	17.84	17.75	17.63	17.35
乡村	16.64	15.88	14.63	14.41	14.57	14.64	14.47	14.30	14.01	13.71

2. 乡村初中教师规模明显缩小

2011—2020年全国乡村初中教师数量从85.67万人减至55.61万人,减少了30.06万人,而城区初中教师数则从99.23万人增至145.96万人,涨幅47.09%;镇区初中教师数也从167.55万人增至184.51万人,涨幅10.12%(见表49)。

表49 2011—2020年全国初中教师数量情况 （单位:万人）

年度	2011	2012	2013	2014	2015	2016	2017	2018	2019	2020
城区	99.23	102.15	104.63	109.67	111.18	116.12	122.13	129.65	137.66	145.96
镇区	167.55	170.12	170.35	170.68	171.86	171.88	175.26	177.91	181.25	184.51
乡村	85.67	78.16	73.11	68.49	64.52	60.78	57.47	56.33	55.83	55.61

乡村初中生师比除了 2011 年的 13.58:1、2012 年 12.46:1,2013—2020 年基本稳定在 11:1 左右。城区初中、镇区初中的生师比 2013—2020 年也基本都在 13:1 左右。整体来看,2013—2020 年,乡村初中与城区、镇区初中的生师比差距不大,生师比结构逐渐优化(见表 50)。

表50 2011—2020年全国初中生师比情况

年度	2011	2012	2013	2014	2015	2016	2017	2018	2019	2020
城区	14.48	14.11	13.67	13.39	12.96	12.83	12.83	13.05	13.12	13.04
镇区	14.73	13.80	12.89	12.70	12.62	12.64	12.73	13.00	13.08	12.86
乡村	13.58	12.46	11.14	10.93	10.89	10.98	11.19	11.51	11.65	11.47

(二)乡村义务教育教师的性别结构失衡

1. 乡村小学教师的性别结构持续失衡

小学阶段是学生性别角色形成的重要阶段,女教师比例过高导致学校形成"女性化环境",男教师比例过低将会使学生缺少"阳刚之气"。小学女教师善于生动形象、条理分明地展示授课内容,而小学男教师更擅长培养学生的逻辑和创新思维[1]。因此,应当关注乡村小学教师性别结构,小学男教师和女教师合理搭配,更有利于小学生成长。

小学教师的性别比例严重失衡,其中最失衡的是城区小学,2011 年男教师(30.84 万人)与女教师(105.75 万人)比例为 1:3.43,到 2020 年男教师(44.37 万人)与女教师(185.57 万人)比例继续扩大到 1:4.18;镇区小学 2011 年男教师(63.64 万人)与女教师(115.93 万人)比例为 1:1.82,到 2020 年男教师

---

[1] 惠中、韩苏曼:《论我国中小学教师队伍建设中的性别结构失衡问题》,《全球教育展望》2011 第 10 期。

(66.96 万人)与女教师(167.78 万人)比例继续扩大到 1:2.51。2011 年乡村小学男教师(137.14 万人)多于女教师(107.20 万人),男女比例为 1.28:1,直到 2015 年乡村小学女教师人数都少于男教师,2016 年之后男教师逐年减少,女教师逐年增加,到了 2020 年男教师(74.20 万人)少于女教师(104.55),男女比例为 1:1.41(表 51)。

表 51　2011—2020 年全国小学教师性别情况　（单位:万人）

年度		2011	2012	2013	2014	2015	2016	2017	2018	2019	2020
男	城区	30.84	31.90	32.88	34.57	35.25	36.99	38.68	40.46	42.42	44.37
	镇区	63.64	66.20	67.29	67.55	67.81	67.53	67.80	67.44	67.27	66.96
	乡村	137.14	127.64	119.46	111.26	103.12	96.13	88.60	82.47	78.22	74.20
女	城区	105.75	109.65	113.79	121.35	126.71	136.51	147.88	159.75	172.82	185.57
	镇区	115.93	120.78	124.63	128.32	135.15	140.37	148.38	155.12	161.82	167.78
	乡村	107.20	102.37	100.42	100.34	100.47	101.39	103.14	103.95	104.30	104.55

考虑到教师性别失衡可能对小学生发展产生深远的负面影响,自 2015 年起,多省份出台"公费师范生(男生)"政策,但仍然是杯水车薪,城镇小学男教师数量得到一定程度上的补充,而乡村小学男教师数量却持续减少。

2. 乡村初中教师的性别结构总体平衡

乡村初中教师的性别结构总体比小学教师性别结构更均衡些,但总体趋势是女教师数量逐步超过男教师数量,且数量差距可能逐渐变大。

2011 年乡村初中男教师(50.12 万人)多于女教师(35.55 万人),男女比例为 1.41:1,到了 2020 年男教师(26.97 万人)却少于女教师(28.63 万人),男女比例为 1:1.06,乡村初中教师的性别比例相对均衡。这与镇区初中教师的性别结构变化相似,2011 年镇区初中男教师(88.36 万人)多于女教师(79.19 万人),比例为 1.12:1,到 2020 年男教师(83.56 万人)少于女教师(100.96 万人),比例为 1:1.21。但城区初中教师性别结构变化就相对大些,2011 年城区初中男教师(37.28 万人)与女教师(61.95 万人)比例为 1:1.66,到 2020 年男教师(48.51 万人)与女教师(97.44 万人)比例则扩大到 1:2.01,女教师数量是男教师的两倍(见表 52)。

表 52　2011—2020 年全国初中教师性别情况　　（单位:万人）

年度		2011	2012	2013	2014	2015	2016	2017	2018	2019	2020
男	城区	37.28	38.08	38.63	40.03	40.08	41.31	42.72	44.48	46.52	48.51
	镇区	88.36	81.51	87.78	86.96	85.93	84.71	84.72	84.14	83.85	83.56
	乡村	50.12	45.29	41.73	38.42	35.49	32.70	29.99	28.66	27.78	26.97
女	城区	61.95	64.08	66.00	69.64	71.10	74.81	79.42	85.17	91.14	97.44
	镇区	79.19	88.61	82.57	83.72	85.94	87.17	90.54	93.78	97.40	100.96
	乡村	35.55	32.87	31.39	30.07	29.03	28.07	27.49	27.68	28.05	28.63

（三）乡村义务教育教师学历层次明显提升

1. 乡村小学教师的学历结构本科化渐显

2011—2020 年,乡村小学教师具有研究生学历的人数从 1419 人增至 6993 人;本科学历人数从 43.20 万人增至 94.65 万人;专科学历人数从 136.93 万人减至 75.92 万人;高中学历人数从 62.90 万人锐减至 7.38 万人,减少了 55.52 万人,降幅 88.26%;高中以下人数从 1.17 万人减至 942 人(见表 53)。

表 53　2011—2020 年全国小学教师学历情况　　（单位:万人）

年度	研究生			本科			专科			高中			高中以下		
	乡村	镇区	城区	乡村	镇区	城区	乡村	镇区	城区	乡村	镇区	城区	乡村	镇区	城区
2011	0.14	0.16	0.77	43.20	48.34	66.96	136.93	104.36	59.03	62.90	26.42	9.72	1.17	0.29	0.11
2012	0.18	0.20	1.07	48.06	57.41	75.03	129.17	105.76	57.35	51.80	23.42	8.03	0.80	0.19	0.07
2013	0.23	0.30	1.49	54.68	67.63	83.66	121.43	103.46	54.82	42.82	20.34	6.64	0.72	0.19	0.05
2014	0.29	0.41	2.01	61.19	77.17	93.75	115.39	101.23	54.69	34.22	16.93	5.43	0.51	0.14	0.04
2015	0.36	0.58	2.60	67.10	88.59	101.87	108.61	99.57	53.12	27.15	14.12	4.33	0.36	0.10	0.03
2016	0.42	0.71	3.36	73.61	99.26	114.53	101.89	96.30	52.07	21.35	11.55	3.52	0.25	0.07	0.02
2017	0.53	0.85	4.26	80.98	112.28	128.49	94.27	93.81	50.86	15.80	9.19	2.95	0.16	0.05	0.02
2018	0.58	1.10	5.29	86.06	123.95	143.14	87.82	90.39	49.48	11.83	7.08	2.27	0.13	0.04	0.02
2019	0.67	1.34	6.50	89.97	134.91	158.48	82.41	87.10	48.34	9.40	5.71	1.90	0.12	0.03	0.02
2020	0.70	1.57	7.99	94.65	146.17	173.55	75.92	82.38	46.88	7.38	4.60	1.50	0.09	0.03	0.01

2011—2018 年全国乡村小学教师专科学历者多于本科学历者,2019 年开始本科学历教师数多于专科学历教师数,且差距逐渐拉大。2011 年乡村小学教师本科率 26.92%、专科率 58.12%,至 2020 年,本科率达 52.95%,专科学历者占 42.47%。镇区、城区小学教师的学历也以本科、专科为主,只是城区小学教师的

本科率激增,2020 年达 75.48%,专科学历教师数占 20.39%;镇区小学教师本科率 62.27%,专科率 35.09%。乡村小学师资队伍与城区、镇区小学的差距仍然巨大。

从整体上看,城乡小学教师的学历结构都在不断优化,学历趋于较高层次水平,城乡小学教师学历结构的差距在不断缩小。随着我国经济发展、社会进步,根据教师招聘学历要求来看,教师学历一般要达到大学本科及以上。

"特岗计划"明确指出本科和专科师范类毕业生都可报考特岗教师,鉴于农村较差经济条件和较低的发展水平等因素,被招录的专科生大多因较低的学历层次被分配到乡村小学任教。因此,我国乡村小学教师在 2019 年以前以专科学历教师为主,在国家出台各项有关乡村教师支持政策、乡村振兴计划的落实下,乡村学校办学条件得到明显改善,也吸引了更多本科学历的毕业生加入乡村小学教师队伍,从而提高了乡村小学教师学历层次。

2. 乡村初中教师队伍加速本科化

乡村初中教师中研究生学历人数从 2011 年的 2584 人增至 2020 年的 7792人;本科学历人数从 50.05 万人缩减至 45.49 万人;专科学历人数从 33.93 万人骤减至 9.24 万人,减少了 24.69 万人;高中学历人数从 1.41 万人减至 960;高中以下的 2011 年 274 人,到 2020 年只剩下 21 人(见表 54)。

表 54　2011—2020 年全国初中教师学历情况　　　　(单位:万人)

年度	高中以下			高中			专科			本科			研究生		
	城区	镇区	乡村	城区	镇区	乡村	城区	镇区	乡村	城区	镇区	乡村	城区	镇区	乡村
2011	0.01	0.05	0.03	0.45	1.89	1.41	17	56	34	79	108	50	2.12	0.64	0.26
2012	0.02	0.03	0.02	0.37	1.59	1.05	15	52	28	83	115	48	2.65	0.75	0.24
2013	0.01	0.04	0.02	0.27	1.30	0.84	14.	46	23	86	121	48	3.29	0.92	0.30
2014	0.01	0.03	0.02	0.19	0.86	0.54	13	41	20	92	126	47	4.08	1.05	0.34
2015	0.00	0.02	0.01	0.14	0.65	0.36	12	38	17	94	131	46	4.70	1.40	0.42
2016	0.00	0.01	0.01	0.10	0.46	0.25	11	34	14	99	135	45	5.61	1.63	0.45
2017	0.01	0.01	0.01	0.08	0.34	0.16	10	31	12	104	141	44	6.73	1.98	0.53
2018	0.00	0.01	0.01	0.08	0.28	0.12	9	28	11	111	146	44	8.16	2.31	0.59
2019	0.00	0.01	0.00	0.10	0.24	0.11	9	27	10	118	150	44	9.73	2.73	0.70
2020	0.00	0.02	0.00	0.09	0.21	0.10	9	25	9	125	155	45	11.52	3.05	0.78

2011 年乡村初中教师的本科率 58.42%,远低于城区初中教师本科率(79.84%),也低于镇区初中教师本科率(64.54%)。发展至 2020 年时,乡村初中教师本科率(81.81%)与城区初中教师本科率(85.85%)、镇区初中教师本科率(84.42%)都已经很接近了。从 2011—2020 年初中教师学历结构的变化中,可以直观地感受到乡村教师支持计划带来的乡村教师专业发展,感受到义务教育均衡化发展的成效。

(四)乡村义务教育教师的职称结构优化

1. 乡村小学教师中高职称者比例扩大

2011—2020 年乡村小学教师高级职称人数从 3.08 万人增至 16.94 万人,中级职称人数从 120.86 万人减至 73.48 万人,初级职称人数从 103.17 万人减至 60.02 万人,未定职级人数从 17.22 万人增至 28.31 万人(见表 55)。中级职称和初级职称教师数占教师总数的大部分,职称为中级的人数稳定地多于初级,高级职称教师仅占 9.47%,这一职称比例结构与城区小学(高职称仅占 6.90%)、镇区小学(高职称仅占 9.40%)的教师职称结构相似。

表 55　2011—2020 年全国小学教师职称情况　　　(单位:万人)

年度	未定职级			初级			中级			高级		
	城区	镇区	乡村	城区	镇区	乡村	城区	镇区	乡村	城区	镇区	乡村
2011	10.65	10.88	17.22	45.93	68.29	103.17	76.77	96.78	120.86	3.24	3.62	3.08
2012	11.92	12.32	18.05	47.17	70.44	95.31	78.88	100.24	113.87	3.58	3.98	2.78
2013	13.98	14.43	19.60	47.89	70.42	88.67	80.75	102.59	108.65	4.05	4.48	2.95
2014	16.54	16.09	21.27	50.69	71.00	84.03	84.00	103.80	103.25	4.69	5.00	3.05
2015	19.08	18.01	21.83	52.93	73.75	80.62	84.83	105.58	97.90	5.11	5.63	3.25
2016	22.58	19.93	22.36	56.63	75.18	77.90	88.10	106.19	93.41	6.15	6.60	3.85
2017	27.60	24.30	25.03	63.10	79.81	76.41	88.02	103.33	84.95	7.84	8.74	5.35
2018	33.59	28.90	28.19	68.06	81.56	72.50	88.75	100.05	77.21	9.81	12.05	8.53
2019	38.64	32.20	28.60	67.72	75.19	62.09	95.37	103.77	78.26	13.51	17.93	13.63
2020	42.23	33.65	28.31	73.38	76.55	60.02	98.45	102.47	73.48	15.88	22.06	16.94

2. 乡村初中教师高职称者占比显著提高

乡村初中教师高级职称人数从 2011 年的 7.82 万人增至 2020 年的 10.72 万人,中级职称人数从 34.12 万人减至 20.46 万人,初级职称人数从 36.97 万人减至 16.23 万人(见表 56)。

表 56　2011—2020 年全国初中教师职称情况　　　　(单位:万人)

年度	未定职级			初级			中级			高级		
	城区	镇区	乡村	城区	镇区	乡村	城区	镇区	乡村	城区	镇区	乡村
2011	5.89	10.23	6.75	29.16	64.06	36.97	43.79	72.71	34.12	20.39	20.55	7.82
2012	6.38	10.21	6.18	29.32	63.02	32.57	44.76	74.33	31.34	21.70	22.56	8.06
2013	7.13	10.52	6.05	29.12	60.21	29.10	45.61	75.05	29.63	22.78	24.57	8.34
2014	8.12	10.81	5.92	30.02	58.23	26.25	47.48	75.48	27.91	24.05	26.15	8.41
2015	8.69	11.18	5.69	30.25	56.83	23.77	47.78	76.16	26.44	24.47	27.69	8.61
2016	9.82	11.98	5.60	31.11	54.92	21.69	49.25	75.82	24.47	25.94	29.16	9.02
2017	11.75	14.69	6.04	32.28	53.73	19.44	50.95	75.82	22.76	27.14	31.01	9.24
2018	14.86	17.48	7.19	33.77	52.68	17.96	52.75	75.27	21.69	28.27	32.49	9.50
2019	17.26	19.60	7.62	35.26	51.52	16.87	55.29	75.57	21.27	29.85	34.57	10.06
2020	20.23	21.83	8.20	37.37	51.34	16.23	57.17	74.60	20.46	31.18	36.75	10.72

受教师总量减少的影响,10 年间乡村初中教师高职称教师占比显著提高,2011 年高职称教师仅占 9.13%,低于镇区初中的 13.06%、远低于城区初中的20.54%。2020 年乡村初中教师高职称教师占比增长到 19.28%,与城区初中教师的 21.36%、镇区初中教师的 19.92% 都已经很接近了。

四、乡村普通高中教师队伍专业水平平稳发展

(一)乡村普通高中教师的数量平稳

2011—2020 年全国乡村普通高中教师数量一直保持在 5500—7000 人之间微调,与此同时,城区高中教师数量从 72.35 万人增至 99.89 万人,镇区高中教师数量也从 76.58 万人增至 86.46 万人(见表 57)。

表 57　2011—2020 年全国高中教师数量情况　　　　(单位:万人)

年度	2011	2012	2013	2014	2015	2016	2017	2018	2019	2020
城区	72.35	75.39	77.37	80.25	81.86	85.61	89.07	92.03	95.47	99.89
镇区	76.58	78.55	80.01	80.53	82.17	82.21	82.59	83.12	84.09	86.46
乡村	6.75	5.56	5.52	5.49	5.51	5.52	5.74	6.10	6.37	6.97

　　乡村普通高中的生师比自2011年的15.30∶1优化至2020年的12.99∶1,镇区生师比自2011年的16.36∶1降至2020年的13.55∶1,城区普通高中生师比由2011年的15.19∶1优化至2020年的12.34∶1(见表58)。整体来看,乡村普通高中与城区、镇区高中的生师比差距不大,生师比结构逐渐优化。

表58　2011—2020年全国高中生师比情况　　　　　　（单位:万人）

年度	2011	2012	2013	2014	2015	2016	2017	2018	2019	2020
城区	15.19	14.85	14.40	13.88	13.42	13.00	12.70	12.43	12.34	12.34
镇区	16.36	16.09	15.50	15.00	14.59	14.33	14.11	13.83	13.72	13.55
乡村	15.30	15.00	14.77	14.32	13.98	13.70	13.58	13.45	13.02	12.99

（二）乡村普通高中教师的性别比例均衡

　　2011—2020年乡村普通高中教师人数不断减少(见表59)。2011年乡村普通高中男教师(3.78万人)多于女教师(2.98万人),男女比例为1.27∶1,到了2020年男教师(3.16万人)却少于女教师(3.81万人),男女比例为1∶1.21,但乡村普通高中教师的性别比例相对均衡。这与镇区普通高中教师的性别结构变化相似,2011年镇区普通高中男教师(42.71万人)多于女教师(33.87万人),男女比例为1.26∶1,到2020年男教师(41.22万人)少于女教师(45.25万人),男女比例为1∶1.10。但城区普通高中教师性别结构变化就相对大些,2011年城区普通高中男教师(33.91万人)与女教师(38.44万人)比例为1∶1.13,到2020年男教师(41.39万人)与女教师(58.50万人)比例则稍扩至1∶1.41(见表59)。总体而言,不论是乡村、镇区还是城区,当前普通高中女教师略多于男教师,但性别比例相对均衡。

表59　2011—2020年全国普通高中教师性别情况　　　　（单位:万人）

	年度	2011	2012	2013	2014	2015	2016	2017	2018	2019	2020
男	城区	33.91	34.95	35.31	36.17	36.44	37.67	38.54	39.28	40.19	41.39
	镇区	42.71	43.26	43.42	43.02	43.15	42.50	41.89	41.40	41.01	41.22
	乡村	3.78	3.06	2.97	2.92	2.88	2.80	2.80	2.88	2.94	3.16
女	城区	38.44	40.44	42.06	44.07	45.41	47.94	50.53	52.75	55.28	58.50
	镇区	33.87	35.29	36.59	37.51	39.02	39.71	40.70	41.73	43.08	45.25
	乡村	2.98	2.50	2.55	2.57	2.63	2.73	2.94	3.22	3.42	3.81

(三)乡村普通高中高学历教师比重稳步提升

2011—2020 年全国乡村普通高中教师具有研究生学历的人数从 1884 人增加到 7427 人;2011—2016 年本科学历教师数从 6.13 万人减至 5.00 万人,其后又逐渐增至 2020 年的 6.11 万人,本科学历教师数的变化呈一个以 2016 年为底点的 U 形;专科学历的人数从 4285 人减至 1126 人。镇区普通高中教师中具有研究生学历的人数从 1.88 万人猛增至 6.44 万人,本科学历教师数从 70.54 万人增至 78.62 万人,专科学历的人数从 4.05 万人大幅减至 1.38 万人。城区高中教师具有研究生学历人数从 4.63 万人激增至 14.99 万人,本科学历人数从 65.67 万人增至 84.07 万人,而专科学历人数从 2.01 万人大幅减至 8142 人(见表 60)。

表 60 2011—2020 年全国高中教师学历情况 （单位:万人）

年度	高中以下			高中			专科			本科			研究生		
	城区	镇区	乡村	城区	镇区	乡村	城区	镇区	乡村	城区	镇区	乡村	城区	镇区	乡村
2011	0.00	0.01	0.00	0.04	0.10	0.01	2.01	4.05	0.43	66	71	6.13	4.63	1.88	0.19
2012	0.00	0.00	0.00	0.00	0.08	0.01	1.77	3.50	0.28	68	73	5.06	5.48	2.29	0.21
2013	0.00	0.00	0.00	0.00	0.08	0.01	1.59	3.25	0.24	69	74	5.02	6.34	2.78	0.25
2014	0.00	0.00	0.00	0.03	0.06	0.01	1.44	2.85	0.20	72	74	5.02	7.17	3.14	0.26
2015	0.00	0.00	0.00	0.00	0.00	0.01	1.23	2.41	0.17	73	76	5.02	8.07	3.74	0.32
2016	0.00	0.00	0.00	0.02	0.05	0.01	1.17	2.21	0.16	75	76	5.00	9.21	4.19	0.37
2017	0.00	0.00	0.00	0.01	0.05	0.01	1.10	1.97	0.15	77	76	5.14	10.63	4.77	0.45
2018	0.00	0.00	0.00	0.00	0.03	0.01	1.00	1.69	0.14	79	76	5.43	11.95	5.31	0.54
2019	0.00	0.00	0.00	0.01	0.02	0.01	0.86	1.55	0.11	81	77	5.63	13.27	5.81	0.62
2020	0.00	0.00	0.00	0.01	0.02	0.00	0.81	1.38	0.11	84	79	6.11	14.99	6.44	0.74

不论是乡村普通高中,还是镇区、城区普通高中,本科学历的教师都占最大比例,近年来,大量研究生到中学任教,教师中研究生学历占比持续升高,而专科学历占比相应骤减,普通高中教师的学历层次总体较高。

从整体上看,城镇高中教师学历结构优于农村,其中农村高中主要是本科学历教师的增长,而城镇的本科学历和研究生学历教师数量增长都比较明显。国家颁布政策要求扩大实施"农村学校教育硕士师资培养计划"和"服务期满特岗教师免试攻读教育硕士计划",以提高乡村教师学历,扩充农村优质师资来源渠道。

（四）乡村普通高中教师高职称占比略有提高

2011—2020 年全国乡村普通高中高级职称教师人数从 1.20 万人增至 1.34 万人,增幅 11.67%;中级职称人数从 2.35 万人减至 2.08 万人,降幅 11.49%; 2011—2017 年初级职称人数逐年减少,2017 年后又有增加,整体上从 2.55 万人减至 1.87 万人,降幅 26.67%（见表 61）。10 年间,乡村普通高中教师高职称教师占比略有提高,2011 年高职称教师仅占 17.78%,2020 年占比增长到 19.20%。 2011 年镇区普通高中高职称教师占比为 21.49%,2020 年提升至 25.28%。2011 年城区普通高中教师高职称占比就达到 30.02%。可能由于教师数量的增加而高职称教师比例仍然维持着 30%较低的比例。

表 61 2011—2020 年全国高中教师职称情况 （单位:万人）

年度	未定职级			初级			中级			高级		
	城区	镇区	乡村	城区	镇区	乡村	城区	镇区	乡村	城区	镇区	乡村
2011	4.31	5.22	0.65	20.39	28.04	2.55	25.93	26.86	2.35	21.72	16.45	1.20
2012	4.65	5.46	0.57	20.50	27.83	2.01	27.40	27.87	1.97	22.84	17.39	1.01
2013	5.00	5.80	0.64	20.34	27.33	1.91	28.39	28.51	1.97	23.65	18.37	1.01
2014	5.27	5.75	0.65	20.59	26.84	1.82	29.76	28.93	1.94	24.62	19.02	1.08
2015	5.60	5.86	0.67	20.74	26.73	1.81	30.49	29.65	1.95	25.03	19.92	1.07
2016	6.08	5.98	0.78	21.38	26.21	1.79	31.91	29.66	1.88	26.25	20.36	1.07
2017	6.93	6.93	0.92	21.62	25.58	1.74	33.18	29.47	1.92	27.33	20.61	1.16
2018	7.93	7.70	1.08	21.83	24.97	1.83	34.24	29.57	1.96	28.03	20.89	1.24
2019	8.88	8.56	1.26	21.66	23.78	1.82	35.86	30.32	2.01	29.07	21.43	1.29
2020	10.66	10.35	1.69	22.26	23.80	1.87	37.02	30.46	2.08	29.96	21.86	1.34

五、乡村教师队伍建设的整体成效

（一）乡村教师队伍得以充实

习近平总书记在全国教育大会上强调,"教师是办好乡村教育的关键,要在政策和待遇上给他们更多倾斜"。自 2010 年《国家中长期教育改革和发展规划纲要（2010—2020 年）》颁布起,至 2015 年《乡村教师支持计划（2015—2020

年)》、2020 年《关于加强新时代乡村教师队伍建设的意见》专注于乡村教师队伍建设,乡村教师师德水平、能力素质、地位待遇的提升受到了持续关注,乡村教师内生动力、乡土归属与自身发展得到重视①。一系列有利于乡村教师队伍建设的国家政策相继出台,持续发力,规范和引导着地方各级政府采取有力措施,乡村教师待遇水平获得提高,获得更多的培训机会,乡村教师队伍规模也日渐扩大,乡村教师"下不去""留不住""教不好"等问题得到了显著改善,乡村教育质量得到了显著提高。乡村幼儿园教师人数从 2011 年的 24.70 万人增加到 2020 年的 53.64 万人,增加了 28.94 万人。如寿宁县 10 多年来累计招聘教师 586 人,90%以上充实到农村学校教学一线,有效解决了教师队伍总量和学科结构相对不足的问题②。

国家健全教师培养补充机制,通过"特岗计划"、公费师范生、退休支教等多种渠道为中西部农村补充大量优质师资,建立教师交流轮岗制度,推动优秀骨干教师向农村和薄弱学校流动③。截至 2020 年,中央财政累计投入资金 710 亿元,累计招聘特岗教师 95 万人,覆盖中西部省份 1000 多个县 3 万多所农村学校,特岗教师三年服务期满后留任率达到 85%以上,特岗教师中本科学历的达到 80%以上,平均年龄 25 岁左右,还补充了大量英语、信息技术、音体美等原来在乡村相对短缺的学科教师,显著提高了乡村教师队伍的质量,有效增加了贫困地区乡村教师的供给④。自 2006 年起,云南省实施农村义务教育阶段"特岗计划",在中央财政的大力支持下,特岗教师的工资性补助标准不断提高,从最初的 1.5 万元/生·年提高到目前的 3.82 万元/生·年,特岗教师队伍不断壮大,全省特岗教师招聘规模从最初的 4000 多名扩大到 2020 年的 8000 多名。"特岗"计划实施以来,云南省财政共计安排特岗教师工资性补助资金 62.3 亿元,招聘"特岗"教师 7.82 万名。自 2013 年起,云南省财政累计安排"三区"人才教师专项计划 17768 万元,支持从相对发达区域的学校选派教师到边远贫困地区、边

① 李兴洲、潘嘉欣:《党的十八大以来乡村教师队伍建设政策实施研究》,《教师发展研究》2021 年第 1 期。

② 《寿宁教育十年巨变》,今日寿宁网,2022 年 10 月 15 日。

③ 《教育部:十年来义务教育招生入学改革不断深化》,中华人民共和国教育部网,2022 年 6 月 21 日。

④ 《中华人民共和国 15 年来累计招聘 95 万特岗教师覆盖 3 万多所中西部农村学校》,《陕西教育(综合版)》2020 年第 10 期。

境民族地区和革命老区学校进行支教。选派教师规模稳步扩大,从 2013 年的 1186 名增加到 2019 年的 2399 名①。

2021 年,甘肃省在普通本科招生计划中专门安排 110 名国家优师专项计划、300 名地方优师专项计划和 260 名国家公费师范生、400 名省级公费师范生计划。同时,为有效解决乡村教师队伍结构性缺员问题,实施每年安排 800 名左右乡村小学全科型教师定向培养计划。其中,本科层次 600 人左右、专科层次 200 人左右,分别由甘肃省内 7 所开设小学教育专业的高等院校承担培养任务。

"十三五"期间,国家安排 28 亿元支持 38 所师范院校建设,整体提升师范院校和师范专业办学水平。6 所部属师范大学累计招收公费师范生 3.7 万多人,全国有 28 个省份实行地方师范生公费教育,每年共吸引约 4.5 万名公费师范生到乡村任教。为做好教师的"源头"培养,2017 年,云南省启动省级公费师范生培养工作,制定下发《云南省公费师范生教育实施办法》,省财政安排专项经费推进省级公费师范生培养,2017—2020 年,省财政厅筹措安排培养经费 6255 万元,目前,专科层次学前教育男教师、"小学全科"教师、初中"一专多能"教师、中职教育公费师范生培养规模已达 3632 人。

2018 年 7 月,为了提高农村教育质量,发挥优秀退休教师引领示范作用,为农村学校提供智力支持,帮助提升农村学校教学水平和育人管理能力,缓解农村学校优秀师资总量不足和结构不合理等矛盾,教育部、财政部出台《银龄讲学计划实施方案》。当年在河北、江西、湖南、广西、四川、云南、甘肃、青海等中西部 8 个省实施,招募了 1800 名讲学教师。2019 年招募了 4000 多名,2020 年 4800 名,2021 年 4400 名,2022 年则扩大到 5500 名。"银龄讲学计划"实施以来,共招募 2 万多名优秀退休校长、教研员、特级教师、高级教师等到农村义务教育学校讲学。

(二)教师培训助力乡村教师专业成长

教师培训是助力乡村教师专业成长的重要途径。目前,乡村教师培训的途径主要有三类:"国培""省培"和教材出版单位组织的大规模、集中化的培训;一些教育公益组织举办的专题性、单一化的培训;学校组织的校本化培训、名师工

---

① 《云南财政加强乡村教师队伍建设夯实乡村振兴人才基础》,中华人民共和国财政部网,2021 年 7 月 5 日。

作室研修等①。

为了提升乡村教师能力素质,国家出台了一系列利好政策。2010 年以《国家中长期教育改革和发展规划纲要(2010—2020 年)》为依据,启动了国家层面的、重点支持中西部农村的大规模教师在职培训计划。2010 年由教育部和财政部联合启动实施"国培计划"。根据 2019 年 9 月联合国教科文组织教师教育中心发布的《"国培计划"蓝皮书(2010—2019)》,2010—2019 年,中央财政累计投入"国培计划"经费 172 亿元。其中,中西部项目和幼师国培项目投入超过 159 亿元,占比 92%左右。共计有 31 个省市自治区约 1680 万人次的教师参与了"国培计划",其中中西部项目和幼师国培项目参训人次约 1574 万(占比 94%),示范培训项目也有超过 60%的中西部地区参训者,"国培计划"已经覆盖了全部深贫县以及贫困地区乡村教师。"国培计划"还专门设立了边远贫困地区乡村校长助力工程,至 2019 年培训了 13900 名乡村中小学校长和幼儿园园长,为办好每一所乡村学校打下了坚实基础。10 年间,"国培计划"为中西部教师提供了至少一次的国家级培训。其中,陕西、内蒙古、甘肃、吉林、山西教师人均参训超过二轮;青海、西藏、海南和宁夏教师人均参训超过三轮②。"国培计划"大幅提升了乡村校长办学治校和乡村教师教育教学水平。为了提高乡村教师育人能力,2020 年,云南省多方努力开展乡村教师培训,"国培计划"资金增加到 1.37 亿元,较上年增长 14.4%;"国培计划"实现 85 个集中连片特困县全覆盖和乡村教师全覆盖;"省培计划"增加到 6320 万元,较 2019 年增长 4320 万元,增长率达216%;各地通过乡村教师培训团队研修、送教下乡等项目,年均培训乡村教师10 万人次;实施"万名校长培训计划",5 年拟培训 1 万名优秀校长,前四期培训班已培训 3994 人。云南省财政建立健全了从学前教育到高等教育的生均经费拨款制度。同时,在生均经费制度文件中明确学前教育、义务教育和普通高中学校可以从生均公用经费中统筹 10%的资金用于教师培训,由学校根据教学需求灵活开展各类培训,不断提升各级各类乡村学校的教师队伍素质③。为了加强

---

① 张炳意:《乡村教师精准培训的现状、路径与展望》,《教学与管理》2021 年第 33 期。

② 联合国教科文组织教师教育中心:《"国培计划"蓝皮书(2010—2019)摘要》,中华人民共和国教育部网,2020 年 9 月 4 日。

③ 《云南财政加强乡村教师队伍建设夯实乡村振兴人才基础》,中华人民共和国财政部网,2021年 7 月 5 日。

教师队伍建设,寿宁县对教师进行全员免费培训,继续教育经费按教职工工资总额的 2.5%纳入财政预算,配齐配足教研员。实施"名师培养工程"。建立"骨干教师—学科带头人—名师"成长机制,共成立名师工作室 19 个,培养省级名师和学科带头人对象 9 人,市级 36 人,市级名校长及培养对象 7 人,市级骨干教师 62 人。2022 年评选出县级名校长 3 名,名师 28 名,学科带头人 78 人,骨干教师 79 人①。

(三)乡村教师队伍结构尚需进一步优化

显然,《乡村教师支持计划(2015—2020 年)》所提出的各项政策得到了很好的落实。在此政策指导下,各地研究完善了乡村教师职称(职务)评聘条件和程序办法,实现县域内城乡学校教师岗位结构比例总体平衡,切实向乡村教师倾斜。对乡村教师评聘职称(职务)时的优惠政策,如不作外语成绩(外语教师除外)、发表论文的刚性要求等都有助于乡村教师职称的提升。同时对城市中小学教师晋升高级教师职称(职务)增加了一些要求,如要求应有在乡村学校或薄弱学校任教一年以上的经历等。一扬一抑,更有利于乡村中小学教师职称评聘,由此更有利于吸引毕业生到乡村从事教育工作。根据教育部 2020 年教育金秋系列新闻发布会信息,乡村教师中 35 岁(不含)以下教师占 43.4%,男教师占比接近 40%,本科以上学历占 51.6%,中级以上职称占 44.7%。经过 10 多年的建设,乡村幼儿园园长的学历层次大幅度提升,以大专为主,本科学历次之,高中(含职业中专)及以下学历的园长明显减少,本科学历人数从 2011 年的 4265 人增至 2020 年的 24064 人,增长了近 5 倍。2011 年乡村幼儿园专任教师中本科学历占 5.23%,专科学历占 37.36%,至 2020 年本科学历教师占 17.80%,专科学历占 55.62%。义务教育阶段的师资队伍建设成效显著,2011 年乡村小学教师本科率 26.92%、专科率 58.12%,至 2020 年,本科率达 52.95%,专科学历者占 42.47%。乡村初中教师本科率 2011 年 58.42%,远低于城区初中教师本科率 79.84%,也低于镇区初中教师本科率 64.54%,至 2020 年时,乡村初中教师本科率升至 81.81%,与城区(85.85%)、镇区(84.42%)初中教师的本科率都已经很接近了。乡村教师整体素质大幅提升。

2020 年教育部等六部门印发《关于加强新时代乡村教师队伍建设的意见》,

① 《寿宁教育十年巨变》,今日寿宁网,2022 年 10 月 15 日。

提出要"拓展职业成长通道,让乡村教师获得更广阔的发展空间"。要求职称评聘要向乡村倾斜,并给出具体落实的措施,对长期在乡村和艰苦边远地区从教的中小学教师,职称评审放宽学历要求,不作论文、职称外语和计算机应用能力要求,坚决破除"唯论文、唯帽子"不良导向,提高教育教学实绩的评价权重。实行乡村教师和城镇教师分开评审。允许乡村小学教师按照所教学科评聘职称,不受所学专业限制。适当提高中小学中高级岗位结构比例,向乡村教师倾斜,乡村学校中高级专业技术岗位设置比例不低于当地城镇同类学校标准。对长期在乡村学校任教的教师,职称评聘可按规定"定向评价、定向使用",并对中高级岗位实行总量控制、比例单列,可不受所在学校岗位结构比例限制。从 2011 年至 2020 年,在国家坚定且强力政策的推行下,教育精准扶贫,扶志扶智并行,乡村教育获得了前所未有的发展,形成了一支高素质的乡村教师队伍,义务教育均衡发展得以实现。

10 多年来,在一系列有利于乡村教师队伍建设的国家政策引导下,从中央到地方各级政府采取了一系列政策举措,稳定和扩大了乡村教师队伍的规模,提高了乡村教师的待遇水平,加强了乡村教师的培养培训,乡村教师队伍面貌发生了巨大变化,乡村教育质量得到了显著提高。但受城乡发展不平衡、交通地理条件不便、学校办学条件欠账多等因素影响,乡村教师队伍仍面临职业吸引力不强、补充渠道不畅、优质资源配置不足、结构不尽合理、整体素质不高等突出问题,制约了乡村教育持续健康发展[1]。

第六节　实施乡村振兴战略的乡村教育发展需求

习近平总书记在党的二十大报告中指出,全面建设社会主义现代化国家,最艰巨最繁重的任务依然在农村。因此,必须以中国式现代化全面推进乡村振兴。实施乡村振兴战略是党的十九大作出的重要战略部署,是新时期党中央"三农"工作的总抓手,是提升小康社会成色、实现中国式现代化和建成社会主义现代化强国的重大历史任务,是化解人民日益增长的美好生活需要和不平衡不充分发展之间主要矛盾的重大举措。前一章已就党的十八大以来教育扶贫政策和教育

---

① 《乡村教师支持计划(2015—2020 年)》,2015 年 6 月 1 日。

扶贫实践的基础、主体、空间、力量、能力五个维度现状进行全面且深度调查,运用统计资料、问卷调查、文献分析、案例呈现等方法,深入调查我国乡村学前教育和义务教育办学条件改善、乡村教师队伍建设、职业技术促进乡村社会发展等取得的主要成效。当然,正如习近平总书记所言,实现中国式现代化的堵点和难点在农村,而农村实现现代化的痛点仍然在教育,振兴乡村教育的根本出路就是实施乡村振兴战略。

中共中央、国务院印发的《乡村振兴战略规划(2018—2022年)》指出:"实施乡村振兴战略,是解决新时代我国社会主要矛盾、实现'两个一百年'奋斗目标和中华民族伟大复兴中国梦的必然要求,具有重大现实意义和深远历史意义。"实施乡村振兴战略,作为基础性、先导性的乡村教育必然迎来千载难逢的振兴机遇。当然,实施乡村振兴战略也对乡村教育提出更新更高的要求,乡村教育振兴意味着需要推进乡村教育迈进优质均衡的高质量发展阶段,需要推动乡村教育在新时代内涵式发展和结构性变革;需要重点着眼于城乡教育融合发展制定和实施乡村教育振兴相关激励政策,增加经费投入抹平城乡教育的财政鸿沟;需要找准乡村教育的薄弱点,为乡村社会提供丰富多彩的优质教育产品,满足乡村教育发展的多元化、个性化需求。一句话,中国新时代的乡村教育振兴不仅能够推动乡村教育全面发展、助推教育强国建设,同时也发挥着支撑引领乡村振兴战略、加快乡村现代化进程的重要作用①。

一、乡村振兴战略中的乡村教育振兴目标

中共中央、国务院印发的《乡村振兴战略规划(2018—2022年)》指出,要继续把国家社会事业发展的重点放在农村,促进公共教育、医疗卫生、社会保障等资源向农村倾斜,逐步建立健全全民覆盖、普惠共享、城乡一体的基本公共服务体系,推进城乡基本公共服务均等化。国家从顶层设计为未来中国乡村社会事业发展擘画了美好的图景,为新时期国家社会事业政策制定及发展重点指明了方向。实施乡村振兴战略是一个系统性、长期性、基础性的国家战略,乡村兴则国家兴,乡村教育则是全面乡村振兴最重要的战略支撑。实施乡村振兴战略

---

① 戴妍、王奕迪:《中国乡村教育振兴的未来图景及其实现——基于百年乡村教育发展连续统的视角》,《西南大学学报(社会科学版)》2022年第3期。

的总要求明确提出"产业兴旺、生态宜居、乡风文明、治理有效、生活富裕"的定位,这个系统性表述科学概括了实施乡村振兴战略的新内涵,也为乡村教育振兴提出了更高的要求。《乡村振兴战略规划(2018—2022 年)》同时强调要"优先发展农村教育事业",全面统筹规划布局农村基础教育学校,保障学生就近享有高质量的教育。从全面乡村振兴的视角探索实现乡村振兴目标与乡村教育的支撑性关系、解决乡村教育振兴目标与现实差距问题具有非常重要的意义。

(一)实施乡村振兴战略的乡村教育振兴目标及成效

《乡村振兴战略规划(2018—2022 年)》对乡村教育不同类型与教育阶段的发展目标和重点任务有清晰的定位与表述,经过几年的发展,乡村教育在扩量提质等补短板方面取得初步成效。在学前教育方面,《规划》提出要"发展农村学前教育,每个乡镇至少办好 1 所公办中心幼儿园,完善县乡村学前教育公共服务网络。"经过 5 年的实施,《规划》评估报告显示全国农村普惠性幼儿园覆盖率达到 90.6%。在义务教育方面,《规划》提出要"科学推进义务教育公办学校标准化建设,全面改善贫困地区义务教育薄弱学校基本办学条件,加强寄宿制学校建设,提升乡村教育质量,实现县域校际资源均衡配置"。经过多年的实施,我国 31 个省(区、市)和新疆生产建设兵团的 2895 个县全部实现了县域义务教育均衡发展,全国建档立卡贫困家庭辍学学生全部动态清零,义务教育巩固率达到 95.4%。在高中教育方面,《规划》提出要"实施高中阶段教育普及攻坚计划,提高高中阶段教育普及水平"。近几年,国家从顶层政策设计对普通高中教育作出全面系统部署,如国务院先后出台《关于深化考试招生制度改革的意见》《高中阶段教育普及攻坚计划》《关于新时代推进普通高中育人方式改革的指导意见》《"十四五"县域普通高中发展提升行动计划》等重要文件,进一步明确了新时代普通高中育人目标,为普通高中教育持续、协调、健康发展注入了强大动能。截至 2021 年,全国高中阶段办学规模持续扩大,普通高中总数达到 1.46 万所,在校生达到 2605.03 万人。在增加财政投入上全国普通高中教育总体投入水平大幅提高,教育经费投入由 2012 年的 2317 亿元提高到 2021 年的 4666 亿元,增幅超过 1 倍,并且全面建立了生均公用经费拨款制度。

实施乡村振兴战略需要多样性的人才支撑,发展乡村产业急需培养新时期的青年职业农民队伍。在职业教育方面,习近平总书记对 2021 年全国职业教育大会作出重要指示,强调职业教育前途广阔、大有可为,提出要加快构建现代职业教育体系,培养更多高素质技术技能人才、能工巧匠、大国工匠。国家层面专门出台了《国家职业教育改革实施方案》《职业教育提质培优行动计划(2020—2023 年)》《关于推动现代职业教育高质量发展的意见》三个"重要文件",为我国新时期的职业教育改革政策框架和发展擘画了美好的蓝图。《规划》提出要"大力发展面向农村的职业教育,加快推进职业院校布局结构调整,加强县级职业教育中心建设,有针对性地设置专业和课程,满足乡村产业发展和振兴需要"。经过多年努力,全国 1 万余所职业学校每年开展各类培训上亿人次,在开展新型职业农民培训服务的高职院校中,141 所学校年培训量超过了5000 人/日,86 所学校年培训量超过了 10000 人/日,学历教育与培训并举并重的职业教育办学格局基本形成。2022 年,教育部启动实施"职教国培"示范项目,着力打造一批能够发挥高端引领和示范带动作用的培训项目①。乡村教育振兴的基础在于教师队伍,打造一支乐于奉献乡村教育的优质教师队伍是乡村教育提质增效的基石。《规划》提出要"落实好乡村教师支持计划,继续实施农村义务教育学校教师特设岗位计划,加强乡村学校紧缺学科教师和民族地区双语教师培训,落实乡村教师生活补助政策,建好建强乡村教师队伍"。经过 10 年的发展,我国专任教师在扩量提质方面有大幅度提升,专任教师总量从 2012 年的 1462.9 万人增长到 2021 年的 1844.4 万人,10 年间增幅达到 26%。各级各类教师素质不断提升、结构不断优化,小学教师本科以上学历从 10 年前的32.6%增加到 2021 年的 70.3%,职业教育"双师型"教师超过 50%。特别是义务教育教师培养培训成效显著,国家实施部属师范大学师范生公费教育,10 年招生 8.5 万人,其中 90%的毕业生都到中西部从教。实施"国培计划",中央投入累计 200 亿元,培训校长教师 1800 多万人次。启动新时代基础教育强师计划,中央安排 50 亿元支持师范院校建设②。可以看出,《乡村振兴战略规划(2018—2022 年)》实施以来,我国乡村教育发展取得可喜的成效,乡村教育体系基本完善,办好人民满意的教育初步兑现承诺,为实现乡村教育振兴奠定了坚实的基础。

---

① 《"教育这十年""1+1"系列发布会:介绍党的十八大以来职业教育改革发展成效》,中华人民共和国教育部网,2022 年 5 月 24 日。
② 《"教育这十年""1+1"系列发布会:介绍党的十八大以来教师队伍建设改革发展成效》,中华人民共和国教育部网,2022 年 9 月 6 日。

（二）实施乡村振兴战略对乡村教育振兴再认识

党的十八大以来，无论是过去的教育扶贫阶段还是乡村教育振兴新时期，习近平总书记关于教育的重要论述一直成为我国推进教育事业发展的基本遵循，成为我们在实施乡村振兴战略中对乡村教育再认识的重要指南。强调要跳出教育谈教育圈子，摒弃过去的就教育论教育的线性思维，将教育与国家经济发展大局相联系进行统筹规划。习近平总书记强调，我们应建立新的教育观，不能仅仅就教育论教育，而是把教育同地区经济、社会发展联系起来，看这个地方的教育是不是适应并促进了本地区经济的发展。教育办不好，经济发展就会受到人才制约的困扰①。习近平总书记关于教育的重要论述就是对教育价值的新认识，是党中央高度重视教育战略性、先导性地位的新定位。2021年，《中华人民共和国国民经济和社会发展第十四个五年规划和2035年远景目标纲要》（简称《"十四五"规划》）正式印发，《"十四五"规划》从全局性视角提出我国未来五年的教育发展目标是全民受教育程度不断提升，劳动年龄人口平均受教育年限从10.8年提高到11.3年。为达成此目标，必须围绕实现中国式社会主义现代化建设高质量教育体系，持续推进基本公共教育均等化，继续增强职业技术教育适应性，努力建设高素质专业化教师队伍，推进深化教育改革。

1."十四五"规划中的乡村教育振兴目标再定位

"十四五"时期是我国全面建成小康社会、实现第一个百年奋斗目标之后，乘势而上开启全面建设社会主义现代化国家新征程、向第二个百年奋斗目标进军的第一个五年。这个五年进入新发展阶段，"十三五"时期取得的骄人成绩使发展基础更加扎实，发展步伐更加强劲，面临很多新发展机遇。同时，也面临不少新的压力和挑战。众所周知，教育是民族振兴、社会进步的重要基石。将教育发展统筹进国民经济与社会发展宏观战略规划，需要对新发展阶段的乡村教育振兴目标、任务及重大举措进行重新谋划。促进城乡教育融合和特色发展是新时代乡村教育振兴的新目标，科学谋划未来教育发展，对于推动我国教育向更高质量、更有效率、更加公平、更可持续发展具有重要作用。在学前教育和特殊教育方面，《"十四五"规划》提出要"完善普惠性学前教育和特殊教育、专门教育保

---

① 习近平:《摆脱贫困》,福建人民出版社1992年版,第128页。

障机制,学前教育毛入园率提高到 90% 以上"。在义务教育发展方面,《"十四五"规划》提出未来的目标为"巩固义务教育基本均衡成果,完善办学标准,推动义务教育优质均衡发展和城乡一体化。加快城镇学校扩容增位,保障农业转移人口随迁子女平等享有基本公共教育服务"。在高中阶段方面,《"十四五"规划》强调要"巩固提升高中阶段教育普及水平,鼓励高中阶段学校多样化发展,高中阶段教育毛入学率提高到 92% 以上"。这些目标的确定,是夯实中国乡村教育基础的系统性安排,有利于形成乡村教育振兴与振兴乡村教育协同推进机制,针对不同教育类型与阶段精准分类施策,构建较为完善的乡村教育体系;有利于聚焦乡村教育的关键领域、筑牢乡村教育保障基础,发挥乡村教育优势,进而提升教育服务乡村振兴能力。

表 62 "十四五"时期教育提质扩容主要任务一览表

序号	教育类型	主要任务
1	学前教育	以人口集中流入地、农村地区和"三区三州"为重点,新建、改扩建 2 万所幼儿园,增加普惠学位 400 万个以上。
2	义务教育	以教育基础薄弱县和人口流入地为重点,新建、改扩建中小学 4000 所以上。在边境线(团场)建设 100 所"国门学校"。
3	职业教育	支持建设 200 所以上高水平高职学校和 600 个以上高水平专业,支持建设一批优秀中职学校和优质专业。

资料来源:《中华人民共和国国民经济和社会发展第十四个五年规划和 2035 年远景目标纲要》。

2."十四五"规划中的乡村教育振兴目标再认识

世界历史的发展经验告诉我们,凡是世界经济中心高地都是教育高质量先导发展的主要区域,欧洲如此,美国亦是如此。我们应该深刻领会习近平总书记关于教育的重要论述的思想精髓,用战略性、全局性的视角审视乡村教育,可以说,高质量的乡村教育是乡村振兴的关键。在"十四五"时期甚至更漫长的一个历史时段,推进乡村教育振兴的共同认知和重要目标应该是将优质均衡高质量的乡村教育放到国家经济社会发展的战略全局进行考虑,致力于推进乡村教育振兴和教育振兴乡村同频共振。

第一,从国家发展战略的全局审视乡村教育的发展目标。习近平总书记多次谈到教育在整个国家经济社会发展中的重要地位,他指出,必须"真正把教育摆在先行官的位置,努力实现教育、科技、经济相互支持、相互促进的良性循环"①。在中国乡村社会,教育的功能与地位尚不只如此,其还担负着传承乡村文化、厚植乡村人力资本、实现乡村治理现代化等重要功能。在中国古代社会,教育也许更多被视为个体或家族实现人生重大转折的一个通道。而在现代社会,教育则是一个国家或地区核心竞争力的先导性工程,教育财政投入、教育目标导向、教育评价体系等均与国家经济社会发展有着密切的关系。在新时代,消除城乡教育差距,促进城乡教育融合、优势互补、相互促进是最重要的乡村教育振兴目标,要将这个新目标置于消除城乡对立、促进城乡融合的乡村振兴战略大背景下进行考量。

第二,重点推进城乡教育优质均衡高质量发展。要从巩固乡村教育"基本均衡"向"优质均衡"转变,根据具体的乡村实情办好以学生为本、因地制宜的乡村教育,为乡村学生提供更高质量、更丰富多样的教育产品供给,满足乡村社会对优质教育的需求。要优化布局、提升质量、强化保障。从优化学校布局推进县域教育城乡均衡发展,统筹县域教育资源配置,切实从供给侧入手重点化解乡村教育的供需矛盾。

第三,切实持续提升教育服务乡村振兴的能力水平。乡村教育是整个乡村振兴战略的基石,只有推进乡村教育服务乡村振兴的能力水平,才能汇聚多方力量实现乡村产业振兴、生态振兴、组织振兴、文化振兴和人才振兴。因此,必须挖掘教育助力乡村振兴的动能,加快构建高质量乡村教育体系,重点发挥职业教育在乡村振兴中的关键性作用,发挥乡村教育在乡村社会、文化、人才等方面的浸润作用。

二、乡村振兴战略中的乡村教育振兴发展需求

乡村振兴,教育为基。实施乡村振兴战略,最根本的因素在于人及人的现代化所蕴藏的强大乡村人力资本②。要提升乡村教育服务国家战略和区域发展的能力,是乡村教育日益成为支撑、引领实施乡村振兴战略的关键力量。尽管我们在 10 多年的乡村教育发展中取得了可喜的成效,但对比《实施乡村振兴战略规

---

① 习近平:《摆脱贫困》,福建人民出版社 1992 年版,第 129 页。
② 袁利平、姜嘉伟:《关于教育服务乡村振兴战略的思考》,《武汉大学学报(哲学社会科学)》2021年第 1 期。

划(2018—2022)》和"十四五"规划所擘画的乡村教育振兴新目标、新任务与新路径,仍然与群众满意的教育有差距,城乡教育依然存在一些鸿沟,乡村教育扩量提质进展有待加快,乡村教育一些短板明显,等等。党的十八大以来,党中央高度重视教育工作,尤其是乡村教育振兴工作,习近平总书记就教育改革发展提出一系列新理念新思想新观点,为做好新时代教育工作指明了前进方向,提供了根本遵循。国家从顶层设计专门印发《中国教育现代化2035》,开启了我国加快推进乡村教育现代化、促进城乡教育融合、办好人民满意的教育的历史新征程。

(一)构建城乡教育融合发展新格局的目标需求

实施乡村振兴战略的重要目标之一就是消除城乡二元对立,推动城乡融合发展。2018年中共中央、国务院印发的《关于实施乡村振兴战略的意见》提出,加快形成工农互促、城乡互补、全面融合、共同繁荣的新型工农、城乡关系。继续强调优先发展农村教育事业,高度重视发展农村教育,推动建立以城带乡、整体推进、城乡一体、均衡发展的义务教育发展机制。必须指出的是,构建城乡教育融合发展新格局并非说城市教育或者城镇化不重要了,而是要彼此发挥优势,相互促进,是一体化的优质均衡高质量教育发展相统一,以县域为空间的教育格局更加优化,校际之间的差距基本消弭并实现有特色的融合发展,乡村教育服务乡村振兴战略的能力显著提升,人民对乡村教育基本满意。

(二)推动乡村教育振兴急需的多元力量需求

新的征程带来新的目标与任务,实现乡村教育振兴的新目标与新任务并非靠单方面力量即可促成,单纯依赖政府主体的单方式提供教育资源是极为有限的,由于资源短缺的掣肘会使老区、山区的贫困家庭孩子失去接受教育的机会。需要社会团体、企业、行业、社会组织、民间基金会、个人等社会力量利用筹资、捐赠等方式整合多方资源,汇聚多方动能助力乡村教育发展。构建政府主导下社会力量、市场主体等多元力量参与的新格局方能实现乡村教育振兴。

第一,充分发挥政府在乡村教育振兴中的主导作用。毋庸置疑,大国集中力量办大事,中国的国情决定了必须构建中国特色的乡村教育体系。当前,政府依然拥有最大公共资源组织与调配力度,同时具备资源分配的责任和规则。要推动省、市、县各级党政主要负责同志亲自抓乡村教育工作,以县域为主要空间,聚焦办人民满意的教育。在迈向乡村教育振兴的新阶段,政府更要承担起办学主体责任,一方面发挥政府在主导、管理与监督方面的作用;另一方面政府要主动

"简政放权",赋权给社会、市场,开放社会力量、市场主体参与乡村教育振兴的渠道,为多元力量助力乡村教育振兴提供政策和资源保障。

第二,撬动社会力量主体着力参与乡村教育振兴。"十四五"规划明确提出要"建设高质量教育体系"的政策导向和重点任务,强调"在增加公共教育服务供给的同时,更好地发挥各方积极性,创新教育服务业态,推进教育治理方式变革"。这个目标导向就是要巩固拓展社会力量参与精准教育扶贫成果的同时,继续拓宽教育供给的办学渠道,鼓励、引导和组织社会力量共同有序参与乡村教育振兴,在资源汇聚、教育多方式供给、教育全内容覆盖等方面提供支持,全方位提升县域城乡教育高质量均衡发展,满足实现中国式现代化新征程中人们对教育的美好向往和追求。在迈向乡村教育振兴的进程中,社会力量一方面要通过建立创新创业实践基地、设立奖学奖教助学基金、提供志愿服务、设置勤工助学岗位等方式汇聚资源助力乡村教育振兴,提供多元性的教育供给,帮助政府缓解资源投入有限的压力;另一方面要引导有声望和社会声誉的社会精英人士下乡进学校,在与乡村学生分享创业、创新经验的同时,为乡村学子树立正向典范,激发乡村教育的创新思维与活力。

第三,引导市场主体积极参与乡村教育振兴。我们这里说的市场主体指的是以具有独立的产权,享有自主进行经济活动的权利并承担相应责任,具有自身经济利益并努力使其最大化的自然人和法人为主的主体①。在教育扶贫实践中,包括各类企业、商业机构、金融机构、经济组织等市场主体以市场经济的方式和手段,通过资金投入、物资捐赠、技术指导、校企合作、职业培训、产业支持、人才输送、提供就业、实习实训、科技开发等手段参与教育扶贫,取得了非凡的实效。在新阶段,需要激发市场主体的活力要素有序参与乡村教育振兴,必须强调两个方面问题。一方面是要切实贯彻执行《中华人民共和国民办教育促进法》,使市场主体参与乡村教育振兴有法可依,有章遵循。透过政策激励,充分激发市场主体追求市场利益的积极性,在扩大市场主体业务范围的同时增强其自身服务社会的能力,带动乡村教育振兴实现多元性发展。另一方面要加强监管与督导,县级以上地方人民政府要建立民办教育工作联席会议制度。教育、人力资源和社会保障、民政、市场监督管理等部门要根据职责会同有关部门建立民办学校

---

① 程民选:《市场主体的内涵与市场主体确立的基本条件》,《中国经济问题》1994 年第 5 期。

年度检查和年度报告制度,健全日常监管机制。政府相关部门必须监督民办学校定期向社会公开办学条件、教育质量等有关信息,确保民办学校合法、合规、有序参与乡村教育振兴。

(三)推动乡村教育振兴教育评价体系改革需求

党的十八大以来的精准教育扶贫实践证明,保证教育扶贫目标实现的基本保障就是教育扶贫政策得以正确彻底执行和有效精准实施。政府在乡村教育管理方面的作用聚焦体现在教育评价体系上,其是整个教育治理与发展的风向标。长期以来,重分数轻素质、重灌输轻思考、重知识教育轻情感教育等顽疾严重困扰着乡村教育的健康发展。2020 年,中共中央、国务院印发了《深化新时代教育评价改革总体方案》提出,教育评价坚持以立德树人为主线,以破"五唯"为导向,以五类主体为抓手,着力做到政策系统集成、举措破立结合、改革协同推进。这是充分发挥政府管理作用的重要体现,可以有效扭转当前学生评价中存在的以分数给学生贴标签等错误倾向。要知道,学生是接受教育的主体,学生评价是教育评价的基础环节。正确的评价"指挥棒",对促进学生身心健康、全面发展具有十分重要的意义。《总体方案》强调六项重点举措确保其顺利实施,特别强调了各级党委和政府组织领导作用,教育领导小组的统筹协调、宣传引导和督促落实作用,教育督导的督促纠作用①。可以说,在迈向乡村教育振兴的新阶段,政府发挥管理者作用,还需要在三个方面接续发力:一是强化组织监管,推动各部门和地方政府牢固树立乡村教育优先发展的观念,重点项目和行动向乡村教育振兴倾斜;二是强化资源监管,推进常态化督导、评估、审计制度建设,确保教育资源用到点、用到位;防止教育资源使用偏离、浪费和挪用;三是强化教育考核评价体系改革,真正落实《总体方案》,建立分类施策的教育考核评价机制,科学全面反映我国乡村教育的基本情况,为推动政策调整奠定准确的信息基础。

三、乡村振兴战略中的乡村教育振兴重点任务

蓝图已经绘就,目标基本明晰。实现中国式现代化不仅是物质与制度的现代化,关键还是人的现代化。推动乡村教育振兴利在当代、功在千秋,经过党的十八大以来踔厉奋发、砥砺前行,乡村教育振兴已经奠定了坚实的发展基础:乡

---

① 《中共中央 国务院印发〈深化新时代教育评价改革总体方案〉》,2020 年 10 月 13 日。

村教育普及水平实现历史性跨越,乡村教育质量实现新提升,乡村教育服务乡村振兴的能力显著增强,乡村教育条件保障达到新水平,教师队伍建设迈上新台阶。迈进新的发展阶段,我国乡村教育踏上新的征程。乡村教育振兴要坚持以习近平新时代中国特色社会主义思想为指导,紧紧围绕党中央、国务院既定的教育发展方针,进一步凝聚人心、人力、物力,优化城乡教育发展格局,厘清学前教育、义务教育、高中教育及职业教育存在的不同短板,明确不同阶段的重点发展任务,实现城乡教育优质均衡高质量发展。

(一)优布局,扩容量:满足城乡孩子上学的基本需求

《"十四五"规划》在建设高质量教育体系表述中明确了"十四五"时期的重点任务,学前教育要"以人口集中流入地、农村地区和'三区三州'为重点,新建、改扩建2万所幼儿园,增加普惠学位400万个以上"。义务教育要"以教育基础薄弱县和人口流入地为重点,新建、改扩建中小学4000所以上。在边境线(团场)建设100所国门学校"。职业培训要"支持建设200所以上高水平高职学校"。这些重点任务的厘定说明:一是未来的新发展阶段我国乡村教育在学校、学位等容量方面仍然存在某些短板,尤其在全面放开"三孩"政策的叠加影响下,乡村学校、学位的容量不足压力更大;二是国家投入建设乡村学校的重点依然是面向教育薄弱地区,尤其是人口集中流入地、农村地区和"三区三州",补齐这些地区的教育发展短板依然是重中之重的任务。

满足城乡孩子上学的基本需求,是乡村教育的兜底性问题,要汇聚多方力量共同解决好。一是要统筹优化城乡学校布局。按照各地城镇化规划和常住人口规模科学编制城乡教育学校布局规划,根据学龄人口变化趋势、中小学建设标准、预留足够的义务教育学校用地,多规合一纳入城市、镇(乡)发展规划并严格实施。二是科学推进城乡教育学校标准化建设。特别是要办好寄宿制学校,完善寄宿制学校、农村小规模学校办学标准。探索通过政府购买服务等方式为乡镇寄宿制学校提供工勤和教学辅助服务,重点提高乡镇寄宿制学校管理服务水平。三是要汇聚多方力量共同推动乡村学校建设。要引导社会力量、市场主体积极有序参与学前教育、高中教育、特色教育、职业培训等类型办学,激发多元力量参与办学积极性,厘清教育公益性与功利性的关系,构建多元力量参与乡村教育振兴的新格局。

（二）提质量，增效益：提供优质的乡村教育供给需求

在新的发展阶段，贯彻高质量发展理念在乡村教育振兴方面的具体表现应该就是从过去的"基本均衡发展"迈向"优质均衡发展"。长期以来，乡村教育一直是我国整个教育体系最薄弱的环节，只有推动乡村教育快速补短板、提质量、增效益才能促进优质均衡发展，因此，乡村教育自然成为教育优先发展的部分。2017 年，教育部印发的《县域义务教育优质均衡发展督导评估办法》被视为我国义务教育转向优质均衡的标志性文件，这个督导评估办法明确了乡村教育优质均衡的核心内涵：全面发展的理念更鲜明、标准化建设程度更高、教师队伍更强、人民群众更满意①。也就是说，在实施乡村振兴战略大背景下，"优质"二字真实体现了乡村教育的新目标、新任务和整个中国教育理念的转向。其与"共同富裕""实现中国式社会主义现代化""以人民为中心""办好人民满意的教育"等核心理念相契合。重点要在以下两个方面发力：一方面是改革乡村教育评估体系促进优质均衡发展。教育评估体系是考察一个地区、某个时期教育质量的标尺，也是教育发展的风向标。要切实贯彻 2017 年的《县域义务教育优质均衡发展督导评估办法》，重点在评估框架、评估内容、评估流程等方面进行研究、细化和落实。在评估内容方面重点考察乡村教育资源配置，包括百名学生生师比、生均教学及辅助用房面积、生均运动场馆面积等 7 项指标；乡村教育政府保障程度，包括学校规划、经费保障、办学规模等 15 项指标；乡村教育教学质量评估情况，包括入学率、巩固率、信息化程度等 9 项指标；社会认可程度；等等。另一方面是建设一支量足质优的乡村教师队伍。众所周知，我国教育的短板在乡村教育，乡村教育的基本掣肘在教育质量，而提高乡村教育质量的关键在于教师。在迈向乡村教育振兴的新阶段，政府更要接续发挥组织作用，在推动优质教育资源共享、均衡配置办学资源和合理配置师资资源等方面创新机制和活力。一是要发挥优质教育资源共享的组织者优势。建构全国性共享的教育资源平台，发挥大城市和发达地区教育资源优势让乡村师生共享，保证在资源共享方面提前实现城乡融合均衡发展。二是要发挥均衡配置办学资源组织者优势。政府要通过深化教育经费投入的保障机制改革，推动乡村教育在义务教育阶段的标准化建

---

① 曹东勃、梁思思：《优质均衡：后脱贫时代乡村教育振兴之道》，《华东理工大学学报（社会科学版）》2021 年第 2 期。

设,抹平城乡教育资源配置悬殊的差距,提升教育资源配置均等化水平。三是要发挥保障乡村师资队伍建设的组织者优势。政府要真正持续落实"特岗计划""基础教育强师计划"等政策文件精神,利用乡村振兴大环境持续改善乡村教师状况,提升乡村教师的教学能力与水平。

(三)重农本,强赋能:提升乡村教育服务乡村振兴的能力需求

乡村教育的价值回归就是重塑"向农""为农""重农"的办学归依,摆脱过去将乡村教育视为"离农向城"通道或工具的困境。我国的教育扶贫实践表明,乡村教育扶贫的基本目标是透过教育手段使广大贫困地区实现就业、创业和脱贫。让乡村学生掌握一技之长是乡村教育体系的重要一环,而单纯依赖学校课程体系很难实现这个目标,学校的实习实训课程与企业、社会需求尚存在较大差距。这就需要市场主体利用自身业务特色和企业专长积极参与职业教育和技术培训环节,我国一些地方或大型企业已经形成知名的职业教育和技能培训品牌,这对于提升乡村教育的实效性和吸引力,提升乡村学生通过教育实现就业和创业具有重要意义。党的十八大以来,全国4500余所职业学校支持中小学校开展劳动教育实践和职业启蒙教育,辐射中小学近11万所,参与人次超过1500万。单2021年高职学校就招生557万人,相当于10年前的1.8倍,中职学校(不含技工学校)招生489万人,中高职学校每年培养1000万左右的高素质技术技能人才。我国目前有102家全国性职业教师企业实践基地,明确规定职业学校专业课教师每5年必须累计不少于6个月到企业或生产服务一线实践①。广东省在全国首创技工院校"校企双制"办学模式,建设19个国家示范职教集团,产学合作企业8万余家,在教育部召开"教育这十年""1+1"系列发布会上作典型发言。这些为新阶段培养新型职业农民,提升乡村教育服务乡村振兴奠定了坚实基础。

---

① 《"教育这十年""1+1"系列发布会:介绍党的十八大以来职业教育改革发展成效》,中华人民共和国教育部网,2022年5月24日。

第四章　迈向乡村教育振兴的对策及保障

　　乡村教育振兴是教育扶贫在新时期的延续与发展,是巩固脱贫攻坚所取得成果的持续性探索。本章正是基于前文的研究,总结当前乡村教育振兴存在的问题及分析其归因,系统性地提出迈向乡村教育振兴的对策,并尝试构建乡村教育振兴及其工作的保障体系。要振兴乡村教育,要抓住几个关键要点:一是聚焦乡村教育的思想观念、精神文化力,树立科学和正确的思想观念,同时在乡村教育精神动力和文化动力上下功夫;二是聚焦乡村教育体系,探索乡村教育体系中各级各类教育的改革及完善与发展,如对乡村学前教育、小学教育、中职教育、高中教育的师资队伍建设、资源配置、质量提升等方面提出改革的对策,同时也要在高等教育助力乡村教育振兴的手段上下功夫;三是聚焦乡村教育振兴的治理体系,探索以政府为主导、多元社会力量共同参与的协同治理体系;四是要聚焦乡村教育振兴的工作保障体系,并探索该保障体系中的各要素关系及运行策略。

第一节　迈向乡村教育振兴的主要问题与归因

　　习近平总书记指出:"要坚持大扶贫格局,注重扶贫同扶志、扶智相结合"[1]。无论是透过教育手段扶贫困人口的"贫"还是扶教育自身的"贫",教育扶贫在阻断贫困代际传递、提高贫困人口能力素质、夯实"三农"发展基础、均衡区域教育资源、提供人才保障、助力建成小康社会、有效落实公平正义等方面都发挥了重要作用。但是,在迈向乡村教育振兴的新阶段,教育扶贫必须从单一的外力支持外向度迈向乡村教育的内外向度互动发展,从"基本均衡发展"转向区域"优质

---

[1]　习近平:《决胜全面建成小康社会　夺取新时代中国特色社会主义伟大胜利——在中国共产党第十九次全国代表大会上的报告》,人民出版社2017年版,第48页。

均衡发展",实现从"有的教育"转向"好的教育",满足人们对美好教育的向往和追求。然而,乡村教育振兴面临发展动力不稳、乡村教师队伍不优、社会力量多元合作不牢、乡村教育治理能力不足等多样性问题,既有长期历史积淀的城乡二元结构对立因素的影响,也有城市化、现代化、市场化急速社会变迁带来的结果。因此,迈向乡村教育振兴需要在内在动力激发、教育核心能力提升、构建多元力量合作机制及完善乡村教育振兴保障体系等方面着力。

一、迈向乡村教育振兴的主要问题

2018 年,中共中央、国务院《关于实施乡村振兴战略的意见》提出要继续强调优先发展乡村教育事业,高度重视乡村义务教育,推动建立以城带乡、整体推进、城乡融合、均衡发展的义务教育发展机制。2019 年,中共中央、国务院颁布的《中国教育现代化 2035》强调,实现基本公共教育服务均等化,提升义务教育均等化水平,建立学校标准化建设长效机制,推进城乡义务教育均衡发展。可见,未来构建新型城乡及其教育关系的新阶段和新目标就是促进城乡教育融合发展①。但是,10 多年间的乡村教育发展显示,我国乡村教育仍然存在某些历史遗留问题以及基础设施短板突出、经费投入不足和使用率不高、乡村教师队伍不足不优、多元力量合作不畅、乡村教育吸附性偏弱、城乡教育差距较大等问题。

(一)根基不牢:迈向乡村教育振兴短板明显

当前,乡村教育根基不牢的主要问题突出表现为一些地方政策执行力度不够、经费倾斜不足、教师队伍不足不优等三个方面。

1. 提振乡村教育的政策执行力不够

受历史、区位等因素制约,我国脱贫县、老区苏区经济发展还相对滞后,相当部分县域经济薄弱,依靠自身力量发展建设的能力不足,短时期难以重振乡村教育。2001 年国务院出台的《关于基础教育改革与发展的决定》强调了振兴基础教育的重要性,但实施过程中依然存在城乡有别的差别化政策分治。2002 年之前,我国义务教育盛行的政策导向为城市优先,执行的经费投入机制是"城市教育政府办、农村教育农民办",由此而产生的结果就是城乡教育师资队伍严重不

---

① 郝文武:《新时代乡村教育振兴的新目标与新路径》,《陕西师范大学学报(哲学社会科学版)》2022 年第 1 期。

均衡。学者指出,政策工具是以政策目标为导向,以达成政策效果为标准,采用的系列措施,具体体现为法律、行政、财政等强制性、激励性措施相结合的多种举措①。一句话,要像过去发展城市教育、重点学校教育那样采取扶持政策来对待今天的乡村教育,才能逐渐抹平长期积淀的鸿沟和历史"欠账"。2021 年《教育部办公厅关于开展县域义务教育优质均衡创建工作的通知》明确提出,要坚持优先保障,切实把义务教育作为重中之重,在经济社会发展规划、财政资金投入、公共资源配置等方面优先保障义务教育发展;坚持政府主责,落实政府举办义务教育主体责任,补齐短板、兜住底线,着力提升薄弱地区、薄弱学校、薄弱环节和困难群体教育水平。尽管这些政策多为补充性的,但说明人们意识到城乡二元化结构加剧了这一差距,逐步将乡村教育的话题转向统筹城乡发展、均衡发展、一体化发展。

2. 优先支持乡村教育的经费投入存在不足

资源与经费投入是乡村教育的重要输血通道,经费投入不足造成的资源性贫困是乡村教育振兴乏力困境的最显性表征。自 2000 年至 2020 年间,我国教育经费投入从 0.38 万亿元增加到 5.3 万亿元②。但是,教育经费投入还是以城市为中心的偏离式分治。以 2018 年为例,全国普通学生人均一般公共预算教育事业费小学生的为 11328.05 元,乡村的为 10548.62 元;初中生的为 16494.37元,乡村的为 14634.76 元。全国普通学生人均一般公共预算公用经费小学生的为 2794.58 元,乡村的为 2545.54 元;初中生的为 3907.82 元,乡村的为 3460.77元。无论是一般公共预算教育事业费还是一般公共预算公用经费,乡村生均低于全国平均水平。国家对乡村教育长期的财政投入不足是乡村教育资源贫困的直接原因③。其直接表现就是上一章所述城乡之间在校舍、土地、图书馆、操场、艺体室、教室、多媒体信息化教学及教师资源配置等要素上全方位差距。以网络多媒体教室为例,2018 年全国城区小学网络多媒体教室占比为 88.29%,乡村小学仅为 55.58%;城区初中网络多媒体教室占比为 86.68%,乡村初中仅为

---

①　薛二勇:《中国教育扶贫政策演进与制度创新》,王文静、李兴洲主编:《中国教育扶贫报告(2017)》,社会科学文献出版社 2018 年版,第 3 页。

②　赖均、李伟:《乡村教师队伍治理:政策历程、逻辑及新发展走向》,《教育学术月刊》2022 年第4 期。

③　薛二勇:《中国教育扶贫政策演进与制度创新》,王文静、李兴洲主编:《中国教育扶贫报告(2017)》,社会科学文献出版社 2018 年版,第 3 页。

70.61%。反过来,危房数据方面,乡村小学危房面积为1744305平方米,是城区的2.66倍;乡村初中危房面积达640221平方米,是城区的1.41倍。因此,政府长期对乡村教育的经费投入和城乡差距问题导致乡村教育的整体性困境,从而影响乡村教育振兴。

3.打造乡村教师队伍数量不足、结构不优

在城乡二元结构对立背景下,现代化、城镇化、市场化进程催生中国社会快速转型,一些地方的乡村教师育不出、引不来、留不住成为中国乡村教育之痛,乡村教师队伍数量不足、结构不优、水平不高成为我国乡村教育深层次的困境。2015年《乡村教师支持计划(2015—2020年)》实施以来,如贵州省2015—2025年共招聘50577名特岗教师覆盖全省80多个县(市、区),2019年贵州省教育年鉴显示当年师生比为1∶18.27(国家标准为1∶19)、初中的为1∶13.98(国家标准为1∶13.5),这直接反映了政策导向支持发展乡村教师队伍带来的乡村办学质量提升效应①。诚然如此,我国在乡村教师队伍建设方面依然存在某些短板:一是教师队伍总量不足,一些山区老区、脱贫县的乡村学校尚未达到国家师生比标准;二是教师队伍结构不优,如年龄结构偏小和偏大,缺乏中青年骨干教师,小学科教师数量短缺甚至空白;三是教师队伍流失严重,不少骨干教师流进城里公办学校或是被民办学校、培训机构高薪挖走;四是教师专业成长动力不足、学习意愿不强、教研氛围不浓、激励机制不健全等问题。

4.乡村群众教育观念发生转变

"万般皆下品,惟有读书高"的观念曾影响着中国乡村社会,只有读书方能实现"鲤鱼跳龙门"的荣光。布迪厄认为,文化资本与学校教育是相辅相成的,学校教育依赖于家庭文化资本的积累,学生在学校的学习收益是家庭在学生的时间和文化资本方面投入的产物②。当乡村教育资源紧缺、孩子读书不用功、孩子学习成绩不佳、学生毕业时找工作难和工作之后挣钱不多等因素叠加深刻影响着乡村群众的时候,乡村社会尤其是普通家庭对教育的投入就呈现出选择性机会主义倾向的特征。由于乡村教育资源紧缺,农业收入有限,进城读书投入难

---

① 李纯、郭路仙:《乡村教师制度的系统构建优化策略研究——基于贵州省〈乡村教师支持计划〉的实施考察》,《中小学教师培训》2022年第6期。

② [法]布尔迪厄、[美]华康德:《反思社会学导引》,李猛、李康译,商务印书馆2015年版,第128页。

以承受,使得乡村父母在对孩子进行教育投入时,便会量力而行,并且不少群众机会主义式地认为,反正都是挣钱,趁早出来挣钱又不用承受教育支出,有时说不定还能闯出一番事业,何乐而不为。

(二)能力不足:迈向乡村教育振兴动能不强

习近平总书记在 2015 年 3 月参加十二届全国人大三次会议广西代表团审议时强调:"要帮助贫困地区群众提高身体素质、文化素质、就业能力……打开孩子们通过学习成长、青壮年通过多渠道就业改变命运的扎实通道,坚决阻止贫困现象代际传递。"①也就是说,教育扶贫的使命在为国家育英才的同时,更多聚焦在"挪穷窝"和"拔穷根"上,就是透过职业教育关注人民就业的普惠式教育,充分利用职业教育的开放性、社会性、实用性、时效性优势,使广大的乡村学子能够实现黄炎培先生所言"使无业者有业,有业者乐业"。

1. 国家发展乡村职业教育的相关政策尚未全面真正落地落实

发展乡村职业教育对于在新形势下的乡村产业结构调整与发展、让乡村新型农民掌握实用技能、推进农民劳动致富非常重要。从 1985 年的《中共中央关于教育体制改革的决定》,到 1991 年《国务院关于大力发展职业技术教育的决定》,再到 1993 年的《中国教育改革和发展纲要》;从 2002 年《国务院关于大力推进职业教育改革与发展的决定》,到 2004 年的《教育部等七部门关于进一步加强职业教育工作的若干意见》和 2005 年《国务院关于大力发展职业教育的决定》;从 2014 年《国务院关于加快发展现代职业教育的决定》,到 2019 年的《国家职业教育改革实施方案》,再到 2022 年的《教育部办公厅关于开展职业教育教师队伍能力提升行动的通知》,可以说,国家已经祭出推进乡村职业教育振兴的组合拳,关键在于如何将这些好政策转化为好行动并最终成为好图景,但振兴乡村职业教育在某些地区的具体执行中并未真正落实到位。

2. 乡村职业教育的办学能力有待加强

好的政策不一定会形成预期的政策效果。现实情况是我国乡村职业教育的经费投入在某些地方并未按文件规定真正落实,办学资源保障不到位、职业教育师资不足不优、实训基地数量不足、专业与产业契合度不高、与就业单位需求联动有限、社会影响力薄弱甚至负面社会认知偏多等因素深刻影响着乡村职业教

---

① 《习近平扶贫论述摘编》,中央文献出版社 2018 年版,第 133 页。

育的办学能力。姚永强通过问卷调查发现有超过 2/3 调查对象对乡村职业教育的社会功能认识不到位、目标定位不准确,有超过 1/3 调查对象认为开展乡村教育没有什么必要①。李鹏等认为,当前职业教育的主要问题是供给侧面临的现实困境,具体表现为职业教育招生体制、职业教育人才培养机制、职业教育管理与协调机制三个方面的困难②。在办学与招生体制方面,我国职业教育办学体系与办学能力尚不能满足新时代乡村产业人才培养培育的需求,整个职业教育的整体办学社会影响力偏弱,难以吸引足够的生源进入职业教育。还有就是对贫困学生的识别精准度不够,导致贫困学生泛化,有些西部省份在"雨露计划"实施过程中,还出现将当地职业学校的全部新生纳入该计划的现象③。在培养过程与机制方面,职业教育的办学基础与条件整体偏弱,特别是教学仪器设备、"双师双能型"师资队伍、实习实训条件都不能满足学生就业与职业发展的需求。职业教育的专业设置陈旧老化,专业结构与乡村振兴的产业结构发展需求脱节,且不少专业如计算机、电子、市场营销等几乎所有的职业教育都有,专业特色不明显。而且,职业教育的资格证书认证五花八门,含金量偏低,与就业门槛几乎没有关系,专业符号性资本不能发挥学生就业与收益的效用。

3. 乡村职业教育的吸附力偏弱

由于乡村职业教育自身的办学与人才培养能力方面存在的问题,中国的乡村职业教育整体性社会认同度有待提高,吸引力偏弱,某些乡村学生家长不愿意将孩子送到职业学校接受职业教育。特别是"三区三州"等贫困地区,群众教育思想观念比较落后,他们更注重眼前利益,认为反正都是为了谋生和挣钱,"多花那么多年时间在职业学校瞎混,还要支付学费生活费,倒不如直接去城里打工挣钱"。持这种观点的乡村农民尤其是贫困家庭不在少数,他们中多数的子女初中毕业后辍学就外出务工,教育思想观念落后,对职业教育期望值低导致职业教育招生困难,职业教育对乡村学生及其家长的吸引力偏低。一方面,乡村青年农民急需接受新时期乡村产业结构调整影响带来的新知识与新技能培训,显然

① 姚永强:《乡村振兴背景下中国乡村教育发展》,社会科学文献出版社 2021 年版,第 210 页。
② 李鹏、朱成晨、朱德全:《职业教育精准扶贫:作用机理与实践反思》,朱旭东、李兴洲主编:《中国教育扶贫报告(2018—2019)》,社会科学文献出版社 2021 年版,第 96 页。
③ 李小云、唐丽霞、许汉泽:《论我国的扶贫治理:基于扶贫资源瞄准和传递的分析》,《吉林大学社会科学学报》2015 年第 4 期。

乡村职业教育并未具备这样的办学实力;另一方面就是接受乡村职业教育的学生也不想留在乡村发展,他们只是将接受职业教育当成"向城"的一个跳板。有学者对石家庄市 5 所职业学校学生就业意愿进行调查,发现选择城市就业的占75.7%、县城就业的占 10.7%、乡镇就业的占 0.4%、农村就业的为 2.5%、无所谓的占 10.7%①。

(三)空间泛化:迈向乡村教育振兴场域乡土文化特色模糊

从教育扶贫到精准扶贫的最大转变就是扶贫空间因扶贫对象所需逐渐缩小,而不是过去的那种撒胡椒面式的扶贫模式。中国式现代化最鲜明的理论特征就是"中国式",中国社会是乡土性的,中国的乡村教育也是乡土性的,乡土文化资源蕴含着独具特色的历史、人文、农耕、自然资源的禀赋,其兼具乡村生产、生活与生意。学者指出,乡村教育场域的缺失成为教育行为主体的结构性制约因素,进而引发了乡村教育中教师群体的认同危机、乡村教育自信不足等相关问题②。

1. 乡村教育的内容缺乏乡土文化传承

长期以来,以城市为中心的教育生态格局使乡村教育内容逐渐向城市趋同,标准化课程的指标体系设置忽视了乡土空间的特色,乡村教育的课程内容与城市几乎无异,由此引发了城乡教育供给的单一性状态。学者提出衡量判断教育供给有效性的客观标志要从结构、数量和质量三个层面进行考察③。就结构来说,其主要困境表现在乡土文化教学内容在整个人才培养体系中比重太低,农村的乡土文化特色不明显;数量上的问题是乡土文化教材及课程极为匮乏,如目前人教版的语文教材选文中,乡土文化方面的内容占比不到一成;质量上的困境更具深层次,乡村教师作为教育的传递者乡土情怀空洞,乡土归属感不高,没有认识到地方特色乡土文化传承对于乡村文化振兴的重要性。

2. 乡村教育忽视守护乡村农耕文明

当前,由于乡村社会价值取向偏重于对物质文明的追求,精神文明对乡村社

---

① 石献记、朱德全:《职业教育服务乡村振兴的多重制度逻辑》,《国家教育行政学院学报》2022 年第 4 期。
② 周晔、武天宏:《乡村教育自信:现实遭遇、当下价值与重建理路》,《当代教育科学》2020 年第 1 期。
③ 纪德奎、张卓:《乡村振兴战略中乡土文化教育的自觉与自信》,《当代教育科学》2018 年第 7 期。

会的贡献往往容易被人们所忽视,而乡村教育在这种时候就容易逐渐丧失对农耕文明的坚守。一是乡村教育所传递的价值观逐渐城市化,也就是我们常说的乡风异化现象。农耕文明特别是乡村非遗、技艺、民俗等独具中国乡土特色的文化逐渐被淡忘,甚至被认为是"落后的"。二是乡土文化的重要传承主体青年人逐渐"离农",乡村青年是乡村的希望,亦是乡土文化和农耕文明的主要传承者,他们对乡土文化不感兴趣甚至认为没有前途和意义而选择向城市发展,会逐步动摇中国乡村农耕文明传承的根基,甚至会出现乡土文化教育日趋凋零。三是乡土文化资源在城市化进程中逐渐被破坏,城市化和现代化进程带来的是乡村建设的无序发展,在规划滞后甚至没有法规约束的情况下,乱拆乱建甚至整个村庄消失严重破坏了乡村文化资源的保护与传承。有学者疾呼,我们急于从中国传统文化脱身而出,以致在走出传统的伦理化社会的同时,把乡土中国民族与历史的底蕴全部抛开,使得我们的现代化经济发展没有扎根乡土中国的精神文化①。

(四)主体不突出:迈向乡村教育振兴多元力量融合不畅

多元主体参与乡村教育发展与治理既是历史经验的昭示,亦是当今时代发展的必然要求。党的十九大强调要打造党建引领下的"共建共治共享"多元化社会治理新格局。从历史视角看,人类社会自身就经历了由自治到官治再到共治的三种基本治理模式。俞可平指出:"治理是政治国家与公民社会的合作、政府与非政府的合作、公共机构与私人机构的合作、强制与自愿的合作。"②福利多元主义的主张为多元共治模式提供了理论视角支持,认为福利应为全社会的产物,需要国家、市场、社会组织、家庭等多主体参与,并彼此相互合作。但当前一些地区存在乡村教育振兴中的多元参与积极性不高、多元协调机制不畅、多元整合效果不佳等问题。

1. 乡村教育治理能力有待提升

政府是乡村教育办学的第一责任人,但乡村教育振兴并非一日之功即可促就,也非单靠政府之力就可以完成如此大业。政府在乡村教育振兴方面的管控某些不到位表现为,一是政府采取的手段主要以行政方式为主,有赖于出台统一

---

① 刘铁芳:《逃离与回归:乡土中国教育发展的两种精神路向》,《探索与争鸣》2009 年第 9 期。
② 俞可平主编:《治理与善治》,社会科学文献出版社 2000 年版,第 5—6 页。

性的文件推动政策实践,但有时会忽视各地不同乡村的个体需求。某些地方政府在执行政策过程中也会出现资金有限、执行不力或出现偏差等问题。二是政府在配置乡村教育资源过程中效率有待提高。如政府采购教学仪器设备,在某些乡村学校走程序非常麻烦,低价中标又出现"劣币驱逐良币"现象。某些学校抱怨好不容易盼到可以购买教学仪器设备,却是苦水不少,如等到设备仪器到学校已是过时设备。三是政府在安排乡村教育资源配置过程中有时没有倾听乡村学校的真实呼声和诉求表达。

2. 社会力量在参与乡村教育过程中发挥的作用定位不准

在整个脱贫攻坚战役中,社会力量参与教育扶贫发挥了重要作用。但是社会力量也存在失灵的情况,主要表现为社会组织目标扭曲、自主性丧失、随意性和临时性明显、碎片化和行为失范等问题①。在四川北川、青川、汶川等地调研发现,那里乡村学校的孩子接收到最多的社会组织捐赠是书包和文具,有的孩子家里就存了十几个。而他们真正需要的并非书包和文具,而是愿意扎根在那里的好老师。东部一些乡村学校也反映,有的社会组织来搞个奖学仪式,孩子们非常高兴,特别期待明年自己也能登上领奖台,可是那个社会组织只来搞了一年就不见踪影,弄得学校非常尴尬,不知怎么向孩子们解释。

3. 市场在参与乡村教育过程中时而出现失灵

前些年,不少民办学校、校外培训机构把"做教育"变成"做生意"、把"教知识"变成"教套路",教育资本化和产业化加重百姓家庭经济负担,与教育公益本质背道而驰。市场失灵的具体表现,一是高举应试大旗,通过营销制造和加剧教育焦虑,引发"剧场效应"。民办学校和校外培训机构利用家长"不愿孩子输在起跑线上"的攀比心理营销,推高家长和学生对校外培训的需求和依赖。家长焦虑情绪不断蔓延,加之中小学减负后放学早与家长下班晚的矛盾,家长选择带着孩子涌入培训机构加入"提分"竞标赛。二是违背教学规律,通过超前教学、超纲教学、套路教学开展机械训练,培养"做题机器"。重短期提分成果,培训机构往往直接采用解题技巧和解题套路,以取得时间和效率上的优势,帮助学生快速提升成绩,而精简掉学习流程中最重要的思考、论证、试错等环节,把孩子往"做题机器"的歪路上引。三是存在违规经营,通过低价营销、虚假营销抢夺流

---

① 黄建:《社会失灵:内涵、表现与启示》,《党政论坛》2015 年第 2 期。

量,实施"收割套路"。许多校外培训机构忘记了教育的公益属性,以市场化为导向、以"续班率"为指挥棒,重营销话术,将教育教学当成营利的工具。

(五)乡村教育振兴问题的具体表现

1. 学前教育:迈向乡村教育振兴问题的具体表现

农村普惠性幼儿园是解决农村子女"入园难"和"入园贵"问题的重要保障,而农村普惠性幼儿园的硬件条件又是决定学前教育质量的基本条件,对保障乡村学前教育的高质量发展具有重要的基础性作用。

乡村学前教育硬件条件建设存在某些短板。根据 2021 年全国教育事业统计,当前我国普惠性幼儿园的覆盖率已达 87.78%[1],但当前农村普惠性幼儿园在硬件数量、硬件配置、硬件质量方面仍有一些问题需要解决。一项针对"三区三州"贫困地区学前教育发展情况的调研也显示,"三区三州"一半幼儿园户外活动场地充足[2],但也意味着有一半幼儿园户外活动的场地不足。来自 2019 年甘肃乡村幼儿园的硬件设施调研也显示,乡村幼儿园存在户外场地不足、室内场地缺乏、体育器材数量不足等问题[3]。乡村普惠性幼儿园硬件资源配置不均衡主要表现为宏观层面东部、中部、西部乡村幼儿园硬件配置的不均衡,中观层面省内各地农村硬件配置不均衡,微观层面乡村公办园与民办园在硬件配置上的不均衡。《中国西部学前教育发展情况报告》显示,西部地区相较东部地区而言基本设备与卫生设施有限,缺少游戏材料,省内间发展差距大,云南省怒江州学前教育水平就低于云南省平均水平[4]。

农村学前教育"小学化"现象比较突出。前些年,乡村幼儿园课程内容、教育方式和校园环境均存在着"小学化"问题。如乡村幼儿园课程内容"小学化"。尤其是民办幼儿园提前对学龄前儿童教授拼音、识字、计算、英语等小学课程内容,布置小学内容的家庭作业和考试测验等。这种现象在中西部偏远农村地区依然存在,例如西藏自治区教育科学研究院一项针对农牧区幼儿园保教质量的现状调查显示,当地多数老师仍认为要通过环境将成人经验直接教给孩子,课程

---

① 《教育部:全国共有学校 52.93 万所》,《北京日报》2022 年 3 月 2 日。

② 赵建武:《"三区三州""一村一幼"学前教育发展成效及建议》,《中国民族教育》2021 年第 5 期。

③ 王丽娟、吴晶:《农村幼儿园体育活动硬件设施现状调查——以甘肃省积石山县为例》,《陕西学前师范学院学报》2019 年第 8 期。

④ 卢迈、方晋、杜智鑫等:《中国西部学前教育发展情况报告》,《华东师范大学学报(教育科学版)》2020 年第 1 期。

实施存在"假游戏""小学化"问题①。这种"小学化"的课程观念在农村家长中也普遍存在。一项针对中西部8个国家级贫困区的调研显示，家长们对教育的"功利化"倾向使他们要求幼儿园进行拼音、写字、古诗词诵读、英语、大数字加减等小学知识讲授、练习和考试，对幼儿身心发展需求和年龄特征视而不见②。乡村幼儿园教育方式"小学化"方面表现为，由于师资力量不足，乡村幼儿园以课堂集中授课方式为主组织安排一日活动，教育方式"小学化"，或以机械背诵、记忆、抄写、计算等方式进行知识技能性强化训练，而忽视幼儿教育以"游戏活动为主"的基本特征。

乡村学前教育教师队伍专业性有待加强。乡村学前教育教师队伍的专业性是实现高质量学前教育的根本保障。一项针对贵州农村普惠性幼儿园的研究显示，学前教育教师在专业发展上没有明确规划的比例超过半数，有43%的教师不会进行教学反思③，乡村学前教师专业意识还需要进一步加强。乡村学前教育教师的专业能力不足。学前教育教师队伍的专业能力包括沟通合作、游戏活动的支持与指导、教育活动的计划与实施等内容。一项基于全国七省34806个样本数据的实证研究表明，普惠性民办园和农村地区幼儿园师资问题不容乐观，学历偏低，超半数教师没有职称，直接影响学前教育教师队伍整体的专业能力④。

2. 义务教育：迈向乡村教育振兴问题的具体表现

从人口学和人力资源的视角看，乡村义务教育的优质均衡发展可以释放更直接的政策福利，提升农民生育的积极性，破解当前我国人口结构不优带来的巨大压力。为了实现乡村振兴战略中义务教育高质量发展需求，义务教育还需要继续加强巩固教育信息化建设成果、积极探索适应农村发展的基础课程、努力加强本土化乡村教师专业培养。

乡村义务教育信息化建设有待进一步提升。当前，脱贫地区乡村教育信息

① 陈丹、达娃、王云霞：《西藏农牧区幼儿园保教质量发展现状与对策》，《西藏教育》2022年第5期。

② 杨莉君、黎玲：《精准扶教：合理满足贫困山区对学前教育质量的需求》，《湖南师范大学教育科学学报》2019年第6期。

③ 张加欣：《农村普惠性幼儿园师资队伍建设研究》，喀什大学硕士学位论文，2021年。

④ 周榆：《我国普惠性幼儿园评估指标体系构建与实施研究——基于全国七省34806个样本数据的实证研究》，华东师范大学硕士学位论文，2021年。

化发展还存在信息共享交流不够充分流畅、多元主体参与机制建设还不足、信息化主体参与积极性不够高等问题。首先是乡村义务教育信息共享交流不流畅。农村地区有关的教育信息和数据多集中于各级各类政府及教育机构，各部门间内部数据又都存在保密性与隐秘性，导致信息交流的阻塞。其次是乡村义务教育信息化建设多元主体参与机制不健全。由于义务教育脱贫攻坚行动一直以政府为主导，社会组织、企业、学校、贫困群体在教育信息化过程中的自主性受到削弱，话语权不足，而未来相对贫困的治理工作和乡村振兴工作都更加强调义务教育领域的发展和扶持要具有针对性和精准性，这就要求多元主体参与到教育信息化过程中形成教育信息共建共享，而目前这种多元主体参与协同的机制尚未完全建立，有待继续深化和拓展。最后是乡村义务教育信息化建设主体参与积极性不高。教育脱贫攻坚时期教育信息化建设的行动逻辑是"自上而下"的外部式输入，对充分调动脱贫地区乡村教师和学生参与的主体积极性关注不够。例如，一些地方在推进信息化助力民族地区教育精准扶贫的实践中，往往将扶贫的重心放在信息技术的更新换代、教育设备的及时升级上，但发展的内生动力却未能够同步提高①。

乡村义务教育乡土课程体系建设较缓慢。目前，农村民族特色的义务教育课程开发还不够充分、利农益农的义务教育课程定位还不够明确、现实需要的义务教育的课程实施还不够到位，成为掣肘课程为乡土化建设服务的三个重要问题。首先是传统民族乡土特色课程开发不足。一项针对青藏脱贫地区的研究显示，当地基础教育课程对本地区生态环境、民族民俗、区域文化等课程的开发力度不足，造成学生对本地区多民族多文化的生态认识缺乏、与社会发展需求脱嵌等问题出现②。其次是利农益农的课程欠缺。研究表明，在义务教育均衡化、城乡教育一体化背景下，贫困地区乡村教育呈现出明显的城市化倾向，从教材选用、课程设置到教学内容、教学方式，再从优质教育到升学率，都无一例外体现出鲜明的城市化取向③。这种"离农化"的乡土课程定位对乡村教育利农益农的应

---

① 李华、马小璇、王继平等：《信息化助力深度贫困地区"教育精准扶贫"路径与对策研究》，《电化教育研究》2021年第1期。

② 李晓华、黄如艳、张琼：《从教育扶贫到教育促进乡村振兴——青藏地区教育脱贫的新路向》，《民族教育研究》2021年第5期。

③ 余万斌、杜学元：《对贫困地区教育扶贫的伦理取向审视——基于社会主义核心价值观的视角》，《教育研究与实验》2019年第5期。

然要求造成了负面影响。最后是乡村义务教育课程建设尚未完全达到国家标准课程。研究表明,在一些中西部欠发达地区依然存在着基础教育课程无法开足开齐的情况,部分欠发达地区中小学,英语和"音体美"等课程开不齐的现象较为普遍①,这种课程实施不到位的问题直接影响到欠发达地区学生素质的全面发展,并给未来乡村振兴工作带来一定的消极影响。

乡村义务教育乡村教师本土化专业化不足。当前,某些乡村教师身份认同不足、乡土知识欠缺、教学质量较弱的问题要求后扶贫时代继续努力加强本土化乡村教师的专业培养。首先是乡村教师身份认同危机。长久以来城乡教育发展不均衡,导致乡村教师出现了身份危机,带来身份边界模糊、身份不认同,产生自我认同危机、群体认同危机、社会认同危机②。乡村教师在意识层面上对自我专业身份的认同度将会对其积极开展教育教学实践探索产生负面影响,甚至使乡村教师"外流"。其次是乡村教师乡土教育能力不足。乡村教师服务乡村振兴的乡土文化不足,一方面学习掌握乡土文化知识的意愿不强,另一方面自身在生活上与农村社会脱嵌,服务乡村振兴的文化空间也不够③。最后是乡村教师教学能力培训欠缺。一项针对广西三市三县(区)6个乡镇25所农村学校的乡村教师调查显示,乡村教师教学质量有待提升,尤其是教学能力和教学策略与方法方面较为欠缺④。

3. 职业教育:迈向乡村教育振兴问题的具体表现

目前,职业教育还存在着助力"三农"发展培养体系不完善、职业教育硬件条件和合作机制不健全、职业教育"双师型"教师队伍建设滞后等问题。

助力"三农"发展培养体系不完善。首先是乡村职业教育存在"离农化"倾向。当前我国社会变化的一个基本态势是城乡经济发展差距扩大和城镇化进程快速推进,而职业教育因为其与社会经济、产业结构高度联系的特点,同样会因追求经济发展趋势"外部适应性"的偏好呈现出"离农"的发展倾向。导致涉农职业教育在服务乡村振兴实践中存在"浅嵌"与"脱嵌"的适应性偏差困境,表现

---

① 吴晓蓉、许见华:《教育扶贫须以提升基础教育质量为保障》,《教育与经济》2020年第3期。

② 俞晓娟:《农村振兴视野下农村教师身份认同研究》,《教育评论》2021年第12期。

③ 马永全、王永红:《农村教师作为农村基本公共服务人才:学理阐释及厚植路径》,《河北师范大学学报(教育科学版)》2022年第3期。

④ 黄丽静、马焕灵:《乡村教师教学质量及其影响因素的实证研究》,《上海教育评估研究》2022年第2期。

为教育前"冷农"、教育中"去农"和教育后"离农"①。其次是乡村职业教育专业设置与农村当地经济发展不适配。职业教育在专业设置上还存在与当地经济发展匹配性不足的问题,将直接影响职业教育与农村当地产业结构的深度融合进程。以宁夏为例,南部山区贫困县因为特色资源和优势资源利用率低,产业发展目标相对模糊且同质化,专业设置缺乏自主性和灵活性,致使其与当地经济社会发展的匹配度不高,不能很好地满足贫困家庭及社会需求②。

职业教育的硬件条件与合作机制有待健全。首先是乡村职业教育硬件建设经费投入不足。有调查显示,诸多省区农村职业院校生均建筑占地面积、生均教学设备仪器、生均图书资源等多项指标数值远低于教育部颁布的《中等职业院校设置标准》③。硬件条件是决定职业教育质量的基本物质条件,设备仪器、图书资源等影响职业教育教学的现实成效,制约着"三农"人才的培养质量,因此亟待得到更多财政投入的补充。其次是院校融入农村链条式合作办学机制有待深化。研究显示,仍有一些偏远、经济欠发达区域农村职业院校仍沿用既有的教学合作模式,产生封闭化的办学生态,使得农村职业院校与本土环境、就业市场、发展态势脱节,农村职业教育体系之中也尚未形成"院校—产业基地—农村"链条式办学方式④。这表明当前农村职业教育的合作机制仍有待进一步深化,以达到促进农村职业教育与经济社会的工学结合、校企合作以及产教融合,实现农村职业教育助力乡村振兴发展的目标。

乡村职业教育"双师型"的教师队伍建设相对滞后。首先是"双师型"教师比例偏低。尽管近几年随着国家对职业教育发展的重视程度提升,"双师型"教师在2020年已经达到45.56万人,但总数占比仍偏低,只占专任教师总数的34.2%。这将对职业教育的整体质量带来消极影响。且农村职业教师难扎根,不少农村职业院校布局分散,规模小,教师人数少,发展受限,流失严

---

① 刘红梅、肖泽平、杨素丹:《涉农职业教育增强服务乡村振兴适应性的实践困境及破解策略》,《教育与职业》2022年第12期。

② 张红梅、李道胜:《宁夏职业教育精准扶贫存在的问题与优化路径》,《教育与职业》2020年第15期。

③ 吕鲲鲲:《乡村振兴背景下农村职业教育现代化:自信危机与价值重塑》,《职业技术教育》2022年第13期。

④ 吕鲲鲲:《乡村振兴背景下农村职业教育现代化:自信危机与价值重塑》,《职业技术教育》2022年第13期。

重。其次是"双师型"教师实践能力不足。"双师型"教师要具备"双项能力",既要能胜任理论教学,又要能指导学生实践。然而研究显示,绝大部分职业院校的教师是普通教育的毕业生,从学校毕业后直接走上讲台,多缺乏专业实践经验和专业操作技能,教学也延续普通理论为主、实践偏少的传统,导致学生课堂学习与课后实践严重脱节①。最后是"双师型"教师专业培训偏少。鉴于目前职业院校教师队伍在实践经验和专业实操方面的不足,相关培训应有助于提升其对应的职业岗位素质,而"双师型"教师队伍发展还相对滞后,数量不足,导致大多数教师工作量大,工学矛盾突出,难以外出进行职业方面的专业进修与培训。

二、迈向乡村教育振兴的问题归因

从教育扶贫迈向乡村教育振兴的行动实践来说,其内在动力聚焦于乡村教育振兴主体自身的思想、观念、精神及群体文化力量等范畴。激发乡村教育迈向乡村教育振兴的内在动力,重在于变革从教育扶贫迈向乡村教育振兴的思想认知,从思想上真正实现从教育扶贫到乡村教育振兴的蜕变;重在于以实现乡村现代化新目标树立乡村教育振兴的正确观念,如对乡村教育振兴的价值认同、内涵理解以及主体认知等方面;重在于从"扶智"到"扶志"的教育,将其作为乡村教育振兴的重要精神动力;重在于建设好乡风文明,激发乡村教育振兴文化动力。

(一)乡村教育缺乏"好的教育"

教育在价值上存在两大指向:人及文化。前者以促发现实之人的生命进步、培育新人为要义;后者以选择、传承与塑造新文化,推进文化进步为要义②。无论是教育扶贫还是教育精准扶贫,也不论是扶乡村教育之贫还是透过教育扶贫阻断贫困的代际传递,社会公平正义的价值追求就是教育发展与振兴的本质,这种价值取向直接体现在教育自身,并经由办学条件等均等性的优质教育资源直接展示出来。乡村教育的根本目的是为了促进乡村学生的发展,使学生能够立足现实,他们可以在城市或乡村场域实现自己的人生价值,而不是成为城市和乡

---

① 刘杨、蹇世琼:《乡村振兴背景下职业教育"双师型"教师队伍建设:问题、特征与路径》,《当代职业教育》2021年第6期。

② 孙杰远:《乡村教育应在文化选择中重塑主体性与自觉性》,《探索与争鸣》2021年第4期。

村的双重边缘人①。当下,乡村教育的价值取向出现了"向城性"和"功利性"的价值偏离,这是导致乡村教育振兴乏力的最重要归因。

1.国家价值:"有的教育"而非"好的教育"无法保证教育公平

我国当前的社会主要矛盾是发展不平衡不充分与人民对美好生活向往的矛盾,这集中体现在城乡发展不平衡和乡村发展不充分方面,尤其教育资源的不均衡不充分发展最为突出。在城乡二元结构现实中,由于单纯"重城轻乡"的教育价值导向导引,叠加户籍改革和城市公共服务水平的拉升,乡村教育出现了严重的"向城性"和"功利性"价值偏离。乡村教育尽管在"双高普九"政策推进下有较大提升,但乡村教育某种程度上只是"有的教育"而非"好的教育"。因为"好的教育"多集中在城市,直接促使它们成为城镇公办学校吸引生源的一种"工具理性",读书为了离开农村、读书为了挣更多的钱、读书为了未来更舒适的生活成为乡村家长及孩子的一种价值追求,这不仅加剧了城乡二元对立,而且割裂了乡村教育与乡村振兴的直接关联,最终使乡村孩子对乡土情感逐渐淡化。

乡村教育价值取向的历史演进。王玉国认为,乡村教育始终存在着城市取向与本土取向两种博弈。20世纪20年代,梁簌溟等人就觉察到中国乡村教育是一种游离于乡村社会之外的城市教育,中国旧式私塾在新式学堂的冲击下遭遇重创,乡村教育逐渐失去自身的价值自信。所以梁簌溟、晏阳初等精英知识分子亲身践行乡村教育运动,倡导平民教育。新中国成立后,在政府的强势主导下,知识分子上山下乡接受贫下中农再教育,乡村教育出现了激进式的发展。改革开放后,在现代化、城镇化、市场化的快速发展带动下,尤其在高考指挥棒的引领下,乡村教育基本成为城市教育的翻版,乡村教育再次成为城市教育的配角②。

乡村教育"有的教育"而非"好的教育"。从2010年起,财政部、教育部决定实施农村义务教育薄弱学校改造计划,集中力量解决"教学装备短缺、县镇学校太挤、农村学校太弱"等突出问题③。国家还出台一系列政策补齐乡村教师短板,乡村教育在数量的布局上有一定改善。但是,我们必须看到,受历史、区位等

---

① 陈雯婧、汪建华:《论乡村教育价值取向之"离农"与"为农"的悖论》,《海南师范大学学报(社会科学版)》2021年第2期。

② 王玉国:《百年乡村教育价值取向及对未来的启示》,《教育学术月刊》2009年第11期。

③ 《提高教育质量 缩小城乡差距》,《中国教育报》2013年2月27日。

因素制约,我国多数脱贫县、西部山区、老区苏区特别是"三州三区"经济社会发展还相对滞后,依靠自身力量对乡村教育振兴投入的能力明显不足。具体而言,当前我国乡村教育可以说是"有的教育"而不能说是"好的教育",如存在建设主体"缺位"、教师队伍"边缘"、文化认同"流失"等诸多结构性的困境①。加之农民工进城流动、人口出生率下降、住房的教育属性扩大、民办教育在一些地方无序扩张等因素叠加,推进乡村教育提质增效显然有较大困难。

2. 社会价值:"贵的教育"与"义务教育"凸显教育工具理性

前些年,不少民办教育学校为吸纳生源,通过高报酬大力挖掘乡村公办学校的优质师资,极大动摇了原本就薄弱的乡村教师队伍,还"一波流"式带走了不少乡村学生,严重破坏区域教育生态。优质教师和拔尖学生成为民办学校竞相追逐的对象,甚至不惜重金聘请和奖励,教育工具理性非常明显。有些民办教育逐渐淡化了教育最根本的公益属性,而在利益的链条上追名逐利,教育资本化和产业化加重了农村家庭经济负担。

某些乡村百姓无奈选择民办"贵的教育"。就民办教育来说,农村公办学校骨干教师与学生流失成为普遍现象,而不少农村家庭在公办学校教育资源弱化的情况下不得已选择送孩子到民办学校就读,而公办学校却吃不饱出现空壳化。如一个省级脱贫县就有民办中小学 2 所、民办培训机构 8 个、民办幼儿园 36 所。县城的民办学校一学位难求,但公办乡村中小学却是一个班级不足 20 人,甚至更少,一些乡镇只能并班甚至并校。有的民办教育学校过度强调利润追求,以掐尖子生、盲目宣扬高考状元和清北生、高薪聘请名师、重金奖教奖学等为噱头,造成县域农村家长普遍认为"一中上不了,只能上民办"的偏差性认识。有些地方民办教育存在盲目扩张,"开连锁店式"到处举办分校区,家长排队交钱,挤破头脑进民办。民办学校义务教育阶段一个学生的年均学费及各种费用少则 2万—3 万元,多则 4 万—5 万元,不少乡村家庭为支付高昂学费倾其所有,甚至举债供孩子就读民办学校,高额学费支出已使部分农村家庭出现"因教返贫"。

乡村孩子热衷参加校外培训"贵的教育"。在消解教育价值上,一些培训机构不顾减负和素质教育的改革基本指向,以培养和提升学生应试能力为主要手

---

① 徐晓军、武君琦、孙权:《教育先行:巩固脱贫攻坚成果与乡村振兴的衔接》,《中国民族教育》2021 年第 10 期。

段侵越学校教育、阻碍素质教育。在加剧教育焦虑上,一些培训机构利用家长"不愿孩子输在起跑线上"的攀比心理进行营销,推高家长和学生对校外培训的需求和依赖。家长焦虑情绪不断蔓延,加之中小学减负后放学早与家长下班晚的矛盾,家长选择带着孩子涌入培训机构加入"提分"竞标赛。一些校外培训机构忘记了教育的公益属性,以市场化为导向、以"续班率"为指挥棒,重营销话术,将教育教学当成营利的工具。违规办学上,部分培训机构存在无证无照无资质以及超范围经营的情况,借着家长对于开办资质和经营许可相关规定的不熟悉,违规开展教育培训;有些培训机构师资参差不齐,存在包装"名师"的情况。虚假营销上,有些培训机构通过"毒鸡汤式""洗脑式"营销刺激家长,忽悠家长交钱;有些培训机构开展虚假夸张的广告宣传,在家长为孩子缴纳高额学费之后携款"跑路",家长维权困难。

(二)城乡二元结构对立的结构性内因

新中国成立以后的中国城乡教育基本上是沿着"双轨式的发展模式"[①]进行的。这种双轨式的发展模式深受乡村人口向城市流动政策、工农业差异发展政策、工农产品"剪刀差"流通政策等影响,客观上造成农业养工业、农村养城市的事实。无论是从分析框架的角度还是基本结论,"城乡二元结构"都是分析中国改革开放前所有城乡关系的基本工具。这种结构上的长期发展不平衡和不充分是导致乡村教育振兴困境的结构性内因。

1. 工农业"剪刀差"造成长期重工轻农倾向

习近平总书记指出:"改革开放以来,我国农村面貌发生了翻天覆地的变化。但是,城乡二元结构没有根本改变,城乡发展差距不断拉大趋势没有根本扭转。根本解决这些问题,必须推进城乡发展一体化。"[②]尽管中国的城乡关系包括人口流动、工农业政策、工农产品流通等领域,但中国的城乡二元结构首先是从对农业与工业的定位开始的。有学者指出:"对农业重要性及其基础地位的认识,更多的,不是从农业本身,而是从农业对工业发展的重要作用来认识的"[③]。也就

---

① 廖桂村:《1949—1977 年中国城乡双轨发展模式的解读》,《山西农业大学学报(社会科学版)》2020 年第 2 期。

② 中共中央党史和文献研究院编:《习近平关于"三农"工作论述摘编》,中央文献出版社 2019 年版,第 29 页。

③ 韩喜平、邵彦敏、贺艳:《建国以来党对农业与工业关系的理论认识与政策演进》,《科学社会主义》2009 年第 6 期。

是说,新中国成立后我国实行的基本上是以农业养工业,农业农民受损,城市和工业受益的政策,亦如我们习惯上说的工农业"剪刀差"。所谓"剪刀差"是指工农产品不等价交换的剪刀状差距①。当时我们学习苏联发展模式,认为可以通过对内利用农民的生产成果来实现社会主义的原始积累,并快速进入先进的工业化国家行列。尽管 1949—1977 年的城乡关系与 1978 年以后在城乡生产方式、空间产业关系及工农业生产方式等方面存在差异,但整体趋势还是农业支持工业、农村支持城市。由于长时间的工农业"剪刀差",导致出现了整个社会价值重工轻农的偏离倾向。

从农业"多数"到农业"少数"。毛泽东同志曾强调:"没有我国的农业,便没有我国的工业。忽视农业方面工作的重要性是完全错误的"②。习近平总书记在 2022 年中央农村工作会议讲话中指出:"从世界百年未有之大变局看,稳住农业基本盘、守好三农基础是应变局、开新局的压舱石。"从 1949—1977 年我国的农村仍然以农业为主,但国家为解决城乡粮食供应紧缺问题,实行统购统销制度,农村作为供给端而城市作为需求端逐渐建立起"以农补工"的国民经济发展模式。1978 年以后,国家实现联产承包责任制,农村剩余劳动力得以离开土地,农产品可以自由交易,我国的国民经济体系发生了根本性的变化,农业成为"少数"。叶兴庆研究认为我国在 2016 年第一产业占比已下降到 27.7%,第一产业国内生产总值占比下降到 8.6%,农业彻底成为国民经济体系中的"少数"。农业的这一重大转向深刻影响到农村农业发展,因发展机会相对有限,农业产业获利吸引力不足,农村年轻人到城市寻找机会成为趋势。

从农业人口"多数"到农业人口"少数"。资料显示,全国乡村人口总数由 2000 年的 80.837 万人下降到 2019 年的 55162 万人,乡村人口所占比重也由 63.8%降至 39.4%③。以 2017 年为例,义务教育在校生数达 1.45 亿人,比 2016 年增加 293.38 万人,增幅为 2.06%。其中,城区为 5029.43 万人,比 2016 年增加 272.83 万人,增幅为 5.74%;镇区为 6087.56 万人,比 2016 年增加 160.56 万人,增幅为 2.71%;乡村为 3418.77 万人,比 2016 年减少 140 万人,减幅为

---

① 李炳坤编著:《工农业产品价格剪刀差问题》,农业出版社 1981 年版,第 10 页。
② 《中共中央文件选集》第 28 册,人民出版社 2013 年版,第 52 页。
③ 《中国农业农村统计摘要 2020》,中华人民共和国农业农村部网,2021 年 2 月 18 日。

3.93%①。城镇义务教育的学生是逐年增长,而乡村的依然在减少。

表1　新中国成立以来农业人口占比表

年份	1949年	1978年	2012年	2021年
全国总人口(人)	5.38亿	9.63亿	13.59亿	14.12亿
农业人口(人)	4.63亿	6.74亿	8.79亿	5.09亿
农业人口占比(%)	82.6	70.5	64.7	36.1

从农村学生"多数"到农村学生"少数"。改革开放以来,我国农村学校数量逐步减少、学生规模越来越小是一个主要趋势。随着乡村学校规模变小,不少乡村学生选择向城镇学校流动。如从2000年到2010年10年间,全国农村小学减少了一半,从55万所减少到26万所。2011年教育部领导在接受记者采访时表示,一个时期以来我国农村中小学布局调整可以概括为"一少""一多"。"一少"指的是农村学生数量减少,学龄人口减少。全国6—14岁义务教育阶段学龄人口从2000年的2.05亿减少到2010年的1.58亿,减少了4700多万;"一多",指的是随着城镇化进程的加快,进城务工人员随迁子女增多,如2010年随迁进城读书的义务教育阶段学生约1200万②。

2. 城乡二元"结构性"导致城乡教育"二元"对立

中国的城乡二元结构并非简单的农业与工业对立,或者说城市与乡村对立。贺雪峰提出了不同的观点,当前城乡二元结构式是农民主动选择的结果,其依据有二:一是现行城乡体制已基本破除了农民进城的基本障碍,而且还保留了农民返乡的权利;二是农民将当前的城乡机制视为一种机会结构,他们可以依据自己的实际情况作出选择③。实际上,城乡二元结构并非剥夺了农民的发展机会,最直接的体现是城乡教育差异逐步拉大,甚至形成城乡教育"二元"对立。

城乡教育"二元"对立的逐步形成与发展。我国城乡二元对立格局形成肇始于1953年的农业集体化运动和粮食统购统销政策实施,从粮食统购统销到工

---

① 《中国农村教育发展报告2019》,中国教育新闻网,2019年1月13日。
② 周作翰、张英洪:《城乡二元体制的建立:农民与市民的制度分野》,《湖南师范大学社会科学学报》2009年第2期。
③ 周作翰、张英洪:《城乡二元体制的建立:农民与市民的制度分野》,《湖南师范大学社会科学学报》2009年第2期。

农业"剪刀差",再到户籍制度,三个制度推行直接促成了城乡二元体制的形成。正是长期城乡二元的结构性因素,不仅导致农业与工业、农民与市民长期在国家政策上存在巨大差异,而且拉大了城乡教育间的差距,并逐渐形成城乡教育"二元"对立,直接影响着政府对待城乡教育差别性制度安排。北京大学刘云杉统计1978年至2005年近30年间北大学生的家庭出身发现,1978年至1998年,来自农村的北大学子比例约占三成,20世纪90年代中期开始下滑,2000年至2011年,考上北大的农村子弟只占一成左右①。

城乡教育"二元"对立的差异性形态。主要有两个方面:一方面是制度安排上的差异性。城乡二元结构使得国家在公共优质教育资源配置方面优先集中在城市,在财政资金、师资配给、教育管理、招生就业等方面政府都有较强的"重城抑乡"倾向。乡村教育在这种城乡二元的公共政策差异性对待下,逐渐变成落后的代名词和被帮扶的对象。另一方面是教育文化特质上的差异性。苏刚指出:"教育的城市化趋向导致了城乡文化特质上的激烈冲突,这种冲突的结果最终导致了乡村文化的解体和乡村社会的边缘化,乡村精英离乡是乡村文化衰落的重要特征。"②近代之前,中国城乡之间在文化上并没有多少差异,甚至乡村被视为文化的主体表征。但是,城乡教育的"二元"对立逐渐使城市文化成为先进的、高水平的象征,而乡村教育发展却相对落后。

3. 有些地方乡土文化"悬浮"造成乡村教育远离乡村生活

一些农村学生对乡土没有什么感情,有的农村孩子从幼儿园开始到高中都被送到城镇读书,家乡故土情怀非常淡薄,乡土文化"悬浮"造成乡村教育远离乡村生产生活。

乡村教育"悬浮"于乡土场域。长期以来,在城市化、现代化快速发展的大背景下,乡村教育的主要内容与教育方式被城市教育所带动,乡村教育有些悬浮于乡土场域的生产生活。如前几年的全国高考作文题,以十个热词写一篇文章,这十个词包括了"共享单车、广场舞"等,对于城市的考生来说,这些热词再熟悉不过,而对于边缘山区的乡村孩子来说,却是闻所未闻。出题者就是站在城市生活的角度来出题的,根本未考虑乡村孩子的生活场景。有学者提出,"离开乡土

---

① 《北大新生农村生源14.2%　名校农村生源呈下降趋势》,河南教考资源信息网,2013年10月18日。

② 苏刚:《城乡教育一体化:从"二元对抗"走向"有差别的统一"》,《上海教育科研》2013年第10期。

性,乡村教育现代化便成为一个空洞之物。乡土文化作为乡土性的载体,为乡村教育现代化提供了蕴含乡土气息的土壤"①。

乡村教育考核评价体系脱离乡村自身的特点。如果基础教育培养人才的考核依然沿用升学率、清北率、重点率等指标继续衡量,乡村教育依然是乡村孩子"向城化"的一个工具,乡村学校无论如何无法在短时间内在这些指标上超越城镇学校。要探索构建不同区域乡土性、接地气的教师、教学、学生评价体系,"不拘一格降人才",乡村教育能培养出"土专家""田秀才"也是一种良好的教学成果,为职业教育输送热爱国家、敢于担当的"大国工匠"同样是引以为豪的教学业绩,"各美其美,美人之美",努力消弭乡村教育的习惯性弱点,营造乡村社会对乡土教育重视的良好氛围。

乡村教育脱离乡土生产生活。著名的教育家陶行知认为:"学生立足生活,依据生活所接受的教育,本身就是一个最基本、最理想的教育状态。给生活以教育、用生活来教育,为生活向前向上的需要而教育。"②当前的不少乡村孩子,由于长期在城镇接受基础教育,地方方言不会讲、地方风俗习惯不懂、农村生产生活不接触、基本生存生活技能不掌握,"万般皆下品,唯有分数高"。高分低能者有之,智商高情商低有之,长此以往,他们难以撑起实施乡村振兴战略大业。如果任由这样的教育目标导向发展,乡村教育的教学内容、教学方式与教学实践基本上将与乡村生活无关,甚至乡村学生会鄙视乡土生活和农业生产,乡村学校培养的一批又一批的人才将离开乡村,乡村教育将基本悬浮于乡土生活之上。

(三)财政鸿沟使乡村教育"供血不足"

习近平总书记反复强调,再穷不能穷教育,再苦不能苦孩子。可以说,近些年无论是中央财政还是省市地方财政,对教育增加投入时常被视为每年政府为民办实事的重要内容和亮点。但是,我国的教育体制是"义务教育阶段投入以县为主",某些中西部县财政捉襟见肘,难以拿出更多的经费投入乡村教育。

1.投入不足的财政鸿沟造成乡村教育振兴基础薄弱

长期以来,我国省域之间、东西部之间、城乡之间的经济社会发展不平衡一直存在,导致区域性教育财政鸿沟难以填平。以 2017 年为例,全国教育经费总

---

① 于发友、任胜洪、林智慧等:《新时代推进我国乡村教育现代化的几个面向(笔谈)》,《吉首大学学报(社会科学版)》2020 年第 6 期。

② 徐莹晖、王文岭编:《陶行知论生活教育》,四川教育出版社 2010 年版,第 65 页。

投入为 42562.01 亿元,较 2016 年增长 9.45%。其中,国家财政性教育经费为 34207.75 亿元,占到全国教育经费总投入的 80.37%,较 2016 年增长 8.95%。这样的教育投入增幅足以说明国家对教育事业的高度重视。就小学教育来说,2017 年全国普通小学生均公共财政预算教育事业费支出达到 10199.12 元,较 2016 年增长 6.71%。其中,农村为 9768.57 元,较 2016 年增长 5.65%;全国普通小学生均公共财政预算公用经费支出达 2732.07 元,较 2016 年增长 4.64%。其中,农村为 2495.84 元,较 2016 年增长 3.90%。就初中教育来说,2017 年全国普通初中生均公共财政预算教育事业费支出达到 14641.15 元,较 2016 年增长 9.13%。其中,农村为 13447.08 元,较 2016 年增长 7.77%;全国普通初中生均公共财政预算公用经费支出达 3792.53 元,较 2016 年增长 6.47%。其中,农村为 3406.72 元,较 2016 年增长 4.59%①。可以看到,一方面是政府教育投入有较大的增加,另一方面是农村义务教育经费增幅依然低于全国平均水平。

再如,以生均预算经费最高的北京市和最低的河南省为例,2018 年数据显示,北京市小学、初中生均预算内拨款分别为 34056.72 元、64382.26 元,河南省则分别为 6801.84 元和 10674.31 元,北京市分别是河南省的 5 倍和 6 倍②。并且北京的优质教育资源并非河南省可以比拟,加之地方财政长期投入不足,差距自然就越拉越大了。就福建省来说,如 2019 年底,38 个经济欠发达老区苏区县 GDP 总量 8815.89 亿元,仅占全省 GDP 总量 42395 亿元的 20.79%;人均 GDP8.04 万元,占全省人均 10.71 万元的 75.07%;一般公共预算人均收入 0.29 万元,仅为全省一般公共预算人均收入 0.69 万元的 42.03%,乡村教育领域短板较多。

毋庸置疑,教育投入不足是影响优质教育公平的主要制约因素,但还有一个问题容易被大家忽视,那就是教育投入的分配不均也是重要原因。教育投入分配不均具体表现为每年逐步提高的教育投入平均水平农村增幅一直低于城镇,这很难抹平长期以来历史累积的财政鸿沟;教育投入在城镇学校演变成信息化、技术化学校装备的竞争;教育管理行政化、教育购买社会服务化增加了教育经费的支出;"两免一补""营养午餐""校车试点""延时服务""心理健康"等一系列

---

① 《中国农村教育发展报告 2019》,中国教育新闻网,2019 年 1 月 13 日。
② 张志勇:《充分发挥教育在巩固脱贫攻坚成果中的重要作用》,李兴洲、白晓、张琦:《中国教育发展与减贫研究》,社会科学文献出版社 2020 年版,第 8 页。

新增加的教育支出成本挤占了原本就有限的乡村教育经费。

2.农民主体性边缘化促使乡村教育振兴支撑乏力

乡村教育振兴的主体是农民,农民是推动乡村教育振兴的内源力。乡村教育的主体是乡村学校的办学自信,是优质师资的职业坚守,是乡村家长的教育信任,是乡村孩子的乡土情怀,是乡土文化的世代传承。只有尊重乡村教育的主体感知、自我评价及办学自信,促进乡村教育办学的自主性与多样性,不偏差性认为城镇教育是先进的,乡村教育是落后的,而是厘清二者各具的特色与优势,才有可能系统性认知乡村教育的主体性问题。

乡村学生主体性边缘化。一方面是随着乡村青壮年人群的不断进城,他们的子女也由原先的"留守儿童"转身成为"进城务工人员子女";另一方面是由于城乡学校办学质量的差距越拉越大,不少农民只能选择进城买房争学位为孩子提供优质教育,或者硬着头皮花高价钱将孩子送到民办学校。这些孩子离开了家乡,自然就抽离了乡村教育振兴的根基,使乡村学校失去了教育对象,进而失去了学生主体性。

乡村教育话语权边缘化。纵观实施乡村振兴战略的"五大振兴"内容,无一不与乡村教育振兴相关联。如乡村产业振兴离不开大批"爱农村、懂农业"的乡土型青年农民,而现代农业的产业发展及产业融合需要的是受过教育的青年农民群体。但由于作为城市知识人的精英教育家基本掌握了当代教育的话语权,其关注的城市中心视域自然成为影响教育决策和导向的主流,而农村、农业、农民问题恰恰被忽视和掩盖。由于教育的话语权、决策权集中在城市阶层,更潜在地使我们的教育政策与主流教育话语更多地带有城市取向①。

乡村教育内容主体边缘化。乡村教育的知识结构本应该包括乡土文化的内容,农业生产与农村生活的内容自是涵盖其中。记得小时候,我们小学语文的一些课文有不少是农村题材的,劳动实践课也基本与参加农村生产生活活动相关,或许这些无意识的润养成了今日我们依然有乡土情怀和乡愁的基因。当前,乡村教育的现有知识缺乏坚实的农村生活经验,学生无法认同或体验到乡村所接触到的事和物,书本上的知识是基于城市主流话语选择出来的②。有学者指

---

① 刘铁芳:《守望教育》,华东师范大学出版社2004年版,第38页。
② 邓琴、覃永县:《农村教育身份的缺失——论城乡教育二元格局下的农村教育》,《学术论坛》2008年第4期。

出："学校知识与农村生活是没有什么关联的,因而学与不学,学多学少,与将来的生活没有什么必然的联系。如此想来,辍学在我们看来是自毁前程,在他们看来,退学却正是为了寻找前程。"①

(四)乡村教师队伍尚未满足需求

当前,我国乡村教师问题最突出的表现就是整个教师队伍总体性超编与结构性缺编并存、优质教师引不进和不合格教师出不去并存、学历达标率高和实际教学水平低并存、主要学科教师多与小学科教师少并存等。2015 年以来,国家陆续出台《乡村教师支持计划》《全面推进新时代教师队伍建设改革的意见》《卓越教师培养改革计划 2.0》《教师教育振兴行动计划》《关于加强新时代乡村教师队伍建设的意见》《新时代基础教育强师计划》等文件,对于整体提升我国中小学教师队伍教书育人能力素质,促进乡村教师整体结构协调发展,为构建高质量乡村教育体系奠定坚实的基础。但是,我们应该看到,当前我国乡村教师队伍仍然存在"结构平衡""优质均衡"等问题。

1. 乡村教师队伍建设的"足量"问题

东西部之间、城乡之间的教师资源不均鸿沟依然明显。2019 年 11 月 7 日的《南方周末》一则报道显示："在 2019 年秋天的校园招聘季,深圳中小学教师招聘吸引了极大的社会关注。部分已对外公布的招聘名单中,几乎清一色名校毕业生,有的学校招聘对象甚至几乎全部是来自清华、北大的应届硕士、博士。"②对 2021 年湖南省某市 9 县 3 区农村学校的调研发现,该市有 87% 的农村学校缺编,校均编制缺口率 24%;教师结构中 45 岁以上的中年教师达到 67%,35 岁以下的教师严重不足③,城乡教师在量与质方面均存在较大的不均衡。在数量方面,目前主要存在音乐、体育、美术、英语、信息技术等小学科师资的结构性短缺;在质量方面,乡村教师的学历层次普遍偏低,约 40% 的教师学历达不到大专水平,且掌握现代信息技术教学的能力不足。调查显示,在 2013—2018 年间,农村义务教育阶段教师数量总体呈下降趋势,由 330.45 万人下降到 290 万人④。

---

① 石中英:《知识转型与教育改革》,教育科学出版社 2001 年版,第 259 页。

② 张笛扬:《清北生,到深圳当中小学老师》,《南方周末》2019 年 11 月 7 日。

③ 易小邑、李智君:《乡村振兴背景下农村教育扶贫的路径转向》,《兴义民族师范学院学报》2021 年第 5 期。

④ 周晖、武天宏:《乡村教育自信:现实遭遇、当下价值与重建理路》,《当代教育科学》2020 年第 1 期。

还有,乡村教师流失也是导致师资力量薄弱的原因。调查发现,城镇优质学校至今还在通过各种方式遴选乡村优秀教师进城,这种釜底抽薪做法使本就短缺的乡村师资队伍更是雪上加霜,部分乡村学校已然成为城镇优质学校的教师培养基地①。

2. 乡村教师队伍建设的"优质"问题

受城乡发展不平衡、交通地理条件不便、学校办学条件历史欠账多等因素影响,乡村教师队伍面临职业吸引力不强、补充渠道不畅、优质资源配置不足、结构不尽合理、整体素质不高等突出问题,制约了乡村教育持续健康发展②。乡村教师队伍的"优质"问题集中体现在以下几个方面:一是补充渠道不畅。一方面是乡村教师编制少,有些乡村教师还被借调到县、乡各种机关工作,有的县乡村教师通过各种渠道被借调到机关工作的多达几十人。由于在教育基本均衡阶段的评价指标主要为生师比、生均高于规定学历教师数、生均中级以上专业技术职务教师数三项指标,多数县采用全县域总额控制的方式可以临时达标。实际上细分到每一所学校进行评价,多数乡村学校根本就达不到。另一方面是大量的师范类毕业生无法顺畅进入乡村教师行列。我国每年有大量的师范类毕业生可以充实到乡村教师队伍中,由于编制制约、薪酬保障吸引力、职业晋升机会、教师资格证、遴选考试等各个要素的综合影响,这些毕业生进入乡村教师队伍比较困难。二是教师结构不合理。主要表现为低学历、低职称、高年龄的教师占比多,高学历、高职称、年轻化、素质教育学科教师少。由于评估标准没有设置体育、艺术(音乐、美术)、劳动等专任教师的占比数指标,多数乡村学校的这些素质教育课程由专业知识课程的教师兼任,极大影响了乡村教育质量的提升。要解决提升乡村教育的优质问题,就必须以补齐乡村教师队伍短板为主要抓手。"十三五"期间,山东全省补充乡村学校紧缺教师 3.5 万名,同时储备 1.7 万名面向乡村的省属公费师范生③。

3. 乡村教师队伍建设体制有待完善

党的十八大以来,乡村教师无论是在数量还是质量上都有显著的提升。统

---

① 陈鹏、李莹:《全面乡村振兴视域下乡村基础教育的新认识与新定位》,《陕西师范大学学报(哲学社会科学版)》2021 年第 5 期。

② 《教育部:乡村教师队伍面临整体素质不高等问题》,中国新闻网,2015 年 6 月 8 日。

③ 苏思源:《乡村振兴战略背景下山东省农村基础教育发展水平评价——基于因子分析法的实证研究》,《农业与技术》2021 年第 23 期。

计数据显示,2010 年农村小学专科及以上学历教师比重仅为 75.4%,初中本科以上学历教师比重仅为 59.4%;2020 年农村小学专科及以上学历教师比重上升至 97.1%(2020 年城市小学专科及以上学历教师比重为 99.3%),初中本科以上学历教师比重上升至 85.4%[1]。尽管乡村教师的总体素质有了显著的提升,但乡村素质教育的质量总体水平还相对较低,难以达到乡村教育振兴的真正成效。

乡村教师队伍建设存在"下不去"和"留不住"体制机制困境。乡村教师补充难、留不住问题的原因,一方面是乡村教师工资普遍偏低、晋升困难;另一方面,与城市相比,一些工作在交通不便偏远地区的艰苦条件,使得部分年轻教师很难适应和坚持下去。除了生活条件艰苦外,与教育密切相关的教育硬件投入城乡差距依旧显著。以义务教育为例,2020 年全国小学生均教学仪器设备值 1809 元,农村小学 1652 元,相当于城市小学的 80.4%;全国初中生均教学仪器设备值 2835 元,农村初中 2541 元,相当于城市初中的 77.0%[2]。显然,无论是教师的受教育程度,还是教育条件以及硬件资源等,城乡之间存在差距,乡村地区总体上处于相对弱势地位。除了工作待遇外,社会对乡村教师的认同感比较低,也与社会风气、教师职称评定有关。

乡村教师队伍建设存在"长不好"体制机制困境。2022 年教育部等八部门印发的《新时代基础教育强师计划》是《乡村教师支持计划(2015—2020 年)》的延续版。但是,除了乡村教师"下得去"和"留得住"困境之外,还存在"长得好"的问题。乡村教师"长不好"的问题表现为地方在执行国家层面政策不到位、薪酬和职称向乡村教师倾斜不明显、乡村教师的职业认同度有待提升、乡村教师的乡村教育情怀与使命需进一步厚植、激发乡村教师专业发展的内在动力不强、教师专业培育与提升的通道和平台不多等。

乡村教师职业培养的体制机制不完善。2015 年的《乡村教师支持计划(2015—2020)》提出,"发展乡村教育,教师是关键,必须把乡村教师队伍建设摆在优先发展的战略地位"。2022 年的《新时代基础教育强师计划》也提出:"到 2025 年,完善部属师范大学示范、地方师范院校为主体的农村教师培养支持服务体系,为中西部欠发达地区定向培养一批优秀中小学教师。"比照这个建设目

---

① 数据来源:《2020 年全国教育事业发展情况》,中华人民共和国教育部网,2021 年 11 月 15 日。
② 数据来源:《2020 年全国教育事业发展情况》,中华人民共和国教育部网,2021 年 11 月 15 日。

标,用三年的时间补齐如此巨大的鸿沟,基本解决乡村教师队伍的问题,实属不易,其中涉及师范生培养、乡村教师专业化、教师发展保障等方面多措并举,其中最重要的就是从国家、高校、基层政府等层面不折不扣进行狠抓落实,从职前培养、职后培训、教师编制、特殊津贴等推出组合拳式的政策实践。

第二节　迈向乡村教育振兴的内在动力激发

随着中国的减贫脱贫实践走过了"啃硬骨头、攻坚拔寨"的冲刺阶段,取得了重大的胜利,目前我国的教育扶贫进入了新的发展阶段,具有了新的时代内涵,即正处于教育扶贫助力和迈向乡村教育振兴的阶段。因此,探讨乡村教育振兴的对策,首先应在"内在动力"的激发上下功夫,毕竟作为一种行动或行为的乡村教育振兴,不仅需要强大的外在力量,更需要一种具有持久性的内源性推力以完成行动目标。

从心理学的角度看,内在动力是指驱使人们不断向前的内心潜在的原因,是一种不需要靠外在力量推动的内在驱动力。对于从教育扶贫迈向乡村教育振兴的行动而言,其内在动力应当界定在振兴主体自身的思想、观念、精神及群体文化力量等范畴。换句话说,要激发教育迈向乡村教育振兴的内在动力,一是要改变从教育扶贫迈向乡村教育振兴的思想,从思想上真正实现从教育扶贫到乡村教育振兴的蜕变;二是要树立乡村教育振兴的正确观念,包括对乡村教育振兴的价值认同、内涵理解以及主体认知等方面;三是重视"扶志"教育,将其作为乡村教育振兴的重要精神动力;四是要建设好文明乡风,激发乡村教育振兴文化动力。

一、教育扶贫迈向乡村教育振兴的思想变革

伴随着乡村振兴战略的推行,教育将扮演更加重要的角色,特别是通过思想变革和观念重塑助力乡村振兴,实现从扶"教育之贫"向"依靠教育扶贫"的转变、从"输血式教育扶贫"向"造血式教育脱贫"的衍化、从"单一模式"到"综合多元模式"发展。

(一)从"扶教育之贫"向"依靠教育扶贫"的转变

扶贫必扶智,治贫先治愚,教育一直是我国扶贫工作的关键领域。从内涵上

看,教育扶贫有着主体性与客体性相统一的"扶教育之贫"和"依靠教育扶贫"的双重意蕴。其中,"扶教育之贫"是早期开展教育扶贫所强调的基本理念,其将教育当作扶贫工作的帮扶主体,通过增加资金的投入以及依托政策的扶持,从而不断改善贫困地区教育条件,实现缩小城乡区域发展差距,以达到实现共同发展的目的,体现了新时期教育扶贫的价值目标;而"依靠教育扶贫"区别于"扶教育之贫"之处在于,其强调将教育看成扶贫工作所依托的手段和方式,通过借助教育不断提升贫困群众文化水平及思想认识,掌握生存技能,获得可持续脱贫的能力,在思想上重塑"我要脱贫"的理念,从贫困文化中解放出来,彻底实现脱贫,为乡村教育振兴打下坚实的思想基础。

"扶教育之贫"意在强调教育扶贫的可视性,如硬件设备、师资队伍等外部条件的改善,以保障教育公平为目的,让贫困群体及其子女享受到平等且有质量的教育,进而实现社会公平正义;"依靠教育扶贫"则重于突出教育扶贫的可行性,即将教育视为扶贫工具,转变贫困地区落后文化观念,激发内生动力,进而带动贫困人口脱贫,真正实现可持续发展。舒尔茨经典的人力资本理论提出,"经济发展主要取决于人的质量而不是自然资源的丰瘠或资本积累的多寡",同时提出,在农村人力资本投资的核心是提高人口质量,其最大投资则是学校教育①。这为"依靠教育扶贫"提供了理论支持。在后扶贫时代,解决贫困的根本途径是给予贫困群众自身可持续发展的能力,由"扶教育之贫"到"依靠教育扶贫"是新时代的必然选择。

从扶教育之贫到依靠教育扶贫,体现了教育与扶贫的关系由政府单向主导转向与帮扶群众的双向互动,是教育扶贫在新时期乡村教育振兴战略中的基本理路,通过精准帮扶缩小个体先天差距,通过教育提升群众自身文化素养,推动"智随志走、志以智强"的"志智双驱"模式发展,激发个体的主观能动性,从源头上铲除滋生贫穷的土壤。

（二）从"输血式"教育扶贫向"造血式"教育脱贫衍化

在脱贫攻坚阶段,由于时间紧、任务重,扶贫的目标明确,因此我国主要实行的是"输血式"的教育扶贫,即以政府为主导,对帮扶地区给予资金、物质、政策

---

① ［美］西奥尔、W.舒尔茨:《人力投资:人口质量经济学》,贾湛、施炜等译,华夏出版社 1990 年版,第 9 页。

等持续性供给的一种扶贫模式,在教育上是通过调动多方资源,采取外部注入的方式,直接补齐乡村教育短板。该模式具有很强的可操作性,执行难度较小,短期内见效明显。然而,从脱贫攻坚到乡村教育振兴的战略推进中,由于教育扶贫的任务不同,对教育扶贫的发展模式提出新的要求,特别是"输血式扶贫"的弊端也日益凸显,难以适应时代发展需求,因此不可能沿用之前"外部输血"的教育扶贫模式,而应深层次挖掘乡村教育振兴中民众的内生发展动力,转向教育"内部造血式"教育扶贫。

然而,长期以来"城市为主、乡村为辅""工业为主、农业为辅"的思想造成乡村地区一些村民主体性的丧失,他们对自我身份、地位、职业的迷惘和怀疑,有能力的农民纷纷转向城市,成为文明的"城市人"。党的十九大以来,这种城乡主客二分的思维方式虽然在官方语言上得到消解,但是破除长期以来根深蒂固的认知桎梏,激发乡村民众的内生发展动力,实现乡村教育的"内部造血式"发展仍需要不断推进[1]。在这个过程中,造血式教育脱贫模式将发挥重要作用,通过有目的、有计划的教育,重新唤起农民主体性,通过教育手段扶志治愚,有助于重新唤起农民参与乡村教育振兴建设的主体能动性,将其培养成为新时代高素质的农民群体,不断优化"造血功能",从而实现从输血式向造血式教育扶贫的衍化。

(三)从"单一"模式到"综合"多元模式发展

长期以来,在教育扶贫模式建构上,政府往往是主导者,群众在政府的政策主导下实施,扮演的是参与者、接受者的角色。在教育发展模式上,采取的主要措施是补齐农村教育基础设施的"软硬件"短板,通过"控辍保学"保证贫困人口的就学机会、搭建产教一体化平台等,来夯实保证乡村教育发展的基础;这种模式基本体现为政府主导的单一模式,依靠的是自上而下的政策作用;乡村教育振兴背景下,教育扶贫思想变革要从"以教育扶贫"的基础性扶持,变革为"以教育推进乡村振兴"的新内涵,在战略思维上,要实现乡村教育振兴手段和模式的多元化转向。

一方面,要为农村地区的群众教育提供多元化的条件支持,在学校数量基本满足受教育要求的基础上,解决教育发展中的薄弱条件问题,通过优化顶层设

---

① 宋亚平:《中国"三农"问题的历史透视》,《汉江论坛》2017年第12期。

计,加大教育投入,对基础设施和教学条件进行有效的资源配置,提升基础教育阶段教师建设水平,提高贫困地区各级各类学校的育人质量,让学生享受更公平的、多样化的素质教育,以为乡村发展培养有乡土情怀的时代新人。另一方面,针对新时代乡村教育振兴的发展诉求,以实现职业教育和基础教育并举的模式,在提高贫困地区的平均文化水平的同时,通过职业教育内容的供给侧改革,提供多样服务,让农民群体掌握一技之长,提高防止返贫的能力。总的说来,教育助力乡村振兴的思想变革之一就是要引导职业教育和基础教育在脱贫攻坚的道路上积极对接:基础教育具有长远性、奠基性的作用,为职业教育提供后生动力;职业教育为现行条件下脱贫攻坚提供坚实保障,同时对基础教育的发展起到"反哺"的效果,丰富基础教育的形式和内容①。

二、教育扶贫迈向乡村教育振兴的观念重塑

随着乡村教育振兴战略的持续深入推进,意味着教育扶贫有了新的价值去向、内容选择和思维框架,教育扶贫助力乡村教育振兴要实现观念重塑。

(一)教育促进农村发展:乡村教育振兴的价值认同

当前,我们正在向第二个百年奋斗目标迈进。一方面,我国经济相对落后地区的人口素质的竞争劣势主要表现在低动力、低行动力、低学习力与低决策力方面,然而贫困人口鲜有意识到贫困的本质是素质劣势,推进个体素质竞争力提升以及人口有序分流是教育促进农村发展的重要切入点。可以说,能否认识到教育对个人、对社会所带来的价值对乡村教育振兴效果有着直接影响。

另一方面,由于教育回报周期长、见效慢,一定程度上消解了农民对教育的投入意愿,近年来高校毕业生就业难的呼声不绝于耳,"读书无用论"在农村一定程度存在并有盛行发展的趋势,这些大大降低了贫困人口对投资教育以谋求发展的认同感。因此,让贫困人口认识到贫困的本质是素质的竞争劣势,增强教育改变贫困处境的认同感,重塑教育促进农村发展的意识,成为乡村教育振兴的重要着力点。

(二)学习型新农村模式:乡村教育振兴的内涵拓展

发展现代化农业,建设社会主义新农村需要形成学习型农村的环境氛围。

---

① 吴彬镪、魏震雷:《习近平关于教育扶贫重要论述的科学意蕴与时代价值》,《福建师范大学学报(哲学社会科学版)》2021年第5期。

比起高精尖人才,广大农民才是新农村建设的主体力量,其整体素质的高低将直接影响到乡村教育振兴的成败[1]。许多群众往往将教育理解为狭义的学校教育,事实上,职业技术培训教育、成人教育等新型教育形式也在现代化农村建设中发挥着重要作用。正因为如此,学习型新农村成为新时代乡村教育振兴的应有之义和时代发展的必然选择。在新发展阶段,需要进一步关注不同类型的教育,加大对技术培训、成人教育等扶持力度,打破不同教育之间的壁垒,让教育不再只是青少年的专利。加快推进普通学校教育、职业教育、成人教育"三教合一"。这种基于"工学结合、产教结合"基础上的新的学习模式将极大丰富乡村教育振兴的内涵,从而培养出复合型、技能型的高素质的乡村人才。

(三)新青年"文化反哺":乡村教育振兴的主体认知

美国人类学家米德在《文化与承诺》一书中,对人类迄今为止的文化类型做了解读并提出"三喻文化",即前喻文化、并喻文化和后喻文化[2]。具体来说,前喻文化是指年长一代向年轻一代传授经验,年轻一代必须向年长一代学习才能获得知识和技能;并喻文化是指学习都发生在同辈人之间,亦即晚辈一般向晚辈学习,前辈则向前辈学习的方式;后喻文化和前喻文化相反,意思是年长一代需要向年轻一代学习的模式。当前,中国正经历着前所未有的社会变革,特别是伴随着互联网的迅猛发展,信息爆炸式增长,知识海量般涌进,由此年长一代和年轻一代在学习的模式上发生强烈的逆转。新一代年轻人拥有的信息量、学习新知识的能力、掌握的新技能等都远远超过了老一辈,文化的传播模式和传承方式发生了根本性的变革和代际颠覆。新乡贤、农村大学生、青年返乡农民工、大学生村官和年轻基层干部等接受良好教育的年轻一代是"文化反哺"的主体,当下,越来越多的大学生回乡创业、做村官,利用自己所学的科学文化知识反哺广大乡村地区。下面一则案例就是一个新青年"文化反哺"乡村的例证。

> 毕业于海南大学园艺系的黄奕予放弃大城市的就业机会,回到家乡创业,结合自己的专业开始种植名贵果树,养生态鹅,同时还成立了种养专业合作社,带领家乡老百姓共同致富。在他看来,一是国家十分重视农村农业

---

[1] 肖正德:《乡村振兴所需人才培养与大农村教育体系构建》,《杭州师范大学学报(社会科学版)》2021年第2期。

[2] [美]玛格丽特·米德:《文化与承诺:一项有关代沟问题的研究》,周晓虹、周怡译,河北人民出版社1987年版,第3页。

问题,政策支持力度大;二是农村广大地区自然资源丰富,是创业的理想之地;三是自己在大学时代所学的专业是园艺专业,正是将理论付诸实践的好机会。尽管创业过程是艰难的,但他从不放弃,如今取得非常好的经济效益与社会效益。看到他的成功,村里的青年也自愿加入他的合作社,黄奕予决定不仅要不断扩大种养规模,向社会提供一些岗位,还要无偿传授养殖技术,让部分农民多学些致富本领①。

应该说,新一代青年在与外界的交往中,掌握了对农村进行"文化反哺"的话语权、影响力,具备了文化反哺的基本能力,在接受教育的过程中,把所接受的资本、技术、知识、信息从城市向乡村转移,无论在器物层面还是精神、意识层面都不同程度地影响和改变着他们的父辈,发挥了文化的反哺作用,从而推进教育脱贫与乡村振兴的有效衔接。因此,重视新青年的影响力,成为教育扶贫助力乡村教育振兴的重要表现形式之一。

三、"扶志"教育:迈向乡村教育振兴的精神动力

党的十九大报告明确指出:"注重扶贫同扶志、扶智相结合",这既给后扶贫时代指明了工作方向,也阐明"志智双扶"理念的价值,赋予其重要意义与时代使命。"扶贫先扶志""扶贫必扶智"是我国人民群众与深度贫困作斗争的关键法宝之一。进入乡村振兴的新发展阶段,广大农村地区民众既是巩固脱贫攻坚阶段的关键群体,也是新发展阶段教育扶贫的帮扶对象,更是乡村教育振兴的实施主体,只有充分尊重他们的主体地位,最大限度地激发贫困群众的自主内生性,增强他们摆脱贫困的意志力,才能打破他们固化的贫困文化、心理、发展模式等方面的认知桎梏,为主动融入乡村教育振兴事业夯实思想基础。

(一)"扶志教育"助力乡村教育振兴的基本逻辑

在汉语字典中,"志"这一词语解释为志愿、志向、志气、意念、期望与目的等。长期以来,输血式的贫困帮扶政策极易导致个体"等靠要"的贫困心理,这种心理模式与国家教育扶贫政策形成了强烈的背离效应。"扶贫先扶志,治穷先治心"是精准扶贫理念的核心内涵。"扶志"通过教育激发贫困群众战胜贫困

---

① 吴子贤:《点赞南宁人——11年坚守平凡岗位　追求卓越激情如初》,南宁文明网,2016年8月7日。

的动机,树立战胜贫困的信念。"扶志"作为激发贫困群众内生动力的重要手段,是从根源上拔穷根、阻断贫困代际传递的重要路径。扶志教育与乡村教育振兴之间有着内在的逻辑关系:扶志对乡村教育振兴起着先导性、基础性的作用,乡村教育振兴是扶志教育的价值目标,引导着扶志教育的前进方向。由此可见,"扶志"教育助力乡村教育振兴的逻辑理路可以理解为:通过激发乡村贫困群众脱贫防返贫的积极性,引导其树立战胜贫困的信念,借助思想引领、价值形塑、文化渗透等手段,让贫困群体提升战胜贫困的自我效能感①。因此,乡村振兴中的"扶志"教育更多指向一种工具性的价值,致力于对乡村民众的相对贫困问题的可持续消解,通过帮助他们形成能力、提升素养和塑造品行,从而实现人力资本的功能发挥,促进人的发展。

1.扶志教育为乡村教育振兴政策实施奠定思想基础

贫困群众的全面稳固脱贫是我国全面建成小康社会的必然要求,也是我国脱贫攻坚的首要目标。这一目标的实现,要依靠扶志教育的持续推进,因为扶志教育是增强贫困群众立足自身实现脱贫决心的重要基础,也是激发贫困群众的脱贫内生动力的重要举措。

"读书无用论"一度在某些农村地区、偏远穷苦的地区有卷土重来的趋势,特别是高等教育大众化以及大学生就业难等现象,在某种程度上动摇了民众接受教育的信心,也为农村地区开展扶志教育带来新的挑战。坚持"志智双扶"新理念,加大教育扶贫力度,不光要落实文化知识教育,更要从思想上提高认识,才能最终实现"依靠教育扶贫"。通过思想教育的外部植入打破固有懒惰思维,进而引导群众吸收优秀思想文化,增强脱贫内生动力,主动改造自身"等靠要"等落后思维,让其树立靠自己改变自身处境的理想,才是扶贫工作所追求的目标。

总的说来,乡村振兴的基础在于教育,乡村教育振兴的扶志教育,要通过对贫困群体的德行、理想、品格的激发,积极有效地促进贫困群体激发参与乡村振兴的热情和内驱力,把个人的理想信念融入乡村振兴的伟大事业中,从而为其奠定强大的思想基础。

2.扶志教育为乡村教育振兴政策实施引领发展方向

长期以来在输血式扶贫观念支配下,基层政府倾向于大包大揽、"一刀切"

---

① 李永春:《扶知、扶智、扶志:新时期教育扶贫的三重策略》,《教育理论与实践》2020 年第 13 期。

的工作作风,这种工作模式在扶贫初期对迅速帮助贫困群体改善生活、摆脱短期贫困起到了一定的作用。但是进入后扶贫时代,随着乡村教育振兴战略的推进,实现乡村教育振兴,必须激发重拾教育的信心,产生对教育改变命运的情感信任,从而解决教育脱贫的内生动力不足、可持续性不强的问题,进行由外而内、由旧变新的精神改造。只有持续不断增强对脱贫地区开展扶志教育,才能助力乡村教育振兴政策向良性方向发展,实现区域式整体推进。

扶志教育直接指向人的发展,注重人的能力发展和素质提升,其与其他教育方式的区别在于注重价值渗透和思想引领。通过扶志教育,不断解决物质贫困表象下隐藏的能力贫困和精神贫困,不断激发身处其中的个体所迸发的内在动力以及对教育带来美好生活向往的内在诉求,不断挖掘激发农村群众主动谋发展、追求劳动致富的潜在动力,借助接受教育扶持后的典型案例宣讲,从而为乡村教育振兴的政策实施引领发展方向。

3. 扶志教育为乡村教育振兴战略实施提供精神动力

和脱贫攻坚相比,乡村教育振兴不是一场攻城拔寨的歼灭战,而是一场旷日持久的攻坚战。短时间的经济救助和物质救助只能改善一时的生活面貌,通过教育赋予个体一技之长从而积累人力资本才能实现可持续脱贫,实现从治理到预防最终促进个体可持续发展的良性循环。基于乡村振兴发展需要,开展扶志教育要在乡村振兴这一顶层谋划的战略构想下,探究教育扶植人力资本助力乡村振兴的实践路径,有效发挥教育扶贫的持续性、基础性和先导性作用,囊括每一个有意愿发展的人,提高教育扶贫效益,持续推进乡村教育振兴。乡村教育中的"扶志教育",通过挖掘地域的文化内涵,吸收优秀的文化资源,特别是艰苦奋斗、坚持不懈的革命精神,坚韧不拔的建设精神,运用历史人物、典型故事进行教育熏陶,使贫困人口转变原有的封闭守旧的贫困心态,形成主动参与脱贫的自觉意识,变传统理念下的消极事后救助为积极事前预防,领悟乡村教育振兴的深刻内涵,形成为乡村教育振兴贡献智慧的使命感、责任感,为乡村教育振兴提供精神动力。

(二)"扶志"教育助力乡村教育振兴的现实困境

从教育的视角进一步探究农村贫困人口致贫的原因可以发现,贫困群体因主体意志的消沉以及长期生活环境的影响,造成其文化认知上的贫困表征,从而形成贫困的代际传递,构成乡村振兴"扶志教育"的内外交困的现实图景。

1. 内困：教育对象的主体性地位消解

从农村的历史发展看，由于受传统思想的束缚，农民普遍缺乏独立意识，特别是长期严重依赖心理以及对自身权利义务的认识不清，农民习惯听从村干部的指挥和安排，顺从村干部或乡镇领导的意愿，长期形成被动依赖的意识，在他们的观念中，乡村教育振兴是一场自上而下政府单向度的行动，自己只是充当配角，其主体性地位逐渐被消解。

从生产力角度来看，主体的物质需求是主体意识形成的前提条件和内在驱动力，农民主体意识的生成必须以满足农民的物质需求为前提，但农村落后的生产力发展水平成为遏制农民主体意识的重要因素。相对于城市来说，农村自然资源十分有限，基础设施相对薄弱，公共服务水平滞后，同时信息的不对称等因素交织叠加，使得大部分农民的思维方式保守，缺乏进取意识，对外界新事物的敏锐性、主体性没有得到彰显。

从社会结构机制来看，长期的城乡二元结构机制持续制约和消磨着农民主体意志。长期以来，我国推行的优先发展工业的战略从而形成城乡发展的二元模式中，城市往往是经济和社会发展的中心，这种资源配置的二元分割、城乡失衡，带来了村民的被剥夺感，不同的身份地位和国民待遇，都在潜移默化中消解了工业化进程中农民的主体性，使得他们容易陷入乐道安命的贫困文化泥淖而不自知甚至无力自拔。这种来自农村自身的主体性不足成为乡村振兴推进中开展扶志教育重要的桎梏①。

2. 外忧：扶志教育的保障制度供给不足

除了自身的主体性不足带来扶志教育开展面临诸多的障碍外，外部保障的制度供给的不足也影响了农村地区扶志教育的进程。乡村教育振兴中，扶志教育发展离不开经济、文化、社会以及社会生态场域这个大系统。尽管近年来乡村教育事业发生了深刻变化，特别是随着教育扶贫的推进，农村义务教育阶段辍学率大大降低，实现20多万建档立卡辍学学生动态清零。但是，农村基础教育的内涵式发展还需要一个过程。如何让孩子实现从"有学上"到"想上学"，对教育满怀信心与希望，立志通过教育开阔视野改变自身命运，需要从学校层面开展系

---

① 秦旭慧、梁剑峰：《乡村振兴战略中农民主体意识的培育》，《沈阳农业大学学报（社会科学版）》2018年第6期。

统的顶层设计、逐步落实推进。但是由于我国农村对教育资金投入不足,乡村教师待遇缺乏吸引力,使得乡村教育缺乏稳定性和可持续性,在发展过程中更多是在尽量"维持正常教学需要上"下功夫,难以在学生的价值引领、思想教育等方面下足功夫,扶志教育往往处在边缘化的地位,正确的教育价值观难以在孩子心底扎根落地。

近年来如火如荼的农村职业教育使得农村民众获得脱贫的一技之长,但是职业教育偏重在技能上进行帮扶,农民文化程度不高,接受新知识、新理念的能力普遍较弱,一旦技术遭遇新的挑战,往往容易产生退缩的畏难情绪,这种"强技弱志"的模式未能给农民提供强有力的思想支持以及可持续的发展动力。来自学校场域的扶志教育固然是对农村民众扶志的重要模式,然而农村基层民众的生活离不开"生于斯、长于斯"的农村这片热土,与村民生活产生交集的基层组织、基层干部的引导同样是开展扶志的重要渠道。在现实生活中,村民自治组织更多带有行政化的色彩,有些村干部在开展工作中,更多是自下而上的命令,未能与村民打成一片,这种长久形成的隔阂难以转化成民众所乐于接受的方式,一定程度弱化了在实践中开展扶志教育的功能。

(三)"扶志"教育助力乡村教育振兴的实施策略

教育的本质属性是育人,以人的思想观念塑造、知识传递、能力提升、身心素质培养为其根本任务。从人的发展角度来审视,贫困正是由于个体缺乏自我效能感从而放弃了自我成长而形成的发展不充分、不均衡。因此,在全面消除绝对贫困、推进乡村教育振兴的新时期,要借助帮扶主体的动力,调动个体的积极性、主动性和创造性,从根本上提升人的发展能力,完善人的认知,启迪人的心智,重塑人的观念,成就人的全面发展。可见,以实现人的能力培育和全面发展为宗旨的反贫困价值诉求与教育扶贫的功能是完全契合的。破解扶志教育的策略应该从个体出发,唤醒其主体意识,盘活扶志教育的内外在资源,构建扶志教育的新模式。

1. 唤醒农村民众的主体意识

2020 年,习近平总书记在云南考察调研时指出,在乡村振兴中,"要坚持'富脑袋'和'富口袋'并重,加强扶贫同扶志、扶智相结合,加强开发式扶贫同保障性扶贫相衔接"。同时提出"一定要突出农民主体地位,始终把保障农民利益放在第一位,不能剥夺或者削弱农民的发展能力"。政府要夯实农民在乡村教育振兴中的主体地位,通过各种方式充分调动广大群众主动性、创造性。推动发展型社会救助理念在乡村地区的传播,唤醒农村民众参与乡村振兴的意识是唤醒农村民众主体意识的一个有效途径。发展型社会救助理念旨在通过采取各种社会措施不断促进和提升受助者的能力和素质,持续提高劳动力知识水平和促进技术更新,其核心理念主要是"发展""积极"以及"可持续"①。这种发展型社会救助理念的推行,可以激发每一个有意愿发展的人,提高教育扶贫效益,依托技术培训和教育手段不断提升自己的职业能力,加快实现由"被动扶"到"主动兴"的转变,共同擘画新时期乡村教育振兴美好蓝图。

2. 盘活扶志教育的外在资源

破解扶志教育的困境,应该积极盘活扶志教育的外在资源。盘活资源必须以农村民众为中心,并将其作为开展扶志教育价值和意义的重要尺度,在实践中通过多种渠道实现对农村民众的扶志教育并完成对他们精神世界的重塑。

首先,深入挖掘地方的优秀传统文化,构建当地民众喜闻乐见的扶志宣传模式,将其融入"扶志"的文化规范体系。如通过开展古曲翻唱、科普读物分享会等活动,用中华优秀传统文化如勤勉、向善、进取、仁爱等核心价值观浸润农村根深蒂固的道德思想,用富有地方特色、轻松幽默的广播故事、手机听书等方式将传统文字宣传、教育模式变成有声宣传,让他们在潜移默化中获得一种自我约束的心灵秩序和潜在能力,让"扶"的力量彻底改善当代农村文化贫瘠薄弱的土壤,完成文化之根重塑的神圣使命。

其次,依托政策利好,引导农村民众熟悉政策接口,实现政策理念在农村民众中的落地生根。扶志扶贫是党和国家的利好政策和惠民工程,扶志教育需要广泛动员,特别要让贫困地区的群众熟悉政策,并结合自身教育需要选择合适的扶持方案。一方面,由于农民的文化素养相对较低,应充分依托新媒体技术下的宣传手段,通过浅显易懂的短视频手段,构建出线上和线下相联动的宣传平台,以典型的人物事迹、亲和的人物形象、亲切的乡音话语叙说"发生在村民身边的故事",如利用网络引导网络红人、村中能人、社交强人宣传国家扶贫政策利好和未来预期,让群众认同支持,引导其重塑积极向上的价值观,增强脱贫信念,

---

① 陈婉新、闵晓、蒋洪涛:《教育扶贫助力乡村振兴的实践路径探析——基于发展型社会救助视角》,《农村经济与科技》2021 年第 17 期。

使其更加积极以健康向上的精神投入到脱贫致富行动中。要依托社会媒体进行宣传。另一方面,要依托乡镇、村委、学校等对现有教育政策进行面对面交流、宣传,通过多种讲座和宣讲会,加深贫困地区群众对教育扶贫的深度理解,从内心上拥护扶志教育政策。对于乡村中成长并就学其中的农村学生,可以通过学校平台,构建"扶志"类课程体系和教学模式,将"扶志"渗透到教学文化与校园文化中,潜移默化地引导他们努力学习,奋发进取,靠自己奋斗走出困境。

最后,立足群体性发展诉求,整合教育资源将教育扶志做成一个集约化品牌。扶志教育不可能一蹴而就,其持续性强、周期长。因此扶志教育宣传作品要力求全员全覆盖,也就是要对贫困家庭的受教育主体进行从小学阶段到高等教育阶段的全覆盖,这样形成的有关扶志教育的地区性品牌活动,有助于教育主体在真正实现脱贫后仍然发挥积极的社会效用。

3. 构建扶志教育的模式

后扶贫时代的贫困不再聚焦于生存性特质,而是将更多着力点放在生活资料之外支撑个体发展需求的发展性资本上①。因此,积极探索构建扶志教育的新模式,围绕扶志教育,形成以"学生为主体、教师是主导、学校创条件、社会强支持"的四位一体的模式。在日常教学中,要将乡村建设融入学生的日常教学中,传递"留乡发展"光荣的新观念,让学生领悟建设乡村的深刻含义,鼓励他们学成归乡,为乡村发展出力。作为主导地位的乡村教师要增强乡村教育的吸引力和认同感,把对乡村教育振兴的认同感、使命感融入教书育人的每个环节,让学生对乡村建设和乡村未来怀抱更高的期待,形成有志于为乡村发展贡献智慧的理想信念。学校要加强扶志教育的顶层设计,通过完善待遇激励机制,让乡村教师融入乡村生活,主动为相关政策的制定和完善出谋划策,成为乡村教育振兴的治理者和推动者。

四、乡风文明:迈向乡村教育振兴的文化动力

"十四五"开局之时,党中央明确提出"巩固拓展脱贫攻坚成果,全面推进乡

---

① 汤颖、邹志辉:《后扶贫时代教育扶贫应处理好的几对关系》,《教育与经济》2021年第1期。

村振兴"①的任务,全面推进乡村振兴是最大程度降低返贫现象、巩固脱贫成果的重要保障。教育由于其育人的本质属性,依然是巩固脱贫攻坚成果、实现乡村振兴的有力抓手,在乡村文化培育和乡风文明建设方面具有不可替代的作用,并体现特有的重要的时代价值。

(一)乡村教育振兴中乡风文明建设的基本内涵

乡风文明作为一种生生不息的文化血脉,滋养着一代又一代的乡土百姓,形成了他们特有的集体记忆,昭示、启发、激励世人与后人。进入新时代,乡风文明建设对推进乡村振兴战略实施、维护农村社会稳定发展、促进农村现代化建设具有深刻的现实意义。从 20 世纪 30 年代开始,如何通过教育推动中国乡村社会的文化繁荣和文明发展是先贤志士们热衷探究的话题。梁漱溟认为中国传统社会是以乡村为根基,乡村文化是中国文化的主体部分。晏阳初试图通过文艺教育、生计教育、卫生教育、公民教育来达到"农村建设"和"民族自救"的目的。黄炎培、陶行知试图利用教育的方式,以"教化、礼俗、自力"为思想内核,向农民灌输现代文明的价值观念,实现复兴中国传统文化的目标。新中国成立后,从国家体制上根本性地废除了封建文化与传统宗族文化,人民群众获得了文化翻身②。改革开放以来,随着农业生产方式和生产关系的变革,乡村的文明风貌、乡村文明话语空间发生了剧烈变化。2018 年党中央一号文件提出,乡村振兴,乡风文明是保障。必须坚持物质文明和精神文明一起抓,提升农民精神风貌,培育文明乡风、良好家风、淳朴民风,不断提高乡村社会文明程度。推进后脱贫时代统筹推进乡村全面振兴,一个重要内容是"促进扶志扶智向乡风文明的拓展升级"。

(二)乡村教育振兴中乡风文明建设的价值表征

1. 乡风文明建设构成乡村教育振兴的重要部分

新时代农民的小康生活不仅是物质生活上的小康,更是精神生活上的富足。这种精神上的富足体现为重构新时代乡村文化内涵,打造"真善美"相统一的新时代乡村文化③。这种"真"表现在能客观反映乡村文化发展的客观规律和自然

---

① 《全面建成小康社会重要文献选编》(下),人民出版社、新华出版社 2022 年版,第 1260 页。
② 闫德亮、李娟:《乡村振兴战略背景下乡村文明话语的转型与重建》,《学术界》2019 年第 10 期。
③ 姜正君:《脱贫攻坚与乡村振兴的衔接贯通:逻辑、难题与路径》,《西南民族大学学报(人文社会科学版)》2020 年第 12 期。

状态;"善"是指能跟上时代特点、把握时代需求并且兼顾农民的需要,让乡村文化持久发展;"美"重点表现为保护和传承乡村自然之美,从而满足民众对美的追求①。总的说来,乡风文明建设通过坚持乡村文化本体性地位,为繁荣与发展新时代乡村文化寻求内在依据、确定发展方向。因此,开展乡村文化培育和乡风文明建设能够提升乡村民众的文化自信,提高其科学文化素质,提升其精神风貌,这是乡村教育振兴的重要组成部分。

2. 乡风文明建设能开启民智

乡村振兴的主体力量是当地民众,其综合素质状况和精神风貌作为乡风文明的重要内容之一,直接影响乡村教育振兴战略的实施效果。加强乡风文明建设,营造良好的乡风,能够净化民风、开启民智。中华文明于农耕文化中孕育和发展,乡村是中华文明的集萃地。培育积极、向善的乡村文化,开展向上、和谐的乡风文明建设能够净化民风、提升乡村的软实力。因此,用科学知识武装村民的头脑,用先进的文化不断涤荡在农民头脑中残存的封建落后思想,从而帮助他们形成崇尚科学、尊重知识的良好风尚,能有效形成开放、发展、向上的文明乡风。在乡村建设和治理过程中,不断凸显农民民主自治的主体地位,打造一批"有文化、爱乡村、高素质"的新型村民,能提高乡村建设主体的科学文化素养和思想道德水平,从而开启民智,为乡村的教育振兴发展提供更多的智力支持。

3. 乡风文明建设涵养新时代的乡村人才

乡风文明建设是一种存在于乡村每个角落和每个地方的精神力量。通过整合每个乡村独有的资源禀赋,发展富有地方特色的乡土文明。这些独具人文典范和价值内核的乡风文明,能够不断映射出乡村的精神面貌,弥补贫困地区村民的精神短板,通过赋予村民新的时代内涵,培养出一批批具有地方特色的工匠能人、非物质文化遗产的传承人以及民间艺术家,不断涵养乡村的文化内容;同时,通过树立一批具有新时代乡村特征的道德楷模和平民英雄,充分发挥他们在乡村振兴战略中的先进文化引领作用,从而不断推动乡村优秀传统文化创造性转化、创新性发展,助力乡风文明建设和乡村文化振兴,培养具有乡土特色、葆有乡

---

① 刘欢、韩广富:《后脱贫时代乡风文明建设的现实价值、发展境遇及路径选择》,《西北民族大学学报(哲学社会科学版)》2021年第2期。

土情怀、立足乡土文化的乡村现代人才①。

（三）乡村教育振兴中乡风文明建设的现实路径

乡风文明是乡村教育振兴的精神维度，要将乡风文明建设与乡村教育振兴战略相结合，实现二者相向而行。在乡村教育振兴的战略中，要将不同的教育路径、不同的教育方式协同推进，才能助力乡村文明建设，激活乡村教育振兴活力，使乡村振兴战略实施稳步前进。

1. 社会主义核心价值观教育提升村民的思想认识

贫困地区不仅经济基础相对薄弱，最重要的是，经济贫困和思想、文化、观念相互形塑，一些地方"等靠要"依赖心态严重，容易产生"习得性无助"的文化心理。在贫困地区加强文化治理，发挥社会主义核心价值观对贫困地区的价值引领作用，尤为迫切。2014 年，习近平总书记在北京大学师生座谈会上的讲话中指出："我国是一个有着 13 亿多人口、56 个民族的大国，确立反映全国各族人民共同认同的价值观'最大公约数'，使全体人民同心同德、团结奋进，关乎国家前途命运，关乎人民幸福安康。"为此他强调必须"把培育和弘扬社会主义核心价值观作为凝魂聚气、强基固本的基础工程"。只有把社会主义核心价值观作为一种内生的力量注入贫困地区，融入贫困群体思想中，破解贫困心智藩篱，从而成为地区经济发展的"助推器"、个体生命发展的政治文明的"导航灯"和社会发展和谐的"黏合剂"。

实现脱贫攻坚和乡村振兴的有效衔接，对于贫困地区来说不仅是一场深刻的经济变革，更是一次精神上的洗礼。通过对贫困地区的价值引领，培育新时代伦理精神，重塑贫困群体的乐观向上、敢于拼搏的人生观和价值观，这是教育贫困在乡村教育振兴中必须承载的责任使命，也是教育的应然之义。因此，应该注重社会主义核心价值观对贫困人口的价值引领，切实加强贫困人口的主体性，培育贫困人口的内生动力，重塑其人生观和价值观。一方面是把外部现代文化知识与贫困地区老百姓的生活知识相结合，用社会主义核心价值观先进文化改造"等靠要"的乡村贫困文化伦理。教育扶贫要立足于社会主义核心价值观中的爱国、敬业、诚信、友善的价值理念，帮助引导民众树立"穷则思变"的进取精神

---

① 蒲实、孙文营：《实施乡村振兴战略背景下乡村人才建设政策研究》，《中国行政管理》2018 年第 11 期。

和现代意识,提高贫困地区民众的文化素质和文化自信,通过文化权利的实现,实现"要我脱贫"—"我要脱贫"—"我能脱贫"—"我会脱贫"的递进过程。另一方面,要因地制宜,立足当地的文化传统、发展水平、资源禀赋条件等,契合群众的所思、所想、所盼、所为,对核心价值观的内容文本进行本土化和情景化的转换,运用群众喜闻乐见的形式来进行宣传,提高农民群众的理解力和认同度。通过农村精神文明再造和素质提升工程,树立改善贫困地区群众的精神面貌、提振脱贫致富的信心和决心,并高扬时代主旋律,促进农村社会主义精神文明建设,使贫困地区的人文素养以及人口整体素质得以提高,用社会主义核心价值观筑牢贫困地区的思想根基。

2. 传承乡村地方文化教育,解决乡村公共精神衰落问题

乡村的价值体系是乡风文明的重要组成部分,乡村教育振兴的深层逻辑是通过教育实现对乡村价值体系的传承与复兴。我国工业化的发展带来城市现代文明快速发展的同时,也带走了农村大量的青壮年,随之而来的是一些地方农业萎缩、农村凋敝、文化中断,乡村在发展的过程中出现文化凋敝,一些地方的"沙漠化""空心化"问题日益凸显①。农村"空心化"带来的潜在影响还在于使得之前建立的传统社会模式基于地缘和血缘为基础的精神共同体开始瓦解,而新的共同体尚未形成。这样身处其中的农民难以找寻到精神皈依,并且看不到未来的希望而陷入颓废的境地,这种情况带来农村民众的精神的涣散,一定程度出现乡村公共精神的衰落。乡村的公共精神,就是"摆脱了私人视界与个人功利,在乡村的公共秩序、参与公共事务、改善公共生活中所表现出来的公共态度与行为方式,公共理性、公共关怀、公共参与是其基本特征"②。作为一种无形的支配力量,乡村的公共精神促使乡民形成精神的共同体,在乡村教育振兴中有利于维护教育领域共同体的良序建构,维护乡村价值体系的建构,教育领域所秉持和倡扬的基本精神风貌。因此,可以通过传承乡村的地方文化,滋养、培育文明乡风,构建富有地方特色文化的乡村公共精神。坚持立足乡村实情,把精神文化建设与百姓民生有机结合起来,通过培育民间文化传承人,挖掘当地特色农耕文化元素,培育地域特色文化品牌,构建保留地方特色、形成更高品位特征、具有生动气

---

① 张润君、任怀玉:《乡村振兴精神及其培育》,《甘肃社会科学》2020 年第 3 期。

② 戚万学:《论公共精神的培育》,《教育研究》2017 年第 11 期。

息的新传统乡村文化,从而在全社会形成参与、守护、传播和弘扬优秀传统文化的良好氛围,通过这种方式不断引导乡民参与农耕文化建设是一条具有地方特色的乡村社会治理新路径。此外,可以依托当地的文化研究机构,不断深入开展优秀地方文化的相关研究,提炼优秀的传统文化元素,形成地方特色的校本教材,植入中小学的教育教学活动中,从而让学生形成精神纽带,也是支撑他们生生不息、奋发向上的重要精神力量,使富有地域特点和丰富价值的文化样态不断被保护和传承。

3."互联网+教育"促进现代乡村文明生成

我国长期处在城乡二元发展的模式下,大众传媒、主流媒体更多位于城市且依赖城市的主流文化价值取向和倡导的潮流趋势,未能关注到占人口大多数的农民,农村相对缺少更高层面的文化观照,现代乡村文明相对式微。"互联网+"作为一门技术,其出现赋予传统教育新的活力,可以借助"互联网+教育"手段的不断变革,实现多元乡村文化的传承、融汇,为乡风文明建设注入新元素与新动能,从而推动现代乡村文明的生成和发展。一方面,通过为乡风文明建设提供信息化基础和取之不尽的网络新资源,拉近城市与乡村的距离,促进传统乡村文明的变革,成为推动乡风文明发展的强大智慧动力;另一方面,通过以互联网技术为依托实现乡土文化教育方式的变革,创新乡民的信息接收模式和学习模式,从而贯通各类资源,实现技术和乡风文明的贯通,促进现代乡村文明的生成。例如可以迅速抓住"互联网+"带来的机会,建立适合本土特色的乡风文明教育的信息平台,利用微信公众号平台、抖音等新型媒介平台,从不同维度、不同侧面对乡村的特色文化进行深度加工和渲染,唤醒生于斯、长于斯的村民的文化记忆,以共情手法激发共同的情感追忆,利用文字、图片、视频等融合方式,创新传统的文化特点,找寻传统特色和现代乡风文明的契合点,守望精神家园的同时,生发现代乡村文明。除此之外,应进行乡土文化教学模式创新,改变传统以知识传授为主的教学模式,更多开展"互联网+乡土文化"教学,在互联网教学平台扩展学生学习时间和空间,给儿童的精神成长打上乡土文化的底色,增强其乡土文化认同感。

4.新乡贤文化培育重塑乡村精神共同体

"一乡有一善士,则一乡化之"。乡贤文化是中华传统文化在乡村的一种特有的文化养分,它扎根于中国乡村广袤的土壤中,凝聚着千百年来朴素农民群体的生活习俗、情感信仰、治村智慧乃至乡风文明。乡贤文化是乡土文化重塑的先锋，具有"见贤思齐、崇德向善、诚信友善等特点"[1]，也是乡村精神共同体的重要来源。2015 年 2 月，中共中央、国务院印发《关于加大改革创新力度加快农业现代化建设的若干意见》，把乡贤文化作为基层乡村治理的新思路正式提上议程，意见要求"创新乡贤文化，弘扬善行义举，以乡情乡愁为纽带吸引和凝聚各方人士支持家乡建设，传承乡村文明"[2]。2018 年中央一号文件明确提出要"积极发挥新乡贤作用"。以乡贤为载体构筑的乡贤文化，在乡村教育振兴激发教育的内生动力方面发挥着不可替代的作用。

关于乡贤文化的实践，具有代表性的要数浙江绍兴上虞区的乡贤文化，它于 2015 年被评为"中国乡贤文化之乡"。

> 浙江绍兴上虞素有"江南名士之邦"美誉，乡贤资源与文化丰富，2001 年，建立了民间组织乡贤研究会，在各镇、村建立分会。研究的一项主要任务就是发掘和整理乡贤生平事迹及作品，20 年来，共整理完成 3000 多名乡贤资料，撰写各类文化史资料 1000 多篇。此外，上虞还将乡贤文化与青年教育有机结合起来，实施新乡贤"青蓝工程"，每年组织 100 名左右的优秀高中毕业生与杰出乡贤代表面对面交流座谈。上虞的乡贤文化一是通过打感情牌，激发乡贤回乡热情，使尊贤敬贤蔚然成风；二是通过凝聚"新乡贤经济"力推上虞区域繁荣。据统计，近 3 年乡贤回归项目资金达 80.2 亿元。此外，由新乡贤出资的公益基金达 190 多个、金额超 20 亿元。可以说，上虞乡贤文化这一珍贵的人文资源，被最大限度地激活，渗透到城乡群众的精神生活中，成为向上向善、积极进取的文化导向。[3]

那么，该如何培育乡贤文化呢？首先，要激活乡贤文化，可以借助乡愁乡情留住乡贤群体，让他们扎根乡土社会，发挥新乡贤便民、利民和为民的作用，从而增强乡民对新乡贤文化的认同。以有影响力的新乡贤作为精神领袖，通过宣传带动村民投身乡村教育振兴的事业发展中，激发他们内在精神动力。其次，为新乡贤在乡村教育振兴中的具体活动提供制度支持和保障，政府可以搭建乡贤和

---

① 李宁：《乡贤文化和精英治理在现代乡村社会权威和秩序重构中的作用》，《学术界》2017 年第 11 期。
② 《中共中央 国务院关于加大改革创新力度加快农业现代化建设的若干意见》，2015 年 2 月 1 日。
③ 《县域发展"幕后英雄"：新乡贤文化点亮浙江上虞》，中国新闻网，2020 年 12 月 2 日。

各级各类教育之间的沟通平台,通过报告他们的事迹,发挥乡贤的教化作用,从而引导和感染学生群体,激发他们读书改变命运、反哺乡村发展的热情,加强凝聚力、向心力。最后,发挥新乡贤的作用还应注重挖掘新乡贤的潜在力量,培育和壮大新的乡贤群体。当前,随着乡村振兴战略的推进,大学毕业返乡创业的青年日益增多,可以从其中进行有意识的遴选和培养,形成新乡贤的预备队,从而凝聚新生代的乡贤群体,增强他们的认同感和归属感,让乡贤文化在青年一代群体身上搭上乡村的记忆,根植于村民内心深处,进而激发其反哺桑梓的热情,从而成为带领贫困地区的民众参与乡村文明治理的动力,借文化之力产生凝聚人心的效果。

第三节　迈向乡村教育振兴的核心能力提升

教育扶贫,在帮助贫困地区提升脱贫能力、阻断贫困代际传递的基础上,还应为乡村振兴培植人才,为乡村振兴储备人力资源。该目标的实现,关键在于乡村教育的振兴。前文我们已经从思想、观念、精神及文化的层面阐述了迈向乡村教育振兴的内在动力。接下来,就乡村教育振兴而言,最为关键的是改革与完善乡村中各级各类教育,提升乡村各级各类教育的质量与水平,这是迈向乡村教育振兴最为核心的能力。具体来说,包含以下四个方面:强化乡村基础教育师资队伍建设;借助职业教育和职业培训以推进乡村教育振兴;注重乡村普通高中教育质量提升;高等教育下乡支教、帮教为乡村教育振兴加码。

一、乡村基础教育师资队伍:夯实乡村教育振兴的根基

乡村基础教育是为乡村教育振兴蓄力,亦是乡村振兴战略的重要支柱。换言之,乡村教育振兴的实现,离不开高质量的乡村基础教育。高质量乡村基础教育的实现,关键在于是否拥有一支数量充足、质量过硬的师资。因而,必须加强乡村基础教育师资队伍建设。

(一)职前培养层面:改革现行乡村基础教育师资培养体系

我国基础教育师资的培养,目前主要有本科、大专、中专三种不同层次的院校。培养幼儿教师、义务教育教师的院校增加,使得大量毕业生补充到幼儿教育和义务教育教师队伍中,但是大多数毕业生,特别是优质毕业生,不太愿意主动

到乡村地区的幼儿园和中小学任教。因而,有必要改革师资培养体系以确保乡村地区有充足的师资。

1. 构建以服务乡村教育为导向的职前人才培养模式

虽说目前师资培养有多种不同层次的院校,但这些院校的培养目标大多数如出一辙,忽视当前实际社会需求且缺乏严谨分析和论证。从上述有关学生毕业去向的调查中可知,学生的心目中为乡村幼儿园和小学留下一席之地的不是很多。此种状况的改变,需要师范院校在人才培养导向上有所倾斜,即应当建立以服务乡村地区为导向的培养模式。具体做法包括:开设新的专业——乡村学前教育专业、乡村小教专业、乡村中学(各科)教师专业。相比于普通的专业,该类专业在培养内容的设置上,凸显乡村特色。例如,增加区域性乡村特色的课程,以加深该专业学生对乡村的了解和研究程度,使其具备从事乡村地区教育教学、科研的能力;加强对这些学生就业意向的引导以及精神层面的关照,激发他们前往乡村地区教育教学的热情。

2. 在课程设置上增设具有乡村特色的相关课程

师范院校应当增设乡村教育课程,以凸显乡村特色,加强对学生的乡村就业意向引导。目前,已经有不少研究者做过调查,不管是城市籍的毕业生还是农村籍的毕业生,其毕业后自愿到乡村就业的意愿不高。此种状况的改变,除了外部的支持以外,关键在于毕业生就业思路、就业能力方面的教育、引导。学者Barker 和 Beckner 的研究表明:"开设和农村地区相关的课程,深入了解农村实际,能显著激发教师前往农村教育教学的热情。"[1]因而,师范院校可以在课程设置上有所改变,增设一些具有乡村特色的课程,供学生选修。例如,可以开设有关留守儿童教育问题、乡村教育资源与乡村风土人情等方面的课程。随着学生对乡村了解的深入,可以激发他们前往乡村教学的意愿,也有利于造就素质优良、甘于奉献、扎根乡村的教师队伍。

3. 建立实践教学基地,有效开展乡村地区教育实践工作

教育见习、实习是师范生专业成长的重要途径,亦是确立和巩固师范生专业思想、专业认同的重要方式。目前师范院校学生的专业见习、实习普遍是在城市

---

① B.O.Barker, W.E.Benckner, "Preservice Training for Rural Teachers: A Survey", *Rural Education*, 1987(8).

地区或师范院校周边的优质幼儿园、小学进行,鲜少将乡村地区作为见习、实习基地。因此,各师范院校应在广大的乡村地区建立适应各学段的实践教学基地,并有效开展乡村地区的师范生实践教学工作。就目前来说,全国各师范院校在乡村教育振兴的背景下都陆续在各地乡村建立了各种形式的教育教学实践基地,让师范生触碰到乡村教育最真实的一面。其中,顶岗实习是最具代表性的实践教学形式。辽宁省教育事业发展联盟为推进乡村教育振兴,力推农村教育顶岗实习工作,取得了较大的成效。

为深入贯彻落实《辽宁省教育服务县域经济发展全面建设小康社会三年行动计划(2018—2020年)》,辽宁省教育事业发展联盟自2018年起,以师范生农村教育顶岗实习工作为重要抓手,推进实施"农村教育精准扶持计划"。2020年,辽宁师范大学、沈阳师范大学、渤海大学、鞍山师范学院、辽东学院、沈阳大学、大连大学、辽宁民族师范高等专科学校8所高校共派出839名师范专业学生,赴辽宁省34个县(市)的201所农村(城镇拓展区)中小学校进行了为期半年的顶岗实习工作。各校进一步细化了农村教育顶岗实习学生选拔、岗前培训、中期指导与管理、实习考核与奖励等方面的相关制度,认真开展学生顶岗实习前的思想政治教育、生命安全教育、教学技能培训,定期派出指导教师、相关专家,既指导顶岗实习学生开展教育实践活动,又调研考察实习基地学校教师的教育科研、课堂教学和教师专业发展情况。①

4.加强就业教育,提高师范生就职乡村学校的意愿

鉴于传统就业观念的影响,不仅是师范生,各类专业的学生毕业之后也不太愿意到乡村就业。倘若人人都如此,乡村教育、乡村发展势必越来越滞后、停滞,这将带来更大的社会问题。因此,师范院校应当加强对学生就业意愿的引导,向学生阐明当前的就业形势。倘若应届师范专业毕业生到乡村地区任教,在国家大力提倡振兴乡村教育事业的契机之下,他们不仅可以享受各种优惠政策,会更受就业地区和学校领导的重视,更易施展拳脚和有更好的发展前景。

---

① 《辽宁省教育事业发展联盟推进农村教育顶岗实习工作取得新成效》,辽宁省教育事业发展联盟网,2021年5月27日。

（二）职后培训层面：创新优化乡村基础教育师资培训机制

教师培训是教师专业成长中必不可少的一环，乡村地区教师的整体质量，与较发达地区的学校有很大差距，不利于乡村教育的发展。因而，要加大乡村地区教师的培训力度，采取适应乡村地区特点的梯级培训体系，以提高教师的专业素质，缩小城乡教育的差距，提升乡村地区的教育质量。

1. 加强对乡村地区新入职阶段教师的教育培训

新入职教师的专业知识较强，但由于刚入职，对教学工作不太熟悉，特别是对于乡村地区的乡情、校情、学情了解不够，继而影响工作实效和热情。关于乡村地区新入职教师的教育方式，除了传统的"师徒帮带"培训方式之外，应以研修的形式，让新入职教师调查、反思乡村地区的文化、经济特征，学习开发乡土课程、教材的知识和方法，促使新入职教师能够自主开发适合乡村地区学生的乡土课程、教材，早日成为学校骨干，促进乡村地区教育质量提升。有必要指出，新入职教师中，有不少教师属于非师范院校毕业生，对于这一部分教师，还需要加强教育学、心理学以及相关的专业知识、技能方面的培训。

2. 创新培训内容，满足乡村教育与教师的实际需求

乡村地区基础教育阶段教师的培训，在内容上一定要贴合贫困地区教师需求，实用有效。首先，在开展培训时，培训内容要基于乡村地区的客观现实，并以满足当地教师的实际需求为主，避免假大空。一方面，注重更新乡村地区教师的知识结构，使贫困地区教师能够了解本学科的前沿动态和国内外教育改革新理论、新动向。同时将新课改中有关乡村教育的内容融入培训之中，例如"三角统筹""农科教结合""绿色证书"制度等。另一方面，注重加强乡村地区教师信息素养的培训，使其具备良好的信息素养以提升教育教学质量[1]。其次，加强思想教育，提升教师职业道德和职业理想。对教师的思想教育在任何时候都不能够松懈。对于乡村地区来说，工作地域条件差，任务繁重，待遇较低，要使其留得住，除了提升教师待遇这个途径之外，对其思想方面的教育也是一个重要的途径，可以多宣传乡村教师为当地教育贡献的典型事例，并让乡村地区的教师们充分认识到自己工作的意义和价值，激发他们自觉遵守职业道德，提升职业理想，

---

[1]　傅小丹：《中部贫困地区农村义务教育师资队伍建设问题与对策研究》，江西师范大学硕士学位论文，2006年。

为乡村地区的教育事业作出更大的贡献。

3.构建梯级培训体系,满足乡村教师发展的不同需求

一般而言,处于不同发展阶段的乡村教师,有着不同的发展需求,因而,针对不同层次、水平的教师,其培训的内容、形式、层次也应与之相适应,从而最大限度地满足不同发展阶段教师的培训需求,使其获得良好的发展。换句话说就是要针对乡村教师的不同发展需求,构建一个"梯级培训"体系。例如,可以根据教师是特岗教师、骨干教师、在职教师、新入职教师等,制定出有针对性的培训计划和措施,构建系统的梯级培训体系。具体来说,针对新入职教师,不仅要进行思想教育、学科专业知识、教育理论知识的培训,还要增加贫困地区地域文化知识的培训;对于骨干教师来说,则应侧重应用现代信息技术能力的培养。

4.采取灵活多样的培训形式,提高培训的实质效果

一般意义上的在职教师的培训,其形式主要包括以课程为基础的培训、以学校为中心的教职员发展培训、短期进修的在职培训、在线培训等。就乡村教师的培训而言,除了以上几种方式外,还应当结合乡村教师的特殊性,在培训形式上有所创新。其一,多种培训方式结合,不仅有聘请专家讲授培训的形式,也可以采取开讲座、示范课、观摩课、讨论课、课题研讨等形式。其二,注重参与式培训,此种培训方式能调动在职教师的学习兴趣,使其在交流、分享自己经验、观念的基础上,产生新的思想,获得知识、技能的提升,提高培训的时效性。其三,重视校本培训。由于乡村地区师资缺乏,教师的工作量较为繁重,且乡村地区教师培训经费有限,过多教师外出培训,会导致工作和经济压力过大。因而,应当进一步重视校本培训。当地教育部门可以组织各领域、各学科的专家深入乡村地区的学校开展培训,并鼓励贫困地区省内的师资培养学校和乡村地区的学校建立合作伙伴关系。这样一来,既可以减轻乡村地区教师的培训经费负担,也可以减轻学校排课压力,提升培训效率。山西运城永济市实施的"互联网+"校际学科教研联盟帮扶活动,就是教师培训方式灵活运用的一个典型代表。

> 为了开展校际间的学科教研联盟活动,山西运城永济市的银杏小学采取"互联网+"的形式,帮扶对象是当地开张镇中心小学。银杏小学拥有一支业务能力过硬的优秀教师团队,其中教学能手、学科带头人省级8人、地市6人、县级5人。2022年初,银杏小学利用"互联网+"优势,开通三个渠道,即"专递课堂,模仿学习"(整本书阅读专递课堂教学)、"协同教研,引领

学习"(直播讲解,同课异构)、"资源共享,跟进支持"(校本资源建设),促进张开镇中心小学教师能力提升。通过半年多的联盟帮扶,促进了两校间教育教学资源互动,加快了信息技术与教研教学的深度融合,为乡村教师能力提升提供了快速成长的平台①。

应该说,利用"互联网+",开展校际间的教研联盟帮扶活动是一种教师培训方式创新的表现,它因不受时间、地域、形式的限制而充分体现出其灵活性、时效性和可持续性的特征。

(三)特殊政策层面:完善公费师范生教育和定向招生政策

1.继续推行和完善公费师范生教育政策

公费师范生教育政策的推行,在一定程度上缓解了乡村地区,特别是中西部农村地区师资缺乏的状况。该政策在执行过程中出现一些问题,例如,因师范生自我发展与就业定向方面的矛盾,导致公费师范生学习动力缺乏,培养出来的教师质量堪忧。优质师资的缺乏,势必会影响乡村基础教育质量,影响乡村教育振兴的步伐。该局面的扭转,一方面在于要真正挑选有志于乡村教育事业的学生,另一方面要给予其相应的激励和提升空间。目前师资职前定向培养可以分为四种模式:定向农村且不能调动;定向农村五年后可调动;定向农村公费有补助,但不可调动;定向农村公费有补助,且五年后可调动。以上每种模式都享有政府分配工作的权利,仅存在学费、工作调动的差异。相关调查结果显示,"定向农村+免缴学费+师范生补助+五年后调动"这一模式最受学生欢迎,且乡村地区高中毕业生选择定向培养的意愿高于经济较富裕地区的高中生②。因而,要吸引毕业生到乡村任教,解决乡村地区师资缺乏问题,政府应当继续推行免费师范生政策,同时在推行定向招生制度时,除了给予一定的优惠政策,应制定就业分配细则,给予定向生自我提升机会。

2.增加乡村教师定向招生、定向分配名额

要缓解乡村地区基础教育师资短缺问题,离不开毕业生的有效供给。从当前一些毕业生的就业选择来看,乡村地区根本不是其从业地首选。例如,冯营营就河南6所办学类型、层次不同的1314名学前教育学生的就业意向进行调查,

① 《"互联网+教研·案例分享":开通三个渠道　促进乡村教师能力的提升》,运城教育网,2022年8月19日。

② 苏小玲:《学前教育专业定向培养模式的倾向性研究》,《教育评论》2013年第3期。

结果显示,首选毕业后到农村地区工作的仅占2.66%;超过60%的学前教育专业学生表示,即使将来自己求职受挫,也不愿意到农村工作①。该结果表明,该地区学前教育专业毕业生几乎不将农村作为毕业后工作的考虑范围,那更不用说那些较为偏远的乡村幼儿园。可见,通过吸引非乡村地区教师或毕业生到偏远乡村任教的效果是不明显的。那么,该如何解决这个问题呢?

其一,实行定向招生、分配制度,并增加一定乡村教师定向招生名额。一方面挑选有志于乡村教育事业的学生,加以培养,在给予资金和政策支持的基础上,毕业之后将其分配到乡村地区工作。例如,安徽省农村学前教育师资缺乏,为了解决这一问题,采取农村学前教育师资定向培养,招收初中毕业生进行系统的中专师范或大专师范的培养,这些学生毕业后统一分配到农村幼儿园,以有效缓解学前教育师资缺乏的问题②。其二,增加乡村教师定向招生名额,政府可以在全国各高等师范院校,增加教育扶贫定向招生、定向分配名额,并与乡村地区中小学签订师资委托培养计划,或适当降低分数招收乡村地区学生以充实乡村地区学前和义务教育师资。有必要强调的是,在定向招生、培养以及分配过程中,政府需要加强管理,一方面为需要师资的乡村培养最紧缺学科的教师,一方面确保定向毕业生愿意回到相应地区工作。

(三)配套制度层面:教师编制、待遇与教师流动制度改革

目前,乡村地区师资紧缺,编制不够、素质不高,最为重要的原因在于教育经费不足。因而,中央和地方政府应当加大对乡村地区的教育经费投入,进行编制改革并提升乡村教师待遇。

1.增加乡村地区教师编制比例,完善非在编教师保障机制

编制是我国教师人事管理制度的核心内容,关系到教师的基本权益、待遇、职称评定等。调查显示,不少乡村地区教师编制不足。编制不足,师资短缺,课程就无法开足。故而,应当增加乡村地区教师的编制比例。同时,乡村地区存在不少非在编教师,这些教师在稳定乡村地区教师队伍中起着非常关键的作用,因此,留住乡村地区非在编教师是当务之急。非在编教师存在的主要问题在于不能和在编教师同工同酬,无法进行职称评定,并缺乏相应的社会保障。为了维持

---

① 冯营营:《农村学前教师队伍的存量与增量调查研究》,河南大学硕士学位论文,2016年。
② 冯营营:《农村学前教师队伍的存量与增量调查研究》,河南大学硕士学位论文,2016年。

乡村地区师资队伍的稳定性,政府应当进一步完善非在编教师的保障机制,采取同工同酬并为其提供相应的社会保障。当然,为了保持对在编教师的公平性,在待遇、社会保障上应当按照在编教师的分层标准对非在编教师的资质进行分层①。

2.建立乡村地区教师特殊津贴制度

长期以来,乡村地区教师都有一定补贴,但是补助额度不大,且处在边远地区的乡村相对于发达地区来说,无论是生活环境、文化氛围还是教师待遇等都是无法相比的,难以吸引优秀人才或者毕业生来此任教。因而,可以效仿法国的"教育优先区"制度,建立地区教师津贴制度,资金由中央财政负担,对在乡村任教的学前和中小学教师,按照贫困程度划分档次,对经济越落后、条件越艰苦地区的教师,给予较高额度津贴和相应优惠政策,以调动老师们的积极性,使教师派得进、留得住②。

3.进一步完善和规范教师流动制度

由于受地方经济发展水平的限制,各校自身发展条件也有差异,使得我国基础教育阶段的教师,在不同区域、城乡、校际存在着明显的差距。为了有效缩小师资差距以及优化资源配置,我国各地都制定了相应的教师流动制度,这在一定程度上缓解了乡村地区师资缺乏问题,且有利于教育事业发展和教师个人成长。由于个别地区在执行过程中存在形式化、执行力度不够等弊端,甚至有的学校假借教师流动名义,挖走优秀教师,或借流动名义处罚教师等,这些不正常的流动,不仅打乱了教育资源配置,也阻碍了乡村教育的发展。因而,应当继续完善教师流动制度,对教师流动的区域、学校种类、流动年限、待遇等都要有特别规定,以确保教师流动有序、规范、多向,建立相应的流动教师考核、晋升、奖励机制,设立流动教师专项保障资金,解决流动教师的后顾之忧。

总之,发展高质量的乡村基础教育,离不开优质教师队伍的建设,它是乡村基础教育质量提升的前提保障,更是在最核心层面夯实乡村教育振兴的根基。因而,乡村地区要高度重视基础教育教师队伍的建设,以确保乡村地区有充足的优质师资,确保当地教育健康持续发展,助力乡村教育振兴。

---

① 杨淑君:《深度贫困地区农村学前教师队伍建设的现状及问题研究——以甘肃省四个深度贫困县为例》,西北师范大学硕士学位论文,2018年。
② 侯娟娟:《城乡义务教育师资分布失衡问题及对策》,河北大学硕士学位论文,2014年。

二、乡村中职教育和职业培训：提升乡村教育振兴的能力

在职业教育体系中,中职教育是一个重要的环节,起到"上承接高等职业教育、下引导基础教育过渡到职业市场的作用。尤其是农村中职教育,无论是涉农专业还是非农专业,一直以来都是以农村生源为主"①。因此,中职教育与职业培训是推进乡村教育振兴不可或缺的重要举措。但目前的乡村中职教育存在着社会认可度低、办学经费不足、双师型师资缺乏等弊端。此外,中职教育所承担的农村劳动力职业能力培训功能也发挥不足,且存在培训内容供需脱节、培训方式单一等一系列问题。针对这些弊端,从乡村教育振兴的角度出发,应当从以下5个方面对中职教育与职业培训进行改革,进而提升乡村教育振兴的能力。

(一)转变陈旧职教观念,营造中职教育办学氛围

"作为中国基础教育体系的重要组成部分,职业教育具有独特的成本低、时间短以及见效快等优势"②。然而,由于一些乡村地区民众对职业教育认识有偏见,不利于中职教育的发展,这也是国家的中职教育政策无法有效落实的原因之一。因而,只有积极采取多种有效措施才能转变人们对中职教育的陈旧观念,营造积极发展中职教育的氛围,这是提升乡村地区中职教育质量、助力乡村教育的先决条件。

其一,充分认识职业教育的战略地位,将发展职业教育摆在乡村地区社会经济发展的优先地位。要改变乡村地区民众对职业教育的偏见,首先乡村地区应当将职业教育摆在本地区社会经济发展的首要地位,认识到抓职业教育就是抓经济、抓就业、促致富,将职业教育的发展提高到维护乡村地区社会稳定、推动乡村地区现代化建设重大政治任务上来认识。其二,加大宣传力度,营造中职教育办学氛围,以提升对职业教育的认识,解决父母们的思想忧虑。由于长期受到"万般皆下品,惟有读书高"等传统思想的影响,人们普遍重视普通教育而轻视职业教育,不愿意自己的孩子就读中职学校。要改变这种偏见,就应当加大宣传力度,以提升乡村地区民众对职业教育的认识。因而,乡村地区应当通过各种途

---

① 王欢:《涉农中等职业教育发展对策探寻——基于对石家庄市中等职业学校学生就读意愿的调查》,《河北大学学报(哲学社会科学版)》2012年第3期。

② 徐敏:《贫困地区职业教育与扶贫产业的脱节问题及解决路径》,《教育理论与实践》2019年第33期。

径宣传职业教育以及高素质劳动者在现代化建设特别是在乡村振兴中的重要作用，营造有利于中职教育健康有序发展的社会环境，帮助乡村地区青少年树立正确的人生观、价值观、教育观和职业观。首先，举办"职业体验开放日"活动，结合中职教育发展的前景进行介绍，让更多的父母、学生了解中职教育，树立起对中职教育的信心。其次，宣传报道通过职业教育成功实现脱贫致富的经验，以鼓励更多的家庭投资职业教育。最后，通过各种媒体，以图解、答问、访谈等形式宣传中职教育相关中职政策及内容，回答学生、家长以及社会大众对中职教育的种种疑惑，从根本上改变人们对中职教育的偏见，消除父母让孩子就读中职学校的忧虑。其三，重视示范性中职学校的建设，转变民众对中职教育的认识。中职教育之所以得不到家长、学生的完全认可，主要和中职学校自身软硬件水平有关。一些中职学校一度由于其师资条件、办学水平、经费投入等问题，学校的教育教学质量差，培养出来的学生素质低、能力低、就业率低等，严重影响了中职教育的发展。民众对中职教育认识的转变不是一蹴而就的，有一个转变的过程，而转变的关键在于看事实。因而，中职教育要获得家长的认可，吸引学生报考中职学校，发挥中职教育助力乡村教育振兴的重要作用，应当重视示范性中职学校的建设，以培养出高水平的职业人才，这才是扭转民众对中职教育偏见的有效办法。

（二）增大职教经费投入，改善中职教育办学条件

乡村地区自身经济发展相对滞后，职业教育投入不足，办学条件差，是制约职业教育发展，特别是中职学校发展的重要因素。换言之，增大职业教育经费投入，不断改善中职学校的办学条件，是破解乡村地区中职教育困境的物质前提。

1. 坚持政府作为经费投入主体的地位

作为地方政府来说，要提高对发展职业教育紧迫性的认识，无论制定何种制度和举措，要将其落到实处。必须增加对职业教育的经费投入，改善中职学校的办学条件，及时进行教学设备的更新，实训基地的建设，等等。因而，乡村地区应确立政府的投资主体地位，首先，按规定逐步增加教育投入，并确保从教育费附加费中安排不低于20%的经费用于专门发展职业教育，同时用于职业教育发展的财政性经费应逐步增长。其次，规范中职教育经费的使用，确保经费投入到位，实现按在校生规模发放经费，杜绝经费被截留或者挪作他用。最后，大力争取国家政策支持，助力本地的职业教育发展。

2.构建多元化的投资渠道

各地方政府的财政收入有限,且不同地域财政收入存在差异,因而,乡村地方政府由于自身经济水平差,常常难以拿出足额的资金来确保本地职业教育的发展。乡村地区的中职教育要获得发展,就应当构建一种多元的投资渠道。要走"国家、企业、个人多渠道全方位筹资的道路,特别要鼓励企业在人力资源投资方面作出努力。政府自身也应当确立正确的开发策略,调控投资机制,在吸引私人投资方面,建立一种利益实现机制,使企业和个人全方位介入人力资本投资过程,将其切身利益的实现与人力资本投资形成过程联系起来,这样才能最大限度地发挥投资者、受教育者的主观能动性,提高投资的效率"①。

(三)强化政府主导作用,创新中职教育培养模式

乡村地区中职教育的发展,离不开政府的支持和引导,也离不开中职学校自身办学模式的改革。因而,强化政府行为,创新办学模式,是破解乡村地区中职教育困境的有效途径。

1.突出政府在乡村中职教育发展中的主导作用

在乡村振兴背景下,乡村地区要大力发展中职教育,就离不开政府的统筹和支持。因而,贫困地区政府应当积极参与职业教育,将发展职业教育纳入当地经济和社会发展的总体规划中,并突出自身在当地职业教育发展中的主导作用。具体来说,包含以下几个方面:其一,政府应承担当地职业教育发展的规划统筹工作。政府作为职能部门,对于各类行业是否缺人、要什么样规格的人才等最清楚;对于是否有人才培养资金、物质、政策等,政府比起职业院校来说更为清楚。因而,政府相关职能部门要承担起发展职业教育的责任,制定好本区域职业教育发展的年度计划和五年规划,并做好执行和落实的跟踪工作。其二,政府应当做好经费统筹工作。乡村地区职业教育的发展,离不开政府财政支持以及扶贫资源的支持。政府一方面要确保投入到位,另一方面要做好经费统筹的工作,统筹各类资金在职业教育发展中的作用。换言之,政府应当确保这些"资金不分散,集中用于职业教育和职业培训;在无法增编的情况下,政府应按教育部规定的

---

① 张丽莉、王大超:《基于提升贫困地区人力资本价值的职业教育模式研究》,《职业技术教育》2006 年第 29 期。

师生比核拨费用,学校用于聘请教师,相当于政府购买服务,学校用于聘请教师的费用转移到改善教学设施上"①。其三,社会力量统筹。政府应当积极鼓励企业、社会组织及其个人投入到当地职业教育发展中,为当地职业教育的发展提供资金和其他教育资源;做好协调工作,搞好专业和产业的对接,为职业教育的发展注入活力。其四,政策方面统筹。职业教育的发展,离不开相应的政策支持和倾斜。在国家政策允许的情况下,从招生、就业、减免税收等方面制定有助于中职教育发展的相应政策与规定,通过这些政策,以期促进中职教育的内部管理、改革、发展等。

2. 建立适应本地区的人才培养模式

乡村中职教育发展的困境之一在于专业设置不合理,脱离社会需求,以及人才质量不高。因而,中职学校必须进行人才培养模式的创新,以适应本地区的社会对人才发展的需求。其一,完善中职学校专业设置。乡村地区的中职学校,其生源主要是乡村地区,自然在专业设置上需要有更多的涉农专业。中职学校应根据乡村振兴的总体要求、乡村一二三产业融合发展趋势,加快涉农学科、专业调整,布局一批适应农村发展新产业新业态的专业课程,培养出懂技术、会管理、善治理的农科人才②。此处所指的涉农专业,主要指现代化农业专业,如建立在"动物学、植物学、遗传学、生物学等学科基础上的育种、栽培、饲养等农业科学技术专业"③。中职学校还可以结合当地的特色,开设和地方特色农业、特色产业相关的专业。简言之,通过专业重建或新建,使涉农专业成为最具发展潜力或价值的专业,让中职学校成为职业教育体系中最有优势的一环。其二,建立产学研结合的人才培养模式。针对职业院校毕业生能力弱的问题,职业院校应当进行人才培养模式的改革,"把产学研贯穿于'合作办学,合作育人,合作就业'的全过程;三方联动,即政府、学校、企业三方有机结合,建立互动合作机制,共同开展人才培养"④,提高职业院校人才培养质量。其三,创新中职学校课堂教学模

---

① 秦廷书:《民族贫困地区职业教育的困境与出路——以黔西南为例》,《黔西南日报》2015 年 4 月 13 日。
② 王柱国、尹向毅:《乡村振兴人才培育的类型、定位与模式创新——基于农村职业教育的视角》,《中国职业技术教育》2021 年第 6 期。
③ 林霓裳、何琳纯:《乡村振兴战略背景下农村中职教育的定位选择》,《职教论坛》2018 年第 11 期。
④ 杨占忠:《贫困地区职业教育发展研究》,《青海师专学报》2009 年第 6 期。

式。中职学校的学生无论是毕业后直接就业,抑或继续升学,最终都是需要就业的,因而,中职学校在一些技能性专业课程授课时,应以"就业"为导向,在引导学生学习专业理论知识的同时,给予学生更多的实践机会,注重专业技能培养和实际操作水平训练,为学生提供运用知识的机会,检验学生的知识掌握程度以及技能水平①。

(四)加强教师队伍建设,提高中职教育师资素质

乡村地区中职教育的发展,离不开优质师资,因而,加强教师队伍建设,提高教师素质是破解乡村地区中职教育发展困境的基本保证。具体来说,可以采用以下几种做法:其一,加强"内培"工作。我国的职业教育本身起步较晚,相当一部分职业院校属于新建或者改建的,职业院校存在着一些"不合格"教师,因而中职学校的教师培训是一项十分紧迫和艰巨的工程。首先,乡村地区要以"双师型"教师队伍建设为重点。乡村地区的职业学校应当加强对本校教师的专业分析和教师分析,确定相应的培训目的、内容、时间和形式。其次,要采取多种措施培养"双师型"教师。中职学校要根据学校实际,积极创造条件,加强专业教师的培训。中职学校要加快建立校企合作教学模式,借助联办企业提供的场所和有利条件,推行"轮岗制",使专业教师分批到企业接受训练,借助企业现有工种、岗位和设施设备、技术人员,进行技能培训,以增强职业实践能力,努力建设一支优良的"双师型"教师队伍。最后,给予一定的政策支持,鼓励专业教师到相应的大学培训学习,鼓励教师参加各种专业等级技能鉴定,以提高教师的综合素质。其二,注重"外引"工作。中职学校除了加强"内培"之外,还应当注重从外部引入人才。首先,中职学校可以从企业引入高学历的技能型人才充实到本校的教师队伍当中。目前有一些中小企业的效益不佳,而这些企业当中有一部分工程技术人员他们不仅职业技能强,且熟悉本行业情况,若是其愿意到中职学校任教,经过一系列培训之后,具备教师资格,就是一名合格的"双师型"教师②。其次,乡村地区要留住这些高层次人才、紧缺型人才,必须出台优惠政策,如给予其更高的工资待遇、妥善解决其生活方面困难、给予职称晋升等方面的优惠。其

---

① 陈晓情、郭正涛:《乡村振兴战略下粤东地区中职教育发展路径的选择》,《韶关学院学报》2019年第11期。

② 谭琦耀:《论贫困地区职业教育"双师型"教师队伍建设的研究》,《继续教育研究》2010年第9期。

三,做好"外聘"工作。乡村地区中职学校优质师资队伍的建设,不可能一蹴而就。由于其自身的地域特点、经济状况,可能在短期内难以吸引和培训大量的优质师资,外聘则是快速提升中职学校师资水平的一个有效途径。因而,中职学校可以制定比较规范的向社会招聘、录用、选拔专门人才的外聘师资政策,"打破单位性质、个人身份界限,向社会录用、选拔适合职业教学的专门人才。联大靠强,加强校企、校校之间的合作,建立客座教师人才库,从高职院校聘请专家教授,从大中企业聘请高级讲师、高级工程师定期到校授课、讲学,引领整体师资水平的提高"①。其四,实行"定向师资培养计划"。乡村地区中职学校优质师资紧缺,专业师资不足。针对此种情况,可以在政府和行政部门的支持之下,采用"定向培养"的方式,如采取从初中毕业生中选拔一定数量的毕业生到相关师范院校学习,降分录取、经济补助、签订就业合同等方式,为乡村地区双师型师资的培养储备新生力量。

(五)灵活运用培训方法,构建新型职业培训平台

开展职业培训也是中职教育服务乡村振兴的一个有效途径,针对当前中职学校在开展职业培训方面的困境,灵活运用培训方法,积极构建新型的培训平台,是中职学校提升其培训质量、助力乡村教育振兴的一个有效补充。其一,培训方法的灵活运用。职业教育作为培育新型职业农民的主阵地,要根据新型农业发展需求,改革创新培训模式,改变以往培训难以满足农民多样化、个性化需求的缺陷,分层分类地开展全产业链培训,"构建集涉农教育培训信息需求、在线知识获取、在线技术咨询、政策信息发布等一体化的培训服务体系,精心设计培训内容,采用专家团'集中培训+现场指导+在线咨询服务+入户指导'的方式"②,对职业农民在果蔬栽培、牛羊类牲畜养殖、农作物病虫害防治等方面提供精准化的培训和技术指导,使其通过培训掌握现代农用运输工具、现代农业机械驾驶与维修技术等。除此以外,中职学校还可以对农民开展农产品的二次加工技术培训以及营销、管理方面能力的培训,使农民在农村就能够实现农产品的生产、加工、销售一体化的生产、销售形式。简言之,依托职业培训,培养出一批高素养的新型职业农民,为乡村振兴积蓄本地化人才。其二,构建新型的

---

① 常彦:《贫困地区职业教育师资队伍建设研究——贫困地区职业教育现状调查与发展研究》,《中国西部科技(学术)》2007年第12期。

② 张旭刚:《乡村振兴战略下我国农村职业教育的战略转型》,《教育与职业》2018年第21期。

职业培训平台。在互联网飞速发展的时代,中职学校应当借助互联网的优势,构建新型的职业培训平台,如开发培训类 APP,运营职业培训公众号,拍摄短视频、微视频等,为乡村地区提供丰富的有关农业生产的知识和实用技术;也可以通过在线培训、建设培训资源库、视频讲座等方式,打破培训的时空局限,以构建个性化的、多样化和终身化的学习体系,为乡村教育以及乡村事业的振兴提供有力保障。

三、乡村普通高中教育发展:拓宽乡村教育振兴的通道

党的十九大报告强调优先发展教育事业,让城乡新增劳动力绝大多数接受高中阶段教育。从乡村教育振兴的角度来看,它又是拓宽乡村教育振兴的通道,是助力乡村教育振兴的新路径。然而,从全社会来说,要实现高中阶段教育的普及,其重点和难点恰恰在农村。因此,促进乡村普通高中教育发展,对进一步提高农村人口素质、促进城乡文化交融和实现乡村教育振兴有重大意义。

(一)明确目标定位,发展乡村普通高中教育的多元功能

教育的本质是培养人,关于"培养什么样的人",需要从培养人才的素质结构及其承担的社会功能两个方面来回答。普通高中教育培养怎样的人才素质结构及普通高中教育培养的人才将承担什么样的社会功能又决定普通高中教育的功能定位。教育部于 2018 年发布《普通高中教育课程改革纲要(试行)》和《普通高中教育课程方案(实验)》,指出普通高中的定位是"一个中心"(以"促进学生全面而有个性的发展"为中心任务)、"三个适应"(适应社会生活,适应高等教育,适应未来的职业发展)、"一个奠定"(为学生的终身发展奠定基础)[①]。这一新定位本质上兼顾了学生个体发展功能与社会发展功能,以个体的全面而有个性的发展、终身发展为主线,达成普通高中教育阶段培养人才具备的社会发展功能,即生活功能、学术发展功能、职业发展功能。乡村普通高中教育的功能定位应研究在乡村振兴背景下如何实现以上的多元育人功能。

1.加强乡村普通高中课程改革,促进学生全面而有个性发展

2001 年《基础教育课程改革纲要(试行)》颁布,标志着第八次基础教育课

---

① 于璇:《我国中西部贫困地区普通高中教育发展困境与治理路径研究》,华东师范大学博士学位论文,2019 年。

程改革的正式启动;2011 年,基础教育课程改革 10 年之期,重新修订了新课程标准;2014 年印发的《教育部关于全面深化课程改革　落实立德树人根本任务的意见》中,首次提出"核心素养体系"概念。2016 年,《中国学生发展核心素养》研究成果发布。课程改革是教育改革的核心,连续 20 余年的课程改革,极力聚焦于人才的"核心素养",即学生应具备的,能够适应终身发展和社会发展所需要的必备品格和关键能力。各地课程改革实验开展得如火如荼,不断出现新经验、新成果。城乡二元经济结构导致的城乡教育差异,在课程改革大潮中,不断拷问乡村教育的自我意识水平和自我更新能力。具体讲,乡村普通高中教育的自我意识包括,思考乡村普通高中自身的地理位置、经济布局、学生来源、师资力量有何特色;学生全面发展和个性发展,乃至终身发展等终极方向,结合到具体地域、具体乡村,如何使之落地,要培养怎样的学生;乡村普通高中如何处理与当地的关系,在促进当地社会经济的发展中怎样定位自身角色;如许多地区,借着"撤点并校"的契机,在县镇集中力量办"巨型中学",难以回避不顾教育规律而以教育拉动内需之嫌,乡村普通高中缺失了话语权。乡村普通高中自我更新能力,则是指进行自主课程研究、课程开发的能力。

2.加大政府的支持力度,保障乡村普通高中的学术发展功能

普通高中教育处在基础教育阶段的顶层,承担的任务之一,就是向高等教育输送生源,即所谓的升学功能。从教育公平来讲,高等教育公平体现在高等教育入口的公平、高等教育过程的公平和高等教育出口的公平。乡村普通高中相对于城市普通高中,既有高等教育入口处"升学"的劣势,也有高等教育过程中乡村学子对大学适应和学术发展能力的劣势。

相对来讲,国家已经在促进高等教育入口公平、提高农村普通高中升学率方面作出巨大努力,中央和地方重点高校专项招生计划、农村专项招生计划等便是对乡村普通高中招生的政策倾斜,当然政策落实过程中仍然存在一些问题值得深入研究,如重点高校落实专项招生计划数额仍然偏少,高校"优质人才"录取标准与对乡村人才的支持之间如何找到平衡点,如何将乡村培育人才落到实处,等等①。

反观对如何提升乡村普通高中的学术发展功能关注较少。有学者研究显

---

① 张徐生:《"县中困境"与"县中振兴"》,《福建教育》2021 年第 19 期。

示,我国的高中教育与大学教育衔接流于形式、浮于表面[1],传统的教学模式致使学生基础学力薄弱、学习目标不明确,不利于甚至阻碍学术融入[2]。乡村普通高中的教育理念、教学模式相对比较传统,家庭及社区的教育资源相对薄弱,直接影响到乡村学子进入大学的适应性和学术发展能力,关系到他们在学术融入与学术发展上能否站得更高、走得更远。因此,对乡村普通高中教育的支持,不能仅停留在"升学"功能的保障上,而应着眼于更深层次的乡村普通高中教育学术发展功能的保障。

3. 实施"普职融合"教育,发挥乡村普通高中的职业发展功能

新的普通高中定位目标之一是"适应未来的职业发展",无论是实现升学的学生还是高考落榜进入社会就业的学生,均需要具备"适应未来的职业发展"的能力。徐烨等指出,职业教育领域经历了从关注外在的"就业率""就业质量",到关注内在的人的"专业技术能力""可雇佣力",再到现在提出的"职业发展能力"的探索[3]。可见,过去采用的"就业"功能这个概念已不足以反映高中的这一定位,普通高中需要在教育理念、课程设置、教学模式、条件保障等方面有全方位的转变,引入职业教育,实施"普职融合"教育,以培养学生的职业发展能力。

其一,需要转变教育理念,从全生涯发展的高度审视高中阶段教育,确立"职业发展"教育在普通高中的重要地位,面向全体学生、面向学生的终身发展开展教育。其二,结合乡村本地特色资源,研究普职课程的结合点、交叉点,探索跨学科的、综合的普职结合课程,理论与实践相结合,基础知识与应用知识相结合;增加职业教育相关通识课程、选修课,尤其增加职业分工和职业生涯发展规划的课程,使学生对社会的产业结构、职业分工有所了解,培养职业意识和自主发展意识。其三,在教学模式上,以探究式、主体式、实践式学习为主,培养学生主动探索职业世界,自主规划职业发展计划,并积极主动为实现职业发展不断提升职业实力,形成其职业发展的主体意识和责任意识,提升职业发展能力。其四,充分利用社会资源,开展与高职、技术学校、高校、工厂、农场等合作项目。为学生

---

[1] 张涛:《新高考影响下高中教育与大学教育衔接研究》,海南师范大学出版社 2021 年版,第 37—40 页。

[2] 鲍威、李珊:《高中学习经历对大学生学术融入的影响——聚焦高中与大学的教育衔接》,《清华大学教育研究》2016 年第 6 期。

[3] 徐烨、曲士英:《高职生职业发展软实力问题探究》,《现代教育管理》2014 年第 5 期。

提供走出课堂、走出学校、走进真实社会场的实践机会。第五,引进国家技能等级证书考试,规范职业发展教育导向①。

4. 开展"兼农"教育改革,实现乡村普通高中的生活教育功能

乡村普通高中升学率不高,大部分学生还是流入社会就业。城镇化背景下,这些学生作为新生劳动力涌入城市,成为新一代农民工,在城市难以立足。想要返乡的青年,同样不易。因在小学、初中、高中的求学过程中撤点并校和唯升学率导向,使学子们不知不觉已"离农""脱农",对农村不熟悉,农业生产技能匮乏,农村归属感不强,甚至以城市文化优越感歧视乡村文化②。关于乡村普通高中的"兼农教育",浙江建德严州中学(梅城校区)的改革与实践值得学习。

> 浙江建德严州中学是一所非典型却名副其实的农村普通高中,面对资源困境的压力,该校实施了一系列改革,开展"兼农教育,让学生学习贴近乡村,实现了高中的生活教育功能。首先,该校通过开设特色课程("严州文化"和"志愿服务"两大特色课程)转变育人方式,其目的就是要开展基于志愿服务性学习的农村普通高中特色选修课程群建设,培育德才兼备的乡村志愿者。几年来,严州中学梅城区师生带着实验器材采集水样、计算水中氮磷质量,为村民化粪池改造、污水处理献计献策。像这样的乡镇服务站点学校一共建有65个,其中包括三大系列9个主题的乡村服务内容,涉及乡村庭院设计、文明宣传、权益咨询、"五水共治"、种植产销服务等。其次,改进课程教学,让学习真实地发生,如政治课上,梅城法官课堂说法,学生模拟法庭惟妙惟肖,书本知识与现实巧妙结合。梅雨季节,地理教师课下布置学生分组采访录音,实地了解防洪防风问题,课上分享讨论,提出各自解决方案。防汛办、气象局成了学生实地考察场所,遥感、GPS定位、信息技术课知识也在这里派上用场。③

美国教育家杜威从实用主义经验论和机能心理学出发,提出教育即生活、学校即社会、从做中学的主张,指出了教育与生活、学校与社会一致的关系,教育就

---

① 彭泽平、董明月:《改革开放以来重庆普通高中教育发展的历程、经验与展望》,《长江师范学院学报》2020年第9期。
② 樊卓思:《困境与出路:农村高中阶段教育普及的 AGIL 模型思考》,《当代教育论坛》2020年第3期。
③ 《一所农村百年老校的重振之路》,中国教育新闻网,2021年3月16日。

是儿童生活的过程,而不是将来生活的预备。"乡村衰落"除了城镇化和经济利益驱动的原因外,教育在其中发挥了什么作用呢? 教育是否和儿童的生活紧密地联系在一起,抑或脱离了生活呢? 很明显答案是后者,基础教育的课程导向是倾向于城市中心的,乡村教育对于乡村本身的文化是忽略的。乡村普通高中教育恰恰是需要"兼农"教育,才能培养具有乡村归属感、拥有乡村文化自尊自信、具有内在自洽的自我同一性的人,未来无论立于城市还是归于乡村,都是能够独立自主决策并为之奋斗负责的人。建议国家、第三方机构、乡村学校加强乡土课程、校本课程、综合实践活动课程的研发与建设,挖掘乡村特色教育资源、凝塑乡村特色文化精神,以农业知识技能强生存能力,以乡土人文历史润心灵,以乡村文化精神立信念,以乡村建设事迹激情怀。

(二)弱化"回波效应",优化乡村普通高中教育资源配置

瑞典著名发展经济学家缪尔达尔于 20 世纪后半叶提出"循环累积因果关系理论",其中对于贫困的累积效应及贫困的"地理二元经济结构"的观点放在教育上也同样适用。他提出经济发达地区对周围地区存在"回波效应"和"扩散效应"等双重影响[1]。"回波效应"吸引人口、资本、贸易等资源流入发达地区,从而发达地区发展加快,但使其周边地区发展速度降低;"扩散效应"是指发达地区已积累起来的优势,会影响周边地区从发达地区获得资本、人才等,逐步赶上发达地区。缪尔达尔认为,由于市场机制的作用,回波效应总是先于和大于扩散效应。因此,倡导政府应积极采取政策干预,不应消极等待扩散效应的到来。

运用此理论审视我国的教育布局,将突破单一的城乡二元结构维度。这种"中心—边缘"的非均衡发展,体现在方方面面,如东部、中部、西部教育的区域不均衡,省与省、市与市、县与县、村与村之间教育资源也存在差异,甚至在同一省市、同一县域,也存在重点校与非重点校、优质校与薄弱校的差异。显而易见,我国尚在城镇化建设进程中,教育"中心"对教育"边缘"地带的"回波效应"明显,优质教育资源向教育"中心"累积聚集,对乡村教育振兴十分不利,国家应积极采取干预政策进行宏观调控。

---

① 向延平、陈友莲:《教育贫困循环累积因果效应形成机理与破解路径》,《武陵学刊》2020 年第 1 期。

1. 合理规划区域布局,确保乡村学子家乡入学

教育中的问题不单单是教育本身的问题,而是诸多社会问题的集中体现。就乡村普通高中的区域布局问题而言,反映了城镇化进程带来的复杂处境。首先,乡村的人力资源、物力资源、财力资源纷纷被城镇吸引流入,留给乡村的是留守儿童、留守老人及薄弱的资本,乡村失守,各方面建设发展缓慢。其次,为了争取更好的教育资源,有能力的家庭会把子女带在身边,成为流动儿童,进入城镇,享受相对"优质"的教育;没有条件进驻城镇,但有一定经济能力的家庭,会选择通过择校、借读等形式,往返于城镇学校和乡村的家之间;留下条件不足的孩子就读于乡村学校。生源减少、资源分散,给了对乡村学校进行"撤并"的理由。"撤点并校"对乡村建设的打击是巨大的,一方面,学校往往是一地最高文化水平的标志,是当地文化的扩散中心。"撤点并校"后的乡村失去了文化重镇,精神文明进一步失落。另一方面,家在农村,却集中到城镇生活,将"无根的一代"之漂泊感提前到孩童期,干扰了乡村孩子的自我意识和自我价值的定位,促成乡村孩子的"离农"现象,自我意识在城或乡的"拧巴"中挣扎。应合理规划教育区域布局,提高教育质量,确保乡村学生能够在家乡入学,既减少农民的教育负担,又能够使学生生长于乡村,从而利于发展学生的自我同一性。

2. 避免恶性竞争,留住优质生源

"回波效应"还表现在人才向"增长极"流动,周边地区人才被抽干。乡村普通高中的生源,大部分随着父母进城务工流入相对发达地区,这是社会因素使然。在教育内部,吸引优质生源的招数频出不穷,表现为招生方面的恶性竞争,实质上也是优质校对薄弱校的"回波效应"。就教育政策而言,应规范招生制度,禁止校际的恶性竞争,且需要对乡村普通高中招生进行政策倾斜,必要时给予留在乡村普通高中的优秀学生奖励。就教育质量而言,提升乡村普通高中的教育质量,办出特色,是吸引生源的根本。

3. 提高综合配套保障,留住优秀师资

优秀师资是乡村普通高中质量保证的生命线。然而由于乡村普通高中的工资待遇、工作生活环境及专业发展前景有限,许多教师在乡村普通高中成长为优秀师资后,选择再次参加教招,应聘到高级别学校。乡村普通高中的职业阶段成了他们调动的过渡和跳板,优秀师资流失严重,也影响师资队伍建设的稳定性。

要留住优秀师资,需要提高乡村普通高中的工资待遇、增加评奖评先的机

会;促成高校与乡村普通高中结对,在学历提升、进修培训等方面提供便利,在教育教学研究方面进行指导与合作。

(三)明确省级政府职责,加强乡村普通高中教育的统筹管理

2006 年修订的新的义务教育法第七条规定:义务教育实行国务院领导,省、自治区、直辖市人民政府统筹规划实施,县级人民政府为主管理的体制,即"分级管理,以县为主"。但"县级以上人民政府教育行政部门具体负责义务教育实施工作;县级以上人民政府其他有关部门在各自的职责范围内负责义务教育实施工作"的表述,对中央政府、省政府以及县政府的权利和责任边界究竟怎样划分是很含糊的。郭建如认为,县级政府、省级政府和中央政府具体的责任划分将随各级政府之间的博弈状况而变化①。以教育财政投入为例,董俊燕研究发现,省级政府重点投入在高等教育和义务教育,对普通高中教育产生显著的"挤出效应",市县级政府则关注整个基础教育②。可见,省级政府在普通高中教育阶段分担的责任不足,省级政府在推进乡村普通高中发展、助力乡村振兴进程中有很大的空间。

1.进一步制定立法细则,明确省级政府在发展普通高中教育中的职责

对中央政府、省级政府及县级政府等对基础教育分级管理的权力和责任的边界,需要出台立法细则进行明确界定,即确定各级政府的负担比例,减少各利益相关者间的博弈,确保乡村普通高中教育投入,提高教育产出效率。

省级政府应承担相应比例的普通高中教育财政支出,尤其需要加大对乡村普通高中包括贫困地区普通高中的转移支付,是促进省域内教育均衡发展的有力保证。县级政府负担乡村普通高中教育经费,既加重了地方财政负担,也加剧了乡村教育区域发展、城乡发展不均衡的态势。经济发达地区和经济欠发达地区、东部与中西部地区、城市与乡村在财政支出能力上差异显著。甚至,由于县级政府财政能力及其重视程度不同,在省域内都不能保证乡村普通高中教育的均衡发展。姚昊等人以江苏省为例,以生均教育经费为指标,发现省域内,苏南、苏中、苏北高中教育投入存在"富者愈富、穷者愈穷"的现象,弱势地区与教育发

---

① 郭建如:《基础教育财政体制变革与农村义务教育发展研究:制度分析的视角》,《社会科学战线》2003 年第 5 期。

② 董俊燕:《地方政府普通高中教育投入偏好研究——省级及市县政府视角的实证分析》,《教育与经济》2016 年第 5 期。

达地区经费投入差距越来越大①。普通高中教育财政支出重心上移至省,有利于省级政府宏观调配,对省域内教育均衡发展作出整体布局。

2. 明确省级政府责权,统筹高校、政府与乡村普通高中协同育人

高校拥有丰富的人才资源、知识储备、培训资源等,充分利用其资源,对促进乡村普通高中的发展具有重要意义。高校的管理权在省级政府,能否使高校资源与乡村普通高中发展需要顺利对接和持续高效合作,考验省级政府的统筹管理能力。应明确规定省级政府在统筹高校与乡村普通高中协同育人方面的具体权利与责任,发挥其在乡村振兴大背景下促成高校与乡村普通高中合作的桥梁作用。

高校与乡村普通高中合作不是新鲜事物,相关方面的理论与实践研究已有很多成果,目前,高校(U)、政府(G)、中小学校(S)理论设计上合作最紧密的是师范院校、地方政府与中小学的“UGS”共育模式。但若从乡村普通高中的立场来看,这个协同模式并不能切实达成乡村普通高中的利益诉求。其一,乡村普通高中在三个协同主体中处于边缘地位。命名中的“共育”,育的是师范生。这个模式是从师范院校的立场设计的,师范院校的利益达成处于核心地位。其二,模式预设目标与实际达成目标相去甚远,师范院校的基本目标得以实现,高级目标缺乏实现的基础,乡村普通高中的基本利益基本没有被照顾到。表现在“UGS”共育的平台是师范院校在中小学建立实习实践基地,其合作的基本内容主要是满足合作高校学生实习实践的需要;而高校与中小学深层次的合作双赢则禁不住推敲。以李霞提出的三个协同内容为例,“高校教师与中小学实践指导教师能够围绕基础教育教学改革及师范生培养进行协同研究”,以促成双方教师的专业发展,实际上,高校教师有可能会由此发展课题,但乡村普通高中教师多认为完成指导实习生任务即可,很少就此开展科研,并获得专业发展;“中小学参与高校专业人才培养方案及课程设置的论证”,中小学优秀教师到师范院校担任相关课程的教学等,则更凸显了吸纳基础教育一线教师支持师范院校的发展,因为均是优秀一线教师被选拔成为师范院校的智囊;“通过课题委托”“开发小学科情境教学和教育管理案例资源”“提供校园文化、课程建设、教学改革、特色

---

① 姚昊、马银琦:《局部塌陷:省域内高中生均经费投入的地区差异透视——基于江苏省的实证分析》,《教育学术月刊》2020 年第 8 期。

项目推广等教学资源研发服务",是中小学迫切需要的,但能够真正形成课题,得到经费支持,并受到重视,得以落地,也是凤毛麟角①。可见,"UGS"模式并不是从中小学利益出发设计的模式,且其中的"G"发挥的促进作用不明显。

建议省级政府系统调研高校、中小学合作存在的问题及原因,出台相应政策,推进高校在乡村振兴中助力基础教育的作用。第一,改革教师评聘考核、评级评优制度,引导高校教师积极开展基础教育的理论与实践问题研究,引导乡村普通高中教师就基础教育教学工作实践开展研究。第二,增加乡村普通高中教师编制数,补充足额的教师,以降低人均课时量,减少工作量,使乡村普通高中教师从繁杂事务中脱身出来,得以进修和开展科研,助力乡村普通高中教师专业发展。第三,省级政府设立以乡村普通高中为中心的项目,引导高校聚焦乡村普通高中的问题,为乡村普通高中的发展贡献人力、智库等支持,实现真正的深层次的合作共赢。第四,省级政府应依托项目,推动高校与偏远地区的乡村普通高中开展合作,使高校合作基地的范围从高校周边扩展到偏远县域。地方高校多属于教学型或教学研究型高校,教师的教学任务仍然很重,对于有志于服务偏远地区乡村普通高中的高校教师可减免工作量,并对其付出时间成本、经济成本等作出相应补偿。第五,省级政府有责任对合作项目进行科学评估和教育督导,制定规章制度,避免劳民伤财、流于形式。

(四)发挥互联网优势,助力乡村普通高中教育质量提升

2019年2月,中共中央、国务院印发《中国教育现代化2035》,聚焦教育发展的突出问题和薄弱环节,提出了十大战略任务,其任务之一便是"加快信息化时代教育变革","建设智能化校园,统筹建设一体化智能化教学、管理与服务平台"。国家把推广"互联网+教育"摆上战略性地位。2020年以后的新冠疫情倒逼学校采取线上教学,短短两年多时间,"互联网+教育"的力量展现出来。"互联网+教育"不仅解决了"停课不停学"的燃眉之急,也对教育理念、教学模式、教学资源、师生互动方式和学生学习方式等产生更深远的影响。当然"互联网+教育"有利有弊,也需要配套的保障性措施,但在促进乡村教育振兴、提升乡村普通高中教育质量方面,是有很大的潜力的。

---

① 李霞:《"UGS"共育模式下师范生实践基地建设质量标准构建策略》,《中国成人教育》2022年第9期。

1.制定差异化建设方案,保障乡村普通高中的基本配套条件

我国基础教育发展既有城乡差异、区域差异,也有省域内差异、县域内差异。在推进乡村普通高中"互联网+教育"基础设施及保障条件建设发展时,应开展具体细致的调研,具体情况具体分析,制定乡村普通高中信息化发展的差异化建设方案,以保障乡村普通高中"互联网+教育"的基础配套条件。

《中国互联网络发展状况统计报告》显示,截至 2020 年底,全国中小学(含教学点)互联网接入率达 100%,未联网学校实现动态清零,出口带宽达到 100M 的学校比例为 99.92%,98.35%的中小学已拥有多媒体教室[①]。可见,我国中小学校的互联网接入基本得到普及,多媒体教室也基本覆盖。但在基础设施普及的基础上,各校的差异性更加突出。詹春青等对广东省部分欠发达地区的基础教育阶段的薄弱校进行调查,显示了更多的差异性。硬件设施设计的计算机数量、多媒体教室数量、多媒体教室质量、数字化教学资源数量、数字化教学资源质量 5 个维度上显示,即使同为薄弱校,城乡差异也非常显著,城市薄弱校的信息化建设水平较乡村薄弱校的信息化建设水平要高;从教师的信息化教学能力等软件设施来看,大部分教师的信息化教学的基本能力具备,但尚不能将信息技术与学科教学深度融合[②]。将工作做细致,进行分层分类分区域的调研,才能制定出有针对性的差异化信息化建设发展方案。

各级政府应加大对乡村普通高中的硬件设备设施的投入与维护;丰富数字化教学资源种类,严格审核数字化教学资源的质量,及时更新数字化教学资源的内容;采用多种形式灵活对一线教师进行信息化素养和信息技术能力提升,尽量创造条件为一线教师提供伴随式培训服务,及时解决技术问题并督促一线教师持续学习。

2.整合信息化手段及技术平台,突破乡村普通高中资源受限问题

课程改革是教育改革的核心,课程开出的数量和质量关键是师资。乡村普通高中师资数量缺乏、师资水平良莠不齐、队伍不稳定是突出问题。"互联网+教育"的推广,在一定程度上能够缓解以上问题,助力乡村普通高中"开出、

---

① 转引自陈丽、郑勤华、徐亚倩:《互联网驱动教育变革的基本原理和总体思路——"互联网+教育"创新发展的理论与政策研究》,《电化教育研究》2022 年第 3 期。

② 詹春青、黎佳:《"互联网+教育"精准扶贫的现实困境与发展路径——基于广东省薄弱学校的调查》,《教育评论》2021 年第 11 期。

开足、开好"课程,为乡村普通高中学生提供优质课程,为乡村普通高中教师提供紧跟国家课程改革步伐和专业发展支持,进而提高了乡村普通高中教育教学质量,缩小了城乡差距。当前"互联网+教育"在助力乡村教育振兴中可谓百花齐放,新的技术手段、信息化平台等层出不穷,需要研究乡村普通高中教师在使用过程中的问题,对各类信息化手段、平台进行科学评估和整合,调动乡村普通高中教师的主体性、积极性,促进教育教学与现代教育技术的深度融合。

其一,"三个课堂"的常态化发展,需要尊重乡村普通高中教师的主体地位,实现城乡教师的平等互动。2014年,教育部趁五部门印发的《构建利用信息化手段扩大优质教育资源覆盖面有效机制的实施方案》提出"三个课堂",2022年,原则上全面实现"三个课堂"在中小学校的常态化按需应用①。除去乡村普通高中教师信息化素养和信息化能力短板影响到"三个课堂"的常态化发展外,乡村普通高中教师的主体地位受到忽视,城乡教师互动不足,将是阻碍"三个课堂"内涵式发展的主要阻力。提高乡村普通高中教师的主体性,包括:一是"专递课堂"途径,一线教师在优质课堂同步播放的同时,要进行针对性的调整与讲解,以适应本校生源学习需要,并在课前、课后与主讲教师成立教研团队,就教学中的问题进行双向交流;二是"名师课堂"途径,共享名师示范课堂,乡村普通高中教师开展同课异构,应就教学反思与"名师"沟通交流,提升教学能力;三是,"名校网络课堂",是以优秀学校为主体,与全区域的乡村学校(教学点)一起组成,以实现知识共建、资源共享,乡村普通高中应结合本地、本校资源特色,与优秀学校就本校特色建设问题,建立多元化、特色化、个性化的发展模式。只有乡村普通高中和城市优秀学校在平等的地位上、尊重彼此主体地位的基础上合作,才能真正实现城市学校对农村学校的反哺,进而优化资源配置,保证城乡教育公平发展②。

其二,整合多层级多类型信息化教学平台,进行综合化、系统化建设管理,为乡村普通高中推送优质的结构化学习资源。目前信息化教学平台处于多样化探索发展阶段,层次、类型多样。一方面,乡村普通高中教师教学任务繁重,信息技术能力有限,在筛选和应用各种平台时心有余而力不足;另一方面,各级各类信

① 《教育部关于加强"三个课堂"应用的指导意见》,2020年3月3日。
② 任友群、杨晓哲:《新时代乡村教育的强师之路》,《中国电化教育》2022年第7期。

息化平台资源内容有所交叉重叠,缺乏一贯体系、内容逻辑结构性不强、资源质量参差不齐,增加了乡村普通高中教师选择的精准性和应用的便利性。

实现各信息化平台的充分高效利用。第一,需要各级教育行政部门成立专门的信息化平台资源研究与推送小组,整合各级各类信息平台有效、优质资源,精准推送给乡村普通高中教师,节省乡村普通高中教师的盲目摸索成本,使学生真正受益。第二,进行伴随式培训服务,使乡村普通高中教师能够充分了解平台资源,掌握信息平台使用技术,切实提高信息化平台的利用率。例如,2022 年 3 月上线的国家智慧教育公共服务平台内容涵盖多个渠道与栏目,资源非常丰富,如何利用则需要当地教育行政部门的引导。还有众多区域教育资源公共服务平台、在线教育平台、微课资源平台、微信公众平台、手机 App 等①,既需要整合精简,也需要引导、指导教师高效使用。

3. 尝试推广虚拟教研室,促进乡村普通高中网络教研聚焦化发展

2021 年教育部高等教育司印发了《关于开展虚拟教研室试点建设工作的通知》,建议高校建设虚拟教研室。虚拟教研室是在不影响实体教学团队和教研室的基础上,若干教研室为共同的兴趣或共同解决某一问题而灵活组成的、不具实体意义的虚拟团队,在高校是围绕科研课题、学术前沿或课程而结合的非正式组织。虚拟教研室的特点是成员的自主性、问题的聚焦性、时空的虚拟性。

高校对虚拟教研室的探索,同样可以启发乡村普通高中的网络教研。建议乡村普通高中继续通过"互联网+教育"开展网络教研的形式,通过互联网组建城乡、校际研修共同体,以打破时空界限、校际边界,实现城乡资源共享推进。同时,在网络教研中增强问题的聚焦性,即在尊重教师的兴趣和专长的基础上,以问题解决为中心,组建教研团队;增强教师的主体性,增强乡村普通高中教师的主体意识,自主自觉选择、组建教研团队,并为自己的选择负责;强调虚拟教研团队组建的灵活性,成员可以跨地域、跨学科组建,网络教研时间以问题解决的需要而定,成员共同平等协商。

四、高等教育下乡支教、帮教:拓展乡村教育振兴的空间

20 世纪末,潘懋元在论及 21 世纪中国高等教育发展的方向时便提到,"城

---

① 陆和萍、吴延慧:《区域中小学校"互联网+教育"的实施途径》,《教学与管理》2021 年第 12 期。

市人口仅占全国人口约 21%，约 79% 的人口在农村。农村有大量的高中毕业生，生源甚多，农村经济发展也需要较多高等学校毕业生。应研究高等教育如何通向农村，使农村青年能够'上得来，下得去，用得上'。"①这既是高等教育助力乡村教育振兴的指向，也是高等教育公平的重要组成内容。在论及高等教育帮扶乡村教育发展的时候，需要从高等教育自身的功能出发，即从人才培养、科学研究和社会服务三个方面，努力拓展高等教育对乡村教育的帮扶空间。

（一）完善公费师范生政策与机制，助力乡村教师人才培养

2007 年，我国 6 所部属师范大学试行免费师范教育，开启了实施公费师范生政策的序幕。2013 年始招生学校范围逐渐拓展，2016 年起省属高校试点招生②。2018 年，将师范生免费教育政策改为师范生公费教育政策，凸显师范生免费教育的国家性，师范生公费教育政策体系初步形成。公费师范生在享有公费教育的优惠政策的同时也要履行相应的义务：一是完成约定服务期的义务；二是毕业后要到中小学任教的义务；三是，若违约，须按规定退还已享受的免费教育费用并缴纳违约金。

应该说公费师范生政策的实施为农村中小学尤其是西部农村中小学培养了大量骨干教师，在一定程度上解决了边远贫困地区师资紧缺的问题，同时也为部分贫困家庭的孩子解决了读大学的难题。如今，在教育扶贫到乡村教育振兴的宏观语境转换的背景下，为了继续有效地服务乡村教师的人才培养，需要进一步完善公费师范生人才培养机制政策。

1. 进一步完善公费师范生政策顶层设计

公费师范生政策作为政府主导行为，逐步调整完善政策顶层设计是政府不可推卸的责任。尽管我国公费师范生政策已经初步形成了较为完整的政策体系，但仍存在一些不足。如政策设计与公费师范毕业生个人的自由选择发展存在一定冲突，就业指向性不明确，直接补充和配置的效能不足，无法契合当地教师培养的实际需求，且政策内容多数还停留在公费师范生权利义务等宏观因素关系的廓清上，对实践中新出现的问题不能及时有效地以政策法规的形式加以解决。

---

① 潘懋元、吴岩：《走向 21 世纪的中国高等教育》，《辽宁高等教育研究》1996 年第 3 期。

② 王桂清、黄春平：《地方高校公费师范生精准对标培养课程体系构建研究》，《聊城大学学报（社会科学版）》2021 年第 5 期。

其一,做好部属高校与地方高校公费师范生教育的分工与接轨。随着高校公费师范生教育的普及,可能会出现部属师范院校实行公费师范生教育政策时与地方师范院校之间产生培养模式趋同和恶性竞争的状况。为此,部属高校要充分发挥对地方高校的示范、引领作用,做好公费师范生教育工作的分工与对接。可从免费模式、招生、培养、就业等方面综合考虑,确保国家层面的公费师范生和地方层面的公费师范生享受同等待遇,共同发挥作用,促进公费师范生教育政策的有效落实,为培养造就优秀教师队伍作出新的贡献。

其二,加强公费师范生准入与退出机制的灵活性,给学生自主选择的机会。《师范生免费教育协议书》出台以来便受到多方质疑,有学者认为其政策缺失体现在"目的失真""免费核心""制度捆绑""地域定向""违约责任"五个方面,且均以外在功利性条款束缚公费师范生"屈从"于制度设计,而忽略了启发师范生服务乡村的内生动力[1]。为了使公费师范生教育政策能够持续、连贯而有效地落实,可从以下几方面入手:首先,公费师范生教育政策出台前,应广泛征求意见,除了征求专家、行政官员的意见,更应该征求当事人特别是准师范生及其家长的意见,使政策更具有合理性,提升政策的实施效果[2];其次,通过建立公费师范毕业生从教志愿综合测评体系和公费师范生培养选拔制度,调整招生方式,把好入口关;最后,建立公费师范生培养期考核制度,优化退出机制,形成良性流动循环机制,注入激励机制,营造积极向上的学习环境。在公费师范生准入与退出制度上,应体现更大的灵活性,选拔真正愿意去乡村贫困地区从教并为教育事业奋斗终生的有志青年。

其三,给高校更大的招生自主权。高校是公费师范生政策的招生主体和培养主体,在培养方案的制定上享有自主权,却缺失招生自主权。陕西师范大学高等教育研究与评估中心曾对2007级免费师范生的职业倾向进行测试,结果却有57%的学生不适合从事教师职业,存在教师专业性不强问题,这势必会对国家的公费师范生政策有效性产生负面影响。建议国家在公费师范生招生过程中,在保障教育公平的前提下,给学校更多选拔学生的自主权,使学校通过面谈、心理

①　吴遵民、刘芳:《免费师范生教育政策刍议》,《杭州师范大学学报(社会科学版)》2008年第11期。

②　姚云、董晓薇:《全国师范生免费教育政策实施认同度调查》,《教育研究与实践》2009年第1期。

素质测试等手段选拔适合当教师,对教育事业有热情、有动力的优秀学生[①]。

2.创新人才培养模式,提升公费师范生培养质量

其一,国家应进一步加大公费师范生培养指导力度,加强对部属高校公费师范生教育的管理,规范引导地方高校公费师范生培养,尽快形成统一但有区别、宏观且具有指导性的意见,倡导多元人才培养模式。精准对标国家培养标准,制定公费师范生培养目标与规格、过程与环节标准,使公费师范生培养制度化、体系化、标准化,保证公费师范生培养方向的正确性。同时,从生源质量、教学内容、教育实习、职后培养等方面,将形成性评价与过程性评价相结合,建立公费师范生培养质量评价体系,对公费师范生培养质量进行监控。

其二,高校应负起创新教师教育培养模式的责任,提升公费师范生培养质量。高校应以公费师范生政策为契机,改革创新教师教育培养模式。如各培养单位应积极面向基础教育改革,采取渗透式的教学方法开展"通识教育+专业教育+教师教育"融合教学;聘请基础教育一线的优秀教师为免费师范生授课并担任指导教师。如北京师范大学实施"名师导航计划——免费师范生与名师面对面"系列讲座;东北师范大学对师范专业实行"本硕一体"的人才培养模式;陕西师范大学实施"2+2"教师教育人才培养模式;华中师范大学实行"3+1"教学模式;华东师范大学实行"4+N+2.5"的本硕"一体化"师范生培养模式[②]。同时,从外部探索协同创新体系的建构,如有学者提出"C—UGS"协同培养模式,推进师范院校、政府和中小学三方联动合作,共同参与公费师范生的培养过程[③]。高校应担负核心责任,调动系统资源,创新人才培养模式。

其三,培养方案中应设置反映农村教育实际的课程。课程是教育目标的实际载体,而在当前公费师范生培养的课程设置中,几乎仍是因袭传统,培养目标、课程体系、教学形式、教学实践等存在明显的城市化倾向[④];"离农""非农"倾向明显,"兼农""为农"无从体现,大学生对农村、农业、农民感到陌生,对农村教育

---

①　房喻:《师范生免费教育:回眸与省思》,《中国高等教育》2010年第19期。

②　张翔:《师范生免费教育政策的十年回顾与展望》,《国家教育行政学院学报》2017年第8期。

③　陈阳、李思敏、周玲君:《全面推进乡村振兴背景下公费师范生"C—UGS"协同培养模式研究》,《辽宁科技学院学报》2021年第4期。

④　罗碧琼、蒋良富、王日兴等:《地方高校公费师范生培养模式创新:乡土意蕴与系统方法》,《大学教育科学》2019年第6期。

没有亲近感,何谈内生动力献身于农村教育事业? 因此,高校应在培养过程中加强公费师范生对我国当前农村、农村教育的认识,增设反映农村教育的课程,提升对农村教育的认同感。从宏观到微观,可增设三个层面的课程:一是在大学低年级段增设我国农村、农业整体发展的概述课程,为师范生提供整体的感性认识;二是在中年级段增加契合农村教育实际、反映区域农村教育现状、弘扬地方文化特色的课程内容;三是在高年级段设置实践类服务类课程,以课题研究、毕业设计、社会调查、实习支教等多种形式深入农村教育场域,让学生能够有的放矢找到在农村教育中大显身手的契合点,进而提升到农村教育中服务的愿望与现实支点。

（二）推进农村"硕师计划"改革,助力乡村教师学历提升

自 2004 年我国开始实施农村"硕师计划"以来,取得了较大的成效,助力乡村教师学历提升,培养了一大批优质的教师队伍,有效缓解了乡村师资队伍专业素质较低的问题。农村"硕师计划"是专门从高校毕业生中选优,免笔试录取为教育硕士研究生,并服务于农村教育事业的一项教师培养计划。至目前,"已在全国 31 个省市、区开始实施,参加推荐免试工作的高等学校达 70 余所,承担'硕师计划'研究生培养任务的高校达 86 所,共有近万名硕士生赴乡村学校任教"[1]。整体而言,硕师计划经历了试点期、推广期和完善期三个阶段,其培训方式也随之发生了调整与变化,由原来的"1+1+1+2"到"3+1+1"再到"3+1"。然而,农村"硕师计划"的实施也存在一些问题和困难,如推荐选拔的教育硕士生源质量问题、培养环节的工学矛盾问题、导师队伍的能力问题等。鉴于此,为巩固教育扶贫所取得的成效,促进乡村教育振兴,需从以下几个方面完善农村"硕师计划"。

1. 严把"招生入口关",将品学兼优的学生纳入"硕师计划"

农村"硕师计划"的实施并非一帆风顺,甚至在招生这个层面也非易事。换句话说,一些学生并不会因为免试被录取为教育硕士研究生而表现出浓厚的兴趣,相反,他们还因"硕师计划"的种种限制而失去报考动机。比如,"硕师计划"需要学生前往农村任教,而农村的教育相对而言,工作条件、办学水平、生活环境都比城市要差,学生前往工作的意愿不强烈。此外,国家对于报考"硕师计划"

---

① 关莉、曹玉涛:《实施"硕师计划",发展研究生专业》,《文教资料》2021 年第 20 期。

的学生所给予的一些优惠政策有时未必完全落实到位,学生感受不到特殊的待遇,也在一定程度上影响了学生的报考动机。因此,为了将品学兼优的学生纳入"硕师计划",就必须做好以下几个方面的工作:其一,加大农村"硕师计划"工作的宣传力度,提高"硕师计划"的知名度。根据有关调查发现,众多报考"硕师计划"的学生之前对该项政策并未有过多的了解,有的是从同学或老师那里听说的,有的是从网上看到的,这表明该项工作的宣传力度是明显不够的。为了让学生能够提前做好报考的准备与安排,各高校应当在学生刚入大学时就开展这方面的宣传工作,并将该政策的优惠条件、权利义务清晰地向学生阐明;其二,完善推荐和遴选机制,注重考生的生源质量。高校在"硕师计划"的入学推荐与遴选上,要制定一整套完善的考核机制,坚持德智并重的原则,以德育水平和学业水平为考核重点,质量优先,公平、公开、公正推荐"硕师计划"人选;其三,加强学生的思想教育与农村从教意愿,塑造学生的职业理想。广大的农村地区与偏远的乡村是当前我国基础教育发展的薄弱地区,该地区的教育同样需要高质量的教师队伍。高校应当从学生的思想源头抓起,培养学生从事农村教育事业的优秀品格,并同时要求其学好专业知识与技能,为农村基础教育的发展贡献力量,真正做到"下得去、留得住、教得好"。

2. 加强"校—校"沟通交流,构建协同培养机制

目前,农村"硕师计划"实行"3+1"的培养模式,即 3 年在农村基础教育一线任教,第 4 年回高校进行脱产的理论学习并完成学位论文答辩工作。从学理上讲,该培养模式中的"3"与"1"并非两个截然分开的阶段,而是相互融通、互相合作的阶段,之所以进行相对的分开,是指不同阶段的任务有所侧重而已。但在该计划的实施过程中,则出现两者之间的脱节与分离,即工作阶段与学习阶段界限清晰,且培养学校与任教学校之间缺乏必要的沟通与联系,两校之间也未形成有效的协同培养机制。为解决这个问题可遵循以下几个方面的思路:其一,两校共同参与制定学生的培养方案。任教学校不能照搬非"硕师计划"教育硕士的培养方案,而应当根据该"计划"的学生制订专门性的培养方案,在课程模块设置、内容安排上应当体现该"计划"的特殊性。同时,学生前 3 年在任教学校的教学活动应当作为培养方案中实践环节的内容。其二,两校之间应当建立便捷的沟通交流机制,比如可通过双校导师之间的线下交流或利用网络建立微信群或 QQ 群,将双方的导师都纳入一个教学管理群中,实现两校的信息畅通,互通

有无,及时纠偏。

3.组建"硕师计划"导师团队,提高研究生培养质量

研究生导师是研究生培养"第一责任人",对研究生培养质量起关键性的作用。就农村"硕师计划"的研究生而言,应当组建科学的复合型导师团队,共同指导研究生的理论学习、实践学习与论文撰写和答辩等各项培养任务。"硕师计划"的研究生由于需要在农村基础教育一线进行任教工作,在实践导师的配备上具有得天独厚的条件,即可以在任教学校选择教学经验丰富的教师作为实践导师。而培养学校所配备的理论导师则不仅需要有深厚的专业理论知识,同时也要熟悉基础教育一线的实际工作。由此,培养学校与任教学校各为研究生配备理论与实践导师,组建复合型的导师团队,共同指导研究生的各项学习任务,最终保障"硕师计划"研究生的培养质量。

(三)完善师范生实习支教制度,弥补乡村师资薄弱环节

教育实习与支教是两个目的指向不同的教育实践,前者倾向于向优秀教师和优质学校输送师范生,接受优质指导;后者倾向于作为人力资源补充当地薄弱师资。教育实习支教是将二者融合,指师范院校在贫困山区学校建立以支教为主旨的校外基地,经过系统教育培训后的师范生深入贫困山区开展教育实习、毕业实习等集中实践环节,这不仅有助于提高师范生的实践能力,加强教学技能,同时在一定程度上解决了贫困山区基础教育的薄弱问题,实现教育实习、支教和精准扶贫一举多得的实习管理组织模式①。

应该说,师范生实习支教一方面不仅确实能缓解乡村地区基础教育师资紧缺问题,并带动乡村学校的课程与教学的改革,为学校注入新的生机与活力;另一方面师范生又能在具体和真实的教学实践中切实提升自己的教学能力。因此可以说,师范生实习支教是一项互利共赢的政策。但从当前师范生实际支教的具体实践来看,该制度存在诸多不足,如支教生的支教技能准备不足,高校与支教学校合作度不高,双方的互利共赢目标不太理想,等等。鉴于此,为进一步完善实习支教制度,需要从如下几个方面进行改革:

其一,高校应加强师范生专业理论学习与实践教学技能的培养,为师范生的支教工作做好前置性的准备。高校不仅要通过优化培养方案与课程教学方法的

---

① 刘文开:《乡村振兴背景下师范院校教育精准扶贫路径研究》,《教育评论》2018年第12期。

改革,培养学生深厚的专业理论知识,更要理论联系实际,在实习支教前,通过短期的见习活动,培养学生各项教学技能。其二,构建"双导师制",即高校和支教学校分别为支教生配备理论导师和实践导师,共同指导师范生的实习支教活动。有学者提出,可成立导师工作坊,积极探索高师院校和中小学公费师范生实习支教有效机制,形成指导合力。由高校专家、基地优秀教师和城区优秀中小学教师组成的导师工作坊能充分挖掘高校和基地学校优势资源,并通过定期巡回和远程指导对有困惑的实习生或基地学校教师实施帮助,有效提高高校师范生的教育实践能力和完善基地学校教师职业发展①。其三,利用互联网优势,开展线上线下相结合的实习支教工作。要想取得实习支教工作真正实效,实习支教工作不能仅局限于线下形式,毕竟线下形式存在时空的限制。因此,在实际工作中应拓宽工作思路,利用互联网优势,构建"互联网+支教"的模式,从而打破时空的限制,更有利于实现实习支教的双方学校共赢的理想目标。

(四)发挥高校科学研究优势,开展乡村教育振兴主题研究

科研功能是高等教育的三大功能之一,在乡村教育振兴中,高等教育要大力发挥科研功能,研究乡村教育振兴中的新问题、新模式、新路径,为乡村教育振兴提供智囊服务。

其一,研究型大学应致力于乡村教育振兴的基础研究。当前急需开展对于教育扶贫和乡村教育振兴的内部与外部关系规律、乡村教育振兴制度与政策、乡村教育振兴背景下教育改革与课程改革的基本原理等研究和领域的探索,这些宏观问题有赖于研究型大学雄厚的人力、物力、财力、社会资源等的支持,在这些基础问题的研究方面,研究型大学责无旁贷。其二,教学研究型及教学型大学应致力于乡村教育振兴的应用研究。应立足地方资源和需求,探究如何整合高校人力、物力、财力、社会资源与乡村教育振兴结合,创新地方高校助力乡村教育振兴的实践模式;地方院校如何调整创新人才培养模式,进行课程设置及教学模式改革研究。其三,高等职业院校也应承担乡村教育振兴中相关研究责任。"十三五"期间,我国推进"东西职业院校协作全覆盖、东西中职招生协作兜底、职业院校全面参与东西劳务协作"三大行动,帮助建档立卡贫困家庭子女接受职业教育,学有一技之长,提高就业创业能力,增加劳动收入,强化培训促就业助脱贫

---

① 王利绒:《基于协同发展的师范生实习支教提升发展对策》,《高教学刊》2017年第19期。

效果,达到"教育培训一人,就业创业一人,脱贫致富一户"的目标。职业院校在实施乡村教育振兴中应承担相应研究责任,记录实践经验,提炼经验模型,为职业院校进一步助力乡村教育振兴提供理论指导。

（五）强化高校社会服务功能,多渠道服务乡村教育振兴

社会服务是高等教育的现代功能之一,体现了高等教育对社会发展的促进作用。高校利用自身人才优势、科技优势、信息优势、物力优势等投身乡村教育振兴大潮中,是社会服务功能的直接体现。

1. 推动高校教师支教、帮教

要优化当前高校教师深入一线承担一个完整教师岗位的设计,着力改变高校支教教师"顶岗支教"的现状,要按照"借助支教教师培养本校名师,借助本校名师带动本校教师队伍素质整体提升"的思路,以听课、评课、提建议为主要形式,对受援学校教师进行教学指导;要针对受援学校教师和学生的特点,传授教学方法、更新教学理念、转变教学观念、提高农村教学水平、促进教育城乡统筹;加强高校教师与受援学校教师的交流沟通,定期召开支教研讨会,共同开展教育科研课题研究,共享校本研修资源和课程改革成果,进一步推进乡村中小学教师队伍建设;充分发挥高职院校教师在乡村支教独特的社会服务功能,结合高职院校学科专业优势和当地特色,提高对支教社会服务治理水平;建立"一对一"帮扶新模式,一个高校对应一个县的农村中小学,实行支教教师与受援学校双向选择,有助于形成长期、稳定的支援关系,实现支教效益最大化;作为高校教师,还要多方面深入了解受援学校对未来教师的综合素质要求,从而培养出素质更高的、能够更好地服务于农村教育的师范生①。

2. 高校学生开展志愿者服务

当前我国蓬勃兴起的大学生扶贫志愿服务,是伴随着青年志愿者扶贫济困服务活动而逐步发展起来的。大学生志愿者遵循"奉献、友爱、互助、进步"的志愿者精神,主要依托中国青年志愿者扶贫接力计划、大中专学生志愿者暑期文化科技卫生"三下乡"社会实践活动、大学生志愿服务西部计划等大型公益项目参与农村扶贫开发、脱贫攻坚,促使各项扶贫服务活动遍地开花,成为推动贫困地区经济社会发展的一道亮丽风景。

---

① 张虹:《师范类高校教师支教模式初探》,《重庆教育学院学报》2012 年第 4 期。

　　高校教育实习支教活动具有专业性、团体性、灵活性和教育性等特色和优势。在取得佳绩的同时,大学生志愿服务也存在一些弊端,如专项计划周期长,根效性作用不显著;教育实习支教活动存在功利化倾向,与活动本身的教育扶贫初衷相背离;资助政策精准性不够,单向物质帮扶助长"等靠要"思想;定向扶贫开展呈碎片化,群扶群助效果不明显①。因此,需要探索大学生志愿者服务新方法、新路径,充分发挥教育的扶贫功效。

　　其一,大学生志愿活动有利于激发大学生发展的内在动机,满足其自我实现的需求。内在动机有利于激发实现工作目标的积极性、主动性和创造精神,而动机的发展和需求的满足具有密切的联系。对于参与扶贫志愿服务活动的大学生来说,他们具有强烈的交往需求,在各种扶贫志愿服务活动中实现社会交往,以此提升自我、超越自我。此外,大学生志愿者还有着强烈的成就感需求,他们在一定的理想目标指引下,通过服务,奉献他人和社会的同时,获得服务对象的认可和肯定、社会的褒奖和颂扬,从而满足自身的成就感需求。为此,大学生志愿者奔赴偏远贫困农村地区开展帮扶、关爱服务,在奉献农村贫困群众、贡献农村经济社会发展的过程中,还让自我逐步成长和成熟起来,增长了社会阅历,增强了岗位适应能力,成就了有价值的人生。

　　其二,在高校设置"服务学习"学分,在制度上引起师生重视。服务学习是一种经验教育的形式,是将大学教育教学活动与社会生活有机衔接的渠道和方式。相对于大学生志愿者来说,服务学习其中就包含了志愿者服务活动。大学生通过积极主动参加"三下乡"、扶贫接力计划、西部计划等各项扶贫服务活动,在服务活动中将理论与实践、社会紧密结合在一起,提升知识学习与能力,增强社会责任感,升华道德情操,达到学生成长成才的教育目标。秉承"治贫先治愚""扶贫必扶智"理念,大学生志愿者通过宣传国家扶贫政策,开展义务支教、支医和文化艺术服务,组织农业科技和金融知识讲座、农技培训和推广等方式,不仅丰富了自身对国家大政方针、教育知识、医疗知识、金融和农学等方面的专业知识和技能,更能帮助贫困群众提升依靠智慧和勤劳战胜贫困的本领。大学生志愿活动有很大的专业空间②。

---

① 何丹、邓丽蓉、陈琳:《高校教育精准扶贫的重要性及提升路径》,《公关世界》2021年第2期。
② 肖湘愚、李茂平:《新时代大学生扶贫志愿服务的实践原则及理论基础》,《湖南财政经济学院学报》2021年第4期。

其三,配备相应的指导教师、带队教师,加强日常跟踪与督导,并对指导教师和带队教师实现相应奖惩制度。为切实提高大学生志愿服务质量,发挥志愿服务对大学生的育人价值,应培养一批专业结构多样、实践经验丰富的指导教师和带队教师队伍,深入指导和督导。并对承担这部分工作的教师给予工作量或晋升等方面的优待。

3.高校应充分利用城乡资源搭建城乡教师交流平台

乡村教师扎根农村、坚守岗位令人敬佩,而乡村信息封闭、资源落后也是不争的事实。高校具有的人力资源、科研资源和社会资源,可搭建城乡教师交流平台,建立城乡教师专业发展共同体,促进城乡教师共同成长。首先,在国家政策指导下,高校可利用附属学校及实践基地校等城市教育资源,促成城乡教师的合作交流,包括送教下乡、互换岗位、合作教研、观摩考察等。其次,高校协助城乡学校建立对口帮扶关系,推动城乡教师"结对子",发展"师徒制",以保证帮扶关系持续发展。构建校际、区际、城乡可持续的合作模式。最后,在人力保障方面,高校的本科生顶岗实习支教、高校教师支教可以置换乡村教师进城市学校学习,以保证不影响乡村学校的教学秩序。

4.推动互联网课堂建设,以线上教育实现优质教育资源共享

"互联网+教育"作为信息时代的新理念,其实现资源共享、个性化学习、促进教育公平的价值已被人们广泛认可,但在实施上存在着硬件设施不足、照搬线上课程、师资短缺及教师信息能力不足、课程开不齐开不足、课程内容针对性不足、线上教师缺乏互动而线下教师教法单一等问题①,阻碍着"互联网+教育"功效的发挥。政府、高校、中小学校、社会企业等多元主体应协调合作,发挥各自优势与作用,推进"互联网+教育"模式,其中,高校应承担研发、推广、培训等任务。其一,高校可结合自身科研优势,针对"互联网+教育"的开展现状、问题、路径等研究,提供理论支撑和路径设计。其二,高校可立足具体定点中小学开展校本调研,研究相应中小学教师、学生需求,帮助中小学校结合本地、本校及师生特点开发特色课程。其三,高校根据校本课程要求,帮助中小学校对线上资源进行二次开发,既实现优质资源共享,又增强课程的针对性和适应性,扎根乡村教育土壤。

---

① 刘红波、赵丹、陈遇春:《深度贫困地区小规模学校"互联网+课堂"应用困境与对策》,《现代中小学教育》2020 年第 5 期。

同时,高校可以利用自己的平台,促成线上课程团队与乡村中小学校师生互动交流,高校、线上课程团队、中小学校实时合作。最后,高校可利用国培计划、乡村教师素质提升工程计划等对中小学校教师提供"互联网+教育"技能培训,从提升中小学教师信息素养入手,为实现"互联网+教育"护航。

第四节　迈向乡村教育振兴的多元力量合作机制构建

乡村教育振兴是一项系统性工程,除了从思想、观念上激发乡村教育振兴的内在动力,在基础教育师资、中职教育与高中教育发展、高等教育帮扶上提升乡村教育振兴的核心能力外,在乡村教育振兴的治理主体上构建科学有效的外力机制也是必不可少的环节。我国传统的单一主体模式的社会治理体系发生改变,由原来的"'体制内单中心治理'向'党领导下的多元化治理'转变"①。这为乡村教育振兴治理体系的构建提供了理论基础。乡村教育治理虽有其自身特殊性,但作为社会治理大系统中的子系统,必然会受新时代"共建共治共享"的社会治理思想的影响。换句话说,科学有效的乡村教育治理机制必须是以政府为主导的多元主体参与的协同治理机制,其核心在于正确处理和规范乡村教育振兴中治理主体的构成及其相互关系问题。

一、主导性力量:政府在乡村教育振兴中的职能定位

"乡村教育振兴是一篇大文章,涉及政策制定、规划布局、资金保障、人力资源、生态建设、内涵发展等方面呈现出政府主导的必然与必须"②。乡村教育振兴是国家的重要发展战略,是一项关系到乡村教育事业发展乃至乡村振兴的全局性的大事,其中涉及的部分,要素众多且相互之间关系错综复杂,必须依靠政府力量才能全盘掌控,理顺各要素之间的关系,形成合力,助力乡村教育振兴。换句话说,在乡村教育振兴中,政府扮演着一种必然的主导性力量的角色。

(一)制定政策与制度文件的职能

在关系国计民生的重大项目或国家战略性计划的行动中,政府都扮演着主

---

① 李友梅:《中国社会治理的新内涵与新作为》,《社会学研究》2017 年第 6 期。
② 田思安:《以"三主体"助力乡村教育振兴》,《未来教育家》2021 年第 8 期。

导性力量的角色,起着重要的作用,尤其在制定与颁布政策方面。"正向的政策不仅能够应对诸多问题,也能够前瞻地引导其他社会系统"①。因此,作为一个责任政府,对于国家战略性计划行动或项目,在通过充分的调查研究后,权衡各种利益冲突与博弈,颁布或出台政策或制度性文件,并借此来实现宏观调控与管理的功能目标,这不仅是政府应当履行的义务,也是政府实现管理目标最为有效的途径之一。

乡村教育振兴是实现乡村振兴战略的重要力量,是国家巩固教育扶贫取得的伟大成果的重要手段,更是后扶贫时代教育扶贫的新动作与新目标。政府在推进乡村教育振兴这项国家战略行动时,颁布与出台了一系列相关政策或制度性文件。如2020年,教育部等六部门发布《关于加强新时代乡村教师队伍建设的意见》,2022年教育部办公厅、财政部办公厅发布《关于做好2022年农村义务教育阶段学校教师特设岗位计划实施工作的通知》,等等。这些政策或文件的出台,涉及乡村教育振兴工作的各个方面,是国家宏观管理乡村教育发展的重要手段。

（二）全局性规划与布局的职能

乡村教育振兴并非教育领域的某一专门性改革行动,而是意义重大、关系庞杂、涉及要素众多的大事,更是关系到国家乡村振兴战略的基础性大事。习近平总书记强调,乡村振兴是实现中华民族伟大复兴的一项重大任务。教育在乡村振兴中发挥着基础性、先导性作用,实现巩固拓展教育脱贫攻坚成果同乡村振兴有效衔接,以振兴乡村教育赋能乡村振兴,是教育的职责和使命。为了实现乡村教育振兴的目标,从政府的角度来看,开展全局性的规划与布局是其又一重要职能。为此应做好如下方面的工作。其一,做好乡村各类学校发展的布局。一是统筹规划乡村中小学和幼儿园的设置,使各级各类学校结构趋于科学化,满足乡村基础教育人才培养的需求;二是统筹规划与布局中等职业学校,满足乡村振兴所需的职业型人才培养和劳动力职业教育培训的需求。其二,做好地区性城乡义务教育均衡发展的规划。不仅要兼顾数量上的均衡,更要兼顾质量上的均衡,真正做到城乡教育发展基本协调。其三,做好乡村教师队伍建设规划。一是结构上形成老中青梯级式的人才队伍;二是做好乡村教师队伍的学历提升计划;三

---

① 陈华:《基于政府职能转变的教育社会支持变迁》,《南京师大学报(社会科学版)》2013年第5期。

是做好乡村教师队伍的专业成长与发展计划等。如山东省聊城市于 2020 年出台的《关于推进乡村教育振兴的实施方案》，就是该地方政府对乡村教育振兴所做的全局性的规划与布局工作。

（三）统筹整合与沟通协调职能

有效推进乡村教育振兴工作，需要全社会各部门通力合作，共同发力。这就需要政府沟通协调社会各部门，并对各种资源进行统筹整合，形成合力。在乡村教育的发展过程中，各种社会机构、力量处于分散和游离状态，相互之间甚至还存在利益上的冲突现象，换句话说，乡村教育振兴面临复杂多元的权责利问题，因此需要政府对涉及乡村教育的各个要素、组成部分及各个子系统组织进行有效沟通与协调，统筹整合，使乡村教育系统整体功能实现最优化①。

其一，要统筹整合教育领域的各种力量。乡村教师应组成高效的团队，形成联动效应，以一带多，最终产生教育方面的示范与引领作用。另外，在乡村教育中，除了基础教育外，还应整合职业教育体系，以及本地区的优势特色产业与资源，形成合力，为培养本地区乡土人才服务。其二，要统筹整合社会领域的各类力量。针对各地乡村教育发展的现实需求，有针对性整合社会性资金、科研项目，组织当地高等院校、研究机构或企业等对乡村教育的发展进行联结，共同培育。同时吸引当地大学生毕业返乡就业与创业或到基层开展工作，助力乡村教育振兴。

（四）教育资源保障与优化配置职能

乡村教育的发展，最重要的就是教育资源问题，只有充足的教育资源，才能保障乡村教育的健康高效发展。然而，从全社会来看，教育资源总是稀缺的，无法最大限度满足全社会各级各类教育发展的需求。从以往的教育资源配置来看，相比城市来说，乡村地区的教育资源从来都是薄弱的，且存在数量上的短缺和质量上的低劣等特征。要大力促进乡村教育，传统的教育资源的配置问题必须得到改变，而改变只有通过政府力量来实现。否则，乡村教育振兴只能是一句空话。其一，乡村教育办学经费的保障。办学经费是教育发展的最基本物质前提，任何形式的教育都需要有相应的办学经费作为保障。从我国教育办学经费的来源看，各级各类教育办学经费基本上是由政府财政

---

① 张晓欢：《乡村振兴中教育发展的政府职能研究》，《现代营销（学苑版）》2021 年第 10 期。

性经费投入。换句话说,政府有义务保障乡村教育办学经费的投入。其二,乡村教育人才资源的配置与保障。教师队伍建设是乡村教育发展的内生动力,政府应当出台各项保障性规章制度,吸引和鼓励优秀师资投身到乡村教育事业中。

(五)教育管理与督导评估职能

教育是准公共性事业,是为国家培养和输送人才的事业。因此,除了上述职能外,政府对乡村教育的发展还负有管理、督导与评估的职能。一般而言,乡村教育事业的发展,其管理职能主要由当地政府或县一级政府的教育行政部门管理,而督导与评估则主要由县一级的督导局,开展常规督导或专项督导评估工作。具体而言,主要包括如下几个方面的事务:一是关于常规性教育教学活动的管理活动;二是督学活动,即由当地上一级政府部门组成督导队伍,对乡村地区的教育教学的办学成效进行督导、检查;三是专项评估活动,如乡村地区教师教学能力评估、学生综合素质评估、教学质量评估等。

二、参与性力量:社会力量在乡村教育振兴中的价值分析

教育系统历来都是社会系统的不可分割的有机组成部分,其存在与发展主要依赖于从社会系统中获得的资源。这表明,教育发展虽然主要由政府起主导作用,但同样离不开社会团体、组织及民间力量的支持。实际上从政府的职能来看,尽管涉及方方面面,但并非各部分尽如人意,而且政府主要靠规范性的制度或财政性的拨款来实现管理的目标,而社会力量①因其自身的灵活性在教育改革和探索中显示出其突出的优势。当然,需要明确的是,政府依然在乡村教育中扮演主导地位的角色,而社会力量参与乡村教育治理是一种有效的补充性力量,与政府一起共同助力乡村教育振兴。鉴于此,有必要对社会力量参与乡村教育治理的价值作一分析。

(一)创新乡村教育发展与治理的模式

虽然从数量上来看,我国的乡村基础教育仍占不小比重,但受制于城乡二元

---

① 目前,我国尚没有一个明确的社会力量分类标准,现行法规体系中主要有"社会团体""基金会""事业单位""民办非企业单位"。结合我国乡村社会实际情况,本书中的"社会力量"具体包含工青妇等群众组织、农村群众性自治组织、农村公共服务组织以及其他各类社会组织,等等。

结构,乡村基础教育的质量,整体上仍处于相对薄弱的地位。乡村教育振兴,就是为了从根本上改变"乡村弱"的现象。当前乡村教育仍是以县级人民政府为主的管理体制,即由县级人民政府对乡村教育的治理进行制度上的设计与实施。但乡村教育的问题复杂,影响因素众多,单纯依靠政府通过出台强制性的政令法规进行治理无法有效地解决乡村教育的问题。因此,需要借助社会其他力量共同助力乡村教育的发展。社会力量因其自由性、灵活性等特征,能够创新乡村教育发展与治理的模式。

其一,改变政府自上而下的制度供给模式,以自下而上的方式探索乡村教育的治理模式。如"关于义务教育学生的身体营养的改善提升行动"就是由民间公益性的团体先行探索、成功试点后再由政府统一推广的。据统计,从 2011 年至 2017 年,"全国共有 29 个省份 1590 个县实施了营养改善计划,覆盖学校 13.4 万所,受益学生总数达到 3600 多万人"①。其二,直接由政府通过招投标的方式购买社会力量探索乡村教育治理的模式。即政府以市场化的方式,竞争性地遴选一些社会团体,政府出资购买这些团体的乡村教育服务。

(二)创新评价与监督乡村教育质量的方式

教育质量的评价历来以政府为主导,即以国家公权力为主,开展政府行为的教育质量评价,如政府开展的督学、检查与评估等。毕竟政府是教育的投资人、举办人和管理者,而且对于人事的任免、资源的配置等拥有绝对的权力,"具有明显的'国家在场'与'社会式微'的特征"。相反,民间团体特别是专业团体参与教育质量的评价,属于第三方力量进行的评价。"从专业性角度来看,第三方评价和监督教育中的'第三方'强调'利益无涉'和'非行政隶属',指的应是具有独立法人资格和相应能力的非当事方专业机构或学术组织"②,具有专业性、客观性和独立性的特征。对于乡村教育而言,让第三方力量参与质量的评价是一种创新。它最大的优势便是可以避免评价标准的统一性,而是根据乡村教育的不同特点,有针对性开展精准监督与评估。

(三)挖掘与保存乡村教育中的乡土文化

乡村教育不仅具有人才培养的功能,它还"承载着传承与发扬优秀传统文

---

① 《我国已有 3600 多万学生受益农村学生营养改善计划》,新华社,2017 年 6 月 1 日。

② 李亚东、俎媛媛:《我国第三方教育评价的核心问题辨析及政策建议》,《教育发展研究》2018 年第 21 期。

化的价值,发挥着增强村民对乡土文化认同感的功能"①。换句话说,乡村教育因其所处地理位置,在校园文化、办学传统、教育教学等方面必然受到乡土文化的影响,但这些乡土文化的影响是一种隐性存在的"弱影响",随着教育改革或教育现代化的深入,不仅有可能无法发挥这些文化的作用,还有可能逐渐式微。因此,通过社会力量参与乡村教育,能够对"乡村发展史上以及散落在乡间、隐含在人们观念和行为中的文化进行挖掘和整理,取其精华、去其糟粕,形成具有本地特点的乡土文化体系并发挥优秀传统乡土文化在道德教化中的价值"②。而这就是一种保存乡土文化的乡村教育实践模式,体现了社会力量参与乡村教育特有的价值作用。

三、协同治理:乡村教育振兴中的多元主体参与机制构建

乡村教育振兴是一项国家战略导向的系统性工程,这项工程的实施,政府的作用无疑是主导性的,关于这一点,前文已有论述。但不可否认的是,政府的作用也存在诸多限制性的条件或者不尽如人意之处,因此需要其他力量的参与。同理,社会力量参与乡村教育治理有其优势之处,同时也存在一系列问题。因此,如何构建一个政府主导下的社会多元力量共同参与的协同治理机制才是关键性问题。

政府与社会多元力量的共同参与,实际上就是要求在乡村教育中,应提倡多元主体性,强调多元主体的协同治理。所谓协同治理就是要求社会各组织或团体,如政府、企业、公益组织等形成一个具有开放性的系统,"通过运用公权、规则制约以及治理机制等手段使多元主体之间相互协调、竞争合作,高效地治理社会公共事务,最终实现利益最大化的过程"③。

事实上,在当前的乡村教育实践中,除主导性力量的政府之外,社会各团体力量也在不同程度上参与了乡村教育的建设与发展。但我们发现,这些多元主体之间的共同治理存在一些弊端,例如,各主体间的权责分配不清、参与乡村教育治理的动力不足、主体意识不强、沟通联络性较差等。因此,有必要进一步开

---

① 李伟、李玲:《社会力量参与乡村教育治理的价值、困境及建议》,《西南大学学报(社会科学版)》2019 年第 3 期。

② 高维:《乡土文化教育:乡风文明发展根基》,《教育研究》2018 年第 7 期。

③ 李雨书:《扶贫治理中多元主体的协同合作机制研究》,广西大学硕士学位论文,2018 年。

展相关研究,采取相应的改革措施,进一步完善多元主体共同参与的乡村教育协同治理机制。

(一)宣传导引机制:强化多元主体的参与意识

在构建乡村教育多元主体的参与协同治理机制中,各主体的参与意识是非常重要的前提条件。毕竟,思想是行动的先导,意识是行为的指针,没有从思想意识上树立自身参与乡村教育建设的重要性认识,其行为的动力、效果就会大打折扣。但从乡村教育的现实情况来看,除了政府之外,其他民间组织或个人的参与意识有待提高。例如,在调研过程中,我们对一个当地的民间企业家进行访谈,在他看来,"本地乡村的教育事业是地方政府的事,怎么规划,投入多少,引进什么教师队伍,要如何提高教学水平或者怎样培养学生的各种素质都是政府和教育局的事,我们管不了,也没必要去管。当然,政府如果需要我们帮忙,我们也会义不容辞,一切由政府安排……"①

由此可以看出,首先是社会多元主体对于乡村教育治理的参与意识不是很强,他们一方面主观认为乡村教育理所当然是政府的事,他们不能也不需要主动参与建设;另一方面也认为,如果政府有要求,那就按照政府的要求来做,至于自己要以何种方式参与,或参与的度是多少,要达到何种效果,他们不知道,也不关心。究其原因,其中最为主要的是政府对乡村教育振兴的宣传力度不足,宣传方式也存在问题。因此,需要进一步做好乡村教育振兴的宣传工作,强化社会多元主体的参与意识。具体而言,需要做好以下几个方面的工作:

其一,要对民众加强乡村教育振兴政策的宣传。政府应当采取多样化的宣传方式,除了传统的纸媒体,更应该充分利用现代电子媒体和网络技术手段,多角度、全方位地开展乡村教育振兴的知识、政策、地位、价值等方面的宣传,让民众知道乡村教育振兴的含义,乡村教育振兴的意义、价值,振兴乡村教育的途径与手段,等等。从而不断扩大乡村教育以及乡村教育振兴的知名度,使广大社会团体、民众充分认识到乡村教育振兴的重大意义及对乡村振兴的重大价值。其二,要对民众加强乡村教育振兴存在问题的宣传,并以此让社会民众认识到乡村教育振兴并非只是政府的事,也非政府一方面就可办好的事,而是需要广大社会民众携手共进、群策群力才能办好的事,从而营造一个多元主体参与乡村教育建

---

① 2021年10月21日下午,在ZP县的××厂,访谈A先生的资料整理。

设的氛围。其三,重点打造一些社会团体参与乡村教育治理的优秀典型,树立先进榜样。政府应当花大力气打造乡村教育品牌,营造品牌效应,树立典范,并以此推动社会各界力量积极参与乡村教育建设。其四,积极培育多元主体的参与型文化。美国的阿尔蒙最早提出参与型文化概念,在他看来,"最好的公民文化不一定是公民参与积极性最高的文化,而是参与意识与服从意识之间的相对平衡"①。事实上,乡村教育建设实践中的参与主体就存在服从意识大于参与意识的现象。因此,政府应多渠道营造社会多元主体民主参与的文化氛围。

(二)权责分配机制:明晰多元主体参与的权责

一个良好的组织运行体系,必然是一个权责明确的系统。权力是主体享有的相关利益,责任是主体应尽的义务。在一个多主体合作共存的组织行为中,权责明确是该组织健康运行的基本前提。乡村教育建设中的多元主体之间也同样需要权责明确,做到各司其职,形成合力。然而,从现实的情况看,一方面,政府在乡村教育建设中的职能定位不清,内部各机构职能划分也不明确。如政府需要承担的统筹协调职能就未能充分发挥,导致其他参与主体在存在冲突或矛盾时不能得到有效的解决。另一方面社会力量在乡村教育建设中的权责划分也不清。例如,企业参与主体到底应承担什么责任,又享有什么权力,还有学校作为参与主体、家庭在乡村教育建设中应承担什么责任,这些都未作明确的制度性规定或安排。

多元主体之间的权责分配不清,有可能导致乡村教育建设中的各主体之间推卸责任,最终影响乡村教育建设的成效。因此,有必要进一步改革和完善权责分配机制。其一,要从制度上明确政府在乡村教育建设与振兴中的职能定位。关于这一点,前文已经提出了五个方面的职能。其二,要明确政府内部各子系统的职责分工。特别是各级政府及相关部门应承担责任,各部门之间需分工合作,形成良好的权责分配机制。其三,非政府组织的社会各主体力量不仅拥有参与乡村教育治理的权利,同样也需要承担相应的义务和责任。政府必须在这方面提供相应的制度安排。例如,企业、民间公益组织、学校、家庭在乡村教育治理中到底应该各承担起什么责任,又具有哪些权利,应清晰,只有各主体权责明确,有序分工,才能在各自的位置上发挥最大功效,才能保证乡村教育建设的健康运行。

---

① 郑兴刚、田旭:《网络政治参与:涵育参与型文化的重要途径》,《学习论坛》2015年第1期。

(三)利益激励机制:提高多元主体参与的动力

动力指的是行为的推动力,分内在动力和外在动力两种。内在动力是指驱使组织或个人不断向前的内心潜在的力量或原因,它是一种决定性的力量,是组织或个人完成任务、达成目标的最原始的动力。外在动力是指推动组织或个人进行活动的外在能量或原因,它最终需要靠内在动力起作用。在多元主体协同合作的乡村教育治理体系中,内在动力指的就是各多元主体的内在认知、思想、意识所产生的源生性推动力;而外在动力则主要指相关的激励措施形成的外在推动力量。

从具体的实践来看,乡村教育建设中的多元主体不仅存在内在动力不足问题,也存在外在动力匮乏的现象。特别是对于社会力量主体,他们对乡村教育振兴的价值认知不到位,乡村教育建设的地位与作用无法支撑起他们内心的强大动力源。此外,政府在制度建设方面的缺位,对于各参与主体的利益或优惠政策未作出明确的制度安排,因此,也未能形成强大外部推动力。总之,内外在动力的不足是影响多元主体协同治理乡村教育的关键性因素。要解决这个问题,从激励理论的角度看,就是要构建有效的利益激励机制。具体而言,应做好如下几个方面的工作:

其一,坚持物质激励与精神激励相结合的原则,既强调物质利益激励的重要性,也不能忽视精神激励的作用。应当全面学习组织行为学中的激励理论,并结合乡村教育实践中多元主体的各自分工安排,构建起科学有效的利益激励机制。例如,针对参与乡村教育建设的企业,可以通过给予相应的税收优惠政策进行物质上的激励,同时要在宣传上下功夫,帮助其树立良好的社会形象。而对于一些社会爱心人士或者学校教师在乡村教育建设中的突出贡献者,则不仅可以通过嘉奖或颁发荣誉证书方式进行激励,也可以通过提高他们的薪资待遇等方式进行激励。其二,建立乡村教育治理中多元主体间的利益联结。政府是公共资源的配置者和支配者,在开展乡村教育建设工作时应充分发挥其作用,推进乡村教育建设中的资源有效配置,建立起较为稳定和有效的多元主体间的利益联结模式。其中尤为重要的是,要完善政府购买社会多元主体参与乡村教育服务的机制。政府购买乡村教育服务属于政府与社会多元主体合作治理乡村教育的一种重要方式①。它体现了

---

① 李伟、李玲:《社会力量参与乡村教育治理的价值、困境及建议》,《西南大学学报(社会科学版)》2019 年第 3 期。

政府与社会多元主体力量之间的利益联结。政府不仅要完善购买服务的招投标机制,也要对购买的服务资质、目标和质量要求进行评估性的规定,更要对购买服务的资金作出有效安排。

(四)沟通联络机制:确保多元主体间信息畅通

科学有效的组织运行必然是信息畅通无阻、沟通联络机制完备的组织。信息沟通与反馈是一个组织健康运行的基本前提,更是组织工作效率的基本保证。从当前乡村教育建设的实践来看,各多元主体间的协同合作程度不够高的一个重要原因便是沟通联络机制不健全,无法做到各主体间信息共享、上传下达,或及时有效地反馈。首先,在信息的整合与共享上,政府虽然建立了信息数据采集平台,但对于社会力量多元主体参与治理与建设的信息却没有完全整合进来;其次,在信息的传递上,基本上只停留于政府单方面的输出,而对于社会力量如何进行信息的传递却没有明确的规定,且社会多元主体往往是被动的信息接收者;最后,对于政府与社会力量形成的多元主体之间也没有明确其沟通联络与反馈的方式或途径,工作的对接也存在模糊化的特征。因此,完善乡村教育治理与建设中多元主体间的沟通联络机制,确保多元主体间的信息畅通是当前亟待解决的问题。

其一,从多元主体协同治理出发,搭建统一的信息沟通联络平台。应当改变以往政府单主体模式下的信息沟通平台,将社会多元主体的信息纳入该平台。同时要规定信息沟通与传递的方式,各主体间的联络人员、联络机构等,确保信息传递的快速与便捷。其二,要加强乡村教育信息员队伍的建设。信息员队伍是多元主体之间的具体联络人,具有专业性、稳定性和技术性的特征,在各主体间起着桥梁和纽带作用。要构建沟通联络机制,信息员队伍培训与建设是关键性因素。不仅要有数量上的保证,还需要质量上的保证,要强调队伍的合理化结构,更要强调队伍的信息管理方面的专业化素养。其三,完备的信息沟通联络机制一定是包含信息反馈渠道的机制。乡村教育治理中应当构建一个公开透明的信息反馈机制,及时有效地监督乡村教育治理工作。

第五节　乡村教育振兴工作保障体系建设与运行

乡村振兴,首要的是乡村教育的振兴。这表明,乡村教育振兴对于实现国家乡村振兴的重要战略目标意义非凡。然而,要实现乡村教育振兴的目标并非易事,它涉及庞大的内外部因素,是一项复杂的系统性工程。因此,对于乡村教育振兴而言,除了激发乡村教育振兴的内在动力,改革与完善乡村的各级各类教育体制机制,构建政府与社会多元合作的协同治理机制等之外,还需要从保障体系的角度考虑乡村教育振兴及其工作的改革思路。因此,本节针对乡村教育振兴工作,从乡村教育振兴的四个保障要素出发,提出乡村教育振兴工作的五大保障体系,并对乡村教育振兴工作保障体系的基本架构及运行进行阐述。

一、乡村教育振兴的保障要素

要素是事物所包含的必不可少的基本元素。保障要素是保障事物存在和发展的必不可少的基本元素。依据不同的分析角度和分类标准,教育保障要素有不同的分类方法。当前学界已经对保障要素做了一定的探讨。有学者认为,高质量教育保障体系基本框架包含教育政策保障、教育投入保障、师资队伍保障、教育治理保障、教育评价保障和教育技术保障六个方面①。结合学者的研究,我们认为,乡村教育振兴的保障要素可从教育要素的角度来区分,可分为师资队伍保障要素(教育者要素)、学生发展保障要素(学习者要素)、教育内容保障要素和教育手段保障要素。

(一)乡村教育振兴的师资队伍保障

乡村教育发展的根本在于教师。但在乡村教育中,"优秀学生不愿去、优秀教师留不住、不合格教师退不出去"。乡村教师年龄老化、英音体美等学科教师无法满足需求、不少乡村教师缺乏严格教育训练、存在乡村学校代课教师现象,是乡村教育振兴所面临的现实困境②。师资队伍问题不解决,乡村教育振兴就难有成效。从教育类型看,乡村教育由乡村基础教育、乡村职业教育与乡村继续教育(成人教育)三大板块组成。乡村教育振兴师资保障主要是保障这三类人才。教师的角色可以从两个方面考量:其一,就在乡村教育整体的位置而言,他们处于乡村教育的最基层,直面学生和教育事实,是最为核心也最为基础的实施者、践行者。一切教育影响只有通过教师才可能转化为学生发展的动力。其二,

---

① 申国昌、王燕、申霞:《建设高质量教育保障体系:现实依据、基本框架及实施策略》,《现代教育管理》2021 年第 11 期。

② 范先佐:《乡村教育发展的根本问题》,《华中师范大学学报(人文社会科学版)》2015 年第 5 期。

就自身的任务职责而言,教师是学生发展的引导者、知识体系的组织者、共生关系的对话者、教育教学的研究者和不断发展的学习者[①]。乡村教育人才保障最为核心的是师资队伍保障,既要保障教师数量的充分,也要保障教师结构的合理。

《中华人民共和国乡村振兴促进法》第二十五条规定:"各级人民政府应当加强农村教育工作统筹……提高农村基础教育质量,加大乡村教师培养力度,采取公费师范教育等方式吸引高校毕业生到乡村任教,保障和改善乡村教师待遇,提高乡村教师学历水平、整体素质和乡村教育现代化水平。"同时,规定各级人民政府应当鼓励培育乡村文化骨干力量,加强乡村文化人才队伍建设。师资队伍建设要靠待遇留人,要靠政策鼓励激励留人。要大力营造全社会尊重乡村教师的氛围,不断提高乡村教师的社会地位。要给予乡村教师更高的物质待遇,以鼓励他们甘于扎根乡村的精神。要通过出台公费师范生教育、乡村教师优惠补贴等政策,保障乡村师资队伍的质量。师资队伍建设要"外引内培",外引既可以是全职引进,也可以是"柔性引进",更要利用好援助计划;内培是加强本地区教师素养培养,既可以通过国家和地区人才项目计划和对口帮扶计划,把本地区教师送出接受培训和进行学历教育,也可以通过自身举办各种培训和交流活动促进教师质量提升。

(二)乡村教育振兴的学生发展保障

乡村教育振兴关键在于产出所需人才。乡村教育产出的人才质量和规格是衡量乡村教育发展水平的关键维度。乡村教育振兴要保障能够产出高质量、高规格的人才。质量和规格是一个价值判断,而不是事实判断。因此,很有必要对乡村教育人才产出的质量和规格进行界定和明确。乡村教育由乡村基础教育、乡村职业教育和乡村继续教育三种类型构成。不同类型教育对于乡村教育人才产出的质量和规格有不同的要求。

"乡村基础教育是全面乡村振兴的重要战略支撑,是传承乡村文化的基石,是厚植人力资本的基础,是实现乡村治理现代化的保障"[②]。义务教育之后,乡村基础教育学生将会有不同的去向:一部分升入高中继续读书;一部分升入中职

---

① 《教育学原理》编写组:《教育学原理》,高等教育出版社2019年版,第297—298页。

② 陈鹏、李莹:《全面乡村振兴视域下乡村基础教育的新认识与新定位》,《陕西师范大学学报(哲学社会科学版)》2021年第5期。

中专学校;一部分走向社会工作。升入高中和升入中职中专学校的学生则可能继续考入大学(可能是普通教育类型的大学,也可能是职业教育类型的大学),也可能走向社会工作。因此,乡村基础教育的学习者未来如何并不能完全确定,此时教育应该提供多样性选择。乡村基础教育不能只像以往那样只是升入高一级学校的预备机构,它还应该承担起学生素质提高、适度的职业教育等职责。在乡村振兴大背景下,乡村基础教育应该着力培养具有三种素质的人才:第一类,乡村文化的传承者,即传承乡村文化、传承乡村民族文化和发扬乡村现代文化的文化工作者;第二类,乡村建设的技术人才,主要包括具有新型农业经营理念与科技知识的产业兴旺当家人、具有绿色经营理念且掌握绿色生产技能的生态宜居贴心人、德才兼备的乡风文明引领人和乡贤人才、善营爱乡的实用型生活富裕带头人;第三类,乡村治理的现代化人才,主要包括各级各类的治理、管理和服务人才①。

乡村职业教育和乡村继续教育主要任务在于产出农村农业人才,特别是专业化农村农业人才。《乡村振兴促进法》第二十四条规定,"国家健全乡村人才工作体制机制,采取措施鼓励和支持社会各方面提供教育培训、技术支持、创业指导等服务,培养本土人才,引导城市人才下乡,推动专业人才服务乡村,促进农业农村人才队伍建设。"所谓农村农业人才主要包括以下几种类型:第一类,农村实用人才,指农村劳动者,包括农村致富带头人、农业生产经营人员、职业农民等;第二类,农业农村科技人才,指以提升农业现代化水平为主的人才,包括农村技能服务人才、农业工人科研人才、农技推广人员等;第三类,乡村产业经营人才,指乡村产业经营管理人才,包括家庭农场主、农民专业合作社、规模经营户、非遗传承人、各类产业人才和返乡创业者等;第四类,农村管理与服务人才,指从事乡村振兴管理和服务人才,包括大学生村官、乡村干部队伍、乡村振兴职业经理人与乡村医疗卫生教育者、基础设施专业管护人员、健康养生从业者等②。

(三)乡村教育振兴的教育内容保障

课程解决的是教什么和学什么的问题,是联系教师和学生的中介。没有课

---

① 陈鹏、李莹:《全面乡村振兴视域下乡村基础教育的新认识与新定位》,《陕西师范大学学报(哲学社会科学版)》2021年第5期。

② 王柱国、尹向毅:《乡村振兴人才培育的类型、定位与模式创新——基于农村职业教育的视角》,《中国职业技术教育》2021年第6期。

程,则教育会成为"无米之炊";没有好的课程,则教育质量就难以有效提高。课程设计可以从不同维度进行,从多维度角度设计科学的课程体系是一项关键性任务。

1. 要保障课程的乡土性和田园性

课程设计要体现乡土性和田园性。"乡村学校的课程建设要综合利用地方经验和地方知识建设优质课程"[①],"地方经验是乡村课程建设的逻辑起点"[②]。乡村教育的课程类型要根据不同教育类型和不同学习者特征,设计具有选择性和针对性的多样性课程。例如,职业教育课程和继续教育课程可以设计多种类型,但应该以活动课程和综合课程为主;基础教育课程则应该以学科课程和分科课程为主。课程有三大载体:课程计划、课程标准和教科书。第八次基础教育课程改革后,我国基础教育实施国家、地方和学校三级课程管理。上一级课程管理要给下一级课程管理留出一定的作为空间。下一级课程管理要在课程计划、课程标准和教科书合理运用这种可为空间,增加"乡土性"。泰勒原理告诉我们,课程开发包括:确定课程目标、选择课程内容、组织课程内容和评价课程结果。乡村教育课程开发的每个环节都应该对于课程开发的目的和归宿有清晰的认识,反映出乡村教育振兴的要求和特色。正如有学者指出,乡村教育课程设计根本指向是重建乡村生活方式,乡村教育重建基本课程理念应指向开发新乡村教育课程、培植新乡村理念和开启新乡村生活理想。乡村教育课程设计基本路径包括乡土教材开发、乡土课程资源开发、乡土文化阅读资源开发,乡土价值凸显[③]。

2. 要保障课程的思想性和方向性

要强化乡村教育课程的思想道德教育内容。《乡村振兴促进法》第二十九条规定:"各级人民政府应当组织开展新时代文明实践活动,加强农村精神文明建设,不断提高乡村社会文明程度。"同时,规定要深入开展法治宣传教育。乡村教育课程建设的重要内容是增强法治精神,提升乡村社会文明程度和农民精神风貌,这就必须要加强乡村教育课程思想政治教育、思想道德教育和法治宣传教育。"重视向农民灌输积极向上的价值观,培养农民正直、诚实、团结、奉献的

---

① 车丽娜、傅琴:《乡村学校课程建设的空间悖论及其消解》,《课程·教材·教法》2021年第12期。
② 王学:《统编语文教科书中民俗知识的育人价值及其实现》,《课程·教材·教法》2021年第4期。
③ 刘铁芳:《回归乡土的课程设计:乡村教育重建的课程策略》,《现代大学教育》2010年第6期。

品质,培养农民的主人公使命感、集体荣誉感和向善的生活态度,并倡导勤俭节约的生活方式,增强农民建设美丽乡村、美好家园的信心和力量。"①乡村教育课程应该促进儿童对乡土文化的情感认同、伦理认同和自我认知。

3.要保障课程内容的知识性和实用性

乡村教育由乡村基础教育、乡村职业教育与乡村继续教育(成人教育)三大板块组成。要根据不同教育类型的特点设置不同类型的课程内容。乡村基础教育要在校本课程开发中融入乡村风土人情、历史文化、田园风光、劳动技术等方面的元素,要充分借助劳动教育必修课和综合实践活动课程向学生传达以知识性为主、实用性为辅的乡村教育内容。对于乡村职业教育,要设置如下课程:其一,与乡村振兴新业态相适应的涉农专业。以需求为导向,匹配乡村振兴中出现的新职业和新业态,"考虑增设或完善培育农村电商、农产品营销、农业职业经理人、乡村振兴职业经理人、乡村健康养老业、休闲农业、公共基础设施管护等相关的专业"。其二,有针对性农课程群。"按照产业发展导向设置课程群,构建联结乡村一二三产业,促进融合发展的课程群;按照创新创业链导向设置课程群,创新开设诸如特色有机农产品种植、品牌建设、营销推广、售后服务等专业课程;按照农村需求类型导向设置课程群,整合资源开设金融保险、村镇规划设计、医疗卫生、法律法规等专业课程"。其三,建立开放式的农课堂。"建立开放式的课堂体系,把课堂搬到田野中。构建传统教室、线上云平台、实践实训基地'三位一体'的课堂体系。重视场景教学、实践教学,尤其是构建符合农村职业教育特点的实践能力培育和技能训练体系"。其四,编制与三产相融合的农教材。乡村继续教育课程要针对农民的特定需要,开设如扫盲、半扫盲的知识性课程,开设农业知识技能和各种建筑工艺等方面的实用性课程②。

(四)乡村教育振兴的教育手段保障

1.物质保障

物质条件是办学的前提和基础,一切办学都建立在物质基础之上。教育中的物质条件包括:以货币形式存在的教育资源,如教育财政拨款以及各类教育经费投入;以实体形式存在的教育资源,如教学设施、教学设备和教学用具等。物

---

① 赵俊红:《"美丽乡村"建设背景下农村成人教育的转型对策》,《继续教育研究》2016年第12期。
② 王柱国、尹向毅:《乡村振兴人才培育的类型、定位与模式创新——基于农村职业教育的视角》,《中国职业技术教育》2021年第6期。

质条件的保障程度决定了办学质量水平提升的程度和速度。"乡村教育经费短缺一直是制约我国乡村教育发展的瓶颈。"2001年我国实施"分级管理,以县为主"的乡村教育管理体制后,财力有限的县级政府很难挑起乡村教育发展的财政责任①。近几年来各级政府加大对农村办学条件和基础设施的投入,但大多数乡村学校硬件条件和教育资源仍旧明显低于城市学校,城乡教育资源配置不均衡问题仍然存在②。"地方教育行政部门在资本驱动、县级财政教育投入不足的情况下,对规模效益的追求就成为其配置教育资源的逻辑,'城挤、乡弱、村空'也成为城乡教育资源不均衡配置的结果。"③因此,物质条件保障不足仍旧是我国乡村教育振兴所面临的亟待解决的重要问题。教育经费投入要充分考虑到学校需求和地区差异,精准投入,给"处境不利"学校与"特殊"学生提供更多的支持,以实现"充足教育"④。"要强化各级政府在发展乡村教育上的责任,通过创新制度设计,切实保障乡村教育的经费投入、师资配备、生源稳定和资源利用。"⑤

2. 技术保障

乡村教育要想获得长远的、健康的高质量发展离不开科学的发展理念和技术保障。

分类发展乡村教育。分类发展是当前教育发展的重要理念,它能够克服教育同质化发展所带来的资源浪费和教育产品单一弊端,提高资源利用效率,增加教育产品多样性,避免人才的结构性失衡。乡村教育应该加强分类发展和分类评价。乡村基础教育、乡村职业教育与乡村继续教育(成人教育)应该有不同的发展目标、发展方式和评价模式。农村人口成分多样,价值诉求多样,要根据不同群体的特点,实施农村教育分维度发展,助力农村人口分流发展:农村教育的第一维度目标是使留在农村社会的劳动力具有农业集约化生产与合理利用闲暇时间的能力;农村教育第二维度目标是使流出农村的人口获得对城市生活方式

① 周晔、武天宏:《乡村教育自信:现实遭遇、当下价值与重建理路》,《当代教育科学》2020年第1期。

② 陈文胜、李珺:《全面推进乡村振兴中的乡村教育研究》,《湘潭大学学报(哲学社会科学版)》2021年第5期。

③ 朱许强:《乡村教育的现代性困境及其超越》,《当代教育与文化》2019年第3期。

④ 于海洪:《部分发达国家保障乡村教育发展的经验与启示》,《比较教育研究》2018年第8期。

⑤ 于海洪:《部分发达国家保障乡村教育发展的经验与启示》,《比较教育研究》2018年第8期。

与工业产业模式较强的适应能力;农村教育第三维度目标是实现农村人口的整体减少①。

深层次利用乡土资源。乡村之中蕴含着丰富的教育资源,这些教育资源如何提炼出来,如何提炼之后将其转化成有效的教学资源,是一个重要的技术问题。乡村教育者首先应该具有关注乡土教育资源的意识和意愿,其次应该具有搜集提炼乡土教育资源的能力,再次应该具有搜集提炼和应用乡土教育资源的实际行动。

实现脱贫攻坚到乡村振兴的重心转移。需要重塑乡村教育的发展目标:夯实乡村振兴基础亟须义务教育发展目标由"数量型"转向"质量型";实现农村农业现代化亟待职业教育发展目标由"技术技能型"转向"创新型";脱贫攻坚到乡村振兴的重心转移需要重建乡村教育的治理体系——乡村教育治理需努力实现从"精准短期治理"转向"创新长效治理";乡村教育治理从"政府管理为主"转向"多元主体共治"。脱贫攻坚到乡村振兴的重心转移需要重构乡村教育的发展模式:乡村教育发展由"外部输血式"转为"内部造血式"需下大功夫;乡村教育发展由"蓄力夯基式"转为"释力振兴式"面临操作性难题②。

3. 体系保障

以分类发展促进乡村教育专业化。分类发展是促进专业化、提升效率的重要手段,也是影响乡村教育体系的重要手段。要通过分类发展促使乡村教育"精耕细作",提升质量,形成品牌,形成规模效应和集中优势。分类发展的依据有不同的标准,既可以根据教师队伍状态(任教学科门类、学科结构、年龄结构和居住地等)来分类,也可以根据学生基本情况(留守儿童与否、上学距离与学生入学学习成绩等)来分类,还可以根据学校硬件设施等来分类。例如,美国根据距离市区的远近来划分乡村学校类别,加拿大根据年级不同和学生人数不同来确定拨款标准③。

相互融通。教育是一个整体系统,而不是一个个孤立的元素。教育在纵向

---

① 秦玉友、张宗倩、裴珊珊:《教育在促进农村发展中如何发力——2020年后教育扶贫对接教育促进乡村振兴的着力点与路径选择》,《东北师大学报(哲学社会科学版)》2021年第4期。

② 杜尚荣、朱艳、游春蓉:《从脱贫攻坚到乡村振兴:新时代乡村教育发展的机遇与挑战》,《现代教育管理》2021年第5期。

③ 于海洪:《部分发达国家保障乡村教育发展的经验与启示》,《比较教育研究》2018年第8期。

上有层级之分,在横向上有类别之分,各级各类教育应该相互衔接、优势互补,形成层次分明、结构融洽的系统。从教育类型看,乡村教育由乡村基础教育、乡村职业教育与乡村继续教育三大板块组成。要对乡村基础教育、乡村职业教育与乡村继续教育进行合理的价值定位,打破"三教"间的壁垒以构建融通式农村教育体系①。

优化布局。由于历史的原因,农村中小学存在分散办学、办学质量普遍不高、资源浪费严重等现象。应该加强学校的规划管理,进一步优化资源配置,做大做强做好中心学校,"引导周围农村学生向中心城镇聚集,为撤并村完小奠定了坚实基础,逐步形成了高中在城镇,初中、中心小学在集镇,定点校在中心村的新布局"②。要根据生源增减与分布情况,合理配置农村教育资源,提高农村教育办学效益。

优质均衡。推进教育管理体制改革,城乡学校实行"小片区管理"、农村薄弱学校实施"委托管理",有效缩小学校校际、城乡之间的差距,不断扩大优质教育资源,进一步提升义务教育均衡发展水平。三类乡村教育类型协调发展,形成"联片互动、资源共享、协作提高、均衡发展"的管理格局。对教育资源匮乏的乡村地区实施帮扶政策,推动实施送教下乡、城镇农村校长轮岗等制度。引进名校资源,搭建结对平台,推动建立学校结对帮扶工作。建立健全农村留守儿童关爱服务体系和结对帮扶制度。均衡不是吃大锅饭,搞平均主义,而是在高质量发展的基础上实现均衡。它应该体现在以下方面:一是乡村教育资源和教育质量应该达到较高的水平;二是地区、学校和学生所获得的资源配置应该相对均衡;三是学生在入学机会、学习条件、保障机制、质量管理等方面获得相对公平的对待;其四,社会应该对本地区的教育优质均衡获得基本满意。

4. 激励保障

激励保障首先要明确激励对象,即激励谁的问题。乡村教育振兴所涉及的一切对象都应该是激励对象,但由于角色和任务不同,对于不同激励对象的态度应该是共同但有区别的。

改进农村教育评价体系。农村教育评价不能单纯以考试分数、升学率或录

---

① 秦玉友、张宗倩、裴珊珊:《教育在促进农村发展中如何发力——2020 年后教育扶贫对接教育促进乡村振兴的着力点与路径选择》,《东北师大学报(哲学社会科学版)》2021 年第 4 期。

② 王斌泰:《大力发展农村教育　促进基础教育均衡发展》,《人民教育》2005 年第 Z1 期。

取率为依据,应该综合考虑教学环境、教师素质、教学设备、家庭因素、生源质量、社区环境等因素;应该"改变教育行政部门作为评价主体的单一体制","引入社会专业评价形式","重视社会成员的评价意见"①。农村教育评价是一个系统工程,要形成各方协调配合、共性和个性相兼的农村教育评价体系;要形成包含评价管理机制、评价导向机制、评价监控机制和评价保障机制的"系列化"的农村教育评价机制②。农村教育评价是一个技术含量很高的教育活动,要加强对农村教育评价培训,提升各级各类评价者的评价水平,开发出适合农村教育评价的技术和工具,使得农村教育评价更加科学、客观和有效。评价范围应该涵盖教育发展的关键指标,包括资源配置评价、政府保障评价、教育质量评价③。评价不应该仅仅是作价值判断,而应该增加评价对教育质量提升的引导和改进功能,通过评价找出乡村教育的短板,引导各方补短板,不断提升教育质量。

提高待遇调动教师积极性。乡村教师积极性提高"关键在待遇"。要通过建立健全乡村教师工资保障机制、社会保障制度、鼓励激励机制和改善办学条件的方式,不断提高教师待遇④。乡村教师扎根乡村,相比城镇的优越条件,他们生活条件比较艰苦,有些教师甚至存在择偶的困难。全社会都应该关注乡村教师待遇,对乡村教师实施合理的教育补贴,除了给予他们经济上的补贴外,还应该给予他们更多的社会认可和精神鼓励。

提升教育质量留住学生。生源是保障乡村教育的关键所在。近年来,乡村基础教育生源不足和生源质量下降的一个重要原因是乡村教育生源外流。"受经济分化和社会分层的影响,农村社会内部各阶层之间的社会性竞争愈演愈烈,为了给子女提供优质教育资源,普遍以家庭为单位,以整合代际资源为途径,将子女转移到城镇上学,致使乡村学校生源日益枯竭,进而导致了乡村教育不断走向衰落。"⑤一般来说,乡校生源的外流有两种类型:一是家长带动子女型流动,比

---

① 丁步洲:《教育均衡背景下农村基础教育面临的问题与破解——以苏北地区农村教育为例》,《教育理论与实践》2012年第34期。

② 王佑萌:《关于农村教育评价问题的若干思考》,《江西教育科研》2005年第5期。

③ 曹东勃、梁思思:《优质均衡:后脱贫时代乡村教育振兴之道》,《华东理工大学学报(社会科学版)》2021年第2期。

④ 范先佐:《乡村教育发展的根本问题》,《华中师范大学学报(人文社会科学版)》2015年第5期。

⑤ 陈讯:《阶层分化视角下的乡村教育衰落研究——基于晋西北W村考察》,《杭州师范大学学报(社会科学版)》2020年第3期。

如随迁子女;二是子女带动家长型外流,譬如县城陪读。第一种情况是父母工作变动或者居住地址发生变化等的必然结果,是乡村教育难以作为的。第二种情况则是农村孩子追求高质量基础教育的表现,是乡村教育应该积极作为的地方。乡村教育应该通过多条途径解决这一问题:不断提高乡村教育质量;给予乡村学校升入高一级优质学校一定名额;做好家长和学生的沟通疏导和思想引导工作。

二、乡村教育振兴工作保障体系的具体内容

前文阐述的关于乡村教育振兴的保障要素,实质上就是指乡村教育发展与振兴中不可或缺的基本因素。要振兴乡村教育,一是必须保障乡村教育振兴所需的良好师资队伍;二是必须保障乡村基础教育和职业教育的学生的健康发展;三是必须保障乡村教育的课程内容具备乡土性、思想性、实用性等特征;四是必须保障乡村教育振兴所需的物质、技术等教育手段。但如何使这些要素获得真正意义上的强有力的保障,就需要构建一个工作层面的保障体系,该保障体系应当包含从认知到行动、从人员到组织、从理念到制度、从资源到技术等方面的内容。我们认为,乡村教育振兴工作的保障体系包含认知保障、资源保障、制度保障、技术保障和组织保障等五大方面的内容。

(一)乡村教育振兴工作的认知保障

知是行的前提和基础,行是知的目的和归宿。"振兴乡村教育必须要做好理论准备",乡村教育振兴工作有效开展必须要做好必要的智力储备①。这些知识储备包括对以下方面的深入了解和把握。

1.工作对象

射箭要有箭靶,工作要有对象。开展乡村教育振兴工作的前提和基础是明确乡村教育振兴的工作对象和深入了解这一工作对象的性质和属性。乡村教育振兴的工作对象是乡村教育。"'乡村性'是乡村教育必须张扬的重要属性,更是乡村教育发展的逻辑起点。"②农村社会的传统文化、现代社会文化、农村小规模学校与乡村自然与生俱来具有亲密关系③,是乡村教育的重要资源。乡村的

---

① 高书国、马莜薇:《振兴中国乡村教育的内在逻辑与实践路径——乡村教育进入"小众化"时代后的理论准备与战略研讨》,《中小学管理》2019 年第 2 期。
② 周大众:《乡村教育发展的逻辑起点与实践策略》,《当代教育科学》2019 年第 9 期。
③ 周晔、武天宏:《乡村教育自信:现实遭遇、当下价值与重建理路》,《当代教育科学》2020 年第1 期。

独特禀赋资源是乡村教育取得成功的重要保障。四川省蒲江县根据农村所具有的禀赋资源,凝练出教育发展的四大核心要素:自然、绿色、融合和开放,制定了特色性发展战略,取得了乡村振兴教育的成功①。乡村教育的对象则是现实的人。因此,"乡村教育振兴本质是实现乡村教育现代化和人的现代化。"②

2. 工作目标

振兴乡村教育必须明确其发展方向与目标③。根据国家颁发的相关政策文件,结合乡村教育振兴的实际情况,乡村教育振兴的工作目标主要包括:

(1)总体方向。其一,乡村教育振兴工作要坚持正确的政治方向。乡村教育振兴是乡村振兴的重要组成部分。国家出台的乡村振兴政策文件提出的政治方向要求同样适用于乡村教育振兴。习近平新时代中国特色社会主义思想是马克思主义中国化的最新成果,是乡村教育振兴工作的根本指导思想。《中共中央 国务院关于做好 2022 年全面推进乡村振兴重点工作的意见》《关于实现巩固拓展教育脱贫攻坚成果同乡村振兴有效衔接的意见》《乡村建设行动实施方案》《关于推动文化产业赋能乡村振兴的意见》等政策文件都明确提出,要"以习近平新时代中国特色社会主义思想为指导"。坚持以习近平新时代中国特色社会主义思想为指导不仅是贯彻落实国家乡村教育振兴工作的重要举措,也是推动乡村教育振兴工作发展的科学保障。党的十九大和二十大及其历届全会精神为乡村振兴工作提出了明确方向,要把贯彻其精神作为乡村教育振兴工作的指南。党的十九大以来,习近平总书记就建设教育强国做了重要指示、发表了重要论述,为乡村教育振兴工作指明了方向。乡村教育振兴工作要基于习近平总书记关于教育强国的重要指示和重要论述,结合自身实际,选择正确的发展道路。

其二,乡村教育振兴工作要坚持正确的战略导向。发展乡村教育事业是我国当前重要而又迫切的任务。《国家乡村振兴战略规划(2018—2022 年)》明确提出,"优先发展农村教育事业"。因此,乡村教育振兴工作要把保障农村教育事业的优先发展作为重要的战略导向。打赢脱贫攻坚战,全面建成小康社会后,

① 杨忠云、张宗倩:《"现代田园教育"助推乡村振兴》,《人民教育》2021 年第 9 期。
② 戚万学、刘伟:《乡村教育振兴的内涵、价值与路径》,《国家教育行政学院学报》2020 年第 6 期。
③ 高书国、马莜薇:《振兴中国乡村教育的内在逻辑与实践路径——乡村教育进入"小众化"时代后的理论准备与战略研讨》,《中小学管理》2019 年第 2 期。

我们的新目标是:"做好巩固拓展脱贫攻坚成果同乡村振兴有效衔接","朝着逐步实现全体人民共同富裕的目标继续前进"①。因此,由教育扶贫和脱贫向乡村教育振兴战略转变,是乡村教育振兴工作要把握好的重要战略导向。作为乡村振兴的重要一环,全面服务乡村振兴是乡村教育振兴的第一要务。乡村教育振兴要以服务乡村建设战略实现为导向。乡村教育振兴工作要走中国式乡村教育现代化之路,打破城乡教育相互分割的二元发展结构,"以深化推进城乡教育一体化为基本导向"②。

其三,贯彻落实党中央关于乡村振兴建设的重点要求。乡村振兴开启以后,中央政府和省级政府出台了大量关于乡村振兴的政策法规,有效推动了乡村振兴工作的有序实施。教育是乡村振兴的重要领域,也是保证乡村振兴的有力手段。各级各类乡村振兴的政策法规中,几乎都有对教育的明确规定。比如,《中共中央 国务院关于做好 2022 年全面推进乡村振兴重点工作的意见》指出,加强粮食安全教育、农村法治宣传教育和农村金融知识普及教育;《国家通用语言文字普及提升工程和推普助力乡村振兴计划实施方案》指出,"全面推行国家通用语言文字教育教学";《关于实现巩固拓展脱贫攻坚成果同乡村振兴有效衔接的意见》指出,继续实施一系列农村教育发展计划:中小学幼儿园教师国家级培训计划、农村义务教育阶段教师特岗计划、乡村教师生活补助政策、银龄讲学计划和脱贫户"两后生"接受职业教育计划;等等。要把完成国家乡村建设战略重点要求作为乡村教育振兴工作的重要方向。

(2)总体目标。乡村教育振兴是乡村振兴战略的重要组成部分和重要支撑,必须把乡村教育振兴工作目标放到整个乡村振兴战略目标中去分析。"实施乡村振兴战略的主要目标就是要缩小发展差距,助推城乡一体化发展"③,是为了解决新时代"三农"问题,实现"两个一百年"奋斗目标④,是为了通过促进城乡统筹发展和一体化发展,减缓贫困,解决城乡发展不平衡、不充分问题,实现

① 《中共中央 国务院关于实现巩固拓展脱贫攻坚成果同乡村振兴有效衔接的意见》,2020 年 12 月 16 日。

② 欧阳修俊、梁宇健、周润伍:《中国式乡村教育现代化:内涵、价值与实现逻辑》,《现代远程教育研究》2023 年第 4 期。

③ 梁成艾:《地方高校教育政策的价值意蕴及创新诉求——基于乡村振兴战略之视角》,《贵州社会科学》2019 年第 4 期。

④ 张青、郭雅媛:《脱贫攻坚与乡村振兴的内在逻辑与有机衔接》,《理论视野》2020 年第 10 期。

人民对美好生活的向往①。因此,乡村教育振兴工作的直接目标是提升乡村教育质量,主要是培养各级各类高素质学习者;间接目标则是服务国家乡村振兴战略,主要包括人力资本积累和转化、乡村文化建设和价值引导及推动农业现代化等。乡村教育振兴是乡村振兴的重要组成部分,从价值理性的角度来看,实施乡村教育振兴本身就是在实现乡村振兴。同时,振兴乡村教育是推动乡村振兴的重要手段,从工具理性的角度来看,振兴乡村教育有助于快速实现乡村振兴。《关于实现巩固拓展教育脱贫攻坚成果同乡村振兴有效衔接的意见》要求,实现"促进振兴乡村教育和教育振兴乡村的良性循环"。因此,乡村教育振兴工作要处理好振兴乡村教育和教育振兴乡村的关系,以乡村教育服务乡村振兴、以乡村振兴带动乡村教育,实现两者相互推动、同频共振。

(3)具体目标。有关乡村振兴的政策文件提出了乡村教育振兴的具体目标,它们是乡村教育工作的主要着眼点和落脚点。根据《中华人民共和国乡村振兴促进法》《中共中央　国务院关于做好 2022 年全面推进乡村振兴重点工作的意见》《中共中央　国务院关于做好 2023 年全面推进乡村振兴重点工作的意见》《乡村建设行动实施方案》《中共中央　国务院关于全面推进乡村振兴加快农业农村现代化的意见》《关于推动文化产业赋能乡村振兴的意见》等政策文件,归纳出的乡村教育振兴的具体目标是:

其一,提升教育基本公共服务能力。主要包括:第一,推动义务教育均衡发展,大力发展农村网络教育,提高乡村教育现代化水平,改善农村基础教育办学质量;第二,以乡村振兴为指向发展职业教育和继续教育,新建中职学校、提升农职院校基础能力,大力推动职业技术教育和技能培训发展,不断深化产教融合与校企合作;第三,改善义务教育学校办学条件,"改善乡镇寄宿制学校办学条件",推动义务教育学校的校长和教师轮岗和交流,提升农村办学水平,支持城乡学校共同体建设;第四,"实施新一轮学前教育行动计划",多渠道、多方式增加普惠性的学前教育资源供给,"巩固提升高中阶段教育普及水平",完善特殊教育保障机制,办好特殊教育;第五,改善乡镇寄宿制学校办学条件,办好必要保留的乡村小规模学校,新建和改扩建一部分高中与中等职业学校。

---

① 徐晓军、张楠楠:《乡村振兴与脱贫攻坚的对接:逻辑转换与实践路径》,《湖北民族学院学报(哲学社会科学版)》2019 年第 6 期。

其二,加强乡村振兴的人才队伍建设。主要包括:第一,实施和开展高素质农民培育计划与农村创业带头人培育行动,面向农民素质提高设立专门的技能大赛,组织农民参加学历教育和技能评价,大力培育现代农民、农村实用人才与创业致富带头人;第二,加大乡村教师的培养力度,提升乡村教师整体素质和学历水平,给长期任教乡村的教师以政策优惠,"落实乡村教师生活补助政策";第三,"完善耕读教育体系",推动农民在田间"边干边学"和科技种植、养殖;第四,优化调整学科专业结构,办好涉农高等学校与职业教育,培养乡村振兴所需各类人才;第五,"健全脱贫县农民教育培训体系",加强对小农户与脱贫户的技术培训;第六,通过教育培训,提升农村产业的生产经营水平与产业发展能力。

其三,大力推动农村精神文明建设。推动农村精神文明建设是乡村振兴的重要内容,根据关于乡村振兴的政策文件,农村精神文明建设的内容主要包括:深入开展习近平新时代中国特色社会主义思想学习教育;广泛开展中国特色社会主义和中国梦宣传教育;大力弘扬与践行社会主义核心价值观教育;大力加强乡村美学普及与教育。乡村教育振兴工作要把农村精神文明建设作为重要的工作目标,提高农民的"精气神",改善农村文化环境和优化社会舆论氛围。

3. 工作意义

乡村振兴是在新的时代背景下,国家提出的发展战略。《乡村建设行动实施方案》指出,乡村建设工作要"广泛依靠农民、教育引导农民、组织带动农民搞建设,不搞大包大揽、强迫命令,不代替农民选择"。乡村教育振兴工作既是乡村振兴的关键一环,也是保障乡村振兴其他方面迅速推进的重要保障。具体而言,主要包括:

乡村教育工作是建设教育强国的重要保证。乡村基础教育是我国基础教育的重要组成部分,乡村基础教育影响着我国整体基础教育质量的提升,可以说,它是"木桶效应"中最短的那块木板。建设教育强国的迫切需要,使得乡村教育工作极为关键。只有广大乡村教育工作者主动作为、群策群力,才能保证补好这块教育短板,尽快实现教育强国的梦想。

乡村教育工作是实现乡村振兴战略的重要保障。教育扶贫重在扶智,同样,乡村振兴重在"兴智"。持续为乡村输血并非长久之计,激发乡村的自我造血功能才是硬道理。不解决乡村人口在思想、素质和技能方面的问题和不足,就不可能取得乡村振兴战略的彻底实现。由于各种原因,乡村中仍存在一些识字不多、劳动技能缺乏和文化素质不高的劳动者。在全国脱贫后,极个别乡村仍有"返贫"的危险。乡村教育振兴既是提升乡村人口文化素质和劳动能力的主要途径,也是阻止"乡村返贫"的重要方式,更是促使农村快速发展的重要手段。乡村教育工作能有效为乡村振兴提供智力支撑和保障。乡村振兴包括经济、教育、医疗、养老、文化和社会保障等众多方面。"乡村政治经济的发展、乡村治理体系的完善、乡村文化与乡风文明的传承、乡村产业的健全与创新离不开教育"①。作为关键且特殊的一个方面,教育既需要专业人士来管理和服务,也需要专门人员来统筹和协调。乡村教育振兴工作是推动乡村教育振兴,保障和推动乡村振兴工作顺利实现的重要手段。

乡村教育振兴工作是提高乡村教育质量的重要推手。乡村教育经过多年的发展,已经形成较为固化的格局,发展的路径有依赖现象。要突破乡村教育的发展瓶颈,打破已有的固化格局,提升乡村教育质量,不可能仅仅依靠市场调节和自发演进,必须依赖积极的主动作为。乡村教育振兴工作作为组织管理乡村教育的重要方式和手段,对于乡村教育的发展起着关键性作用。乡村教育一般包括三种类型:基础教育、职业教育和继续教育。不管是三类教育的协调发展,还是三类教育的发展方向,抑或三类教育发展的资源和政策保障,都离不开乡村教育工作的统筹协调。乡村教育现代化进程中面临着治理方面、价值方面和改革方面的各种困境②。走出这些困境以推动乡村教育进一步发展需要乡村教育振兴工作的大力支持。乡村教育振兴工作在乡村继续教育改革发展中扮演着重要的角色,甚至可以说,乡村继续教育在很大程度上是由乡村教育振兴工作来组织实现的。"乡村职业教育是与乡村社会发展联系最为紧密的教育类型,乡村职业教育具有强化城乡联系的天然纽带作用。"③乡村教育工作在乡村职业教育的招生、实习、就业和培养提供各种政策支持和实际帮扶中起着重要作用。

---

① 安丽娟:《基于乡村振兴战略下的乡村教育发展研究》,南昌大学硕士学位论文,2019年。
② 蒲莎莎:《乡村振兴战略视域下乡村教育现代化问题研究》,天津大学硕士学位论文,2021年。
③ 袁利平、姜嘉伟:《关于教育服务乡村振兴战略的思考》,《武汉大学学报(哲学社会科学版)》2021年第1期。

4. 工作内容

乡村教育振兴工作要面向乡村教育水平不断提升。乡村教育振兴工作的对象是乡村教育,目标是提升乡村教育工作水平。乡村教育振兴的保障要素,包括师资队伍保障、学生发展保障、教育内容保障和教育手段保障。乡村教育振兴工作要以这些要素的保障及功能的发挥为主要内容。这些都在前文做了充分的论述,在此不再赘述。

乡村教育振兴工作要直面乡村教育所存在的问题。学者们对乡村教育所存在的问题进行了卓有成效的研究。有学者认为,乡村教育现代性存在着如下困境:城乡教育资源配置存在不均衡,乡村教师不断向城市单向流动,村民教育期望存在功利化现象,乡村少年生命滋养存在一些问题,某些地方教育行政部门、教师、村民和学生之间因资源配置不均衡而产生信任危机和风险①。有学者认为,乡村教育存在的重要问题是"乡村学校在大多数村庄中空位、教育资源在城乡教育中偏位、乡土元素在乡村教育中缺位"②。有学者则指出新时代乡村教育振兴面临如下现实困境:"乡村教育层化现象严重、地区差异巨大;乡村教育标准化程度较低、信息化建设相对滞后;乡村教育生源持续流失,优质师资严重匮乏;乡村社会的乡土意识薄弱,乡村教育乡土元素缺失。"③总而言之,乡村教育当前面临的问题主要包括如下方面:教师和学生流失问题、资源配置不充分不均衡不合理问题、教育内容缺乏乡土性元素问题、职业教育无法与经济社会发展相匹配问题、教育理念和诉求功利化问题等。这些问题已经成为制约乡村教育振兴的瓶颈性问题,乡村教育振兴工作要深入挖掘这些问题所产生的原因,并基于原因分析找到切实解决这些问题的对策。

(二)乡村教育振兴工作的资源保障

1. 人力资源保障

"实施乡村振兴战略,关键在于调动广大农村工作者从事农业生产、乡村建

---

① 朱许强:《乡村教育的现代性困境及其超越》,《当代教育与文化》2019 年第 3 期。

② 陈文胜、李珺:《全面推进乡村振兴中的乡村教育研究》,《湘潭大学学报(哲学社会科学版)》2021 年第 5 期。

③ 陈时见、胡娜:《新时代乡村教育振兴的现实困境与路径选择》,《西南大学学报(社会科学版)》2019 年第 3 期。

设工作的积极性、主动性与创造性。"①乡村教育振兴需要一大批致力于乡村教育工作的组织者和管理者。从外部组织和管理看,我国基础教育实行地方政府管理、以县为主的制度;就内部管理看,我国中小学实行校长负责制。基础教育如此,职业教育和继续教育亦是如此。因此,就外部组织和管理来看,在层级上,包括县级、镇级和村级组织管理人员;在类型上,既包括行政管理人员,也包括教育行政管理人员,还包括由各级政府委托或聘任的各级督学、第三方组织人员等。就内部组织管理来看,乡村教育振兴的组织管理人员主要是各级各类学校的校长:在类型上,包括基础教育学校校长、职业教育学校校长、继续教育学校校长;在层级上,包括学前、小学、初中和高中及相应级别学校的校长。就不同学校而言,乡村各级各类学校分工不同、相互衔接,共同组成乡村教育有机整体。就同一学校而言,学校的事务包括教学、课外活动、比赛活动、生产劳动和社会实践活动等,它们相互配合,有机耦合成一个整体。组织管理人员主要有两层角色:在不同学校的分工和衔接、同一学校事务的配合和协调方面发挥主导作用;为课程与教学选择和实施提供各种人力、物力、财力和制度等方面的全面服务和可靠保障。

2. 物力资源保障

"所谓物力资源,是指能被利用的有形的物质。它可以是自然形成的,也可以是人为投资的物化产品。"②随着乡村教育振兴工作越来越走向专业化,乡村教育振兴工作越来越依赖充足的物力资源保障。乡村教育振兴工作需要的物力资源包括基础设施、工作场地、办公设备等。乡村教育振兴工作要顺利开展就必须满足基本的物力资源需求。

3. 财力资源保障

教育财力资源是指以国家投资为主体的、各级政府提供的教育经费③。乡村教育振兴工作本质上是一种教育行政工作,教育行政工作涉及教育参与方的协调与引导工作,需要大量财力资源作为保障,主要包括如下方面:工作人

---

① 梁成艾:《地方高校教育政策的价值意蕴及创新诉求——基于乡村振兴战略之视角》,《贵州社会科学》2019年第4期。

② 张莅颖:《试论社区教育物力资源的开发》,《河北大学学报(哲学社会科学版)》1998年第3期。

③ 马佳宏、彭慧:《偏差与平衡:城乡义务教育财力资源配置问题研究》,《教育与经济》2006年第4期。

员的工资待遇、行政管理的日常开支、乡村教育工作者的奖励激励支出、引导乡村教育工作的基本开支、配套乡村教育振兴项目的开支等。应该通过政府拨款为主、捐赠自筹为辅的形式保障乡村教育振兴工作获得充分的财力资源保障。

（三）乡村教育振兴工作的制度保障

1. 国家宏观政策保障

教育政策是促进教育工作的重要手段。国家为保障乡村振兴和乡村教育振兴工作有力开展，不断出台宏观政策保障。乡村教育振兴作为乡村振兴的有机组成部分，它植根于国家乡村振兴政策的沃壤。"乡村振兴战略"是党的十九大报告提出的，乡村振兴实施"三步走"战略①，乡村教育振兴政策往往是作为国家乡村振兴政策的一部分出台的。2018 年《中共中央　国务院关于实施乡村振兴战略的意见》提出"优先发展农村教育事业"；2021 年《中共中央　国务院关于全面推进乡村振兴加快农业农村现代化的意见》要求"提升农村基本公共服务水平"必须提高农村教育质量；2021 年颁布并实施的《中华人民共和国乡村振兴促进法》进一步明确"各级人民政府应当加强农村教育工作统筹"②。国家的乡村振兴政策是乡村教育振兴的政策基础，专门的乡村教育振兴政策的设计以及乡村教育振兴实践的谋划要以国家的乡村振兴政策作为指导和方向。

2. 地方中观政策保障

国家的乡村教育振兴政策是宏观教育政策，具有方向性和引导性。地方政府应该根据自身特色制定适合自己的中观和微观的乡村教育振兴政策，以增强政策的操作性和实践性。国家的乡村教育振兴政策往往是作为乡村振兴政策的一部分附带提出的，地方政府应该据此制定专门的乡村教育振兴政策。地方中观政策是指在中央之下、单位之上所出台的政策，比如，从省级政府到乡村居委会各级各类政府所出台的地方政策。

---

① 王亚华：《乡村振兴"三步走"战略如何实施》，《人民论坛》2018 年第 10 期。

② 陈鹏、李莹：《全面乡村振兴视域下乡村基础教育的新认识与新定位》，《陕西师范大学学报（哲学社会科学版）》2021 年第 5 期。

3. 单位微观政策保障

单位微观政策是指某个具体的负责或分管乡村振兴教育工作的机构单位所出台的政策,例如分管乡村教育工作的县教育局的某个机构单位。作为执行乡村教育振兴工作的具体部门,既担负着国家宏观政策和地方中观政策的落实责任,也担负着乡村教育具体工作的管理和反馈职责,在乡村教育振兴工作中处于关键环节。因此,出台政策保障其健康高效运行具有重要意义。应该从工作责任机制、工作激励机制、工作考评机制三个方面明确单位和个人的职责权限、奖惩办法和晋升方式等。

(四)乡村教育振兴工作的技术保障

1. 工作原则

乡村教育振兴工作本质上是人的工作,因此,必须做到以人为本,要照顾到乡村教育各方诉求和特征。乡村教育振兴工作是以教育为核心的工作,因此,必须遵循教育规律,不能急功近利、违背规律行事。乡村教育振兴工作不是单纯的教育价值理性问题,而是中央和地方政策的产物,因此,必须深入落实政府政策出台的价值目标,而不能追求所谓单纯的"象牙塔"。乡村教育振兴工作的终极目的是促进乡村教育振兴,因此,必须清晰地认识到两者的不同定位,即以乡村教育振兴工作为手段,以乡村教育振兴为目的。

2. 工作方式

教育工作与行政工作存在很大不同,教育工作更加注重引导和激励。乡村教育工作不能搞成单纯的命令式方式,而应该在以理服人的基础上加强引导和激励。当面临解决某个乡村教育问题或落实某个乡村教育项目时,应该先让乡村教育参与者(学校、教师、家长、学生和社会人士等)充分理解该问题解决或该项目实施的重要性,然后再摆出解决问题或实施项目的主要建议,最后再对问题解决或项目实施的结果做评价说明。也就说,乡村教育振兴工作方式只能通过价值引领和利益调整来引导和鼓励各方参与,而不能通过单纯行政命令方式进行。乡村教育振兴工作面对的是多方参与者,涉及各方利益,充分汲取各方智慧,有效权衡各方利益十分重要。因此,乡村教育振兴工作应该保持开放性。

3. 工作理念

乡村教育工作理念最为重要的是:其一,由教育资源共享向教育资源共生转变。教育资源共享是指教学经费、师资等教育资源从城市单向流向农村。教育资源共生"不仅强调城市教育资源向乡村的流动，还努力实现乡村教育资源向城市的回馈，更加强调乡村教育内生动力的培养"①。乡村教育发展需要外部拉力，但不能坐、等、靠，永远依靠外部拉力，而应该以借力发展为契机，精修内功，不断提高乡村教育发展的内驱力，实现由外部输血发展向内部造血发展过渡。乡村教育振兴工作要走出那种单纯城市教育反哺农村教育的单向路径，实现城乡教育资源由共享向共生的转变，促进城乡教育优势互补、互惠共生、协同发展②。其二，将乡村教育发展融入乡村振兴战略。乡村教育振兴是一个包含诸多要素的系统工作。2020年4月，十三届全国人大常委会第二十八次会议表决通过《中华人民共和国乡村振兴促进法》指出，开展促进乡村产业振兴、人才振兴、文化振兴、生态振兴、组织振兴，推进城乡融合发展等。乡村教育振兴是乡村振兴战略的重要组成部分，为乡村振兴战略提供思想引导和智力支撑。乡村教育振兴只有以乡村振兴为目标，为乡村振兴提供助力和活力，才能获得生存发展的合法性和合理性。因此，乡村教育的教育目标、教育内容、教育制度和师资建设等都应该融入乡村振兴战略进行系统和全面考量，以实现乡村教育发展与乡村振兴战略的同频共振、协调发展。其三，重点在于解决乡村教育振兴的瓶颈性和顽固性问题。瓶颈性问题是阻碍乡村教育振兴的绊脚石，应该成为乡村教育振兴重点关注的问题。一些教育问题很难在教育内部自然解决，它们因此也被称为教育顽固性问题。这些问题需要引起乡村教育振兴工作的高度重视。

（五）乡村教育振兴工作的组织保障

1. 成立领导工作小组

我国长期以来的自给自足的农业经济，使得乡村之间存在着天然的区隔。我国区域不平衡性使得各个地区的经济社会发展存在很大差异。这使得不同区域、同一区域不同地区之间的乡村教育存在各自为政、各行其是、差别很大的现象。乡村教育振兴是一项针对所有乡村教育的全局性、系统性工程，而不是单独

---

① 孙德超、李扬：《试析乡村教育振兴——基于城乡教育资源共生的理论考察》，《教育研究》2020年第12期。

② 孙德超、李扬：《试析乡村教育振兴——基于城乡教育资源共生的理论考察》，《教育研究》2020年第12期。

扶持某一对象的局部性工程。它需要加强地区之间的协调和统筹,因此,成立各级各类乡村教育振兴领导工作小组至关重要。同时,乡村教育振兴工作是多个部门共同参与、齐心协力的工程,成立领导工作小组使得各个部门方向一致、步调一致非常关键。

2. 各个部门的衔接和协调

乡村教育工作部门涉及多个机构组织,例如县级政府、乡镇政府、市县教育局、镇教育办公室或教育组、主管或分管乡村教育振兴工作机构单位、村委会、学校等。每个部门又可分为更具体的职能部门。不同职能部门处于乡村教育振兴工作不同环节上,所有环节构成了系统性和整体性的乡村教育振兴工作。不同职能部门具有不同的价值诉求、工作模式、工作制度和评价标准,加之各部门职能权责很难泾渭分明地区分开,使得工作中难免出现一些无法衔接和协调的问题。为此,应该成立专门的协调组织部门,有效划分各个工作部门的职责权力,从乡村教育振兴工作全局的高度促进各个工作部门的衔接和协调。

3. 工作实施程序和步骤

乡村教育振兴工作需要制定科学的实施程序和实施步骤。要在各方专家充分论证的基础上,先明确乡村教育振兴工作应包括哪些必要环节,然后再来分析各个环节的先后次序,最终确定实施程序和实施步骤。

4. 加强各级各类组织建设

强有力的工作能力离不开有效的组织建设。《乡村振兴促进法》指出,加强农村基层党组织建设,加强农村基层群众性自治组织建设。乡村教育振兴各个部门要不断加强组织建设,不断提升组织内部成员的思想觉悟、业务水平,不断提升组织整体的凝聚力、战斗力,打造一支助力乡村教育振兴的生力军。

三、乡村教育振兴工作保障体系架构及运行策略

根据前文阐述的关于乡村教育振兴的四大保障要素和乡村教育振兴工作五大保障体系,可以构建一个整体的保障体系基本架构(详见下图),该架构是对前文论述的总结与凝练,是一个具备内在联系的有机体,在这个保障体系的整体架构中,各子保障体系之间既相对独立又相互依存。

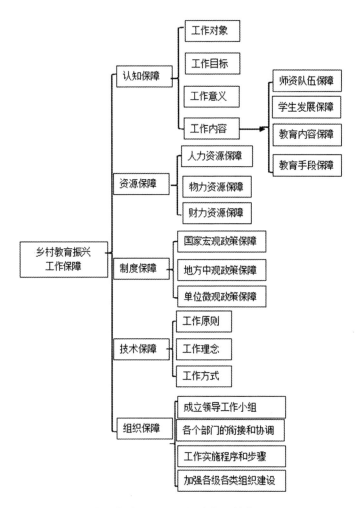

乡村教育振兴工作保障体系基本架构

（一）乡村教育振兴及其工作保障体系的架构与关系

从这个基本框架中可以看出,乡村教育振兴工作保障主要包括五个方面:认知保障、资源保障、制度保障、技术保障、组织保障。

其一,认知保障涉及的是如何看待乡村教育振兴工作的问题。必须清晰地认识乡村教育振兴的工作对象、工作目标、工作意义和工作内容。其中,工作内容保障又包含师资队伍、学生发展、教育内容和教育手段等四个子保障,这四个子保障便是乡村教育振兴的保障要素。因此,乡村教育振兴保障包含于乡村教育振兴工作内容保障的范畴。其二,资源保障涉及的是乡村教育振兴工作资源的提供和分配问题。乡村教育振兴工作必须加强人力资源、物力资源和财力资源方面的保障。其三,制度保障涉及的是乡村教育振兴工作制度的供给问题。乡村教育振兴工作要加强国家宏观政策、地方中观政策和单位微观政策的制度供给。其四,技术保障涉及的是乡村教育振兴工作的技术操作问题。乡村教育振兴工作要树立正确的工作理念,遵循科学的工作原则,采用合理的工作方式。其五,组织保障涉及的是乡村教育振兴工作各部门组织的建设问题,应该成立工作领导小组、加强各个部门的衔接和协调、制定合理的工作实施程序和步骤、加强各级各类组织建设。五大保障共同构成了乡村教育振兴工作保障体系。在这个体系中,它们角色不同,功能不同,但都指向一个共同的中心任务:保障乡村教育振兴工作顺利运行。

(二)乡村教育振兴及其工作保障体系的运行策略

1.加强对乡村教育振兴工作的认知

乡村教育振兴工作者要明确乡村教育振兴的工作对象是乡村教育;要深刻理解乡村教育振兴工作所需要保障的具体内容:师资队伍、学生发展、教育内容和教育手段;要认识到乡村教育振兴工作对于我国教育发展和国家战略实现的重要意义;要深知乡村教育振兴工作的直接目标是提升乡村教育质量,间接目标则是服务国家乡村振兴战略;要"借助乡村教育,促进乡村经济全面振兴;立足乡村文化,彰显乡村教育的乡土特色;立足乡村实际,培植乡村少年生存自信"[1]。

2.优化整合乡村教育工作资源配置

资源配置无非包括两个方面:筹集资源和分配资源。应建立以财政拨款为主,其他多渠道投入为辅的教育经费投入保障机制。积极鼓励和引导社会各界人士捐资助学,各县、乡镇基本建立教育基金会,用于改善办学条件及奖教奖学,捐资助学蔚然成风,形成全社会关心教育、支持教育的良好氛围。应该配足配齐乡村教育振兴工作所需要的人力资源、物力资源和财力资源。应该科学规划教育经费使用,杜绝教育经费浪费,正视教育经费使用的边际效应递减问题,提高教育经费使用效益。要"加强乡村教育与人力资源开发投入;扩大农村教育公

① 杜尚荣、刘芳:《乡村振兴战略下的乡村教育:内涵、逻辑与路径》,《现代教育管理》2019年第9期。

共服务标准和范围;实现学校布局与乡村振兴战略一体化发展;全面加强乡村教师队伍建设;重视乡土教材开发,保留乡土文化;重点发展乡村家庭教育"①。

3.强化对乡村教育振兴工作的制度保障

制度对于乡村教育振兴工作起着规范作用,是对工作行为合法性判断的重要依据。乡村教育振兴工作要做好制度设计,构建宏观、中观和微观相互衔接的制度体系。制度体系设计要以乡村教育工作高质量发展为最终归宿,以乡村教育振兴工作长远稳定高质量发展为直接目的。制度体系设计既要契合国家战略,也要凸显地方特性,把乡村教育发展与经济社会发展统一起来。

4.加强对乡村教育振兴工作的技术支持

要加强对乡村教育振兴工作原则、工作理念和工作方式的研究,为乡村教育振兴工作提供可靠的技术支持。乡村教育振兴应遵循系统性原则、开放性原则和统整性原则②。乡村教育振兴应"坚持梯次发展策略,解决乡村教育的层化差异;推动现代信息技术应用,支撑乡村教育的跨越式发展;选择多样化发展方式,解决乡村教育资源不充分的现实问题;构建产业经济与教育发展的共生机制,破解乡村教育的效益难题;构建乡村文化发展体系,重塑乡村教育的文化自信"③。乡村教育振兴应实现"一体化发展、本土化发展、差异化发展、精准化发展、优质化发展"④。乡村教育振兴要树立正确的理念。农村职业教育办学定位要从"普通职教"向"农村特色"转型,专业设置要从"生源驱动"向"服务三农"转型,培养方式要从"单向育人"向"产教协同"转型,教师队伍要从"注重结构"向"专业发展"转型⑤。

5.乡村教育振兴要加强组织保障

要明确乡村教育振兴工作涉及的组织及每个组织的定位、作用和功能。要

①　高书国、马莜薇:《振兴中国乡村教育的内在逻辑与实践路径——乡村教育进入"小众化"时代后的理论准备与战略研讨》,《中小学管理》2019 年第 2 期。

②　陈时见、胡娜:《新时代乡村教育振兴的现实困境与路径选择》,《西南大学学报(社会科学版)》2019 年第 3 期。

③　陈时见、胡娜:《新时代乡村教育振兴的现实困境与路径选择》,《西南大学学报(社会科学版)》2019 年第 3 期。

④　高书国、马莜薇:《振兴中国乡村教育的内在逻辑与实践路径——乡村教育进入"小众化"时代后的理论准备与战略研讨》,《中小学管理》2019 年第 2 期。

⑤　邱金林、韦家旭:《乡村振兴背景下农村职业教育的困境与转型》,《教育与职业》2021 年第 16 期。

加强组织的思想政治建设,落实"党政同责、一岗双责"规定,有效引领教育系统保持政治定力,压实党建工作责任,促使党建工作全覆盖,实现党建、业务工作同步协调发展。建立健全"党委统一领导、党政齐抓共管、职能部门组织协调、相关部门各负其责、二级单位贯彻落实"的意识形态工作机制。要加强组织的凝聚力建设,促使组织内部成员"劲往一处使",把松散的个人力量转变为强大的组织力量。要加强组织的作风建设,使组织成员具有良好的工作作风、生活作风。要加强组织的能力建设,使其具备迎难而上、敢于斗争、战之能胜的能力。

6. 优化乡村教育振兴工作保障的体系设计

体系是由一定元素按照某种规则耦合成的系统。乡村教育振兴工作保障体系是由认知保障、资源保障、制度保障、技术保障和组织保障及其子元素所耦合成的系统。乡村教育振兴工作保障固然要注重单个要素的建设,但更要注重整个有机体系的构建。缺乏有机体系的构建,五大保障要素之间就会出现"布朗现象"。布朗现象指的是分子的无规则运动,反复的碰撞而消耗大量能量。因此,必须从整体的角度,以系统的眼光去看待乡村教育振兴工作。

参考文献

习近平:《摆脱贫困》,福建人民出版社 1992 年版。

《习近平关于"三农"工作论述摘编》,中央文献出版社 2019 版。

《深入学习习近平关于教育的重要论述》,人民出版社 2019 年版。

《中共中央文件选集》第 28 册,人民出版社 2013 年版。

《中国教育年鉴(1949—1981)》,中国大百科全书出版社 1984 年版。

国家教育委员会成人教育司编:《扫除文盲文献汇编(1949—1996)》,西南师范大学出版社 1997 年版。

国务院扶贫办政策法规司、国务院扶贫办全国扶贫宣传教育中心组织编写:《脱贫攻坚干部培训十讲》,研究出版社 2019 年版。

马建富、陈春霞、吕莉敏:《乡村振兴与农村职业教育变革》,知识产权出版社 2020 版。

陈孝彬、高洪源:《教育管理学》,北京师范大学出版社 2008 年版。

代天喜:《建国初期扫盲识字运动研究》,河南师范大学出版社 2009 年版。

费孝通、潘光旦:《科举与社会流动》,《费孝通文集》第 5 卷,群言出版社 1999 年版。

何东昌主编:《中华人民共和国重要教育文献(1949—1997 年)》,海南出版社 1998 年版。

何东昌主编:《当代中国教育》(上),当代中国出版社 1996 年版。

《教育学原理》编写组:《教育学原理》,高等教育出版社 2019 年版。

金久仁:《精准扶贫视域下推进城乡教育水平》,朱旭东、李兴洲主编:《中国教育扶贫报告(2018—2019)》,社会科学文献出版社 2021 年版。

李文海、夏明方:《中国荒政全书》,北京古籍出版社 2003 年版。

李炳坤编著:《工农业产品价格剪刀差问题》,农业出版社 1981 年版。

李鹏、朱成晨、朱德全:《职业教育精准扶贫:作用机理与实践反思》,朱旭东、李兴洲主编:《中国教育扶贫报告(2018—2019)》,社会科学文献出版社 2021 年版。

《梁漱溟全集》第 5 卷,山东人民出版社 2005 年版。

刘铁芳:《守望教育》,华东师范大学出版社 2004 年版。

罗必良:《从贫困走向富饶》,重庆出版社 1991 年版。

石中英:《知识转型与教育改革》,教育科学出版社 2001 年版。

晏阳初:《平民教育与乡村建设运动》,商务印书馆 2014 年版。

宋农村:《中国乡村学前教育发展研究》,人民出版社 2014 版。

孙诗锦：《启蒙与重建——晏阳初乡村文化建设事业研究（1926—1937）》，商务印书馆2012年版。

《陶行知教育文集》，四川教育出版社2005年版。

《陶行知教育论著选》，人民教育出版社2015年版。

徐莹辉、王文岭编：《陶行知论生活教育》，四川教育出版社2010年版。

徐莹晖、徐志辉编：《陶行知论乡村教育》，四川教育出版社2010年版。

薛二勇：《中国教育扶贫政策演进与制度创新》，王文静、李兴洲主编：《中国教育扶贫报告（2017）》，社会科学文献出版社2018年版。

姚永强：《乡村振兴背景下中国乡村教育发展》，社会科学文献出版社2021年版。

杨润勇等：《中国农村教育发展报告（2010—2020）》，科学出版社2021年版。

俞可平主编：《治理与善治》，社会科学文献出版社2000年版。

袁爱玲、何秀英、廖莉等：《农村学前教育与社会发展——基于广东省农村学前教育问题研究》，人民出版社2015年版。

袁桂林等：《中国农村教育发展指标研究》，经济科学出版社2009年版。

张涛：《新高考影响下高中教育与大学教育衔接研究》，海南师范大学出版社2021年版。

张志勇：《充分发挥教育在巩固脱贫攻坚成果中的重要作用》，李兴洲、白晓、张琦主编：《中国教育发展与减贫研究》，社会科学文献出版社2020年版。

郑大华：《民国乡村建设运动》，社会科学文献出版社2000年版。

［法］布尔迪厄、［美］华康德：《反思社会学导引》，李猛、李康译，商务印书馆2015年版。

［美］西奥尔·舒尔茨：《人力投资：人口质量经济学》，贾湛、施炜等译，华夏出版社1990年版。

［美］玛格丽特·米德：《文化与承诺：一项有关代沟问题的研究》，周晓虹、周怡译，河北人民出版社1987年版。

［美］戴维·奥斯本、特德·盖布勒：《改革政府：企业精神如何改革着公共部门》，周敦仁等译，上海译文出版社1996年版。

阿海曲洛：《西部少数民族地区教育扶贫政策绩效评估指标体系构建研究——以凉山彝族自治州美姑县为例》，《四川师范大学学报（社会科学版）》2018年第4期。

安海燕、孙晓书：《农村劳动力教育收益率差异的影响因素研究》，《当代教育论坛》2021年第2期。

常彦：《贫困地区职业教育师资队伍建设研究——贫困地区职业教育现状调查与发展研究》，《中国西部科技（学术）》2007年第12期。

曹东勃、梁思思：《优质均衡：后脱贫时代乡村教育振兴之道》，《华东理工大学学报（社会科学版）》2021年第2期。

程明、钱力、吴波：《"后扶贫时代"返贫治理问题研究》，《重庆理工大学学报（社会科学）》2020年第3期。

陈本锋：《基于精准扶贫导向的民族地区免费职业教育实践——四川省"9+3"模式实施

10 年回顾》，《中国职业技术教育》2020 年第 4 期。

陈华：《基于政府职能转变的教育社会支持变迁》，《南京师范大学学报（社会科学版）》2013 年第 5 期。

陈立鹏、马挺、羌洲：《我国民族地区教育扶贫的主要模式、存在问题与对策建议——以内蒙古、广西为例》，《民族教育研究》2017 年第 6 期。

陈亮、陈恩伦：《职业教育治理能力现代化：一流职业教育建设的要义证成》，《教育研究》2020 年第 5 期。

陈鹏、李莹：《全面乡村振兴视域下乡村基础教育的新认识与新定位》，《陕西师范大学学报（哲学社会科学版）》2021 年第 5 期。

陈时见、胡娜：《新时代乡村教育振兴的现实困境与路径选择》，《西南大学学报（社会科学版）》2019 年第 3 期。

陈双华：《试论农村职业教育与农村扶贫——黄炎培"先富后教"、"富—教—治"农村教育思想的启示》，《中国职业技术教育》2006 年第 11 期。

陈婉新、闵晓阳、蒋洪涛：《教育扶贫助力乡村振兴的实践路径探析——基于发展型社会救助视角》，《农村经济与科技》2021 年第 17 期。

陈雯婧、汪建华：《论乡村教育价值取向之"离农"与"为农"的悖论》，《海南师范大学学报（社会科学版）》2021 年第 2 期。

陈文胜、李珺：《全面推进乡村振兴中的乡村教育研究》，《湘潭大学学报（哲学社会科学版）》2021 年第 5 期。

陈晓情、郭正涛：《乡村振兴战略下粤东地区中职教育发展路径的选择》，《韶关学院学报》2019 年第 11 期。

陈讯：《阶层分化视角下的乡村教育衰落研究——基于晋西北 W 村考察》，《杭州师范大学学报（社会科学版）》2020 年第 3 期。

陈阳、李思敏、周玲君：《全面推进乡村振兴背景下公费师范生"C—UGS"协同培养模式研究》，《辽宁科技学院学报》2021 年第 4 期。

车丽娜、傅琴：《乡村学校课程建设的空间悖论及其消解》，《课程·教材·教法》2021 年第 12 期。

鉏海燕、鄂世举：《改革开放 40 年中等职业教育政策的演进探析》，《职业教育研究》2019 年第 2 期。

戴建兵、黄煜曦、徐梅香：《留守儿童教育期望及其影响因素的主效应分析》，《教育科学研究》2020 年第 8 期。

代蕊华、于璇：《教育精准扶贫：困境与治理路径》，《教育发展研究》2017 年第 7 期。

邓琴、覃永县：《农村教育身份的缺失——论城乡教育二元格局下的农村教育》，《学术论坛》2008 年第 4 期。

丁步洲：《教育均衡背景下农村基础教育面临的问题与破解——以苏北地区农村教育为例》，《教育理论与实践》2012 年第 34 期。

董仁忠：《论黄炎培"大职业教育主义"思想及其启示》，《教育与职业》2007 年第 23 期。

董国礼、瓦伦廷、石伟：《场域缺失：农村义务教育实践的空间分离与离土困境》，《华东理工大学学报（社会科学版）》2022年第1期。

杜尚荣、刘芳：《乡村振兴战略下的乡村教育：内涵、逻辑与路径》，《现代教育管理》2019年第9期。

杜尚荣、朱艳、游春蓉：《从脱贫攻坚到乡村振兴：新时代乡村教育发展的机遇与挑战》，《现代教育管理》2021年第5期。

段从宇、伊继东：《教育精准扶贫的内涵、要素及实现路径》，《教育与经济》2018年第5期。

范先佐：《乡村教育发展的根本问题》，《华中师范大学学报（人文社会科学版）》2015年第5期。

范小梅：《"教育扶贫"概念考辨》，《教育探索》2019年第4期。

房喻：《师范生免费教育：回眸与省思》，《中国高等教育》2010年第19期。

房风文、邵苗苗、王向太：《我国贫困地区职业教育精准扶贫的政策与实践分析》，《职业技术教育》2019年第21期。

樊卓思：《困境与出路：农村高中阶段教育普及的AGIL模型思考》，《当代教育论坛》2020年第3期。

费文会：《基于"五位一体"的连片特困地区教育精准扶贫体系构建》，《农业经济》2019年第4期。

付卫东、曾新：《十八大以来我国教育扶贫实施的成效、问题及展望——基于中西部6省18个扶贫开发重点县（区）的调查》，《华中师范大学学报（人文社会科学版）》2019年第5期。

关莉、曹玉涛：《实施"硕师计划"，发展研究生专业》，《文教资料》2021年第20期。

高书国、马莜薇：《振兴中国乡村教育的内在逻辑与实践路径——乡村教育进入"小众化"时代后的理论准备与战略研讨》，《中小学管理》2019年第2期。

高峰：《乡村振兴战略下农村职业教育发展现状及应对策略》，《职教论坛》2019年第4期。

高国君：《加快推进县域普通高中教育高质量发展》，《甘肃教育》2022年第3期。

高维：《乡土文化教育：乡风文明发展根基》，《教育研究》2018年第7期。

郭童川：《现阶段农村普通高中教育的困惑与出路》，《西部素质教育》2017年第11期。

郭晓娜、陈思其：《教育精准扶贫绩效评估框架体系优化——基于利益相关者理论》，《教育理论与实践》2020年第35期。

韩喜平、邵彦敏、贺艳等：《建国以来党对农业与工业关系的理论认识与政策演进》，《科学社会主义》2009年第6期。

郝文武：《新时代乡村教育振兴的新目标与新路径》，《陕西师范大学学报（哲学社会科学版）》2022年第1期。

何丹、邓丽蓉、陈琳：《高校教育精准扶贫的重要性及提升路径》，《公关世界》2021年第2期。

何慧丽：《从建设性后现代的视角来看中国三农问题的出路》，《江苏社会科学》2014年第

6 期。

何水、高向波:《教育治理能力现代化:关键要素与推进路径》,《现代教育管理》2021 年第 4 期。

侯小兵、许庆豫:《教育扶贫视域下中小学教师生存质量的现状与改善——以四川秦巴山区为考察对象》,《教师教育研究》2020 年第 5 期。

何志魁:《主客位视角下民族地区教育扶贫的对策研究》,《民族教育研究》2020 年第 1 期。

何悦、张清学:《基于精准扶贫的农村成人教育发展研究》,《中国成人教育》2018 年第 17 期。

胡俊生、李期:《高校扶贫应着力做好"点"上功课》,《中国高等教育》2019 年第 17 期。

胡宇彬:《黄炎培的职业教育目的观对现代高职教育的启示》,《职教论坛》2003 年第 5 期。

贺洪春、李冰:《普通高中教育在乡村振兴中的担当与对策》,《教育科学论坛》2019 年第 16 期。

贺雪峰:《城乡二元结构视野下的乡村振兴》,《北京工业大学学报(社会科学版)》2018 年第 5 期。

黄巨臣:《"后脱贫时代"农村教育精准扶贫如何深入——一个资源配置视角的分析框架》,《湖南师范大学教育科学学报》2020 年第 5 期。

黄建:《社会失灵:内涵、表现与启示》,《党政论坛》2015 年第 2 期。

惠中、韩苏曼:《论我国中小学教师队伍建设中的性别结构失衡问题》,《全球教育展望》2011 第 10 期。

纪德奎、张卓:《乡村振兴战略中乡土文化教育的自觉与自信》,《当代教育科学》2018 年第 7 期。

贾连君:《对中等职业教育精准扶贫问题的探究与思考》,《中国教师》2016 年第 S1 期。

姜正君:《脱贫攻坚与乡村振兴的衔接贯通:逻辑、难题与路径》,《西南民族大学学报(人文社会科学版)》2020 年第 12 期。

江星玲、谢治菊:《协同学视域下东西部教育扶贫协作研究》,《民族教育研究》2020 年第 6 期。

蒋光辉、杨龄:《民族地区职业教育助推乡村人才振兴动能研究》,《职业技术》2022 年第 2 期。

孔繁金:《改革开放以来扶贫政策的历史演进及其创新:以中央一号文件为中心的考察》,《当代中国史研究》2018 年第 2 期。

赖长春:《义务教育均衡发展的阶段特征及趋势分析》,《教育与教学研究》2020 年第 10 期。

赖均、李伟:《乡村教师队伍治理:政策历程、逻辑及新发展走向》,《教育学术月刊》2022 年第 4 期。

雷经国:《贫困县乡村学前教育精准扶贫政策研究进展及其发展趋势》,《当代教育论坛》

2020 年第 2 期。

李彬彬、葛文怡、吴玲：《农村幼儿园布局调整的原则及路径》,《教育研究》2017 年第 4 期。

李纯、郭路仙：《乡村教师制度的系统构建优化策略研究——基于贵州省〈乡村教师支持计划的实施考察〉》,《中小学教师培训》2022 年第 6 期。

刘红波、赵丹、陈遇春：《深度贫困地区小规模学校"互联网+课堂"应用困境与对策》,《现代中小学教育》2020 年第 5 期。

李飞龙：《20 世纪 50 年代农民业余文化教育述论》,《当代中国史研究》2009 年第 3 期。

李更生：《中国古代反贫困思想及对当代的影响》,《理论与当代》2006 年第 10 期。

李宁：《乡贤文化和精英治理在现代乡村社会权威和秩序重构中的作用》,《学术界》2017 年第 11 期。

李梦、吴娟：《"深耕课堂·三方协同"精准教育扶贫模式的构建与实践》,《中国电化教育》2020 年第 2 期。

李伟、李玲：《社会力量参与乡村教育治理的价值、困境及建议》,《西南大学学报(社会科学版)》2019 年第 3 期。

李小云、唐丽霞、许汉泽：《论我国的扶贫治理：基于扶贫资源瞄准和传递的分析》,《吉林大学社会科学学报》2015 年第 4 期。

李兴洲：《新中国 70 年教育扶贫的实践逻辑嬗变研究》,《教育与经济》2019 年第 5 期。

李兴洲：《公平正义：教育扶贫的价值追求》,《教育研究》2017 年第 3 期。

李兴洲、潘嘉欣：《党的十八大以来乡村教师队伍建设政策实施研究》,《教师发展研究》2021 年第 1 期。

李亚东、俎媛媛：《我国第三方教育评价的核心问题辨析及政策建议》,《教育发展研究》2018 年第 21 期。

李瑛：《浅谈中职〈计算机应用基础〉教学改革的实践和探索》,《科学咨询(科技·管理)》2020 年第 5 期。

李永春：《扶知、扶智、扶志：新时期教育扶贫的三重策略》,《教育理论与实践》2020 年第 13 期。

李友梅：《中国社会治理的新内涵与新作为》,《社会学研究》2017 年第 6 期。

李子华：《民族地区高校教育扶贫：逻辑起点、实践困境及路径转向》,《青海民族研究》2019 年第 3 期。

梁成艾：《地方高校教育政策的价值意蕴及创新诉求——基于乡村振兴战略之视角》,《贵州社会科学》2019 年第 4 期。

廖桂村：《1949—1977 年中国城乡双轨发展模式的解读》,《山西农业大学学报(社会科学版)》2020 年第 2 期。

林乘东：《教育扶贫论》,《民族研究》1997 年第 3 期。

林井萍：《中部地区职业培训状况的比较及启示》,《江西社会科学》2004 年第 9 期。

林霓裳、何琳纯：《乡村振兴战略背景下农村中职教育的定位选择》,《职教论坛》2018 年第 11 期。

刘宝民、张志增：《职业教育助力乡村振兴的政策依据、内涵与保障》，《中国职业技术教育》2022 年第 10 期。

刘大伟：《教育是否有助于打通贫困治理的"任督二脉"——城乡差异视角下教育扶贫的路径与效果》，《教育与经济》2020 年第 6 期。

刘军豪、许锋华：《教育扶贫：从"扶教育之贫"到"依靠教育扶贫"》，《中国人民大学教育学刊》2016 年第 2 期。

刘航、柳海民：《教育精准扶贫：时代循迹、对象确认与主要对策》，《中国教育学刊》2018 年第 4 期。

刘欢、韩广富：《后脱贫时代乡风文明建设的现实价值、发展境遇及路径选择》，《西北民族大学学报（哲学社会科学版）》2021 年第 2 期。

刘盛平、何红力：《民族高师院校教育精准扶贫的模式探究》，《学校党建与思想教育》2019 年第 16 期。

刘铁芳：《逃离与回归：乡土中国教育发展的两种精神路向》，《探索与争鸣》2009 年第 9 期。

刘铁芳：《回归乡土的课程设计：乡村教育重建的课程策略》，《现代大学教育》2010 年第 6 期。

刘文开：《乡村振兴背景下师范院校教育精准扶贫路径研究》，《教育评论》2018 年第 12 期。

刘亚中：《汪志伊〈荒政辑要〉浅探》，《安徽农业大学学报（社会科学版）》2008 年第 3 期。

刘颖：《城乡学前教育财政经费分配更公平了吗？——2010 年来我国城乡学前教育财政公平的进展》，《当代教育论坛》2019 年第 5 期。

刘远杰：《后脱贫时代的教育扶贫行动——对教育扶贫过程与结果的教育哲学思考》，《教育发展研究》2020 年第 1 期。

卢黎歌、武星星：《后扶贫时期推进脱贫攻坚与乡村振兴有机衔接的学理阐释》，《当代世界与社会主义》2020 年第 2 期。

卢璐、夏金星、彭干梓：《晏阳初生计教育思想与实验》，《职教论坛》2009 年第 16 期。

卢迈、方晋、杜智鑫等：《中国西部学前教育发展情况报告》，《华东师范大学学报（教育科学版）》2020 年第 1 期。

鲁石：《高等教育精准扶贫的价值、问题及对策》，《教育理论与实践》2019 年第 18 期。

罗碧琼、蒋良富、王日兴等：《地方高校公费师范生培养模式创新：乡土意蕴与系统方法》，《大学教育科学》2019 年第 6 期。

吕建强、许艳丽：《高等教育扶贫精准供给的问题、模式与路径》，《黑龙江高教研究》2020 年第 2 期。

吕景泉、张文娟、耿洁：《职业教育中西部精准帮扶的创新与跨越》，《中国职业技术教育》2018 年第 16 期。

吕利丹、王非：《人口流动与儿童教育：基本事实与解释》，《人口研究》2017 年第 6 期。

马健云、陈恩伦:《我国教育扶贫政策的执行困境与治理路径》,《教育与经济》2019 年第 6 期。

马佳宏、彭慧:《偏差与平衡:城乡义务教育财力资源配置问题研究》,《教育与经济》2006 年第 4 期。

莫丽娟:《论教育扶贫的启蒙使命》,《当代教育科学》2020 年第 9 期。

潘懋元、吴岩:《走向 21 世纪的中国高等教育》,《辽宁高等教育研究》1996 年第 3 期。

潘懋元:《黄炎培职业教育思想对当前高等职业教育的启示》,《教育研究》2007 年第 1 期。

彭妮娅:《教育经费投入对贫困地区农民收入影响的实证》,《统计与决策》2021 年第 3 期。

彭泽平、董明月:《改革开放以来重庆普通高中教育发展的历程、经验与展望》,《长江师范学院学报》2020 年第 9 期。

蒲实、孙文营:《实施乡村振兴战略背景下乡村人才建设政策研究》,《中国行政管理》2018 年第 11 期。

戚万学:《论公共精神的培育》,《教育研究》2017 年第 11 期。

戚万学、刘伟:《乡村教育振兴的内涵、价值与路径》,《国家教育行政学院学报》2020 年第 6 期。

祁占勇、王志远:《乡村振兴战略背景下农村职业教育的现实困顿与实践指向》,《华东师范大学学报(教育科学版)》2020 年第 4 期。

强新志:《"大家好才是真好"学校共同体教育扶贫实践模式探索》,《河北师范大学学报(教育科学版)》2021 年第 1 期。

秦玉友、张宗倩、裴珊珊:《教育在促进农村发展中如何发力——2020 年后教育扶贫对接教育促进乡村振兴的着力点与路径选择》,《东北师大学报(哲学社会科学版)》2021 年第 4 期。

邱金林、韦家旭:《乡村振兴背景下农村职业教育的困境与转型》,《教育与职业》2021 第 16 期。

任鹏:《利用自身优势,助力脱贫攻坚——农村中职校在教育扶贫攻坚方面的探索与实践》,《学苑教育》2020 年第 18 期。

邱天爽、孙雨娇:《海南中职教育助力乡村振兴的现状与对策研究》,《新教育》2022 年第 10 期。

邵忠祥、范涌峰:《农村义务教育学生营养改善计划政策实施的问题与对策——教育扶贫的视角》,《当代教育论坛》2019 年第 5 期。

沈军、陈章、丁翠娟:《机制与路径:大数据视角下乡村教育治理研究》,《中国职业技术教育》2020 年第 13 期。

石献记、朱德全:《职业教育服务乡村振兴的多重制度逻辑》,《国家教育行政学院学报》2022 年第 4 期。

石中英:《对优质学校参与教育扶贫的几点思考》,《河北师范大学学报(教育科学版)》

2021 年第 1 期。

史珍珍、陈玉杰、李星:《我国民办职业技能培训机构培训补贴效果的省际比较研究——基于数据包络法(DEA)的分析》,《中国劳动》2020 年第 4 期。

宋亚平:《中国"三农"问题的历史透视》,《汉江论坛》2017 年第 12 期。

苏刚:《城乡教育一体化:从"二元对抗"走向"有差别的统一"》,《上海教育科研》2013 年第 10 期。

苏思源:《乡村振兴战略背景下山东省农村基础教育发展水平评价——基于因子分析法的实证研究》,《农业与技术》2021 年第 23 期。

苏小玲:《学前教育专业定向培养模式的倾向性研究》,《教育评论》2013 年第 3 期。

孙德超、李扬:《试析乡村教育振兴——基于城乡教育资源共生的理论考察》,《教育研究》2020 年第 12 期。

孙杰远:《乡村教育应在文化选择中重塑主体性与自觉性》,《探索与争鸣》2021 年第 4 期。

孙雪连:《要务实要精准:农村留守儿童教育帮扶政策亟待优化》,《中小学管理》2020 年第 12 期。

谭萍:《浅谈中职学校实验室管理存在的问题及对策》,《科学咨询(科技·管理)》2013 年第 5 期。

谭琦耀:《论贫困地区职业教育"双师型"教师队伍建设的研究》,《继续教育研究》2010 年第 9 期。

汤颖、邬志辉:《后扶贫时代教育扶贫应处理好的几对关系》,《教育与经济》2021 年第 1 期。

唐先文:《我国中部地区推进"三化"进程须靠发展职业教育作支撑》,《当代教育论坛》2002 年第 4 期。

唐智彬、谭素美:《联合国教科文组织推动职业教育扶贫的理念演进与实践逻辑》,《教育与经济》2020 年第 2 期。

唐智彬、谭素美:《国际劳工组织推动职业教育反贫困的主要实践与核心特征》,《中国职业技术教育》2019 年第 33 期。

田思安:《以"三主体"助力乡村教育振兴》,《未来教育家》2021 年第 8 期。

童长灯、何声钟:《谈农村普通高中教育的出路——以玉山县樟村中学为》,《江西教育学院学报》2013 年第 2 期。

王宝义、马岳勇、郑霁鹏:《教育精准扶贫:教育贫困循环累积因果效应破解路径》,《江苏大学学报(社会科学版)》2020 年第 5 期。

王斌泰:《大力发展农村教育　促进基础教育均衡发展》,《人民教育》2005 年第 Z1 期。

王桂清、黄春平:《地方高校公费师范生精准对标培养课程体系构建研究》,《聊城大学学报(社会科学版)》2021 年第 5 期。

王欢:《涉农中等职业教育发展对策探寻——基于对石家庄市中等职业学校学生就读意愿的调查》,《河北大学学报(哲学社会科学版)》2012 年第 3 期。

王继平、杨蕴宏、周娜、祝珊:《我国职业教育扶贫绩效评价体系建构》,《中国职业技术教育》2019 年第 12 期。

王嘉毅、封清云、张金:《教育与精准扶贫精准脱贫》,《教育研究》2016 年第 7 期。

王利绒:《基于协同发展的师范生实习支教提升发展对策》,《高教学刊》2017 年第 19 期。

王林雪、殷雪:《精准扶贫视角下教育扶贫绩效评价体系构建》,《统计与决策》2019 年第 3 期。

王卫平:《县域教育扶贫中本土教师领军团队的建设》,《教学与管理》2020 年第 33 期。

王亚华:《乡村振兴"三步走"战略如何实施》,《人民论坛》2018 年第 10 期。

王佑萌:《关于农村教育评价问题的若干思考》,《江西教育科研》2005 年第 5 期。

王玉国:《百年乡村教育价值取向及对未来的启示》,《教育学术月刊》2009 年第 11 期。

王玉华:《精准扶贫视域下教育专项资金审计监督机制优化研究》,《经济师》2022 年第 1 期。

王柱国、尹向毅:《乡村振兴人才培育的类型、定位与模式创新——基于农村职业教育的视角》,《中国职业技术教育》2021 年第 6 期。

魏顺平、袁亚兴、吴淑苹、张红丽:《基于云服务的教育信息化精准扶贫模式研究——以国家开放大学扶贫实践为例》,《中国电化教育》2020 年第 9 期。

魏有兴:《中国教育扶贫 70 年:历程、经验和走向》,《深圳大学学报(人文社会科学版)》2019 年第 5 期。

温思美、黄冠桂、郑晶、李飞飞:《改革开放以来我国三农问题关注重点变化及其演进逻辑》,《农业经济问题》2018 年第 12 期。

文燕银、陈琳、张高飞、毛文秀:《教育扶贫新阶段:精准扶智 2.0》,《现代远程教育研究》2020 年第 5 期。

吴彬镪、魏震雷:《习近平关于教育扶贫重要论述的科学意蕴与时代价值》,《福建师范大学学报(哲学社会科学版)》2021 年第 5 期。

吴太贵、陈湘舸:《"新三农"问题探讨》,《农业现代化研究》2012 年第 6 期。

吴霓:《用文化夯实教育扶贫根基》,《红旗文稿》2020 年第 18 期。

吴遵民、刘芳:《免费师范生教育政策刍议》,《杭州师范大学学报(社会科学版)》2008 年第 11 期。

梧革、黄茗、韦金色等:《广西义务教育学校图书馆(室)图书配备使用管理的现状及发展对策研究》,《教学仪器与实验》2015 年第 5 期。

谢治菊:《教育五层级阻断贫困代际传递:理论建构、中国实践与政策设计》,《湖南师范大学教育科学学报》2020 年第 1 期。

夏应霞:《构建城乡融合的教师发展体系》,《教育导报》2019 年第 123 期。

谢芬:《新时代中国"三农"问题演变及破解思路》,《农村经济》2019 年第 6 期。

肖湘愚、李茂平:《新时代大学生扶贫志愿服务的实践原则及理论基础》,《湖南财政经济学院学报》2021 年第 4 期。

肖正德:《乡村振兴所需人才培养与大农村教育体系构建》,《杭州师范大学学报(社会科学版)》2021 年第 2 期。

熊春文:《再论文字上移:对农村学校布局调整的近期观察》,《中国农业大学学报(社会科学版)》2012 年第 4 期。

徐敏:《贫困地区职业教育与扶贫产业的脱节问题及解决路径》,《教育理论与实践》2019年第 33 期。

徐姗姗、羌洲:《新时期教育扶贫模式的重大创新:"组团式"教育人才援藏》,《中国藏学》2018 第 3 期。

徐晓军、武君琦、孙权:《教育先行:巩固脱贫攻坚成果与乡村振兴的衔接》,《中国民族教育》2021 年第 10 期。

徐晓军、张楠楠:《乡村振兴与脱贫攻坚的对接:逻辑转换与实践路径》,《湖北民族学院学报(哲学社会科学版)》2019 年第 6 期。

徐新洲:《林业高校精准扶贫"三全"模式研究——以南京林业大学为例》,《中国高校科技》2020 年第 12 期。

徐兴林、李云萍:《农村民办幼儿园发展的困境与出路——以山东省 L 县 X 镇为例》,《教育现代化》2019 年第 1 期。

薛二勇、周秀平:《中国教育脱贫的政策设计与制度创新》,《教育研究》2017 年第 12 期。

闫德亮、李娟:《乡村振兴战略背景下乡村文明话语的转型与重建》,《学术界》2019 年第10 期。

杨琦蕙、周序:《从"国家"到"市场":中国教育扶贫研究的视角转换》,《当代教育科学》2020 年第 9 期。

杨占忠:《贫困地区职业教育发展研究》,《青海师专学报》2009 年第 6 期。

杨忠云、张宗倩:《"现代田园教育"助推乡村振兴》,《人民教育》2021 年第 9 期。

姚荣:《从"嵌入"到"悬浮":国家与社会视角下我国乡村教育变迁研究》,《清华大学教育研究》2014 年第 4 期。

姚松、曹远航:《我国教育扶贫政策的成就、反思与展望》,《河北师范大学学报(教育科学版)》2020 年第 4 期。

姚松、曹远航:《70 年来中国教育扶贫政策的历史变迁与未来展望——基于历史制度主义的分析视角》,《教育与经济》2019 年第 4 期。

姚云、董晓薇:《全国师范生免费教育政策实施认同度调查》,《教育研究与实践》2009 年第 1 期。

易小邑、李智君:《乡村振兴背景下农村教育扶贫的路径转向》,《兴义民族师范学院学报》2021 年第 5 期。

"一村一园"计划课题组罗卢迈、方晋、赵晨等:《教育精准扶贫:"一村一园"计划乐都十周年效果评估》,《华东师范大学学报(教育科学版)》2021 年第 7 期。

余应鸿:《乡村振兴背景下教育精准扶贫面临的问题及其治理》,《探索》2018 年第 3 期。

余应鸿、赵伶俐:《由面到点:教育扶贫政策的中国经验》,《理论与改革》2020 年第 5 期。

于璇:《我国中西部贫困地区普通高中教育经费投入:成就、问题及对策》,《教育学报》

2019 年第 3 期。

于发友、任胜洪、林智慧等：《新时代推进我国乡村教育现代化的几个面向（笔谈）》，《吉首大学学报（社会科学版）》2020 年第 6 期。

于海洪：《部分发达国家保障乡村教育发展的经验与启示》，《比较教育研究》2018 年第 8 期。

袁利平：《基于块数据的教育精准扶贫及其模式创新》，《国家教育行政学院学报》2020 年第 6 期。

袁利平、丁雅施：《教育扶贫政策实施效果评估指标体系构建》，《教育研究》2019 年第 8 期。

袁利平、丁雅施：《我国教育扶贫政策的演进逻辑及未来展望——基于历史制度主义的视角》，《湖南师范大学教育科学学报》2019 年第 4 期。

袁利平、姜嘉伟：《社会资本：后扶贫时代民族地区教育扶贫的行动逻辑》，《西南民族大学学报（人文社科版）》2020 年第 6 期。

袁利平、姜嘉伟：《关于教育服务乡村振兴战略的思考》，《武汉大学学报（哲学社会科学版）》2021 年第 1 期。

袁利平、姜嘉伟：《教育扶贫的作用机制与路径创新》，《西北农林科技大学学报（社会科学版）》2020 年第 2 期。

袁利平、张薇：《后扶贫时代教育扶贫的转型及其实现——教育信息化 2.0 的视角》，《湖南师范大学教育科学学报》2020 年第 5 期。

袁利平、张薇：《基于虚拟现实技术的教育扶贫及其实现》，《内蒙古社会科学》2020 年第 2 期。

袁利平、张欣鑫：《教育扶贫如何精准化——基于多学科视角的模型建构》，《教育与经济》2020 年第 1 期。

袁源、张小林、李红波、胡晓亮：《西方国家乡村空间转型研究及其启示》，《地理科学》2019 年第 8 期。

赵俊红：《"美丽乡村"建设背景下农村成人教育的转型对策》，《继续教育研究》2016 年第 12 期。

赵阔、张晓京：《改革开放 40 年我国教育扶贫政策变迁及其经验》，《中国人民大学教育学刊》2019 年第 1 期。

赵垣可、刘善槐：《教育精准扶贫的难为与可为——基于新制度主义视角的分析》，《理论月刊》2020 年第 2 期。

张炳意：《乡村教师精准培训的现状、路径与展望》，《教学与管理》2021 年第 33 期。

张弛：《农村职业技术教育助力脱贫的路径研究——以河北省枣强县劳动力"订单培训"为例》，《现代职业教育》2018 年第 19 期。

张地容：《治理现代化视角下农村教育精准扶贫的实践困境与突破路径》，《现代教育管理》2020 年第 12 期。

张虹：《师范类高校教师支教模式初探》，《重庆教育学院学报》2012 年第 4 期。

张家军、唐敏:《教育精准扶贫运行机制的构建》,《教育理论与实践》2018 年第 25 期。

张俊、赵丽汝:《精准扶贫下的农民工继续教育机制创新》,《中国成人教育》2018 年第 7 期。

张丽莉、王大超:《基于提升贫困地区人力资本价值的职业教育模式研究》,《职业技术教育》2006 年第 29 期。

张玲、何德:《"互联网教育"赋能乡村教师队伍建设:宁夏示范实证》,《教师教育学报》2021 年第 1 期。

张青、郭雅媛:《脱贫攻坚与乡村振兴的内在逻辑与有机衔接》,《理论视野》2020 年第 10 期。

张润君、任怀玉:《乡村振兴精神及其培育》,《甘肃社会科学》2020 年第 3 期。

张莅颖:《试论社区教育物力资源的开发》,《河北大学学报(哲学社会科学版)》1998 年第 3 期。

张翔、刘晶晶:《教育扶贫瞄准偏差与治理路径探究——基于政府行为视角分析》,《现代教育管理》2019 年第 3 期。

张晓欢:《乡村振兴中教育发展的政府职能研究》,《现代营销(学苑版)》2021 年第 10 期。

张徐生:《"县中困境"与"县中振兴"》,《福建教育》2021 年第 19 期。

张翔:《师范生免费教育政策的十年回顾与展望》,《国家教育行政学院学报》2017 年第 8 期。

张旭刚:《农村职业教育服务乡村振兴:实践困境与治理路径》,《职业技术教育》2018 年第 10 期。

张旭刚:《乡村振兴战略下我国农村职业教育的战略转型》,《教育与职业》2018 年第 21 期。

张翊:《基于精准扶贫背景下农村职业教育问题审视及改革路径》,《农业经济》2019 年第 6 期。

张育松、李云飞:《职教集团视角下职业教育助推精准扶贫研究》,《教育与职业》2018 年第 13 期。

郑名:《"学前教育三年行动计划"成效分析与政策建议》,《学前教育研究》2014 年第 8 期。

郑兴刚、田旭:《网络政治参与:涵育参与型文化的重要途径》,《学习论坛》2015 年第 1 期。

仲雯、孙明娟:《教育扶贫中教师走教机制的发展研究》,《教学与管理》2020 年第 22 期。

周大众:《乡村教育发展的逻辑起点与实践策略》,《当代教育科学》2019 年第 9 期。

周丽莎:《基于阿玛蒂亚·森理论下的少数民族地区教育扶贫模式研究——以新疆克孜勒苏柯尔克孜自治州为例》,《民族教育研究》2011 年第 2 期。

周作翰、张英洪:《城乡二元体制的建立:农民与市民的制度分野》,《湖南师范大学社会科学学报》2009 年第 2 期。

周晔、武天宏:《乡村教育自信:现实遭遇、当下价值与重建理路》,《当代教育科学》2020

年第 1 期。

周宇香:《中国青年人口规模与结构变化——基于历次人口普查数据的分析》,《中国青年研究》2022 年第 7 期。

朱成晨:《农村职业教育发展的共生逻辑:结构与形态》,《华东师范大学学报(教育科学版)》2022 年第 7 期。

朱德全、吴虑、朱成晨:《职业教育精准扶贫的逻辑框架——基于农民工城镇化的视角》,《西南大学学报(社会科学版)》2018 年第 1 期。

朱许强:《乡村教育的现代性困境及其超越》,《当代教育与文化》2019 年第 3 期。

中华人民共和国教育部:《15 年来累计招聘 95 万特岗教师覆盖 3 万多所中西部农村学校》,《陕西教育(综合版)》2020 年第 10 期。

陈衡:《中职校园规划策略研究——以北部湾职业技术学校校园规划为例》,广西大学硕士学位论文,2018 年。

傅小丹:《中部贫困地区农村义务教育师资队伍建设问题与对策研究》,江西师范大学硕士学位论文,2006 年。

侯娟娟:《城乡义务教育师资分布失衡问题及对策》,河北大学硕士学位论文,2014 年。

李雨书:《扶贫治理中多元主体的协同合作机制研究》,广西大学硕士学位论文,2018 年。

黄磊:《中职学校校园物质文化建设研究——以西安技师学校为例》,西北农林科技大学硕士学位论文,2016 年。

李艳:《四川省宜宾地区农村扫盲运动研究(1950—1958)》,四川师范大学硕士学位论文,2020 年。

刘军豪:《幼儿园教师专业发展的制度支持研究》,华中师范大学博士学位论文,2018 年。

马云:《20 世纪 50 年代中国农村扫盲运动研究》,西北大学硕士学位论文,2003 年。

王玉钰:《农村普高教育发展困境及对策研究——以信阳市罗山县莽张高级中学为例》,华中师范大学硕士学位论文,2020 年。

薛瑞英:《乡村振兴战略下的农村职业教育功能研究》,西南大学博士学位论文,2019 年。

杨淑君:《深度贫困地区农村学前教师队伍建设的现状及问题研究——以甘肃省四个深度贫困县为例》,西北师范大学硕士学位论文,2018 年。

于璇:《我国中西部贫困地区普通高中教育发展困境与治理路径研究》,华东师范大学博士学位论文,2019 年。

张书源:《以人为本与中国传统民本思想渊源关系探析》,中共广东省委党校硕士论文,2014 年。

张莲:《农村教育精准扶贫的困境与对策研究——以湖北省恩施州为例》,华中师范大学硕士学位论文,2020 年。

周容容:《二十世纪二三十年代乡村教育运动研究》,云南大学硕士学位论文,2018 年。

秦廷书等:《民族贫困地区职业教育的困境与出路——以黔西南为例》,《黔西南日报》2015 年 4 月 13 日。

《全国政协委员、民进中央副主席朱永新:实施乡村教育振兴行动计划》,《中国教育报》

2018 年 3 月 5 日。

周飞:《推动"幼有所育"不断取得新进展》,《中国教育报》2018 年 11 月 26 日。

《以职业教育赋能脱贫攻坚(人民时评)》,《人民日报》2020 年 12 月 29 日。

王海燕:《振兴乡村教育　赋能乡村振兴》,《中国教育报》2021 年 11 月 29 日。

崔文灿:《中职一年锐减超 2000 所、高职数量稳步提升,为何一减一增》,《羊城晚报》2022 年 3 月 2 日。

张媛媛:《以职业教育赋能乡村振兴》,《中国社会科学报》2022 年 4 月 22 日。

廖辉:《乡村教育振兴重在乡村教师高质量发展》,《中国社会科学报》2022 年 7 月 10 日。

王新波:《"机器替代人工",中职教育为何依然有生命力》,《光明日报》2022 年 8 月 9 日。

《教育部对十二届全国人大三次会议第 8048 号建议的答复》,中华人民共和国教育部网,2015 年 8 月 27 日。

《"十二五":凉山教育亮点纷呈》,搜狐网,2016 年 3 月 15 日。

联合国教科文组织教师教育中心网:《〈"国培计划"蓝皮书(2010—2019)〉摘要》,中华人民共和国教育部网,2020 年 9 月 4 日。

《建档立卡贫困家庭辍学学生清零——我国义务教育有保障的目标基本实现》,中华人民共和国教育部网,2020 年 9 月 24 日。

《职业教育成为阻断贫困代际传递见效最快的方式》,光明网,2020 年 12 月 8 日。

《奋力攻坚实现"义务教育有保障"——教育系统全面推进控辍保学工作纪实》,中华人民共和国教育部网,2020 年 12 月 21 日。

《海南党史百件大事　实施教育扶贫移民工程》,人民网,2022 年 5 月 12 日。

《"教育这十年""1+1"系列发布会:介绍党的十八大以来职业教育改革发展成效》,中华人民共和国教育部网,2022 年 5 月 24 日。

《教育部:我国义务教育阶段学校办学条件根本改观》,新华网,2022 年 6 月 21 日。

《教育部:十年来义务教育招生入学改革不断深化》,中华人民共和国教育部网,2022 年 6 月 21 日。

《我国义务教育质量迈入世界先进行列——党的十八大以来义务教育改革发展纪实》,中华人民共和国教育部网,2022 年 6 月 24 日。

《云南财政加强乡村教师队伍建设夯实乡村振兴人才基础》,中华人民共和国财政部网,2021 年 7 月 5 日。

《教育部:十年来全国普通高中财政性教育经费投入增幅超过 1 倍》,中华人民共和国教育部网,2022 年 7 月 5 日。

《十年,普通高中教育办学水平整体提高》,中华人民共和国教育部网,2022 年 7 月 6 日。

《全国高中阶段教育毛入学率达 91.4%》,中华人民共和国教育部网,2022 年 7 月 9 日。

后　记

党的十八大以来,在全面建成小康社会的精神指导下,关于扶贫攻坚、乡村振兴和巩固脱贫攻坚成果的理论、政策和实践,一直是国家发展、时代使命和社会责任共同关注的重点课题。闽南师范大学长期致力于师范专业办学,面向农村基础教育,培育高素质教师。2019年,在全国教育科学"十三五"规划项目申报中,"教育扶贫的现状、问题与对策研究"(AFA190010)项目获得重点立项研究。主持国家社科重点项目研究,对闽南师范大学来说,是学校哲学社会科学立项研究史上的第一次,全校上下感到使命光荣;对于课题组全体成员而言,又觉得研究任务艰巨,责任重大。

三年多来,课题组成员在国家扶贫战略大框架下,通过文献梳理和学理分析,问卷调查和田野行动,对教育扶贫价值进行多元理论交叉分析,并进行教育扶贫攻坚战略的史证剖析和问题归因;深度访谈教育扶贫实施单位领导和工作人员,虚心请教同行研究专家,分析诊断教育扶贫政策制定、对策实施和成效分享;对国内相关高校精准扶贫对象和脱贫典型项目进行现场研究,提出我国教育扶贫助力乡村教育振兴的工作体系建设和机制运行保障。整个项目研究工作做到理论研究与实践论证相结合,个案研究与经验归纳相结合,历史分析与国际比较相结合,田野调查与咨询借鉴相结合,跨学科研究与系统整合相结合。经过全体成员的艰辛努力,课题组在各类学术期刊发表论文24篇,提交会议研讨论文4篇,咨政报告7份(其中4份获省部级以上领导批示),出版阶段性成果著作1本。2020年,"教育扶贫视域下特殊群体儿童'PEER'家庭成长教育实践与研究"获得福建省教学成果"特等奖",2023年本项目研究顺利通过全国教育科学规划领导小组办公室结项验收并取得"良好"的评价。

相对于整个国家扶贫攻坚战略而言,相对于全面振兴乡村行动而言,从国家到地方,从领导到百姓,从研究到实践,教育扶贫迈向乡村教育振兴进程中,"教育扶贫的现状、问题与对策研究"只是国家脱贫攻坚战略鸿篇巨制中的"冰山一角"。作为项目负责人和首席专家,源于使命担当和职责赋能,在策划和指导整个项目研究进程中,我切身感受到课题组全体成员秉持的研究态度是尽责的,研究过程是艰辛的,取得成绩是微薄的。正如习近平总书记在《摆脱贫困》中所言:"对于在改革开放中一切可能大改其观的未来,我们今天讲的话、著的文、做的事绝不会十全十美⋯⋯对于更多的人来说,励精图治,发愤图强,以中国的繁荣昌盛为己任,尽短时间使整个国家'脱贫',尽短时间使中国立于发达国家之林,才是更为紧迫、更为切实的思想和行动。"①

　　本书遵循理论研究、历史经验、当代实践、现状调查、问题归因和对策保障写作思路,包括四章内容。第一章"导论",由吴彬锶执笔,在简介本书研究的社会背景与时代意义的基础上,界定了"教育扶贫""乡村教育振兴""乡村振兴战略"等主要概念及其关系,综合与本书相关的前期成果综述,提出本书的立论基础与思路方法。第二章"教育扶贫的历史经验和当代实践",由李建辉执笔,一方面对中国古代政治思想家朴素的治贫思想和实践经验进行追本溯源,深度挖掘了中国近代乡村教育运动实践的理论典型和经验借鉴;另一方面系统概述了新中国成立到改革开放时期特别是党的十八大以来教育扶贫创新实践,阐明教育扶贫开辟乡村振兴新征程,为实现民族复兴提供了中国方案。第三章"乡村教育的现状调查与发展需求",第一节至第五节由陈顺森执笔,第六节由黄耀明执笔,运用统计资料、问卷调查、文献分析等方法,全面调查我国乡村学前教育和义务教育、高中教育和职业技术教育、乡村教师队伍建设等取得的主要成效。第四章第一节"迈向乡村教育振兴的主要问题与归因",由黄耀明执笔,根据新时代乡村各级各类教育发展需求,在人口快速迁移、文化不断消解、教育观念偏移、精英逐渐抽离、教育资源相对受限、城乡教育鸿沟难以缩小等多重叠加现实背景下,分析制约乡村教育振兴的短板、存在主要问题及其结构性归因。第四章第二节至第五节有关"迈向乡村教育振兴的对策及保障",由林培锦执笔,在理论探讨、历史梳理、现状调查、问题总结、归因分析的基础上,从内在动力激发、核心能力提升、多元合作机制构建等视角,以基础教育、中职教育和高等教育为载体,提出迈向乡村教育振兴的工作对策,并根据新时代乡村振兴行动计划构建乡村教

————————
① 习近平:《摆脱贫困·跋》,福建人民出版社1992年版,第158、159页。

育振兴的保障体系。本书最后由吴彬镪和李建辉统稿。

2020 年是我国脱贫攻坚决战之年。如期打赢脱贫攻坚战,在中华民族几千年历史上是首次整体消除绝对贫困现象,这是中华民族亘古未有的历史性超越,也是人类发展史上惊天动地的伟大创举。本项目研究过程中,恰逢国家从精准扶贫迈进全面建成小康社会,研究主题也随之由教育扶贫调整为迈向乡村教育振兴。这一改变回应了当前乡村教育发展的新使命、新议题和新要求,同时也给本书的主体框架、研究结构、研究观点带来新的调整,其深层学理逻辑和精准实施对策还有待于课题组成员后续深化研究和完善。

作为项目研究的最终成果,本书在策划、撰写和成稿过程中,得到武汉大学向德平教授、北京师范大学李兴洲教授、东北师范大学邬志辉教授的悉心指导,全国教育科学规划办徐美贞同志和福建省教育科学规划办吴明洪同志多次关心课题研究进展情况,李兴洲教授在百忙之中还为本书作序,在此表示衷心感谢!本书在调研过程中,项目组核心成员先后到福建、宁夏、西藏、甘肃、青海等"三区三州"扶贫办(现为乡村振兴局)、各地教育局、中小学校等开展相关调研,得到当地各级领导、协同高校专家和同仁的支持和帮助,在此也一并致谢! 出版之际,感谢人民出版社领导和编辑的指导和帮助。本书受到了闽南师范大学学术著作出版专项经费资助,在此也感谢学校科研管理部门的大力协助!

吴彬镪

2023 年 4 月 25 日